国家卫生和计划生育委员会全科医生培训"十三五"

中华医学会全科医学分会、中国医师协会全科医师分会推荐用书

供全科医生规范化培训、转岗培训、农村订单定向医学生培养使用

全科医生临床操作技能训练

第2版

主　编　于晓松　王　晨

副主编　冯　玫　李双庆　杜兆辉

编　者（按姓氏笔画排序）

于晓松　中国医科大学附属第一医院

马　力　首都医科大学附属北京天坛医院

马中富　中山大学附属第一医院

王　健　复旦大学附属中山医院

王　晨　首都医科大学附属北京天坛医院

王春梅　天津医科大学

冯　玫　山西大医院

邬颖华　成都中医药大学

刘　杰　北京大学人民医院

杜兆辉　上海市浦东新区潍坊社区卫生服务中心

李双庆　华西医科大学华西医院

杨　冰　桂林医学院

吴　瑛　中国医科大学附属第一医院

陈丽英　浙江大学医学院附属邵逸夫医院

阎　雪　河北医科大学

彭相文　哈尔滨医科大学附属第一医院

薛临萍　山西省人民医院

编写秘书（按姓氏笔画排序）

朱亮亮　中国医科大学附属第一医院

李　娜　首都医科大学附属北京天坛医院

赵　心　中国医科大学附属第一医院

人民卫生出版社

图书在版编目（CIP）数据

全科医生临床操作技能训练/于晓松，王晨主编．—2版．—北京：人民卫生出版社，2017

国家卫生和计划生育委员会全科医生培训规划教材

ISBN 978-7-117-24958-4

Ⅰ.①全… Ⅱ.①于… ②王… Ⅲ.①家庭医学 – 职业培训 – 教材 Ⅳ.①R499

中国版本图书馆 CIP 数据核字（2017）第 208914 号

| 人卫智网 | www.ipmph.com | 医学教育、学术、考试、健康，购书智慧智能综合服务平台 |
| 人卫官网 | www.pmph.com | 人卫官方资讯发布平台 |

全科医生临床操作技能训练
第 2 版

主　　编：于晓松　王　晨
出版发行：人民卫生出版社（中继线 010-59780011）
地　　址：北京市朝阳区潘家园南里 19 号
邮　　编：100021
E - mail: pmph @ pmph.com
购书热线：010-59787592　010-59787584　010-65264830
印　　刷：中农印务有限公司
经　　销：新华书店
开　　本：787×1092　1/16　　印张：22
字　　数：535 千字
版　　次：2013 年 5 月第 1 版　　2017 年 9 月第 2 版
　　　　　2019 年 10 月第 2 版第 8 次印刷（总第 10 次印刷）
标准书号：ISBN 978-7-117-24958-4/R · 24959
定　　价：58.00 元

打击盗版举报电话：**010-59787491　E-mail：WQ @ pmph.com**
（凡属印装质量问题请与本社市场营销中心联系退换）

出 版 说 明

为了落实习近平主席在全国卫生与健康大会上的讲话，按照李克强总理在《2016年国务院政府工作报告》中加快培养全科医生的指示，以及国务院《全国医疗卫生服务体系规划纲要(2015—2020年)》(国办发〔2015〕14号)中加强全科医生和住院医师规范化培训，逐步建立和完善全科医生制度的要求，进一步落实"全国医学教育改革发展工作会议"及2017年7月国务院《关于深化医教协同进一步推进医学教育改革与发展的意见》(国办发〔2017〕63号)中关于加强以全科医生为重点的基层医疗卫生人才培养的精神，在国家卫生和计划生育委员会科教司的领导和支持下，人民卫生出版社在"卫生部全科医生转岗培训规划教材"(2012年出版)和"卫生部全科医生规范化培训规划教材"(2013年出版)两套教材的基础上组织修订出版了"国家卫生和计划生育委员会全科医生培训'十三五'规划教材"第2版。

本套教材共10本，由国内全科领域一线专家编写而成，在编写过程中紧紧围绕培养目标；注重教材编写的"三基""五性""三特定"原则；注重整套教材的整体优化与互补。本套教材采用纸数一体的融合教材编写模式，在传统纸质版教材的基础上配数字化内容，以一书一码的形式展现，内容包括PPT、习题、微课、视频、图片等。

本套教材的培养目标是为基层培养具有高尚职业道德和良好专业素质，掌握专业知识和技能，能独立开展工作，以人为中心、以维护和促进健康为目标，向个人、家庭与社区居民提供综合性、协调性、连续性的基本医疗卫生服务的合格全科医生，本套教材可供全科医生规范化培训、转岗培训、农村订单定向培养等各类全科医生培训使用。

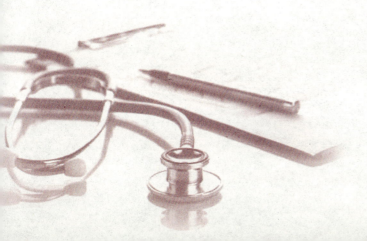

国家卫生和计划生育委员会全科医生培训"十三五"规划教材
评审委员会

顾　问　曾益新

主任委员　梁万年　祝墡珠　杜雪平

副主任委员（按姓氏笔画排序）

于晓松　中国医科大学附属第一医院　　　　贾建国　首都医科大学宣武医院
李海潮　北京大学第一医院　　　　　　　　郭爱民　首都医科大学
施　榕　上海中医药大学

委　　员（按姓氏笔画排序）

丁小燕　中国社区卫生协会　　　　　　　　李士雪　山东大学
于德华　同济大学医学院　　　　　　　　　李双庆　四川大学华西医院
万学红　四川大学华西医院　　　　　　　　李宁秀　四川大学华西公共卫生学院
王　爽　中国医科大学附属第一医院　　　　李俊伟　浙江中医药大学
王　晨　首都医科大学附属北京天坛医院　　迟春花　北京大学第一医院
王永利　首都医科大学附属复兴医院月坛　　张　勘　上海市卫生和计划生育委员会
　　　　社区卫生服务中心　　　　　　　　陈冬冬　上海市社区卫生协会
王挹青　厦门市卫生和计划生育委员会　　　陈鸿雁　重庆医科大学附属第一医院
王家骥　广州医科大学　　　　　　　　　　季国忠　南京医科大学第二附属医院
方力争　浙江大学医学院附属邵逸夫医院　　赵　红　北京协和医学院
卢祖洵　华中科技大学同济医学院　　　　　赵光斌　四川省人民医院
冯　玫　山西大医院　　　　　　　　　　　胡传来　安徽医科大学
毕晓明　哈尔滨医科大学　　　　　　　　　郭　媛　山东大学齐鲁医院
任菁菁　浙江大学医学院附属第一医院　　　席　彪　河北医科大学
刘殿武　河北医科大学　　　　　　　　　　董卫国　武汉大学人民医院
江孙芳　复旦大学附属中山医院　　　　　　谢苗荣　首都医科大学附属北京友谊医院
杜　娟　首都医科大学　　　　　　　　　　路孝琴　首都医科大学
杜兆辉　上海市浦东新区潍坊社区卫生服务
　　　　中心

5

国家卫生和计划生育委员会全科医生培训"十三五"规划教材
教 材 目 录

序号	教材名称	主编、主审	副主编
1	全科医学(第2版)	主审 曾益新 主编 梁万年 路孝琴	卢祖洵 王永晨 董卫国 王 敏
2	全科医生临床实践(第2版)	祝墡珠	江孙芳 李海潮 于德华 王 爽
3	全科医生基层实践(第2版)	杜雪平 席 彪	陈冬冬 李宁秀 丁 静
4	全科医生科研方法(第2版)	施 榕 郭爱民	刘殿武 袁兆康 万崇华
5	全科医生临床操作技能训练 (第2版)	于晓松 王 晨	冯 玫 李双庆 杜兆辉
6	全科医学师资培训指导用书 (第2版)	贾建国 谢苗荣	毕晓明 方力争 郭 媛
7	全科医学案例解析	杜雪平 王永利	潘志刚 孙艳格 易春涛
8	社区护理	赵 红	杨 丽 杜文建
9	全科医生手册(第2版)	方力争 贾建国	刘力戈 赵光斌 陈周闻 王子明
10	全科医生练习题集(第2版)	胡传来	王以新 任菁菁

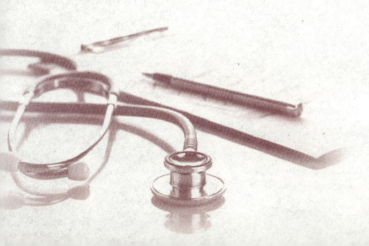

第1版序

全科医生是一类重要的复合型医学人才,被称为居民健康的"守门人"。目前,我国合格的全科医生尚十分匮乏,远远不能满足基层医疗卫生服务的迫切需求。为加快培养全科医生,2011年,国务院印发《国务院关于建立全科医生制度的指导意见》,提出着眼长远,逐步建立统一规范的"5+3"全科医生培养模式。

为做好全科医生规范化培训,卫生部组织制定了培训大纲,在卫生部教材办公室组织协调下,人民卫生出版社组织有关专家在充分调研的基础上,认真总结经验,针对全科医生规范化培训的特点,通过顶层设计,组织编写了与规范化培训大纲相配套的"卫生部全科医生规范化培训规划教材",为全科医生规范化培训提供教材支撑。

目前,经过全国相关专家的共同努力,《全科医学》《全科医生临床实践》《全科医生基层实践》《全科医生科研方法》《全科医生临床操作技能训练》和《全科医生规范化培训——师资培训手册》共6种教材即将出版。该套教材紧紧围绕全科医生规范化培训的特点与要求,面向基层,面向教学与实践;强调"早临床、多临床、反复临床",特别是社区实践的重要性,科学整合并有机衔接理论培训与临床实践,注重临床思维、临床路径和案例实践的训练;文字简明,深入浅出,一目了然。其针对性、指导性、可操作性、可读性强,符合当前规范化培训实际,有利于立体教学,我十分支持这项非常重要的工作。希望该套教材能够为贯彻落实《国务院关于建立全科医生制度的指导意见》大力培养合格全科医生发挥应有的作用,并在使用中不断完善。

陈 竺

2013年2月

序

全科医学引入我国已经有 30 多年了,经过各方努力,已经初步形成了全科医学教育和服务体系。国务院办公厅印发的《全国医疗卫生服务体系规划纲要 (2015—2020 年)》中提出:到 2020 年,每千常住人口基层卫生人员数达到 3.5 人以上,在我国初步建立起充满生机和活力的全科医生制度,基本形成统一规范的全科医生培养模式和"首诊在基层"的服务模式,全科医生与城乡居民基本建立比较稳定的服务关系,基本实现城乡每万名居民有 2~3 名合格的全科医生,全科医生服务水平全面提高,基本适应人民群众基本医疗卫生服务需求。《国务院办公厅关于推进分级诊疗制度建设的指导意见》中也提出:通过基层在岗医师转岗培训、全科医生定向培养、提升基层在岗医师学历层次等方式,多渠道培养全科医生,逐步向全科医生规范化培养过渡;加强全科医生规范化培养基地建设和管理,规范培养内容和方法,提高全科医生的基本医疗和公共卫生服务能力,发挥全科医生的居民健康"守门人"作用。

为了培养和发展全科医生队伍,在国家卫生计生委的领导下,人民卫生出版社组织全科领域一线专家,在"卫生部全科医生转岗培训规划教材"和"卫生部全科医生规范化培训规划教材"第 1 版的基础上,经过充分论证,根据全科领域学科的发展情况进行修订出版第 2 版,共 10 种,期望能够满足当前全科医生多种方式培养的需求。这是值得称赞的举措。

医疗卫生是关乎民生的头等大事,而人才队伍建设又是医疗卫生事业发展的基础,其中尤以大力培养我国欠缺的全科医学专业人才为当务之急。全科医生只有养成良好的职业素养、掌握扎实的专业技能、具备足够的沟通协调能力,才能担当起家庭签约服务团队的带头人,为社区、为居民提供更为优质、更为广泛的医疗保健服务,真正落实"预防为主"的理念,实现对居民全生命周期的照护。希望本套教材能够助力我国全科医学人才的培养,为推进"健康中国"建设提供人才保障。

曾益新

2017 年 7 月

主编简介

于晓松

　　教授,主任医师,博士生导师。1983年毕业于中国医科大学儿科系,1991年获医学硕士学位,2009年聘为博士生导师,2013年晋升为二级教授,享受国务院政府特殊津贴。曾留学美国宾夕法尼亚大学医学院和华盛顿大学医学院。现任中国医科大学副校长、中国医科大学附属第一医院全科医学科主任;中华医学会全科医学分会候任主任委员、辽宁省医学会全科医学分会主任委员、辽宁省全科医学教育中心主任。从事全科医学与健康管理、医学教育与评价的教学和研究工作。先后承担或参与国家、省部级科研和教学课题10余项,获资助经费近千万元。多次获得国家、省部级教学与科技进步奖。2015年获第七届国家卫生计生委突出贡献中青年专家称号。近年来发表学术论文60余篇,主编学术专著6部;培养博士、硕士研究生50余名。

王　晨

　　主任医师,教授,博士研究生导师。首都医科大学全科医学与继续教育学院第五临床学系主任,担任北京医学会常务理事、中华医学会全科医学分会委员、北京医学会全科医学分会常务理事、中国医师协会全科医学分会常委、中国卒中学会全科医学与基层医疗分会主任委员、北京慢病防治协会副会长等多项职务,《中华医院管理杂志》《中华全科医师杂志》等杂志编委。承担国家高技术研究发展计划(863计划)、北京市科委、国家自然科学基金等多项省部级、国家级重点课题,从事医院管理、信息化建设、慢性病管理等相关研究。

副主编简介

冯 玫

山西大医院主任医师,山西医科大学教授、硕士生导师。山西省医学会全科医学分会主任委员、山西省全科医师协会会长、山西省全科医学培训与研究中心副主任,享受国务院特殊津贴。

近年来,致力于全科医学及人文社会科学的理论、教学及临床研究,为培养山西省全科医学师资队伍和提高全科医生及乡村医生的人文理念、全人关怀思想及临床技能水平做了大量的工作。同时作为项目负责人承担和完成了山西省科技厅及山西省卫生厅的 4 项科技攻关项目,2 项通过专家鉴定达到国际先进水平。被评为中国医师协会住院医师心中的好老师、十佳全科基地管理者、山西省"三八红旗手"、山西省道德模范等。在各级刊物上发表相关学术论文 30 余篇,主编和参编多部教材。

李双庆

主任医师 / 教授,硕士研究生导师,四川大学华西医院 / 华西临床医学院全科医疗科、全科医学教研室主任。

自 2000 年开始在大型综合性医院开展全科医学医教研及全科住院医师规范化培训工作,现为四川省卫生厅全科医学学科带头人,教育部高等学校全科医学教育指导委员会委员;中国医师协会全科医师分会常务委员、中华医学会全科医学分会委员;四川省医学会全科医学分会副主任委员、四川省医师协会全科医师专委会副主任委员;四川省预防医学会理事、慢性病防治专委会副主任委员;四川省、成都市健康管理专委会委员、主任委员。

副主编简介

杜兆辉

　　世界家庭医生组织亚太地区青年委员、中国社区卫生服务中心主任联盟副主席、中华医学会全科医学分会委员、中国医师协会全科医师分会委员、上海医师协会全科医师分会副会长、浦东新区潍坊社区卫生服务中心主任。主任医师、全科医学博士（在读）。

　　从事社区卫生服务管理15年和社区教学工作10年。领衔完成上海市地方标准《老年护理院分级护理要求》。组织上海市全科医学专委会"全科医师沙龙"8年。带领中心成为首批"全国示范社区卫生服务中心""全国百强社区卫生服务中心"，拥有实用新型发明3项。获得上海市第六届青年医务管理十杰称号（2015）。

前　言

全科医学自引进中国以来,得到党中央、国务院的高度重视。从 2011 年《国务院关于建立全科医生制度的指导意见》的出台,到 2015 年《国务院办公厅关于推进分级诊疗制度建设的指导意见》和 2016 年《"健康中国 2030"规划纲要》的发布,都强调要强化基层医疗,发展全科医学,以全科医生为重点,加强基层人才队伍建设。全科医生作为居民健康的"守门人"和基层医疗服务的主力军,主要在基层承担预防保健、常见病多发病诊疗和转诊、患者康复和慢性病管理、健康管理等一体化服务。合格全科医生的培养是深化医药卫生体制改革,推进健康中国建设,促进医疗卫生服务模式转变的根本需要与必然要求。

全科医学的不断发展依赖于全科医学学科建设和全科医学专业人才培养。合理有效地利用基层医疗卫生机构的环境条件,具有高超的人文交流沟通技巧和扎实的临床能力,从而为人民群众提供优质、安全、便利的全科医疗服务,是全科医生必须具备的核心能力。核心能力培养的关键环节是全科医生临床操作技能的训练。为此,国内 17 位全科医学和各专科的专家汇集在一起,传承第 1 版教材的精华,借鉴国外全科医生核心技能要求,遵循全科医学住院医师规范化培训细则以及执业医师 24 项基本技能要求,针对基层临床工作的特点、需求与条件,编写了这本教材。

本书共分 17 章,首先概要介绍了全科医疗常用的临床操作技能以及人文关怀的理念、总体要求以及注意事项,然后根据临床诊疗的逻辑思维和一般流程,先后系统介绍了全科医疗接诊流程和问诊技巧;全身各系统的一般查体和妇、儿、眼科以及耳鼻喉科等特殊查体的要点与注意事项;血、尿、便、痰标本的采集要点和相关检测指标的结果解读以及影像学、内镜、心电图、超声、核医学等检查项目的适用范围或结果判读;内、外、妇、儿科和护理相关技能以及急症诊疗常用的临床操作技能和多种全科诊疗记录的书写规范,尤其增加了全科医生拓展技能的内容。本书旨在提高全科医生的日常诊疗能力,培养全科医生综合运用全科医学"以人为本"的服务理念、人文关怀的服务技巧以及基本临床操作技能,提供优质、便捷、人性化的医疗服务。在体例上加强了临床操作示例或示意图的运用,以更好地实现教材的针对性和实用性。

本书作为全科医学住院医师规范化培训教材,主要用于全科医学住院医师和全科医学研究生的培训,同时亦可作为基层医疗卫生机构管理人员和其他专业技术人员全科医学培训的教材,也可用于全科医生转岗培训。

值得一提的是,本书采用纸数一体的融合教材编写模式,纸制教材配备网络数字资源,包括 PPT、习题、微课、视频及图片等,以期通过更加生动形象的方式,为广大全科医生以及全科医疗从业者提供内容丰富、全面且实用性和指导性强的临床操作实践工具书。

在本书的编写过程中,编写团队的各位专家学者集思广益、通力合作,在编写思路和内

容上均进行了有意义的探索和创新,付出了许多努力。在此,一并表示诚挚的谢意。

由于我国全科医学发展和全科医疗实践尚处于探索发展阶段,而且我们的理论水平和实践经验有限,书中难免有不足之处,欢迎同行专家与广大读者多提宝贵意见与建议,帮助我们不断完善。

于晓松

2017 年 5 月 16 日

目　录

第一章　绪论 ………………………………………………………… 1
第一节　全科医疗中常用临床操作技能 ……………………… 1
第二节　全科医生临床操作中的人文关怀 …………………… 4

第二章　问诊 ………………………………………………………… 9
第一节　问诊的一般要求 ……………………………………… 9
第二节　问诊的内容 …………………………………………… 12
第三节　全科问诊方式与技巧 ………………………………… 18
第四节　全科医生应诊能力的评估 …………………………… 25
第五节　问诊技能训练与展望 ………………………………… 26

第三章　体格检查 ………………………………………………… 28
第一节　基本检查方法 ………………………………………… 28
第二节　一般检查 ……………………………………………… 31
第三节　头颈部检查 …………………………………………… 38
第四节　胸部检查 ……………………………………………… 42
第五节　腹部检查 ……………………………………………… 46
第六节　生殖器、肛门、直肠检查 …………………………… 54
第七节　脊柱与四肢检查 ……………………………………… 56
第八节　神经系统检查 ………………………………………… 60

第四章　基层常用实验室检查 …………………………………… 67
第一节　概论 …………………………………………………… 67
第二节　血液标本的采集和处理 ……………………………… 68
第三节　临床血液学检验 ……………………………………… 70
第四节　排泄物、分泌物及体液检验 ………………………… 72
第五节　临床常用生物化学检验 ……………………………… 77
第六节　其他常用实验室检查 ………………………………… 82
第七节　床旁检测 ……………………………………………… 85

第五章　基层常用心电学检查 …………………………………… 90
第一节　心电图检查操作与解读 ……………………………… 90
第二节　动态心电图 …………………………………………… 98
第三节　心电图运动负荷试验 ………………………………… 100

第六章 基层常用放射检查 ……………………………………………………………… **103**

第一节 头颅放射检查 ………………………………………………………………… 103

第二节 胸部放射检查 ………………………………………………………………… 106

第三节 消化道 X 线检查 …………………………………………………………… 111

第四节 腹部放射检查 ………………………………………………………………… 113

第五节 四肢、脊柱放射检查 ………………………………………………………… 116

第七章 基层常用内镜、超声及核医学检查 ………………………………………… **120**

第一节 肺功能检查 …………………………………………………………………… 120

第二节 支气管镜检查 ………………………………………………………………… 124

第三节 胃镜检查 ……………………………………………………………………… 127

第四节 结肠镜检查 …………………………………………………………………… 129

第五节 常用超声检查 ………………………………………………………………… 131

第六节 常用核医学检查 ……………………………………………………………… 140

第八章 临床急救技术 …………………………………………………………………… **147**

第一节 心肺脑复苏 …………………………………………………………………… 147

第二节 心脏电击除颤 ………………………………………………………………… 153

第三节 急性上呼吸道梗阻 …………………………………………………………… 157

第四节 气管插管术 …………………………………………………………………… 161

第九章 其他常用急救技术 ……………………………………………………………… **163**

第一节 催吐、洗胃术 ………………………………………………………………… 163

第二节 三腔二囊管置入术 …………………………………………………………… 165

第三节 创伤的处理 …………………………………………………………………… 167

第四节 气管切开术 …………………………………………………………………… 177

第十章 常用手术相关操作技能 ………………………………………………………… **179**

第一节 无菌操作 ……………………………………………………………………… 179

第二节 手术基本操作 ………………………………………………………………… 180

第三节 穿脱隔离衣 …………………………………………………………………… 189

第四节 换药与拆线 …………………………………………………………………… 191

第五节 体表肿物切除 ………………………………………………………………… 195

第六节 浅表脓肿切开引流 …………………………………………………………… 197

第十一章 常用穿刺操作技能 …………………………………………………………… **205**

第一节 概述 …………………………………………………………………………… 205

第二节 胸膜腔穿刺术 ………………………………………………………………… 206

第三节 腹腔穿刺术 …………………………………………………………………… 207

第四节 腰椎穿刺术 …………………………………………………………………… 209

第五节 关节腔穿刺术 ………………………………………………………………… 211

第六节 骨髓穿刺术 …………………………………………………………………… 213

第十二章　常用妇女保健操作技能 ……………………………………………… **216**

　　第一节　盆腔检查 …………………………………………………………… **216**

　　第二节　子宫颈细胞学检查 ………………………………………………… **219**

　　第三节　阴道分泌物检查 …………………………………………………… **223**

　　第四节　孕期四步触诊检查法 ……………………………………………… **224**

　　第五节　骨盆外测量方法 …………………………………………………… **226**

第十三章　儿童保健相关操作技能 ……………………………………………… **229**

　　第一节　小儿生长发育评估 ………………………………………………… **229**

　　第二节　小儿查体方法 ……………………………………………………… **231**

　　第三节　婴儿配奶方法 ……………………………………………………… **234**

　　第四节　小儿药物剂量计算方法 …………………………………………… **236**

　　第五节　儿童智力发育筛查 ………………………………………………… **239**

第十四章　常用眼、耳、鼻科操作技能 ………………………………………… **243**

　　第一节　外眼的一般检查及检眼镜的使用 ………………………………… **243**

　　第二节　眼冲洗治疗 ………………………………………………………… **248**

　　第三节　结膜、角膜异物的处理方法 ……………………………………… **249**

　　第四节　鼻镜的使用 ………………………………………………………… **250**

　　第五节　耳的一般检查及耳镜的使用 ……………………………………… **252**

第十五章　常用护理操作技能 …………………………………………………… **255**

　　第一节　氧气疗法 …………………………………………………………… **255**

　　第二节　吸痰术 ……………………………………………………………… **257**

　　第三节　胃管置入术 ………………………………………………………… **259**

　　第四节　导尿术 ……………………………………………………………… **261**

　　第五节　灌肠法 ……………………………………………………………… **264**

　　第六节　注射法 ……………………………………………………………… **266**

　　第七节　静脉输液与输血 …………………………………………………… **274**

第十六章　病历与处方书写 ……………………………………………………… **279**

　　第一节　门（急）诊及留观病历 …………………………………………… **279**

　　第二节　住院病历 …………………………………………………………… **280**

　　第三节　家庭病床病历 ……………………………………………………… **288**

　　第四节　SOAP 接诊记录与随访记录 ……………………………………… **289**

　　第五节　转会诊记录 ………………………………………………………… **291**

　　第六节　处方书写 …………………………………………………………… **293**

　　第七节　健康档案 …………………………………………………………… **295**

　　第八节　电子病历 …………………………………………………………… **297**

第十七章　全科医生拓展技能 …………………………………………………… **300**

　　第一节　健康风险评估技术 ………………………………………………… **300**

第二节　老年人健康综合评估技术 ·· 305

第三节　社区精神心理疾病常用评估量表 ·· 310

第四节　家庭访视技术 ·· 317

第五节　孕产妇及新生儿家庭访视技术 ·· 319

参考文献 ·· 324

中英文名词对照索引 ·· 327

第一节 全科医疗中常用临床操作技能

一、全科医学的基本理念与全科医疗的任务

全科医学,又称家庭医学,是一个面向社区与家庭,整合临床医学、预防医学、康复医学以及人文社会学科相关内容于一体的综合性医学专业临床二级学科;其服务范围涵盖了各种年龄、性别、各个器官系统以及各类疾病。其主旨是强调提供以人为中心、以家庭为单位、以整体健康维护与促进为方向的长期负责式照顾,并将个体与群体健康照顾融为一体。全科医学范围宽广、内容丰富,涉及内、外、妇、儿等临床医学学科,社会医学以及行为医学等学科,但并不是上述学科内容的简单相加,而是既与各专科有交叉,但又有独特的知识技能和态度/价值观,其依据服务于社区和家庭、维护与促进健康的需要,将各门相关知识、技能有机地融为一体,对于社区和家庭中各类服务对象的基本卫生服务需求有全面而透彻的研究与把握,注意其个体、家庭、生活方式和社会环境,从宽广的背景上考察健康和疾病进程,在社区条件下作出适当的评价和干预。

全科医疗是将全科/家庭医学理论应用于患者、家庭和社区照顾的一种基层医疗保健的专业服务。也就是说,全科医疗作为医学专科医疗和医疗保健系统的"守门人",其致力于在基层医疗服务中为个体提供以人为中心、综合性、持续性的照顾,其服务对象不分年龄、性别、疾病或器官系统,其服务范畴包括家庭和社区,而其服务重点就是提供全方位的照顾。全科医疗的特点包括:强调持续性、综合性、个体化的照顾,强调早期发现并及时处理疾患,强调预防疾病和维持健康,强调在社区场所对患者提供服务,并在必要时协调利用社区内外的资源;最大特点是强调对当事人的"长期负责式照顾",这意味着其关注中心是作为整体人的服务对象,并对其长期负有管理责任。全科医疗的诊疗策略,最重要的就是对产生症状的最可能病因做出初步诊断,同时排除严重的疾病。任何症状均可能提示着一种严重的病症,必须及时识别出少见而危险的、但又可治疗的疾病。在疾病发展过程中,还要警惕新的问题——合并症的发生。另外,应能判断急症,给予最基本的紧急处理,必要时予以正确处理后的紧急转诊。

二、全科医生的能力要求与全科医疗中常用的临床操作技能

全科医生是经过全科医学专业培训,临床技能全面、医德高尚的高素质基本医疗保健人才,富有独立工作能力,对个人、家庭及社区提供便捷廉价的防、治、保、康全方位的优质服务。作为应用全科医学理论提供全科医疗服务的主体,全科医生负责为整个国家医疗系统、社区环境提供首诊服务,作为居民健康的"守门人",主要在基层提供基于有限检验检查的

临床诊断和有限设备的临床治疗服务,比如承担预防保健、常见病多发病诊疗和转诊、患者康复、慢性病管理和健康管理等一体化服务,帮助患者在早期阶段发现健康问题,并且管理慢性健康问题,防止疾病恶化或并发症发生,由此,对个人、家庭和社区提供优质、方便、经济有效的、一体化的基层医疗保健服务,进行生命、健康与疾病的全过程、全方位负责管理。也就是说,全科医生作为首诊医生,应能在社区独立地开展临床工作,提供综合性服务,诊治 80% 以上各种常见症状、常见疾病、常见问题,识别或排除少见但可能威胁患者生命的疾病(问题),及时正确处置和转诊;能沿着人的生命周期提供以人为中心的照顾;着眼于社区人群的健康维护、疾病预防和疾病控制;具备良好的协调与沟通能力,信息收集、利用与管理的能力,社区卫生服务和全科医疗服务管理的能力,自我学习和发展的能力以及基本的教学能力。因此,全科医生比专科医生涉及范围更广泛,工作独立性更强,并且缺少高技术辅助手段。全科医生必须比专科医生有更全面的病史采集的能力,物理诊断的能力,临床思维与判断的能力,跨学科、跨领域、多层面、广范围认识与解决健康与疾病问题的能力。

综上所述,全科医生需要有效的利用基层医疗条件,通过合理充分的病史收集、体格检查、实验室检验与检查、常用临床操作、全面而有条理的诊疗记录以及其他必要的特殊技能,从而出色地完成基层诊疗工作任务。因此,全科医疗中应具备的基本临床操作技能如下。

(一)详细而全面的病史收集

以主诉为主线的现病史、个人的既往史、家族史、社会行为史都至关重要,据之可对 80% 的问题做出初步判断。全科医疗的接诊流程是否科学、问诊沟通是否有技巧,对全科诊疗的过程和效果均有重要影响。全科医生不但要耐心倾听、了解症状的性质和病程特点;更要注意同语言性信息同样重要的非语言性线索,如有肌肉骨骼疼痛的患者按摩疼痛部位等。因此,接诊与问诊能力被列为全科医疗的首要临床技能,需要全科医生掌握并灵活运用。与专科诊疗不同,全科医生的问诊应实现全科医学"以病人为中心"的理念,把服务对象看作是一个人,而不是一部损坏的机器,"疾病"与"健康"对应的不是"主诉"与"症状"的有无。医生的接诊强调要进入服务对象的"生活世界",站在服务对象的社会、教育、文化背景基础上,从服务对象的角度来看待健康与疾病。将"以疾病为导向"转为"以健康为导向",关注服务对象是否存在提示疾病早期或未分化状态的"红色警报症状",以进行有针对性的体检、检查或干预,实现疾病的预防或早期发现。接诊时间的高效利用、沟通交流的顺畅和谐、医患关系的良好建立以及对服务对象社会、文化、教育、生活背景,健康与疾病信念和就诊期待的全面了解,均是对全科医生问诊技能的基本要求。

(二)全面而有重点的体格检查

体格检查的选择与完成能力是体现全科医生的综合基本功底,也是全科诊疗得以顺利实施的基础。全科医生对患者的体格检查应根据病史和初步判断全面而又有重点选择性地进行。细致的体检对捕捉早期和模糊的体征十分重要。与专科医疗相比,全科医疗的查体范围更广,一般查体项目通常包括头颈、胸、腹、生殖器、肛门、直肠、脊柱与四肢以及神经系统检查。另外,还包括外科、眼科、耳鼻喉科以及妇儿等特殊查体。"以人为中心"的服务理念、有技巧的医患沟通应贯穿于全科医疗查体的全程当中。

(三) 常用实验室检验与检查的选择与结果解读

全科医生应根据病史与体检结果,本着合理充分利用基层条件实现最佳诊疗的目的,为患者选择经济方便且针对性强的实验室检验与检查项目,以辅助完成基层常见病、多发病的诊疗。因此,全科医生技能培训的重点还包括:血、尿、便、痰标本的采集要点以及常用检测指标,如血糖、血脂、血常规、尿/便常规检验的结果解读;头、胸、腹的影像学检查包括 X 线、CT、MRI、超声等的适用范围或结果判读;腔镜系统检查如支气管、胃、肠镜;以及心电图、肺功能、核医学等相关检查的适用范围和结果解读等。

(四) 以诊疗为目的的常用临床操作技能

负责首诊的全科医生需要为患者施行常见病、多发病的一般处置及各种急症的紧急处理,因此,全科医生需了解或掌握如下基本操作技能:包括基本生命支持、高级心肺复苏等常用心血管复苏技术;窒息、创伤、骨折的一般处理;切开、缝合、包扎、止血,小伤口清创缝合、换药、拆线等简单手术操作技能;骨髓与胸、腰、腹、关节腔等浆膜腔穿刺技术;洗胃、导尿、吸痰、注射、输液、输血、吸氧等护理技术;以及小儿生长发育与智力评估、查体、奶粉配制、药物剂量计算等儿科保健技能和宫颈图片、阴道分泌物悬滴检查等妇科专业检查技能等。

(五) 全科诊疗记录与拓展技能

作为基层医疗服务的主力军,全科医生为服务对象提供的是以生物 - 心理 - 社会医学模式为指导、以人为中心、以家庭为单位、以社区为基础、以预防为导向、从健康到疾病到康复、动员各方力量通力合作的全方位的服务。因此,诊疗记录必然要包括门(急)诊、住院、家庭病床、电子病历、健康档案,SOAP 格式接诊与随访记录、转/会诊记录等。服务技能上也要扩展至精神心理疾病筛检、健康风险评估、家庭访视、重点人群(包括老年人、新生儿、孕产妇)访视与保健评估等。

三、医学模拟教学是临床操作技能培训的重要手段

临床操作技能的训练是医学教育的重点,而临床实践训练则是将操作技能知识转化为临床能力的关键。但是,随着疾病种类和病情的复杂化,人们法律和维权意识的增强,医疗伦理法制的完善,以真实“患者”或“人体”为载体的传统医学教学日益举步维艰。应运而生的医学模拟教学,作为一种新兴的教学方法,在联合国教科文组织所列的教学方法的知识传授、分析力培养、态度转变、提高人际技巧、学员接受力以及知识的留存力等六大要求上,与其他教学方法相比均位居榜首。

医学模拟教学已逐渐成为应用越来越广泛的教育学科与医学培训手段,通过利用多种局部功能模型、计算机互动模型以及虚拟仿真等模拟系统创设高仿真模拟患者和临床情景来代替真实患者进行临床医学教学实践与考核,以更加符合医学伦理学、科学和人性化的方式,培养医学生敏捷正确的临床思维,全面提高学生的临床综合诊断能力及各项临床操作技能,从而有效减少医疗事故和纠纷的发生。随着材料学、制造业、现代仿生学以及计算机技术的发展,医学模拟教学的技术手段日益完善丰富,并且在临床医学教学实践中展示出重要优势,如:呈现真实情景,提供安全的学习环境,允许反复实践,提供重要及罕见的病例,反馈及时可靠,可培养批判性思维和解决问题能力等;教学时间方便,训练难度可调,过程可控制,并可随时停止或重新开始,训练过程可记录和存放,有利于培养批判性思维、临床推理、

知识综合能力,为学员提供了在逼真环境下实践的舒适及信心。因此,医学模拟教学已在各科如麻醉、心脏病学、妇产科学、急诊医学、危重医学、儿科学、护理和药学等学科创建并使用,广泛用于单项技能操作训练、团队训练、应急准备、复杂病案练习、客观结构化临床考试(objective structured clinical examination,OSCE)或客观结构化虚拟考试(objective structured virtual examination,OSVE)等。但是,作为一种教学手段,医学模拟教学也有其局限性:如不可能模拟全部临床过程,无法实现医学人文、交流与沟通技能、职业素养、医学伦理、教育患者等方面的培养,因此,医学模拟教学不可能完全替代床旁教学,两者各有所长,因此,应该根据教学目的与要求,将医学模拟教学与床旁教学加以合理应用、无缝整合,才能培养出更加优质、合格、高效的全科医学人才。

第二节 全科医生临床操作中的人文关怀

一、医疗目的与人文关怀

医学从产生的那天开始,其目的就是控制疾病,保障健康。而随着经济、社会、法律和政治等因素的变化,医学目的、医疗活动和保健政策也日趋完善。美国纽约哈斯廷斯研究中心在1996年提出新的医学目的,即预防疾病和损伤,促进与维持健康;解除由疾病引起的疼痛和疾苦;治疗和照料疾病,照料无法治愈者;避免早亡,追求安详。在实现这一医学目的的整体医疗服务活动中,越来越关注生命神圣、生命质量、生命价值和人类健康与幸福,关注人类身心健康与自然、社会和人之间的和谐互动和可持续发展间的互动。因此,医疗工作既是科学、又是艺术。医学实践应为医术与人文精神的统一。

"人文"内涵极其丰富,"人文"与人的价值、人的尊严、人的独立人格、人的个性、人的生存和生活及其意义、人的理想和人的命运等密切相关。人文关怀,一般认为发端于西方的人文主义传统,其核心在于肯定人性和人的价值,要求人的个性解放和自由平等,尊重人的理性思考,关怀人的精神生活等。也可以说是对人的生存状况的关怀、对人的尊严与符合人性的生活条件的肯定,对人类的解放与自由的追求。一句话,人文关怀就是关注人的生存与发展;就是关心人、爱护人、尊重人;是社会文明进步的标志,是人类自觉意识提高的反映。

广义上,在医疗工作范畴中,医学的服务对象是全人。那么,生物圈、文化构成人类生存的基本环境,人类是生活在这个基本环境中的基本单位。每一个人均是精神、意志和机体的组合体,生活在特定的家庭环境中。每一个人均有特异性的个人行为与生物构造,处于独特的生物、心理、社会、经济环境当中。另外,每个人均有特异的生活方式、个人时间、工作安排及社区环境。因此,个人健康取决于所有这些因素及其相互作用;而医疗服务也必须要兼顾上述所有因素来提供。医疗服务中的人文关怀是指尊重人的主体地位和个性差异,关注人丰富多样的个体需求,除了为患者提供必需的诊疗服务之外,还要为患者提供精神的、文化的、情感的服务,以满足患者的健康需求。

在全科医疗主导的基本卫生保健和全科诊疗工作中,尤其要求注重医疗行为与人文关怀的有机结合,建立长期稳定、良性互动的医患关系,进而确保患者安全与医疗照顾的质量。

基于上述指导思想,一定要避免下述两种情况:即对患者自主权的错误理解和第三方不恰当的干预。①医生若完全遵从患者的独立自主性,会导致患者控制其自身的医疗保健工作全过程,医生的高明医术就大打折扣甚至毫无用武之地。②当第三方、专业标准与自身信誉这些因素相互冲突时,医生必须保持对各方忠诚程度的平衡。医患关系的良好建立与成功维持将是非常重要的。

全科医疗中的人文关怀应该贯穿于患者就医的整个过程以及院外照顾全程,从门急诊患者的接诊、检查到取药离院,从住院患者的入院接待、检查和处置到服务保障,从健康人群保健、高危人群的健康管理和体检筛查到慢性病患者的病情照顾与监控随访以及善终服务。而医疗服务中必然涉及医生对患者实施临床检查与诊疗操作,该过程可以说是医患直接而亲密的接触过程,也是患者最能切身体验到照顾关爱与医疗质量的过程,因此,更加要求在医务人员的临床检查与诊疗操作中,加强对人文精神的培养与人性化服务的训练。一名合格的全科医生,不但要有精湛的医术,更要具备良好的人文素养。在患者的诊疗活动中,既要合理安排并熟练运用全科诊疗中所必需的临床检查与操作技能,更要懂得尊重患者的尊严和自主权,将两者有机结合起来,在诊疗全程中,始终让患者体验到温暖如春、体贴入微的照顾与关爱。在对患者的临床检查与诊疗过程中,始终体现对患者的人文关怀,是人性化的全科诊疗服务的重要内容之一,也是合格全科医生的基本能力要求以及职业发展的必要条件。

二、全科医疗临床检查操作中人文关怀的总体要求

首先要符合伦理要求,在具备整体观念的同时还要强调重视个体化表现与要求。医生不但是医疗服务提供者,更是一个内涵丰富的人,也像其所服务的患者一样,拥有自己的价值观、社会观、教育、态度与感受,并且带着自己的这些特点与患者建立了一对一且长期保持的医患关系。非常值得重视的是,医患关系内的主体双方在上述几方面可能存在很大差异甚至相互矛盾,从而影响医生为患者提供医疗服务的过程与结果。因此,医生务求在为患者提供临床检查操作服务时要做到实现医学目的的同时又符合患者的文化观念与习惯。

作为一名全科医生,应该在自己固有的态度、优势和弱点、价值观和信念的基础上,在与自己所服务对象的关系中致力于实现理解与学习,因此,要加强行为反思、洞察力和自我认知。每一位医生都要诚实客观的认识到自身的能力、优势、弱点和喜好,当必须为患者施行某项自己不擅长的临床检查或操作时,不能怕影响患者的信任度或自己的自尊心而强行为之,而是应该求助于周围的同事甚至转诊至专科医疗。

作为一名全科医生,应该给予他人公平尊重、避免歧视。在与患者、家属、同事以及相关的其他人打交道时,尽量采取非主观的态度,尊重他人的权利和尊严的同时,重视个体化与多样性。要认识到并采取措施消除自己、他人或医疗服务团队、体系内可能存在的歧视和不公平。在适当的时候,应该开诚布公地与他人如同事、患者讨论彼此的观点、价值观,并正视存在的冲突与差异。同时,保证为每一位服务对象提供平等的医疗保健机会,并激发其个人主观能动性配合诊疗。识别并正确处理医疗服务中的各种冲突,比如临床检查操作中的伦理冲突,作为临床医生的角色与患者的主张意愿或医疗机构的利益发展之间的冲突等。帮助营造各方均能畅所欲言、积极参与的医疗

环境,并且认真对待彼此的不同观点,对于任何一方的侮辱、专断、欺凌性行为绝不容忍或姑息,杜绝用患者所患疾病或患者的显著特征称呼患者。在制定临床检查操作计划及决策时,医生应在充分了解患者想法、关切和期望的基础上,结合病情需要,与患者共同协商确定。临床检查操作前应采用适当的方式加强与患者的交流沟通,增强患者对临床检查操作的理解,实现患者在充分知情的基础上做出既满足自身需求又有利于诊疗配合的决策,同时避免医患纠纷及投诉。另外,在临床操作检查过程中,应及时敏感地发现患者的不适反应、反馈或投诉,在真诚致歉的同时应及时调整医疗行为加以补救。最后,应以公平客观,诚实公正,认真细致的方式记录临床检查操作的过程与结果信息。并且以患者可理解的方式向患者细致充分地传递相关信息,求证患者对相关概念的理解是否正确。

三、全科医疗常规临床检查与操作中的注意事项

(一) 检查者的准备

医生仪表整洁、端庄,穿着、发式得体,指甲要剪短。规范洗手、用消毒液进行手消毒后方可进行检查。根据规定佩戴医学专用手套、根据最佳实践指南安全有效地使用设备和检查器械、遵守无菌操作规程,避免导致医源性感染。确保在各种情景下(医院诊疗室、家访、急诊等)均能够熟练准确的完成所要执行的临床检查与操作。

(二) 检查环境的准备

检查室、诊室温度要适宜,被检查者裸露的部位不应感到寒冷。室内光线要合适,视诊应在间接光线下进行,亦可借助灯光。某些检查,如黄疸、发绀的观察,最好在自然光下进行。

(三) 检查器具的准备

应根据检查需要准备器具及配套设施。常用的检查用品包括压舌板、手电筒、听诊器、血压表(计)、消毒湿纸巾或洗手液等。确保电源、插头有电可用。另外,眼科、耳鼻喉科、妇产科检查还需要准备相应的专科检查设备。尽量避免在检查期间缺少某一用品,而延长患者的检查时间。

(四) 检查前征得患者同意并交待检查相关事项

针对操作性的处理和检查,要采用患者能理解的语言向患者讲明检查目的、意义、过程步骤、可能的不适和风险、检查前后的注意事项,为患者提供基于证据的信息,确保患者完全理解,使其在身体和心理双方面做好准备,才能更好地取得患者的配合。遵守医疗法律要求,签署知情同意书,确保患者有自主行为能力或必要时血缘亲属或伴侣的参与。面对不同意进行必要检查和操作的患者,医生要做出冷静适当的反馈。

(五) 检查程序与技巧的要求

对于卧床患者,检查者须站在患者的右侧;对于坐位患者则根据检查操作需要确定医生的站位。首先,要按顺序进行临床检查,即由全身到局部,由上而下,由浅而深,由轻而重,由健侧至患侧的检查顺序,避免忽视全身而只注重局部。检查要全面系统,双侧对比,以免遗漏重要的阳性体征。其次,要结合诊疗需要采取有针对性的系统方法进行临床检查或操作,识别正常和异常的发现,要注意脏器的正常位置、大小以及常见变异,以免将腹直肌、浮肋、游走肾或器官异位误认为异常包块,合理安排进一步计划。此外,检查操

作时动作要轻柔,避免过度用力的暴力操作,防止患者因疼痛产生肌肉紧张,影响诊疗服务效果。下腹部检查操作前,必要时患者需排空大小便,以免影响操作过程或获得假阳性结果。

(六) 检查开始前进行有效沟通缓解患者压力与紧张感

检查前热情问候患者。针对患者的职业、年龄、性别和地区习惯,采用合适的语气、语言进行问候,对老年患者可与之握手,使患者感到舒服、亲切。如患者乘坐轮椅、平车或拄拐杖、搀扶进入诊室,医生应起身迎接,安顿好合适的位置后,再回到医生位置。与患者打招呼后,要先请患者坐稳后,再开始与之交流。与患者交流时,医生要注意位置、姿势、语言及肢体语言。医生要与患者进行面对面的交谈或侧身交谈,注意力要集中在患者身上,并表现出耐心、诚心,保持眼神的交流,认真倾听,并恰当地使用手势或肢体语言。也要认真听取患者诉说,收集患者的姿势、面部表情和肢体语言所反映出来的内容。在倾听的同时,还要认真记录。

(七) 实施检查的技巧

需要卧床检查时,需帮助或扶患者到检查床上就位。

冬季为患者听诊时,在听诊器接触皮肤之前,要用手温暖听诊器胸件,然后再进行听诊,既要保证患者的舒适性,又要避免检查不彻底、不到位。进行各项检查操作的整个过程中,采用合适的方式使患者放松,随时关注监测患者的各方面情况、最小化不适,并确保患者愿意继续接受检查或医疗操作。

(八) 实施检查操作要充分尊重并保护患者隐私

基于个体性格习惯、文化宗教等多方面因素影响,某些患者对检查操作隐私性的看法可能与众不同,医生应当做好事前交流、充分尊重并采取措施加以保护。若需要暴露患者身体进行检查时,身体暴露要适当,同时用衣物或被褥遮蔽不需要检查操作的部位。

(九) 儿科检查的注意事项

哭闹本身就是体征之一。要通过观察了解患儿病情,如有可能应与患儿进行交流,要以表扬为主,争取患儿的合作。专业检查注意事项参见第十三章。

(十) 妇科检查的注意事项

检查前应询问患者有无性生活史,无性生活史者禁止行窥阴器和经阴道、腹部双合诊检查,但可行经直肠和腹部双合诊。经期内应尽量避免经阴道检查,如怀疑非经期出血,则须行阴道检查以确定出血部位和大致出血量,但必须在严格消毒外阴后进行,要用一次性无菌器械或消毒合格重复性使用器械。每检查一位患者,应更换一次性臀部垫巾,以防交叉感染。专业检查注意事项参见第十二章。

(十一) 敏感部位检查的注意事项

医生进行男性、女性隐私部位如肛门直肠检查、内外生殖器检查时,应有适当的陪护人在场,如要求其他医务人员或经患者同意的其他人员在场。

(十二) 异常发现的处理

及时发现患者的不适,应予以安慰,必要时中止检查。发现异常体征,可反复检查或请其他医生帮助检查,如仍不能确诊,则可建议转诊至相应综合性医院借助仪器设备检查使其确诊,如心脏杂音,可借助超声心动图检查,了解瓣膜情况等。

（十三）检查操作完毕时妥善合理的安排患者的后续护理与随访

要协助患者由卧位坐起，或由坐位变为卧位。帮助患者时不要用力过猛。根据患者需求，对检查操作结果做必要的解释说明，加强后续护理与随访注意事项的交待，以使患者及相关人员更好配合进一步诊疗安排。检查操作中发现相关的不良事件或安全问题，要给予有利于医疗安全与质量的恰当处理。

（于晓松）

第二章 问 诊

问诊（inquiry）是病史采集（history taking）的主要手段，指医生对患者或相关人员进行系统询问获得病史资料，经过分析综合做出临床判断的过程和方法。问诊是遵循医学和社会科学发展规律，研究医患交流的理论和应用技巧的科学，是医生在知识和经验积累的基础上，通过收集病史及其他相关资料，不断推理、验证假设进而形成临床判断的逻辑思维过程。问诊是医生接诊患者的第一步，应贯穿于患者诊疗全程，在病情交代、与患者分享治疗决策和慢病健教管理等诊疗环节也应对问诊内容进行不断的补充。问诊采用以语言交流为主的多种手段和技巧，是每个临床医生必须掌握的基本功。问诊能力不但是一项重要的基本临床技能，更是全科医生医学知识、人文知识、思维能力和道德水平的重要考量标准。问诊的质量不仅影响所收集资料的完整性和准确性，也影响诊断和治疗的科学性和有效性。

全科医生在问诊交流过程中应始终以完成四项基本任务为目标：确认和处理现患问题、管理连续性问题、预防性照顾和改善患者就医和遵医行为。与传统问诊相比，全科医生问诊更强调协调患者-家庭-社会关系，更关注患者包括生理、心理在内的整体健康，关注与健康相关的家庭和社会背景因素，强调健康教育和疾病管理能力培训，尽其所能地提供帮助以满足患者需求。

随着信息技术的快速发展，一些与全科医学相关的问诊软件和问诊工具包被研发和应用，可促进全科医生问诊能力与临床思维能力的提高，应予以关注。

第一节　问诊的一般要求

一、适宜的场所

诊室的外观、大小以及布局都会影响到问诊的过程。为了充分保护患者的隐私，全科诊室最好是相对独立的一个空间，实行一对一服务。诊室内设有医生诊桌、电脑、患者座椅、诊床、洗手池、必要的诊疗器械（血压计、听诊器、阅片灯、检耳镜、检眼镜、手电筒、音叉等）等，诊床用不透明的隔断或帘子隔开，设施舒适。问诊环境要求清静和整洁、隔音、光线柔和、温湿度适宜、通风和卫生状况良好等。

全科医生应注意自己的位置、姿势以及与患者的距离（图2-1-1~图2-1-5）。

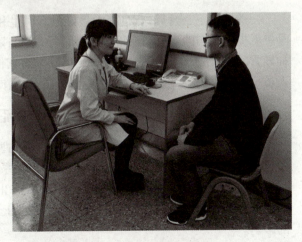

图2-1-1　合理的医患位置

9

图 2-1-2　医生与患者坐在诊桌同侧,通常用于合作方

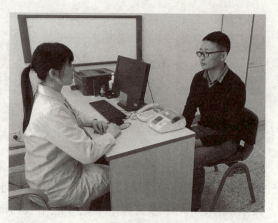

图 2-1-3　医生与患者坐在诊桌对侧,通常用于谈判

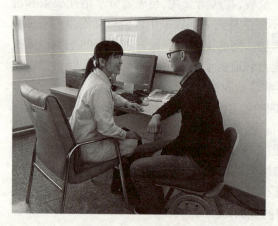

图 2-1-4　距离过近

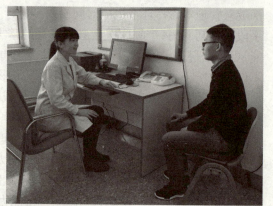

图 2-1-5　距离过远

医生与患者宜保持 90° 垂直位,距离保持在适宜沟通的空间范围,半米左右为宜。

二、参与问诊人员

　　一般情况下,全科诊疗过程中最好只有医生和患者参与,这样有利于保护患者隐私,鼓励患者提供真实的病史。老年人、儿童、听力语言障碍者、极度衰弱甚至神志不清的患者、精神异常的患者应有人陪同或代诉病史。如果有其他相关人员参与问诊,如医学生、观摩学习人员、考核人员或参与诊疗的其他专业人员等,需向患者介绍并征得患者同意。

三、建立融洽关系

　　良好的医患关系始于问诊,与专科"主 - 被动型"医患关系不同,全科医生应致力于与患者建立"指导合作型"和"共同参与型"的医患关系。

　　全科医生不但应注意自己的仪表、语言和举止,还要意识到自己的年龄、性别、学历、技术水平、知识面、观念、态度和交往能力等因素,均会对问诊中与患者建立融洽关系造成一定的影响。

　　全科医生首先要以敬畏和谦恭之心接诊患者。当今患者通过互联网和传媒等渠道获取医学知识的机会大大增多,当面交流已经不是患者获取医疗信息的唯一途径,多数情况下医生已失去了因信息不对称而造成的绝对权威,医生必须坚持终身学习,不断扩展知识面,才能更多地赢得患者信任。除此之外,不断增高的医疗费用、负面的报道、技术医学的盛行等均增加了与患者建立并保持融洽关系的难度。接诊中贬低同行、同事或对其他医疗机构不负责任的评价,既不能抬高自己,也无益于构建医患互信与和谐关系。

在面对不同教育程度、不同背景、不同职业的患者时,全科医生一定要一视同仁。社会阶层的差异不应是沟通信息的障碍,要更加重视社会地位和受教育水平低的患者的倾诉。要注重来自不同民族和地区的患者在文化、宗教信仰方面的差异,不同文化背景的患者对各种医学词汇的理解有较大的差异。需采用通俗的语言,避免使用晦涩的医学术语。

在问诊时间分布上经常存在着两种不同的倾向。在面对部分过分唠叨的患者时,医生不能以无动于衷和不耐烦的态度来回应。医生经常把患者喋喋不休的叙述简单归结为情绪焦虑或更年期,此时不仅容易忽略重要的疾病信号,也容易遭到患者抱怨与投诉。另一种倾向是医生说的过多,患者仅是被动应答或是应答过于简短,自始至终没有一个完整的句子,也不利于获得患者真实的病史。全科医生应注意合理安排倾听和询问的时间比例,否则难以形成融洽的医患关系。

年轻的医生,特别是年轻女医生易受到患者的轻视,通常表现为患者下意识地对病情有所保留,或是质疑医生的诊疗建议等。部分患者认为年轻医生经验少、资历浅,只能承担配药、初级保健和简单治疗等任务。此时全科医生需建立自信心,凭借渊博的知识、扎实的基本功、耐心细致的交流技巧,树立医生威信,赢得患者的信任和尊重。

在问诊中如需涉及家族遗传信息、基因检测、优生优育筛查、辅助生殖技术等生命伦理话题,以及任何患者不愿披露的隐私或检查结果时,一定要在承诺保密的前提下,向患者说明询问的原因,十分慎重和巧妙的提问,以免影响互信与进一步交流。

四、不同类型的问诊安排

面对不同需求的患者应采用不同的问诊程序和内容,一般有以下几种情况:

(一) 初次就诊的患者

首先应遵循首诊病历档案的项目要求,逐条问诊并详细记录。在对本次就诊的主要问题(包括主诉、现病史、重要的既往史、个人史和家族史)展开详细问诊的基础上,问诊内容还应包括就医动因、罹患疾病背景、身心健康问题及其影响因素等,最后进一步澄清问题和处理现患疾病。

(二) 急症患者

问诊顺序直接以问疾病或健康问题为主,视病情将问诊和急救处理、转诊同步进行。等病情稳定后再按照上述问诊程序详细询问。

(三) 复诊的慢性病患者

按照疾病管理指南,已建立健康档案的慢性病患者需定期复诊。在查阅患者的健康档案和相关资料了解患者病情后,围绕现患疾病询问、教育和督促患者,落实慢病管理措施。重点询问患者自上次就诊以来的病情变化情况、对治疗的依从性、识别早期并发症的表现、询问疾病的影响因素并回答患者的疑问等。就诊疗过程中发现的问题给予指导并共同决定进一步的诊疗措施。对上级医院转回的患者,应认真复习相关病历资料并询问患者诊疗经

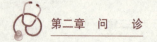

过,安排好后续治疗及随访。

(四) 留观、日间病房和住院患者

原则上按照标准病历的要求和程序问诊,需围绕患者本次住院的主诉和现病史,在问诊中进行相关症状的鉴别诊断,同时展开各系统回顾性问诊,注意询问患者相关的家庭、社会和心理等因素,全面了解和掌握患者的情况。

(五) 需要安排转诊和复诊的患者

全科医生要从对患者实行全过程照护的角度思考和处理临床问题,应依据全科与专科在患者诊疗中的业务定位与分工,将问诊与向专科分诊、转诊的任务相衔接,充分了解患者对于转诊、复诊的想法和意愿。对转诊到医院专科的患者进行及时随访,以便配合医院完成后续的诊疗。

五、全科问诊的思维逻辑顺序

思维逻辑指采用科学的逻辑方法,准确而有条理地表达自己思维过程的能力。全科问诊与其他专科不同,横跨生物医学、心理学、社会学等不同学科,纵贯预防、治疗、康复等不同阶段,是医生根据患者的具体情况,不断进行思辨、预判、假设、验证和逻辑推理的过程。

因此,全科问诊要突破医学传统三级学科划分的认知限制,不仅要采集所有相关的病史资料,还要采集大量的心理、家庭、社会背景因素,集中体现了医学模式从传统生物医学模式向生物 - 心理 - 社会模式的转变。

从疾病不同发展阶段看,全科问诊介入疾病链条的每个环节,不只关注疾病的症状,还关注从疾病的风险评估、筛查、一级预防到急性情况识别、二级预防与康复的全过程。并对患者的疾病因果观、健康信念模式等进行全面了解,从而为患者制定个体化的诊疗和康复、二级预防策略。

最后,全科问诊围绕问诊的主体内容(主诉、现病史、既往史、系统回顾、个人史、家族史等)展开,是全科医生对患者病情按照一定的逻辑和顺序,系统地、有目的性和针对性地提问,把握和正确理解患者诉说的内容,不断筛选最优判断的过程。这一过程充满了存疑、证实与证伪预判,是经过不断思考、遴选最优判断的科学推理过程,有赖于全科医生的学识广度与深度、经验积累、沟通能力等。高水平的全科医生问病史时,对交谈的目的、进程、预期结果应做到心中有数。

第二节　问诊的内容

一、全科患者全面问诊内容

全科医生接诊的对象是以各种疾病症状为主诉的患者,涉及疾病不同阶段,一病多因与多病共存都很常见。因此,全科问诊内容仍应以经典的住院患者全面问诊为范本而展开,以症状学为主干,同时关注患者心理、家庭和社会因素对疾病发生、发展和转归的影响。完成全面系统、具有全科专业特色的病史采集是全科医生接诊患者的基础工作内容。对于部分反复就诊的复杂、疑难患者,可适当增加问诊内容。对于病情稳定复诊的慢性病患者,问诊可相对简洁明了、重点突出。

(一) 一般项目

一般项目(general data)包括:姓名、性别、年龄、籍贯、出生地、民族、婚姻、通讯地址、邮政编码、家庭电话号码、工作单位、职业、就诊日期与科室、记录日期、病史陈述者及可靠程度等。

此外,还要询问患者医疗保险类别、联系人的联系方式等内容,记录在相关病案首页上。为避免问诊初始过于生硬,可将某些内容如职业、婚姻状况等在个人史中穿插询问。

(二) 主诉

主诉(chief complaint)为患者感受到的最主要的痛苦、最明显的症状/体征及其持续时间,是促使患者就诊最主要的原因。

主诉要求精炼,当包括不同时间出现的几个症状时,应按其症状发生的先后顺序排列。一般主诉所包含的症状只能是一个或两三个,不能过多。

(三) 现病史

现病史(history of present illness)是病史的主体部分,包括疾病发生、发展、演变和诊治经过的全过程(具体内容详见数字部分知识拓展 2-2-1)。

现病史需突出重点和特点。当患者多种症状并存时,尤其是慢性过程又无侧重时,应注意在患者描述的大量症状中抓住关键,需考虑并询问可能的相关因素。在初诊时可围绕某一个或者几个此次就诊最突出和急迫解决的问题,将其他症状或问题安排在下次就诊时进行解决。

(四) 既往史

既往史(past history)包括患者既往的健康状况和过去曾经患过的疾病,包括各种传染病、输血史、地方病史、外伤、手术史以及对药物、食物和其他接触物过敏史等,注意询问特殊人群的预防接种史,如老年患者流感疫苗接种、乙型肝炎患者家属乙肝疫苗接种、传染病流行季节的疫苗接种等。问诊中还要关注以往疾病的就医依从性情况,以便全面掌握患者情况,并提出有针对性的疾病防治管理建议。为避免遗漏,可按照和本次就诊有关的各系统疾病要点有顺序地补充询问,按时间先后顺序排列。

(五) 系统回顾

系统回顾(review of systems)用于最后一遍搜集病史资料,避免问诊过程中患者忽略或遗漏的症状或未曾诊断的疾病(具体内容详见数字部分知识拓展 2-2-2)。可帮助医生在短时间内扼要地了解患者除现在所患疾病以外的其他各系统,是否发生目前尚存在或已痊愈的疾病,以及这些疾病与本次疾病之间是否存在着因果关系。全科医生应围绕各系统常见病的症状展开系统回顾,特别注意常见病的阳性症状表达、疾病之间的关联、疾病的局部与全身症状的关系、本次就诊的疾病对其他系统健康的影响等。全科医生视角的系统回顾应紧密结合自身的工作特点而展开,就全科专业内应诊治的疾病、属全科范畴管理的慢性疾病和应由全科分诊和转诊至专科的疾病症状要区分询问。对属于全科诊疗范畴的疾病症状群要了然于胸,对这些疾病的临床表现和并发症要能从症状的问诊中做出判断。而对于难以解释的症状、某些危险症候信号要保持高度的警惕,及时分诊和转诊患者到相应专科进一步诊治。

(六) 个人史与生活史

个人史(personal history)与生活史(life history)包括患者的社会经历、职业与工作条件、习惯与嗜好、性生活史等。如患者的生活经历、受教育程度和业余爱好、生活习惯、卫生习惯、饮食习惯、起居习惯、运动习惯，是否有工作与居住环境的疾病暴露因素，家庭生活周期事件与社区流行情况，吸烟、饮酒的时间及其摄入量，睡眠习惯和睡眠质量，有无其他异嗜物和麻醉毒品接触史，重大精神创伤史，老年人还应询问手机和网络能力、性格特点、家庭成员情况、是否独居、生活环境、社区环境、社区社会经济文化因素、社区组织和人口、邻里关系、人际关系等与老年人心理、健康和疾病密切相关的情况。年轻患者需注意询问工作压力与工作环境、劳动保护情况、人际关系、有无网络依赖、镇静剂／麻醉毒品接触史等。儿童要了解出生前母亲怀孕及生产过程，喂养史和生长发育史。农村患者还需询问家庭厨房、厕所、饮水等情况。

（七）婚姻史

婚姻史（marital history）包括未婚或已婚、结婚年龄、配偶性格与健康状况、性生活情况、双方情感支持与交流。

（八）月经史与生育史

月经史（menstrual history）包括月经初潮的年龄、月经周期和经期天数、经血的量和颜色、经期症状、有无痛经与白带、末次月经时间、闭经日期和绝经年龄，按照规范格式记录。

生育史（childbearing history）包括采取优生优育的措施情况，人工或自然流产的次数，妊娠与生育次数，产后保健与恢复等情况，有无巨大儿生产史，有无死产、手术产、围生期感染等，是否母乳喂养，避孕措施等。男性患者应询问是否患过影响生育的疾病。在询问时需谨慎，采用合适的方式，必要时说明询问的原因及其与疾病的关系，以免引起患者的抵触情绪。

（九）家族史与家庭评估

家族史（family history）应询问双亲与兄弟、姐妹及子女的健康与疾病情况，特别是应询问是否有与患者同样的疾病，有无与遗传有关的疾病，对已死亡的直系亲属要问明死因与年龄。某些遗传性疾病还应了解父母双方亲属。针对原因不明的与患者家庭相关的健康问题，经常需要对患者家庭的功能状态、家庭资源和家庭成员进行家庭评估，从而得出适合个体、家庭问题的解决途径，实现以家庭为单位的照顾模式。主要包括以下内容：

家庭基本资料及家庭成员基本情况：家庭名称、家庭地址和电话，每位家庭成员的姓名、性别、年龄、家庭角色、职业、文化程度、信仰等。

家庭环境：家庭的地理位置、周边环境、居家条件、邻里关系、社区服务状况等。

家庭成员和家庭健康信念行为评估：包括家庭成员组成、职业与社会地位、文化程度、婚姻状况、生活习惯、宗教信仰、业余爱好、主要健康问题或潜在的健康问题，家庭生活方式、家庭成员健康知识与维护健康的责任意识，促进疾病预防和居家康复保健能力等。

家庭经济状况评估：包括家庭主要经济来源、年总收入、年总支出、消费内容、消费观念等。

家庭结构与生活史评估：包括家庭类型、家庭角色、家庭权力中心、家庭感情氛围、沟通方式、健康价值观等，主要的家庭生活事件、家庭生活周期、家庭问题、家庭凝聚力、家庭生活周期与发展阶段健康问题、家庭资源、自我保健及利用卫生资源途径等。

二、全科医学问诊的特点及内容

全科医生与专科医生在服务模式、工作分工、医患关系等方面具有不同的特点，体现在问诊中也有很大不同。

首先,在问诊内容和目的上,专科医生问诊时更关注疾病及相关治疗,而全科医生除注重疾病本身之外,还注重询问心理、家庭、社会因素并提供人文关怀。实现预防保健、常见病多发病诊疗和转诊、康复和慢性病管理、健康管理一体化的诊疗服务。

第二,在医患关系上,患者通常由于单一疾病去医院短期诊治,与专科医生之间多为不固定的、医方主动与患方被动的关系。而全科医生用全人观念对患者实行连续全程身心照护,接诊后要在患者参与下,共同配合完成对患者的综合管理,医患关系相对固定,以指导合作和共同参与式的关系为主。

第三,在问诊交流上,专科医生以解决疾病专科治疗问题为导向,接诊快速高效,但容易忽略患者的心理感受以及患者心理、家庭、社会因素在疾病发生、发展和演变中的作用,从而影响诊疗效果和患者满意度及预后。而全科医生不仅要问病,还要问人、问关系、问背景、问影响因素等,在关心患者躯体疾病的同时也要关注患者的心理感受,深入了解患者情况并采取综合干预措施,并尽可能满足患者需求。

因此,全科医生的问诊主要围绕两条线展开,一条线延续传统问诊内容,围绕疾病发生、发展及预后的线索。第二条线围绕患者得病后的身心感受,深入了解疾病对患者生活的影响以及患者对疾病和健康的想法和观念,了解和尽可能满足患者的需求。只有两条线同时问询才是一个完整的全科问诊过程,有助于全科医生更完整的了解病情和为患者制定个性化的诊疗方案。

(一)问诊导入

指正式问诊前的开场白和准备。问诊前需预习患者信息和既往诊疗情况,便于掌握交谈的目的、进程和预期结果等。问诊开始时,医生应主动创造一种宽松和谐的环境以解除患者的不安心情。运用沟通的技巧和手段了解患者、打破僵局,如认真的观察、表示欢迎的态度、专注的倾听、平缓的语音和语调、超出患者意外的延伸服务、设身处地的安慰,均有助于在短时间内消除患者的紧张情绪、取得患者信任。询问患者一般情况,了解和消除患者可能存在的影响交流的因素。以开放性问题作为诊疗的开始,如询问"我能为您做些什么"。

(二)现患疾病的问诊展开

首先是询问患者此次就医的主要原因,识别疾病的严重程度。大多数患者就诊是因频率高且顽固的症状,或症状干扰了患者的工作与生活,这部分患者的躯体症状明显,要给予重视。有的患者由于疑病症或是心理焦虑就诊,有的患者属于机会性就医,或因有可及性的医疗资源而就诊,此时需要更多的交流以发现患者的潜在问题。

全科问诊应按照由表及里的顺序展开,采用开放式的问诊方式,不诱导、不选项、不推理,不受学科专业影响,甚至不受患者感受的限制。典型的问题如"您希望我帮您解决什么问题?""您为什么这个时候来看病?"等。当患者说出主要的问题之后,可围绕问题假设,与其他问诊方式相结合,如"睡眠好不好?""头痛不痛?"等。逐一询问和记录症状的诱因、时间、性质、程度、变化的过程及规律、就医经过等,有利于在短时间内对患者的问题有一个比较全面的了解。根据现患疾病的症状,问诊时间轴向前和向后延伸。向前要问到和疾病相关的诸多背景因素,注意询问危险因素。向后要为患者制定个性化的治疗方案以及提高患者遵医行为提供指导。在询问当前健康问题时,还需关注急危重症的识别、急救处理与及时转诊。注意识别复杂疾病和疑难疾病的表现,以及患者可能存在的提示疾病进展与恶化的危险信号,早期识别和干预,及时转诊。注意在问诊中查找局部症状与全身疾病的关联线索,避免全身疾病的误诊或漏诊。

(三) 深入了解与疾病相关的背景因素

1. **疾病背景** 疾病是人体内外环境失衡的结果,问诊需关注导致人体内环境紊乱的生物因素,而在当代,很多全科医生面临的主要疾病与生活方式相关,需要在问诊中高度关注外环境中非生物性致病因素。大量证据表明,某些特定的疾病与非生物性的社会因素存在直接的因果关系,同时社会心理因素与疾病的症状表现、程度、持续时间高度相关。精神压力、不良习惯、烟酒与药物滥用等都会直接或间接引发疾病。全科医生了解这些疾病相关背景,有助于帮助患者努力改变不良的社会行为与生活方式,摆脱疾病困扰。

2. **个人背景** 除了要了解与个人健康状况相关的不良生活方式和生活环境因素之外,还要了解患者的教育背景、职业、社会地位与经济状况等信息。教育、地位和收入等因素在一定程度上决定了疾病类型与患者的就医体验。穷人更容易暴露在高温、拥挤、污染、不洁饮食等环境下,高生活压力和低医疗保险水平等负面因素相互叠加,导致疾病的进展恶化甚至死亡。全科医生对这些弱势群体内心要尊重同情,强调纠正患者不当的生活行为习惯和不良就医行为,尽量选择方便、价廉的适宜治疗药物和技术等干预措施。

3. **心理背景** 心理因素在疾病的发生、发展和预后中起重要作用,压力多数源自于对各种急、慢性负性刺激的心身反映,诸如家庭生活中的婚变、单位工作上的不快、失业拮据、灾难等重大变故或慢性紧张均可诱发焦虑、恐惧、血压升高和全身内分泌紊乱,继而导致精神和躯体疾病。患者处在心理压力之下,对外界的评价与语言非常敏感和依赖,恶性刺激可使患者陷入精神崩溃的绝境,而良性心理疏导可以帮助患者走出困境。全科医生兼有心理医生的角色与职责,应注意询问患者的性格、潜意识矛盾与生活挫折的防御能力等,及时掌握患者心理背景与身心健康的关联状态,给予适当的心理支持措施。

4. **家庭背景** 家庭结构、功能与家庭生活的变故对很多疾病的发病、治疗和康复都有很大的影响,也会影响患者的健康与疾病观念、就医和遵医行为。全科医生在诊疗过程中要注意询问患者与家庭成员之间的相互作用关系和家庭资源情况,以及患者在诊疗中获得家庭情感支持、经济支持的力度等,进而为实施家庭干预提供依据,为患者减少家庭的不良影响、赢得家庭支持,可帮助患者坚定配合治疗和自我管理的意志力,实现居家治疗与康复。

5. **社会背景** 包括文化修养、宗教信仰、社会地位、社交网络与社会价值观念等。不同的社会背景因素将对患者的疾病和心理产生不同的影响,不但影响问诊和交流的效果,还影响患者的病情进展、预后以及依从性。探询患者的社会背景有助于理解其对健康和疾病发病及预后的影响,有助于利用社会支持手段辅助疾病管理,制定适合患者、更能让患者接受的疾病管理策略。

6. **社区背景** 社区背景对疾病可产生正负两方面的影响,既可"致病"也可"治病"。社区居住环境和人文环境是重要的疾病流行与控制条件,生活在同一个社区的居民共享空气和水源,人群密切接触,有相似的健康行为因素,会导致很多与社区相关的疾病。社区居民往往对健康和疾病有相似的认知,并在日常交往中相互影响,在疾病的诊治和康复过程中可起到一定的同伴支持作用。全科医生了解社区背景的目的,除了要关心社区因素对患者个体健康的影响,还要着眼于社区人群的慢性病流行问题。要利用社区这种新型社会自助形式,组织社区病友会,搭建专病网、家属网、微信群等虚拟社区,动员社区资源推行健康促进和疾病预防措施,让社区成为患者的康复场所。

（四）询问和引导的患者就医行为

1. 患者的疾病因果观 指患者对自身疾病原因与结果的看法。在问诊交流中,患者经常根据自己的疾病因果观来叙述病史,注重叙述支持自身疾病因果观的临床线索,主观的用其解释自身健康问题,并期待得到医生的认可。医生不能陷入患者的因果推定叙述,要正确理解患者陈述病情的方式以及症状的真实意义,引导患者走出自定的疾病因果模式,注意询问有意义的阴性症状。

2. 患者的健康信念模式 指患者对健康和疾病所持有的理念。很多患者常轻视疾病严重程度及易感性,对疾病后果缺乏认知。通常对这类患者采取预防、治疗与康复的干预措施不容易落实到位。因此,全科医生了解患者健康信念的目的,就是要采取针对性的教育形式触动患者的不良健康理念,令患者知晓不健康行为导致的个人功能致残、增加家庭负担和社会危害,同时让患者形象地感知健康促进的获益,从而引导患者心理依从,纠正不健康的疾病行为。如询问"您觉得自己的健康问题严重吗？"

3. 患者对疾病的主观感受和体验 疾病经常导致患者的生活质量下降,特别是当出现患者长期卧床、偏瘫失语、接受透析治疗、肠道造瘘等情况。包括高血压、慢性支气管炎、骨关节病等在内的很多慢性病也会对患者的生活质量造成一定影响。患者期盼融入社会、回归正常生活、恢复工作能力并减轻家人负担。接诊中可借助相关量表询问和评价疾病对生活质量的影响程度,获知患者对疾病的主观感受和体验,以便对诊疗进行临床及经济学的综合评价,选取最佳方案。对于严重影响患者生活质量的疾病,除采取缓解症状的治疗措施外,还应给予必要的心理辅导、心理支持、健康教育、护理指导等多种综合措施。

4. 了解患者就医的需求及期望 患者对医院和医生的就医需求可概括为"4C":方便(convenience)、关爱(care)、疗效(curative effect)和费用(cost),具体到每个具体患者还存在着一定的个性化需求。全科医生只有深入了解患者不同的就医需求,才能为患者制定个性化的诊疗策略,更好地满足患者的就医需求,提供超越患者预期的真正全科服务。

5. 患者对医生的期望 患者对医生的期望包括共性的期望和个性的期望。前者指绝大多数患者所共有的期望,如医生品德、医疗技术、服务技巧和就诊结果等,后者指患者与其他患者不同的个体化的期望,如延长休息时间或证明有病/无病的期望、索取某些卫生资源的期望、对某些医生特殊的要求等,有些可能是过分的期望。医生应努力满足患者正常合理的期望,有助于树立医生的正面形象和权威。对于患者不合理的期望,医生应区分不同情况加以引导,有些应采取恰当方式给予拒绝。

（五）患者的患病体验与治疗方式选择

指患者经历某种疾病时的主观感受,包括患者精神和躯体两方面的感受,精神方面如力不从心、孤独依赖、恐惧焦虑、恋生与厌世、恐病和疑病、病耻感等,躯体方面如长期持续性慢性疼痛导致的折磨、长期躯体症状导致情绪改变等。这些体验会影响疾病的发生、发展和演变,改变患者的就医和遵医行为。全科医生要询问和敏感捕捉患者的患病体验,给予指导帮助。一般来说,以下情况会更加深刻地影响患者的就医体验,进而影响到患者的就医遵医行为以及自我保健的态度:由急性病转入慢性时,出现无法治愈的长期相伴症状;对专科医疗服务不满意或专科服务不可及;现代医学能力有限,专科医生已告知缺乏办法;听说或意识到有可能的替代疗法;患者本人自我保健的意识很强,行为有效,自觉感知效果很好,认为没必要找大夫。医生要学会换位思考,及时发现患者的不同患病体验,并采取有效的应对或疏导办法。

(六) 问诊结束

问诊结束时医生应感谢患者的合作,说明下一步对患者的要求、接下来做什么、下次就诊时间或随访计划等。

第三节　全科问诊方式与技巧

一、全科问诊方式

在全科医生接诊患者的长期实践当中,总结了若干种便于记忆、突出全科特点的问诊和记录应用方式。这些方法依照基本问诊程序,高度概括和提炼全科问诊内容,帮助全科医生从纷杂的疾病线索中梳理重点要素,抓住重点、提高效率,特别是了解患者心理和社会等因素对疾病的影响。

(一) 以患者为中心的接诊五步骤 (LEARN) 模式

指全科医生在卫生服务、医疗诊疗过程中需要遵守的基本策略,也是需要依据的基本程序。

L (listen)——倾听。站在患者的角度倾听,收集患者所有的健康问题及对健康问题的认知和理解。

E (explain)——解释。详细收集所有可供疾病诊治的资料后,向患者及其家属解释对上述健康问题的诊断和看法。

A (acknowledge)——容许。在说明病情后容许患者有机会参与讨论沟通彼此对病情的看法,使医患双方对健康问题的看法趋向一致。

R (recommend)——建议。医生按所达成的共识提出对患者最佳或最合适的健康教育、检查及治疗建议。

N (negotiate)——协商。如患者对检查和治疗建议存在疑惑,需与患者进一步协商,最后确定医患双方均可接受的方案。

(二) 全科医生的 BATHE 和 SOAP 问诊方式

为遵循全科医学以人为中心的照顾模式,充分体现生物 - 心理 - 社会医学模式,Stuart 和 Lieberman 在 1986 年介绍提出 BATHE 和 SOAP (to BATHE) 的问诊方式及记录格式,可迅速有效地了解到患者心理、社会问题的核心。

1. BATHE 问诊方式　是一种开放性问诊方式,强调从患者的背景、情感、烦恼、自我管理能力四方面收集信息,使对患者的心理评估显得简明而有序,有助于将生物医学与心理学结合在一起,提高沟通效率。

B (background)——背景。患者可能的心理或社会因素。如“最近过得怎么样?”

A (affect)——情感。患者的情绪状态。如“近来心情如何?”

T (trouble)——烦恼。问题对患者的影响程度。如“这种担心意味着什么?”

H (handling)——处理。患者的自我管理能力。如“自己怎么处理的?”

E (empathy)——移情。对患者的不幸表示理解和同情,从而使患者感受到医生的支持。

如"你也确实是不容易呀！"

2. SOAP（to BATHE）问诊记录方式　主要用于缓解患者的心理压力和社会压力,最终也能达到 BATHE 问诊的目的。BATHE 问诊和 SOAP（to BATHE）问诊常结合使用,使问诊更体现以人为中心的照顾模式的优点。

S（support）——支持。医生把患者的问题尽量正常化、普通化,建立患者自信心,避免引起患者的过度恐惧和对解决问题失去信心。

O（objective）——客观性。医生科学、客观地看待患者的问题,保持适度的职业界限和自控,鼓励患者认清问题的现实性,充分了解患者对问题的担忧,引导患者客观对待现实问题,并给予患者克服解决问题的希望。

A（acceptance）——接受。鼓励患者接受现患问题和其他现实,对这些现患问题或其他问题不予判断,但要帮助患者树立对自身、对家人的乐观态度。

P（present focus）——关注现况。鼓励患者关注当前,做好现在要做的每一件事。

(三) 全科问诊中的 RICE

全科医疗中常用的一种以患者为中心的问诊方法。要求全科医生利用有限的接诊时间了解患者就诊的原因、想法、忧虑和对结果的期望,之后对患者的情况做出总结和回应。"RICE"问诊强调患者是自己的专家,医生是疾病的专家,问诊是两个专家之间的对话,是"疾病"发生、发展和"患者"患病后的独特感受的融合问诊。医生看的不只是病,而是患病的人,每个患者对同一个症状或疾病可以有完全不同的想法和观念,因而也会有完全不同的个性化处理方式。

R（reason）——原因。明确患者就诊的原因。如"为什么要来看病？"

I（idea）——想法。患者对疾病的看法和理解。"你自己认为出了什么问题？"

C（concern）——担忧。患者的担心和忧虑。如"你最担心的后果是什么？"

E（expectation）——期望。患者对就诊结果的期望。如"你希望医生如何帮助你？"

二、全科问诊技巧

(一) 观察的技巧

全科医生应注意观察患者的个体化特征,面对不同的患者和需求,必须采用不同的问诊方式和程序。首先判断是否急症,如果是急症,必须先解除病痛和生命危险,然后再深入了解患者及其健康问题。注意观察患者的面容表情、语言表述和词汇运用、步态和起坐姿势、衣着打扮、有无陪同人员等;有助于判断患者的病情、身份及性格特征等特点,对全科医生判断就诊患者的特点、健康问题的性质、患者的需要和期望等有重要的参考价值。

医生可通过观察患者的身体语言,更好地理解患者的心理状态和感受(图 2-3-1、图 2-3-2),修正医生的诊疗行为。

图 2-3-1　抑郁患者的姿态

低头、萎靡不振、无精打采,与桌子和人保持一定的距离

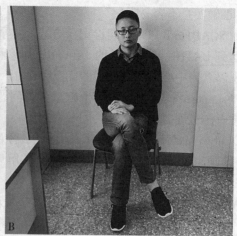

图 2-3-2　身体语言 - 隔阂信号
A. 双手交叉；B. 双腿交叉，关节处于屈曲状态；
C. 准备离开

（二）非语言技巧

非语言交流包括静态提示和动态提示，其中静态提示包括容貌修饰、衣着打扮等，动态提示包括面部表情、目光接触、身体姿势、距离、辅助语言等，是医患沟通中的重要因素，恰当的非语言技巧可使患者感到亲切温暖、值得信赖。

与患者交流时，医生要注意姿势、态度及身体语言（图 2-3-3、图 2-3-4），身体应稍稍前倾，注意力要集中在患者身上，并表现出耐心和诚心，保持眼神交流，认真倾听，恰当地使用手势或身体语言。停止其他一切无关的活动，不能一边接电话一边问诊，更不能一会儿站一会儿出去，最好没有别人打扰。要注意认真倾听患者的诉说，注意患者的姿势、面部

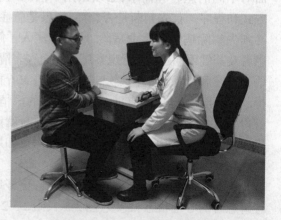

图 2-3-3　问诊时医生的正确姿势

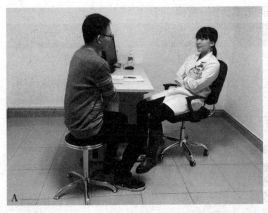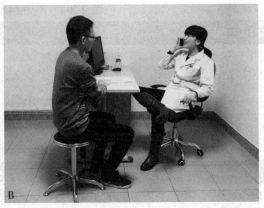

图 2-3-4　问诊时医生的错误姿势

表情和身体语言所反映出来的内容。记录时要尽量简单、快速,不要只顾记录而忽视与患者必要的视线交流。

辅助语言包括语音、语速、语调、语气等。医生说话的音质应比较低沉、浑厚,保持中等语速,音调不能太高,这样让患者觉得平和、可信、被尊重。如果声音高而尖,语速太快,会让患者觉得医生不耐烦、浮躁、粗心、不尊重人。

（三）提问的技巧

在恰当的时候,采用开放性和引导性的方式提问,避免具有暗示性的提问方式(表 2-3-1、表 2-3-2)。医生在接诊患者时,如把注意力集中在患者所患的疾病上,一般会采用封闭性问诊,即提问有明确的询问对象和目的,患者的回答也只能是选择性的和封闭性的,缺少充分回忆和倾诉的机会。而开放性问诊要求医生把注意力集中于完整地了解患者,既要了解患者所患的疾病,也要了解患者的心理、社会及就医背景等各方面情况,是一种对患者的开放式引导,医生要耐心地倾听患者的诉说,不轻易打断患者的诉说和思路,从患者的诉说中发现线索,找出问题所在。开放性问诊往往没有明确的询问目标和对象,只是提出一个话题作为开头,让患者充分提出自己的意见和看法,在时间允许的情况下,让患者围绕疾患充分的想象和倾诉,必要时可给予适当的引导,避免患者的诉说离题太远或占用太多时间。

不正确的提问方式可能得到错误的信息或遗漏有关的资料,应避免采取下列提问方式。

1. 诱导性提问或暗示性提问　在措辞上已暗示了期望的答案,使患者易于默认或附和医生的诱导,如:"您的胸痛向左手放射是吗？""用这种药物后疼痛好多了吧？""您难道就没觉得睡眠有问题吗？"

2. 责难性提问　可使人产生防御心理,如:"您为什么吃这么脏的东西呢？"

连续性提问:连续提出一系列的问题,可能造成患者对要回答的问题混淆不清,如:"哪里痛？怎么痛？饭前痛还是饭后？"每次只问一个方面的问题,越容易回答越好。

3. 杂乱无章的重复提问　会降低患者对医生的信心和期望,如在收集现病史时已得知患者有一个姐姐也有类似的头痛,如再问患者有无兄弟姐妹,则说明医生并没有认真倾听。需按一定的顺序提问,注意系统性和目的性。

表 2-3-1 不同的提问方式示例 - 疼痛

提问方式	示例	提问方式	示例
开放性提问	告诉我您怎么痛	诱导性提问	痛得很厉害吧
引导性提问	哪里痛	反问性提问	您想知道疼痛的原因吗
封闭性提问	是不是痛得很厉害		

表 2-3-2 开放式问诊与封闭式问诊的区别

	开放式问诊	封闭式问诊
问诊对象	一般以患者为中心,了解与患者有关的信息、主观体验和完整背景	以疾病为中心,了解与疾病有关的信息和疾病的客观证据
问诊方式	开放引导式问诊:提问没有可供选择的答案,只是引导患者回忆某些方面的情况,用患者自己的时间顺序、语言和观念来叙述	主观引导式问诊:提问有可供选择的答案,如好不好、痛不痛、有没有、是不是等
问诊内容	患者症状、既往健康状况、个人生活习惯、心理状况、疾病因果观、健康信念模式、疾患体验、疾患行为、人际关系、家庭生活、社区背景、社会生活等背景	问病、症状和体征、既往健康状况、个人史、家族史,直接针对需了解的问题,得到确切的答案
结果特点	得到的答案有明显的个体化	得到的答案有一定的规律性
主要优点	时间和目的限制较少;能让患者自由发挥,有利于医生全面了解患者的真实感受	直接针对需了解的问题,得到确切答案,节省时间,对处理急症患者尤为合适
主要缺点	患者可能抓不住重点,不知道哪些有关、哪些重要,问诊时可能浪费很多时间	时间和目的受限,提问涉及的范围较窄,容易固定患者的思维,难以获得全面详细的资料,不容易了解患者的真实感受,不适用于了解患者及其背景和主观体验

(四)倾听的技巧

倾听是一种鼓励交流的方式,当患者放开自己进行交流时,医生应该满怀兴趣和关注地去倾听。医生要用表示关注的表情和姿势等非语言的形式告诉患者,他或她有一个感兴趣的听众。倾听时身体要稍前倾,目光不时地注视患者,不做无关的动作和事情,及时给予反馈和鼓励,如点头、抬眉,医生可以插入一些简短的话语,如"是的"或"我明白了",也可以在患者简短的停顿时说:"啊!真的,这太重要了,接着说,别着急。"有时还可适当重复患者所说的话,以示重视和进一步澄清问题。遇到患者不太明白、不能理解的问题,应及时进行解释,尽可能与患者达成一致。当患者不知如何表达时,应提供例证、比喻,让患者选择。当患者情绪激动时,应表示理解,并转移患者的注意力,比如与患者交流自己的经历和感受。当患者情绪过于激动,说不下去时,应帮助患者进行调整。对抑郁或思维缓慢的患者,要有耐心,在患者沉默时,用轻柔的声音进行引导。要学会感谢患者的信任,把这么重要的事情告诉一声,感谢患者的合作和配合。

(五)说服的技巧

指运用一定的方法,通过信息符号的传递来影响患者的观念和行动,是全科医生综合素质的一种体现。医生用平时生活中的道理或亲身经历说服患者,用事实说服患者,用平常的生活道理说服患者,用激励的方法说服患者。说服患者时给患者更多的知识,纠正患者错误的认识,指导患者改变不良观念和生活方式,调整患者的心态,从而使患者树立信心、发挥潜能、主动康复。

(六) 其他问诊中需注意的问题

1. 鼓励患者提问,并认真回答患者的问题。

2. 适时归纳总结。询问病史的每个部分结束时进行归纳总结,可提供机会核实患者所叙述的病情,同时也可理顺医生的思路,避免遗漏。

3. 恰当运用一些评价、赞扬和鼓励的语言,可促使患者与医生的合作,如:"可以理解","您已经戒烟了? 真有毅力"。

4. 问诊不同部分之间使用过渡性语言,向患者说明将要讨论的新内容及原因,使患者不会困惑你为什么要改变话题以及为什么要问这些问题。

5. 注意引证核实患者提供的信息,如当患者使用某些诊断术语,医生应通过询问当时具体情况来核实是否可靠。如患者提供对青霉素过敏的病史时,医生可以进一步询问:"您怎么知道您对青霉素过敏?""是青霉素皮试阳性还是用过有什么反应?"

6. 掌握问诊的进度及时间,为了保证充分的沟通,除急危重症患者外,全科医生的问诊时间不应过于简短,一般不得低于 10 分钟。

7. 注意问诊交流中涉及的伦理问题并进行适度的引导。在问诊过程中经常会涉及患者的隐私,在和患者及其家属沟通某些特殊疾病和特殊情况的诊疗方案时,如恶性肿瘤的治疗、患者或家属放弃治疗等情景,包括有时开展某些临床试验需要招募志愿者,或者项目推广等情况时,都有可能涉及生命伦理范畴的问题。需要全科医生认真思考,本着评估和比较患者获益与风险的原则,坚守道德和底线,引导患者做出正确选择。

三、特殊情境的问诊技巧

(一) 精神心理障碍

患者由于疾病、家庭、社会等因素,经常会出现各种精神心理和情感障碍,在交流中可表现为缄默、隔阂、多话、易激惹等。部分器质性疾病患者可并发心理障碍如焦虑、抑郁或精神紧张等,部分因躯体症状就诊的患者也可能是非器质性疾病导致。在面对这些患者的时候,应避免采用简单粗暴的方式,注意评估患者的精神心理状态,在处理躯体疾病的同时还要关注患者的精神、心理和情感变化,使患者能信任医生并配合治疗。

1. 注意观察患者的表情、目光和身体语言,鼓励患者讲出真实感受,为可能的诊断提供线索。

2. 以尊重的态度,耐心地向患者表明医生理解其痛苦。

3. 及时回应患者的反应,必要时可多重复几次。

4. 避免用过多、过快的问题直接提问。

5. 通过语言和非语言技巧给患者以信任感,允许患者用哭泣、沉默等方式宣泄情感,鼓励患者倾诉精神、心理、情感等方面的问题,客观地叙述病史。

6. 了解患者的心理状态、个人和家庭背景、社会背景等可能的相关因素,给予同情和关爱。

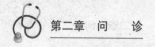

（二）语言或交流障碍

患者可由于各种躯体问题出现语言和交流障碍,如听力受损、聋哑人、痴呆患者。文化程度低下通常不妨碍患者提供适当的病史,但患者理解力及医学知识贫乏可能影响回答问题及遵从医嘱。

1. 医生可适当靠近患者贴近外耳,使患者可以听到,同时还可采用其他方式(如书写、卡片等)以弥补口语沟通的不足。

2. 问诊语言通俗易懂,减慢提问速度。

3. 患者由于对医生的尊重和环境生疏等原因,通常表现为过度顺从,有时对问题回答"是"不过是一种礼貌的表示,实际上可能并不理解,也不一定是同意或肯定的回答。

4. 必要时可请患者的亲属、朋友等进行解释或代述。语言不通者最好能找到翻译,并请如实翻译,避免倾向性。

5. 密切注意患者的表情,身体语言、手势等交流方式也有助于沟通。

6. 进行反复的重复与核实。

（三）愤怒与敌意

愤怒是当一个人被激惹,或平静状态被打破时所做出的一种情感反应。全科医学服务具有较强的感情色彩,更容易让患者、朋友和亲属发泄沮丧和愤怒的情绪。

1. 医生对愤怒患者的最初反应应该是保持冷静,保持不动,并与患者保持目光接触。

2. 与患者保持一定的距离,防止患者产生不舒服或受威胁的感觉。请患者坐下,注意不要有任何挑衅的姿势。

3. 对患者和他的问题表示出兴趣和关心。

4. 用清晰、明确、非刺激性的语言和说话方式,用恰当的语调、语速和音量,尽量发现患者愤怒的原因并平复患者的情绪。

5. 集中注意力去倾听患者,让患者表达出他(她)的感受。对患者的痛苦情绪做出回应,如"我能理解您的感受"。

6. 使用共情,包括使用语言(如"这样的事情如果发生在我身上,我也会有这样的感觉")和身体语言等。

7. 不要采取防守姿势或使用尖刻的话语,不要受对方语调、语速或身体语言影响。

（四）告知坏消息

当医生面对预后不良的患者如恶性肿瘤、危急重症、慢性疾病等,需要将坏消息告知患者时,应充分表达同情心及正向的态度,以中性的立场为患者谋求最佳的处置。

1. 营造一个有利于沟通的舒适氛围,免除干扰。

2. 提供先兆,如"很遗憾,结果不像我们想象的那么乐观"。

3. 使用通俗易懂的语言对专业诊断进行充分的解释,留有余地,必要时可分次告知,让患者及家属有逐步接受现实的机会。

4. 告知过程中让患者及家属有充分宣泄情绪的机会。

5. 表示同情和建立伙伴关系可大幅度地减轻患者及家属的痛苦。

6. 了解患者的家庭、精神 / 文化支持体系,帮助缓解患者的痛苦和焦虑。

7. 不欺骗患者,告知病情后应尽可能地给患者以希望。

8. 与患者及家属共同制定未来的生活和治疗计划,并进一步保持密切的医患接触。

9. 安排后期随访,包括紧急情况下如何联系到医生。

(五) 老年患者

老年患者是一个特殊群体,患者的智力、记忆力、学习能力随着时间的增长逐渐降低,体力、视力、听力减退,各器官功能也逐渐退化,部分老年人性格孤僻、倔强、幼稚、疑病、恐病、病耻感等心理问题发生率高,部分老年人由于医疗报销、不愿增加子女负担等原因,也会出现否认、自卑、抗拒等表现。

1. 先用简单清楚、通俗易懂的一般性问题提问。

2. 减慢问诊进度,使患者有足够的时间思索、回忆,必要时做适当的重复。

3. 注意患者的反应,判断是否听懂,有无思维障碍、精神异常,必要时向家属和朋友收集病史。

4. 耐心进行系统回顾,仔细询问既往史、用药史,个人史中重点询问个人嗜好、生活习惯改变,注意患者的精神状态、外貌言行、与家庭及子女关系等。

5. 注意了解患者的心理状态、个人和家庭背景、社会背景、医疗费用支付方式等可能的相关因素。

第四节 全科医生应诊能力的评估

包括问诊在内的全科医生服务质量的评价是当前全科医学面临的一个巨大挑战,尤其是全科医生按照全科医学基本原则执行诊疗和应诊能力的评价。目前我国对全科医生临床能力的评价方法主要集中在客观结构化临床考核(objective structured clinical examination,OSCE)、多源反馈(multisource feedback,MSF)、小型临床评价练习(mini clinical evaluation exercise,mini-CEX)等,尚缺乏针对全科医生应诊能力、交流能力的评价工具。国外相关评价工具主要包括莱斯特评估量表(leicester assessment package,LAP)、Maas 全面评分表(the Maas-Global scoring list)、戴维斯观察代码(the Davis observation code)等。

LAP 评估量表最初在英国被开发用于评估全科医生的咨询能力,由 7 个类别、39 个条目组成,其中涉及问诊/病史采集部分占 20%,内容包括:向患者做自我介绍;让患者感觉放松;让患者详述就诊的主要原因;专心聆听;把患者用的不恰当的词汇理解清楚;用简单清晰的问题提问;恰当地使用沉默;留意患者的语言和非语言线索;识别患者就诊原因;从患者和(或)其病历中找到相关和特异性信息帮助鉴别诊断;适当考虑患者的生理、心理和环境因素;有条理地收集资料。其中仅"用简单清晰的问题提问"一项就进一步再细化为四项,包括不要使用专业术语、避免引导性问题、用患者能理解的方式提问和确保患者能听到。通过这样的细化设置,使医生在问诊时明确知道自己应该注意的内容,对问诊过程中表现出来的强项和弱项清楚明晰,而应用 LAP 评估量表进行问诊效果的评估也更加明确和统一。

LAP 评估量表的评分标准分为 A、B、C+、C、D、E 六个等级。A(85% 及以上):所有评估条目均熟练掌握,即标准技能;B(75%~84%):熟练掌握绝大部分条目的技能和能力;C+(65%~74%):在绝大部分合适的病例中,对大部分条目的掌握达到较高的或满意的标准;C(55%~64%):对大部分条目的掌握达到满意的标准,在部分条目中有小的遗漏和(或)缺陷;D(45%~54%):在几个条目中掌握不足,但是没有核心内容的遗漏和缺陷;E(44% 及以下):出

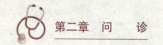

现几个主要的遗失和（或）缺陷，不被接受。

LAP 评估量表已被证实是一种评估全科医生应诊能力的有效工具，也可用于对全科医生接诊能力和沟通能力方面的培训，可根据评估结果找出被评估者弱点所在和原因，从而提出调整和改进意见。

第五节　问诊技能训练与展望

一、门诊教学

门诊教学是全科医学教学中的重要部分，贴近全科医生的实际工作，为全科医学教育的实践教学提供理想的场所与环境，有助于学员沟通能力、独立思考和临床诊疗能力的训练。目前全科医学的门诊教学多采用单纯跟诊的形式进行，学员缺乏积极性，并缺乏独立判断病情以及主动与患者沟通的机会，培训效果欠佳。部分采用在临床技能中心模拟诊室用标准化患者或医生模拟的形式进行问诊培训，具有一定的真实性和安全性，但也与临床的真实患者和真实场景有很大区别。

国内部分培训基地采用 GP-IP 带教模式（general practitioner inquiry preceptor）进行门诊教学，以培训对象问诊能力为导向，基于全科医生需求的导师门诊带教模式，取得较好的效果。带教诊室一般含内外 2 个诊间，学员在外间接诊首诊的患者，独立完成询问病史、体格检查、书写门诊病历、初步诊断和首要的处理，如开立辅助检查、药物治疗或转诊等。在此过程中导师在里间通过单向玻璃窗或通过电子教学技术观看，但不进行干预。学员完成上述过程后向导师进行汇报，导师对病史和体格检查做出相应补充，以确定进一步的诊治方案，完成患者就诊过程。当患者离开诊室后，学员对患者病情进行详细的病情分析，导师对患者沟通、病史询问、体格检查、临床思维等进行相应的指导和点评。

GP-IP 带教模式有助于培养学员独立思考与处理临床问题的能力、协调和沟通能力，切实提高学员门诊接诊能力。同时也对导师的带教能力提出了更高的要求，需要在保证临床安全性的基础上，充分培养和锻炼学员的独立接诊能力和全科思维能力，提高学员的岗位胜任力。

二、未分化疾病诊治包和问诊软件包

未分化疾病（medically unexplained physical symptoms，MUPS）指医学上无法解释的躯体症状，或疾病早期尚未明确为某系统的疾病，是全科医生必须学会和掌握的内容。据国外统计，全科医生诊所中常见的 15 种就诊目的占诊所总工作量的 60%，其中未分化疾病有 9 种。为此，有学者设计了全科 MUPS 诊治包，针对全科门诊常见症状如腰痛、乏力、水肿等，以病例为基础，强化全科医生进行充分的病史采集和体格检查进行鉴别诊断，从而减少漏诊、误诊，对学员的全科诊疗思维进行全方位的训练。

目前也有公司开发了问诊软件包，针对常见临床症状在诊断和鉴别诊断上的问诊要点，采用人机对话的形式进行问诊。软件包可在中文 Windows 环境下运行，主要包括前台模块、问诊处理模块、诊断模块、数据库管理模块。前台模块给用户提供交互界面，借此调用问诊处理模块采集用户基本信息及问诊症状信息，存储至用户问诊症状信息数据库，最后通过诊断模块对采集的问诊症状信息,依据数据库管理模块的问诊诊断标准数据库中设定的标准,进行问诊的初步判断,判断结果可通过前台模块在交互界面上显示或进行存储、打印。

问诊软件包目前多用于教学与考核,教师在服务器端进行监控,学员在客户端进行问诊,通过语音输入或者文本输入相应的问诊信息,系统根据关键字锁定相应的病例输出患者信息,教师可根据不同教学内容在服务器端进行添加和修改,实时更新到学生端。在教学中应用问诊软件包可打破时间、空间的限制,为学员提供生动逼真的问诊模拟环境,培养学员的实际操作技能和处理临床实际问题的能力。目前已经有将问诊软件包用于实际临床工作中,初步证明可提高临床问诊的规范性,提高临床医生问诊的准确性和效率。

三、基于互联网的智能问诊系统

随着计算机人工智能技术和互联网＋逐渐进入医疗领域,目前开发了很多具有人机对话功能的智能问诊系统和问诊训练系统,通过集合医疗大数据分析、云计算等互联网核心技术,将相关医疗数据、专业文献、临床指南和诊断流程进行人工智能化设计,基于深度学习技术与知识图谱算法模拟医生问诊流程,根据患者的症状提出可能出现的问题,反复验证后给出建议。

智能问诊系统在医生个体掌握生物医学经验的基础上,将大数据和人工智能对近似全样本病例的存储和分析作为参考,可在医生诊疗过程中进行提示,防止医生漏掉一些重要的疾病信息,并帮助医生对患者信息进行高效采集,提升医生的问诊效率和准确性,可有效弥补医生个体经验有限的问题,减少漏诊和误诊。

疾病诊疗包、问诊软件包和智能问诊系统等目前在临床的应用仍处于研发和验证阶段,能起到一定的辅助、参考作用,随着对全科医生培养的重视程度不断提高,以及计算机技术和互联网＋医疗的逐渐推进,在医疗和教学中也必然具有一定应用前景。但是在实际的医疗工作和现实疾病的诊疗过程中,由于语言表达的复杂性和多样性、症状的不确定性、疾病的复杂性和个体差异性等原因,使之在实施和推广过程中也存在着诸多问题,更不能替代医生进行疾病的诊断。同时全科医疗强调以人为中心,需将患者的健康状况与家庭、社会、心理等背景紧密联系,并强调运用家庭、人际关系、咨询及心理指导等多方面的知识技能处理患者的医疗问题,这些都必须依赖于全科医生自身的知识技能和经验,不能被任何辅助手段所替代。

（王 晨）

第三章 体格检查

系统的体格检查也称"物理检查"(physical examination),是临床医生必备的基本功,也是全科医师必须掌握的基本技能,它是医生对患者或受检者进行全面系统的体格检查。为保证检查内容全面、患者配合及时间安排合理,检查时应注意以下基本要求:

1. 检查的内容要全面系统。

2. 检查的顺序应自头至脚进行,保证体格检查的效率和速度,减少患者的不舒适或不必要的体位变动。

3. 注意保护患者隐私。

4. 全身体格检查的顺序。

(1) 卧位患者:一般情况和生命体征→头颈部和前、侧胸部(心、肺)→腹部→上肢、下肢→肛门直肠→外生殖器→(患者取坐位)背部(包括肺、脊柱、肾区、骶部)→神经系统(最后站立位)。

(2) 坐位患者:一般情况和生命体征→上肢→头颈部→后背部(包括肺、脊柱、肾区、骶部)→(患者取卧位)前胸部、侧胸部(心、肺)→腹部→下肢→肛门直肠→外生殖器→神经系统(最后站立位)。

5. 边检查,边评价,同时补充询问病史。

6. 检查过程中与患者的适当交流可以融洽医患关系和补充病史资料。

7. 检查一般应在40分钟内完成。

8. 检查结束时应与患者说明重要发现,并告知患者应注意的事项或下一步的检查计划。最后,向患者表示感谢。

第一节　基本检查方法

一、视　诊

视诊是医师用眼睛观察患者全身或局部表现的诊断方法。可用于全身一般状态和许多体征的检查,如年龄、发育、营养、意识状态、面容、表情、体位、姿势、步态等。特殊部位的视诊需借助于某些仪器如检耳镜、鼻镜、检眼镜及内镜等进行检查。

二、触　诊

触诊是医师通过手接触被检查部位时的感觉来进行判断的一种方法。它可以进一步检查视诊发现的异常征象,也可以明确视诊所不能明确的体征,如体温、湿度、震颤、波动、压痛、摩擦感及包块的位置、大小、轮廓、表面性质、硬度、移动度等。

（一）触诊方法

1. 浅部触诊法 适用于体表浅在的病变（关节、软组织、浅部动脉、静脉、神经、阴囊、精索等）的检查和评估。

腹部浅触诊可触及的深度约 1cm。触诊时，将一手放在被检查部位，用掌指关节和腕关节的协同作用以旋转或滑动方式轻压触摸。浅部触诊有利于检查腹部有无压痛、抵抗感、搏动、包块和某些肿大脏器等。浅部触诊也常在深部触诊前进行，有利于患者做好接受深部触诊检查的心理准备（图 3-1-1）。

2. 深部触诊法 检查时可单手或双手重叠由浅入深，逐渐加压以达到深部触诊的目的（图3-1-2）。腹部深部触诊法触及深度常常在 2cm 以上，有时可达 4~5cm，主要用于检查和评估腹腔病变和脏器情况。根据检查目的和手段可分为以下几种：详见数字部分知识拓展 3-1-1。

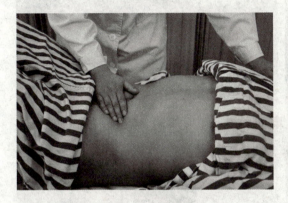

图 3-1-1 浅部触诊法

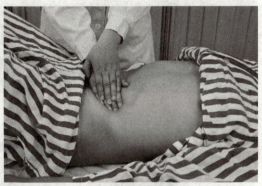

图 3-1-2 深部触诊法

（二）触诊注意事项

1. 检查前医师要向患者讲清触诊的目的，取得患者的密切配合。

2. 医师手应温暖，手法应轻柔，在检查过程中随时观察患者表情。

3. 触诊时患者通常取仰卧位，双手置于体侧，双腿稍弯曲，腹肌尽可能放松。检查肝、脾、肾时也可以嘱患者取侧卧位。

4. 腹部检查前，应嘱患者排尿，以免将充盈的膀胱误认为腹腔包块，有时也需排便后检查。

5. 触诊时医师应边检查边思索，注意病变的部位、特点、毗邻关系，以明确病变的性质和来源。

三、叩　诊

叩诊是用手指叩击身体表面某一部位，使之震动而产生音响，根据震动和声响的特点来判断被检查部位的脏器状态有无异常的一种方法。多用于确定肺尖宽度、肺下缘位置、胸膜病变、胸膜腔中液体多少或气体有无、肺部病变大小与性质、纵隔宽度、心界大小与形状、肝脾的边界、腹水有无与多少，以及子宫、卵巢、膀胱有无胀大等情况。

（一）叩诊方法

根据叩诊的目的和叩诊的手法不同分为直接叩诊法和间接叩诊法两种。

1. 直接叩诊法 医师右手中间三手指并拢,用其掌面直接拍击被检查部位,借助于拍击的反响和指下的震动感来判断病变情况(图3-1-3)。适用于胸部和腹部范围较广泛的病变,如胸膜粘连或增厚、大量胸水或腹水及气胸等。

2. 间接叩诊法 医师将左手中指第二指节紧贴于叩诊部位,其他手指稍微抬起,勿与体表接触;右手指自然弯曲,用中指指端叩击左手中指末端指间关节或第二指骨的远端。叩击方向应与叩击部位的体表垂直(图3-1-4)。

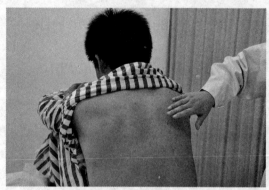
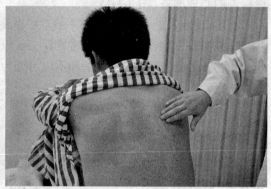

图 3-1-3 直接叩诊法

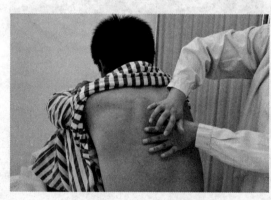
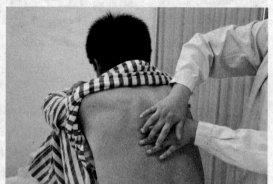

图 3-1-4 间接叩诊法

检查患者肝区或肾区有无叩击痛,医师可将左手手掌平置于被检查部位,右手握成拳状,并用其尺侧叩击左手手背,询问或观察患者有无疼痛感。

(二) 叩诊注意事项

1. 环境应安静,以免影响叩诊音的判断。

2. 根据叩诊部位不同,患者应采取适当体位,如叩诊胸部时,可取坐位或卧位;叩诊腹部时常取仰卧位;明确有无少量腹水时,可嘱患者取肘膝位。

3. 叩诊时应注意对称部位的比较和鉴别。

4. 叩诊时不仅要注意叩诊音响的变化,还要注意不同病灶的震动感差异,两者应相互配合。

5. 叩诊操作应规范,用力要均匀配合。

(三) 叩诊音

叩诊音的不同取决于被叩击部位组织或器官的致密性、弹性、含气量及与体表间距。叩诊音根据音响的频率、振幅和是否乐音的不同,在临床上分为清音、浊音、鼓音、实音、过清音五种,详见数字部分知识拓展 3-1-2。

四、听 诊

听诊是医师根据患者身体各部分活动时发出的声音判断正常与否的一种诊断方法。

（一）听诊方法

1. 直接听诊法 医师将耳直接贴附于被检测者体壁上进行听诊。目前只有在某些特殊和紧急情况下才会采用。

2. 间接听诊法 用听诊器听诊的一种检查方法。可用于身体各部位声音的听诊。

（二）听诊注意事项

1. 听诊环境要安静,避免干扰;要温暖、避风以免患者由于肌束颤动而出现的附加音。

2. 听诊器应直接接触皮肤以获得确切的听诊结果。接触皮肤前应用手测试其温度,过凉时可用手摩擦焐热体件。

3. 应根据病情和听诊的需要,嘱患者采取适当的体位。

4. 要正确选择和使用听诊器,听诊器通常由耳件、体件和软管组成,其长度应与医师手臂长度相适应。听诊前应注意检查耳件方向应向前,佩戴后并适当调整其角度,检查硬管和软管腔是否通畅。体件有钟型和膜型两种类型,钟型体件适用于听取低调声音,如二尖瓣狭窄的舒张期隆隆样杂音,使用时应轻触体表被检查部位,但应注意避免体件与皮肤摩擦而产生的附加音;膜型体件适用于听取高调声音,如主动脉关闭不全的杂音及呼吸音、肠鸣音等,使用时应紧触体表被检查部位。

5. 听诊时注意力要集中,听肺部时要摒除心音的干扰,听心音时要摒除呼吸音的干扰,必要时嘱患者控制呼吸配合听诊。

五、嗅 诊

嗅诊是通过嗅觉来判断发自患者的异常气味与疾病之间关系的一种方法。来自患者皮肤、黏膜、呼吸道、胃肠道、呕吐物、排泄物、分泌物、脓液与血液等的气味,根据疾病的不同,其特点和性质也不一样。

第二节 一 般 检 查

一、一般状态检查

一般状态检查包括生命体征(包括意识状态、体温、呼吸、脉搏和血压)、发育与体型、营养状况、体位、步态、面容和表情等。这些信息可以大致判断患者的病情轻重以及急、慢性特征。

（一）生命体征

生命体征是评价生命活动存在与否及其质量的重要指标,传统的生命体征包括体温、脉搏、呼吸和血压,但紧急的意识改变更是重要的生命体征。

1. 体温 体温的测量部位有三个:腋窝温、口腔温和直肠温。最长使用的是腋温(近年来还有使用耳温测量的方法),并以摄氏度记录。

（1）腋窝温测量方法：将体温计细头端（水银端）置于患者腋窝深处夹紧，5分钟后读数。正常值36.0~37.0℃。

该方法的优点是方便、卫生，多数人都可以接受。注意检查时擦干腋窝。不能用于意识不清患者。

（2）口腔温测量方法：将消毒后的体温计置于患者舌下，令患者紧闭口唇，测量5分钟读数。口腔温的正常值为36.3~37.2℃。

该方法的优点是方便，缺点是消毒不全面可造成疾病的传播，此外不能用于婴幼儿及神志不清者。

（3）直肠温测量方法：患者取侧卧位，将体温计头端涂以润滑剂后，徐徐插入肛门内达体温计长度的一半为止，5分钟后读数。正常值为36.5~37.7℃。肛测法一般较口测法读数高0.3~0.5℃。

该法测值稳定，多用于婴幼儿及神志不清者。

生理情况下，体温在24小时内波动幅度不超过1℃；当体温高于相应测量方法的正常高值或日体温波动超过1℃时，视为体温异常。

2. 呼吸　通过观察患者的胸廓运动记录其呼吸的节律性和频率。正常成人安静时呼吸频率应为12~20次/分。

3. 脉搏　通过触摸患者的桡动脉、颈动脉或股动脉的搏动，观察并记录患者脉搏的节律及频率。成人正常脉搏应当节律规整，频率为60~100次/分。

4. 血压　反映身体内血液容量、血管紧张度和心脏收缩情况的综合指标，包括收缩压和舒张压。

血压的测量方法如下：

（1）采用水银柱式、仪表式或电动袖带式血压计测量。

（2）患者半小时内禁烟、禁饮咖啡、排空膀胱，运动后的患者应当休息15分钟以上。

（3）将气袖缠于上臂，使其下缘在肘窝以上约2~3cm，气袖之中央位于肱动脉表面。

（4）检查者触及肱动脉搏动后，将听诊器体件置于搏动上准备听诊。然后，向袖带内充气，边充气边听诊，待肱动脉搏动声消失，再升高30mmHg左右，缓慢放气，双眼随汞柱下降，平视汞柱液平面，根据听诊结果读出血压值。

（5）首先听到响亮拍击声时指示的数值为收缩压，音调突然变得沉闷时的血压值为舒张压。连续测量三次，分别取收缩压和舒张压的平均值记为患者此次的血压值。成人正常血压为：90~120/60~80mmHg。

卧立位血压：首先测定卧位基础血压和心率，然后立即站立时测血压和心率，此后每隔一分钟测量一次，5分钟测量最后一次，总共测量7次。意义：卧位血压与站立后任何一次血压对比下降≥30mmHg者，即为直立性低血压。

5. 意识状态　意识状态反映大脑功能活动的综合表现，即对环境的知觉状态。正常人意识清晰，定向力正常，反应敏锐精确，思维和情感活动正常，语言流畅、准确、表达能力良好，凡能影响大脑功能活动的疾病均可引起程度不等的意识改变，称为意识障碍。患者可出现兴奋不安、思维紊乱、语言表达能力减退或失常、情感活动异常、无意识动作增加等。根据意识障碍的程度可将其分为嗜睡、意识模糊、谵妄、昏睡以及昏迷。

6. 意识状态客观评价　正常人在思维、定向力和运动控制方面都可以做到随心所欲。

当脑部病变时,将出现各种意识状态的改变。检查和记录意识状态的方法很多,使用较广泛和能够量化的检查方法是 Glasgow 评分法,即通过语言、眼部运动和肢体运动的自主性来确定患者的意识情况(表 3-2-1)。

表 3-2-1　Glasgow 评分法

分值	运动	言语	睁眼
6	按吩咐做动作		
5	对疼痛刺激可定位	正常交谈	
4	对刺激有躲避反应	言语错乱	自发睁眼
3	异常屈曲(去皮层状态)	只能说出(不适当)单词	语言吩咐睁眼
2	异常伸展(去脑状态)	只能发音	疼痛刺激睁眼
1	无反应	无发音	无睁眼

最高 15 分,表示意识清醒,8 分以下为昏迷,最低 3 分,分数越低表明意识障碍越严重。

(二) 发育与体型

1. 发育　通过对患者年龄、智力和体格成长状态(包括身高、体重及第二性征)进行综合评价。

发育正常:年龄、智力与体格的成长状态处于均衡一致。成人发育正常的指标包括:①头部的长度为身高的 1/7~1/8;②胸围为身高的 1/2;③双上肢展开后,左右指端的距离与身高基本一致;④坐高等于下肢的长度。正常人各年龄组的身高与体重之间存在一定的对应关系。

2. 体型　体型是身体各部位发育的外观表现,分为三种类型。

(1) 瘦长型(无力型):身体高而瘦、颈细长、肩窄下垂、胸廓扁平、腹上角小于 90°。

(2) 匀称型(正力型):表现为身体各个部分结构匀称适中,腹上角 90° 左右,见于多数正常成人。

(3) 矮胖型(超力型):体格粗壮、颈粗短、肩宽平、胸围大、腹上角大于 90°。

(三) 营养状态

营养状态的正常与否通常采用肥胖或消瘦进行描述。临床上常用"营养良好"、"营养中等"和"营养不良"三个等级进行描述。

1. 营养良好　黏膜红润,皮肤有光泽、弹性良好,皮下脂肪丰满而有弹性,肌肉结实,指甲、毛发润泽,肋间隙及锁骨上窝深浅适中,肩胛部和股部肌肉丰满。

2. 营养中等　身体状况介于两者之间。

3. 营养不良　皮肤黏膜干燥、弹性降低,皮下脂肪菲薄,肌肉松弛无力,指甲粗糙无光泽、毛发稀疏,肋间隙、锁骨上窝凹陷,肩胛骨和髂骨嶙峋突出。

(四) 体位

体位是指患者身体所处的状态。体位的改变对某些疾病的诊断具有一定的意义。常见的体位有以下几种:

1. 自主体位　身体活动自如,不受限制。

2. 被动体位 患者无法自己主动调整或变换身体的位置,需依靠帮助变换体位。见于体力严重下降、极度衰竭或意识丧失者。

3. 强迫体位 患者为减轻痛苦,被迫采取某种特殊的体位,包括:强迫仰卧位、强迫俯卧位、强迫侧卧位、强迫坐位、强迫蹲位、强迫停立位、辗转体位和角弓反张位等(图3-2-1)。

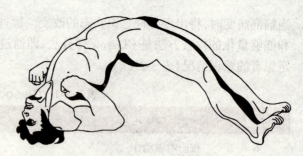

图 3-2-1 角弓反张位

(五) 步态

步态指走动时所表现的姿态。随着年龄的增长,肌肉萎缩,健康人的步态也会发生改变。某些疾病可导致患者步态发生特征性改变,而这种改变也是我们诊断疾病的依据之一。

1. 蹒跚步态 走路时身体左右摇摆似鸭步。

2. 醉酒步态 行走时躯干重心不稳,步态紊乱不准确如醉酒状。

3. 共济失调步态 起步时一脚高抬,骤然垂落,且双目向下注视,两脚间距很宽,以防身体倾斜,闭目时则不能保持平衡。

4. 慌张步态 起步后小步急速趋行,身体前倾,有难以止步之势(图3-2-2)。

5. 跨阈步态 由于踝部肌腱、肌肉弛缓,患足下垂,行走时必须抬高下肢才能起步(图3-2-3)。

6. 剪刀步态 由于双下肢肌张力增高,尤以伸肌和内收肌张力增高明显,移步时下肢内收过度,两腿交叉呈剪刀状(图3-2-4)。

7. 间歇性跛行 步行中,因下肢突发性酸痛乏力,患者被迫停止行进,需稍休息后方能继续行进。

图 3-2-2 慌张步态

图 3-2-3 跨阈步态

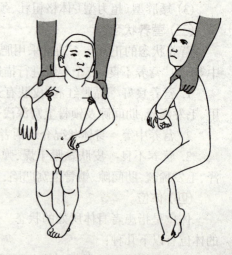

图 3-2-4 剪刀步态

(六) 面容与表情

面容是指面部呈现的状态。临床上常见的典型面容改变有以下几种：详见数字部分知识拓展 3-2-1。

(七) 表情

表情是在面部或姿态上思想感情的表现。健康人表情自然，神态安怡。患病后因病痛困扰，常出现痛苦、忧虑或疲惫的面容与表情。某些疾病发展到一定程度时，尚可出现特征性的面容与表情，对疾病的诊断具有重要价值。

二、皮肤和黏膜

皮肤的改变是医师最容易直观发现的异常，很多疾病在皮肤表现出异常，如贫血、黄疸、各种皮疹性疾病等。此外，组织的水肿、坏疽也会有相应的表现。皮肤黏膜检查需要全面、细致，特别是衣物覆盖的部分，必要时要在保证患者保暖和保护患者隐私的情况下进行暴露检查。皮肤黏膜的具体检查内容如下：

(一) 颜色

皮肤和黏膜的颜色色素以及血液的颜色直接相关，因此局部表现出来的颜色与毛细血管的分布、血液的充盈度及氧合血红蛋白含量、色素量的多少有关。详见数字部分知识拓展 3-2-2。

(二) 皮肤湿度

在气温高、湿度大的环境中出汗增多是生理的调节功能。但在急性疾病的病理情况下出现大汗，特别是湿冷的汗常常意味着患者休克或虚脱。

(三) 皮疹

皮疹多为全身性疾病的表现之一，是临床上诊断某些疾病的重要依据。皮疹的种类很多，常见于传染病、皮肤病、药物及其他物质所致的过敏反应等。其出现的规律和形态有一定的特异性，发现皮疹时应仔细观察和记录其出现与消失的时间、发展顺序、分布部位、形态大小、颜色及压之是否褪色、平坦或隆起、有无瘙痒及脱屑等。临床上常见的皮疹有以下几种。详见数字部分知识拓展 3-2-3。

(四) 脱屑

皮肤脱屑常见于正常皮肤表层角化和更新。病理状态下可见大量皮肤脱屑，如麻疹的米糠样脱屑或猩红热的片状脱屑等。

(五) 皮下出血

依据直径大小及伴随情况，皮下出血被分为以下几种（表 3-2-2）：

表 3-2-2　皮下出血分类

名称	大小	名称	大小
瘀点	<2mm	瘀斑	>5mm
紫癜	3~5mm	血肿	大片，显著隆起于皮肤

较小的皮下出血要与"皮疹"相鉴别。皮疹受压时一般可褪色或消失，瘀点受压后不褪色。皮下出血常见于造血系统疾病、重症感染、某些血管损害性疾病以及毒物或药物中毒等。

（六）蜘蛛痣与肝掌

皮肤小动脉末端分支性扩张所形成的血管痣,形似蜘蛛,称为蜘蛛痣(图 3-2-5)多出现于上腔静脉分布的区域内,如面、颈、手背、上臂、前胸和肩部等处,其大小不等。检查时用棉签或火柴杆压迫蜘蛛痣的中心,其辐射状小血管网立即消失,去除压力后又复出现。一般认为蜘蛛痣的出现与肝脏对雌激素的灭活作用减弱有关,常见于急、慢性肝炎或肝硬化。

慢性肝病患者手掌大、小鱼际处常发红,加压后褪色,称为肝掌(图 3-2-6)。

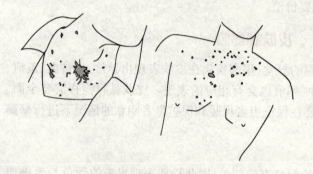

图 3-2-5 蜘蛛痣

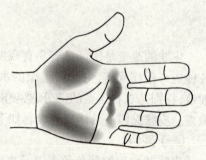

图 3-2-6 肝掌

（七）水肿

皮下组织的细胞内及组织间隙内液体积聚过多称为水肿。检查组织水肿时,要用手指按压,并观察按压部位的组织下陷程度以及松手之后组织的回弹情况。水肿最容易出现的是组织疏松的部位,如眼睑,或身体的低位,如站立时的下肢(胫前)或平卧位的腰骶部。对于眼部的水肿可以通过视诊发现,而对于身体部位的水肿需要按压来检查。正常组织按压后下陷幅度较小,终止按压后可以立即回弹。水肿部位按压时,会将局部的水分驱散,松手后要随着水分的回流组织才会回弹,因此恢复时间较长。水分聚集的凹陷性水肿,局部受压后可出现凹陷;而含蛋白较高的黏液性水肿及象皮肿(丝虫病),尽管组织肿胀明显,但由于组织中渗出物质的密度较高,受压后并无明显组织凹陷。临床上根据水肿的轻重,把水肿分为轻、中、重三度(表 3-2-3)。

表 3-2-3 水肿分级

程度	表现
轻度	仅见于眼睑、眶下软组织、胫骨前、踝部皮下组织,指压后可见组织轻度下陷,恢复较快
中度	全身组织均见明显水肿,指压后可出现明显的或较深的组织下陷,恢复缓慢
重度	全身组织严重水肿,身体低位皮肤紧张发亮,甚至有液体渗出。此外,胸腔、腹腔等浆膜腔内可见积液,外阴部亦可见严重水肿

（八）皮下结节

有些疾病出现皮下结节,如痛风、某些寄生虫疾病等。检查皮下结节时可以通过视诊或触诊进行。较大的结节可以通过视诊发现,而较小的结节则必须通过触诊方能查及。检查皮下结节时要注意其部位、大小、硬度、活动性及有无压痛。风湿病的风湿结节常位于长骨骺端关节附近,圆形、硬质、无压痛;结节沿末梢动脉分布,多为结节性多动脉炎;感染性心内膜炎患者在指尖、足趾、大小鱼际肌腱部位出现粉红色有压痛 Osler 小结等。

(九) 毛发

毛发的多少及分布变化常常反映内分泌疾病的情况,如 Cushing 综合征及长期使用肾上腺皮质激素及性激素者,女性患者除一般体毛增多外,尚可生长胡须。病理性毛发脱落常见于头部皮肤疾病、神经营养障碍、某些发热性疾病、某些内分泌疾病、理化及药物因素性脱发等。

三、淋 巴 结

淋巴结在全身分布,浅表淋巴结可以在体表触摸到,是检查的对象,而深部淋巴结无法用手触摸到。正常淋巴结较小,为 0.2~0.5cm,不易触及。当出现炎症或增生型病变的时候,淋巴结出现增大,质地变硬。炎症性淋巴结肿大常常伴有压痛,而肿瘤性肿大的淋巴结质地变硬,与周围组织粘连,不易推动,且常常没有压痛。经常检查的体表淋巴结分布见图 3-2-7~图 3-2-9。

(一) 头颈部淋巴结

图 3-2-7　颈部淋巴结

1. **耳前淋巴结**　位于耳屏前方。
2. **耳后淋巴结**　位于耳后乳突表面、胸锁乳突肌止点处,亦称为乳突淋巴结。
3. **枕淋巴结**　位于枕部皮下,斜方肌起点与胸锁乳突肌止点之间颈前淋巴结。
4. **颌下淋巴结**　位于颌下腺附近,在下颌角与颏部之中间部位。
5. **颏下淋巴结**　位于颏下三角内,下颌舌骨肌表面,两侧下颌骨前端中点后方。
6. **颈前淋巴结**　位于胸锁乳突肌表面及下颌角处。
7. **颈后淋巴结**　位于斜方肌前缘。
8. **锁骨上淋巴结**　位于锁骨与胸锁乳突肌所形成的夹角处。

(二) 上肢淋巴结

1. **腋窝淋巴结**　是上肢最大的淋巴结组群,可分为 5 群:外侧淋巴结群位于腋窝外侧壁、胸肌淋巴结群位于胸大肌下缘深部、肩胛下淋巴结群位于腋窝后皱襞深部、中央淋巴结群位于腋窝内侧壁近

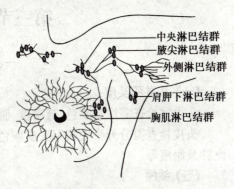

图 3-2-8　腋窝淋巴结群

肋骨及前锯肌处、腋尖淋巴结群位于腋窝顶部。

2. 滑车上淋巴结 位于上臂内侧,内上髁上方3~4cm处,肱二头肌与肱三头肌之的肌间沟内。

(三) 下肢淋巴结

1. 腹股沟淋巴结 位于腹股沟韧带下方股三角内,它又分为上、下两群。上群位于腹股沟韧带下方,与韧带平行排列,故又称为腹股沟韧带横组或水平组、下群位于大隐静脉上端,沿静脉走向排列,故又称为腹股沟淋巴结纵组或垂直组。

2. 腘窝淋巴结 位于小隐静脉和腘静脉的汇合处。

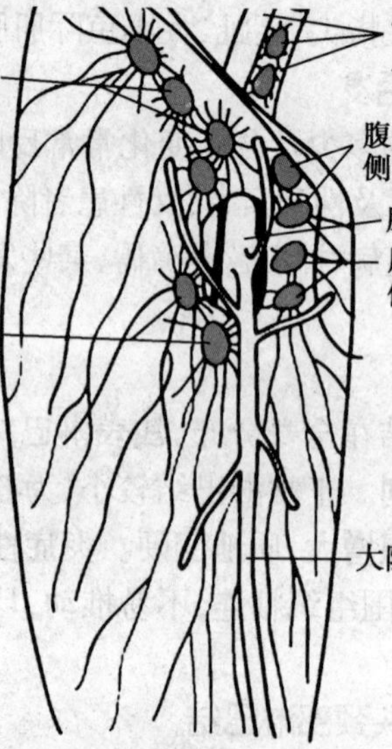

图 3-2-9 腹股沟淋巴结

(四) 淋巴结检查的方法

淋巴结检查采用视诊和触诊,检查顺序自上而下,由前及后。首先观看相应淋巴结区域有无皮肤隆起、破溃、颜色改变等迹象,触诊是检查淋巴结的主要方法。

检查者将食指、中指、环指并拢,指腹平放于检查部位轻轻滑动触诊,在锁骨下、腹股沟等较深区域,可以适当用力,以便可以检查到深部淋巴结。颈部淋巴结检查时,检查者站在被检查者前面或背后,手指紧贴检查部位,由浅及深进行滑动触诊。检查锁骨上淋巴结时,让被检查者取坐位或卧位,头部稍向前屈;腋窝淋巴结检查时,被检查者前臂稍外展,检查者以右手检查左侧,以左手检查右侧,触诊时由浅及深至腋窝各部;滑车上淋巴结检查时,检查者用手扶托患者前臂,由浅及深进行触摸(图 3-2-10)。

当发现肿大的淋巴结时,应记录其部位、大小、数目、硬度、压痛、活动度,以及局部皮肤有无红肿、瘢痕、瘘管等。

图 3-2-10 滑车上淋巴结触诊示意图

第三节 头颈部检查

一、头部检查

(一) 头发和头皮

头发的检查需注意颜色、疏密度、脱发的类型及特点。

头皮检查需分开头发观察头皮颜色、头皮屑,此外,还需要注意是否有头癣、疖痈、外伤、血肿及瘢痕等。

(二) 头颅

头颅的视诊应注意大小、外形变化和有无异常活动。触诊是用双手仔细触摸头颅的每一个部位,了解其外形,有无压痛及异常隆起。头颅的大小以头围来衡量,测量时以软尺自眉间绕到颅后通过枕骨粗隆。头围在发育阶段的变化为:新生儿约34cm,出生后的前半年增加8cm,后半年增加3cm,第二年增加2cm,第三、四年内约增加1.5cm,4~10岁共增加约1.5cm,到18岁可达53cm或以上,以后几乎不再变化。矢状缝和其他颅缝大多在生后6个月内骨化,骨化过早会影响颅脑的发育。

头颅的大小异常或畸形可成为一些疾病的典型体征,临床常见者如下:

1. 小颅 小儿囟门多在12~18个月内闭合,如过早闭合即可形成小头畸形,这种畸形同时伴有智力发育障碍。

2. 尖颅 亦称塔颅,头顶部尖突高起,造成与颜面的比例异常,这是由于矢状缝与冠状缝过早闭合所致。见于先天性疾患尖颅并指(趾)畸形,即Apert综合征。

3. 方颅 前额左右突出,头顶平坦呈方形,见于小儿佝偻病或先天性梅毒。

4. 巨颅 额、顶、颞及枕部突出膨大呈圆形,颈部静脉充盈,对比之下颜面很小。由于颅内压增高,压迫眼球,形成双目下视,巩膜外露的特殊表情,称落日现象,见于脑积水。

5. 长颅 自颅顶至下颌部的长度明显增大,见于Marfan综合征及肢端肥大症。

6. 变形颅 发生于中年人,以颅骨增大变形为特征,同时伴有长骨的骨质增厚与弯曲,见于变形性骨炎(Paget病)。

头部的运动异常,在一般视诊时即可发现。如头部活动异常,见于颈椎疾患;头部不随意颤动,见于震颤麻痹(Parkinson病);与颈动脉搏动一致的点头运动,称Musset征,见于严重主动脉关闭不全。

(三)颜面及器官

颜面为头部前面不被头发遮盖的部分,颜面外观的特征性很强,一般可概括为三个类型:即椭圆形、方形、三角形。面部肌群很多,有丰富的血管和神经分布,是构成表情的基础。除面部器官本身的疾病外,许多全身性疾病在面部及器官上有特征的改变,检查面部及其器官对这些疾病的诊断具有重要意义。

1. 眼 眼的检查包括四部分:外眼、眼前节、内眼和视功能的检查。外眼包括:眼睑、泪器、结膜、眼球位置和眼压检查;眼前节包括:角膜、前房、虹膜、瞳孔和晶体;内眼,即眼球后部,包括玻璃体和眼底,需用检眼镜在暗室内进行;视功能的检查包括视力、视野、色觉和立体视的检查。检查详见数字部分知识拓展3-3-1。

2. 耳 耳是听觉和平衡器官,分外耳、中耳和内耳三个部分。

(1)外耳:

1)耳廓:注意耳廓的外形、大小、位置和对称性,是否有发育畸形、外伤瘢痕、红肿、瘘口、低垂耳等;观察是否有结节,痛风患者可在耳廓上触及痛性小结节,为尿酸钠沉积的结果。耳廓红肿并有局部发热和疼痛,见于感染。牵拉和触诊耳廓引起疼痛,常提示有炎症。

2)外耳道:注意皮肤是否正常,有无溢液。如有黄色液体流出并有痒痛者为外耳道炎;外耳道内有局部红肿疼痛,并有耳廓牵拉痛则为疖肿。对耳鸣患者则要考虑是否存在外耳道瘢痕狭窄、耵聍或异物堵塞。

(2)中耳:用检耳镜观察鼓膜是否穿孔,注意穿孔位置,如有溢脓并有恶臭,可能为胆脂瘤。

(3)乳突:外壳由骨密质组成,内腔为大小不等的骨松质小房,乳突内腔与中耳道相连。

（4）听力：体格检查时可先用粗略的方法了解被检查者的听力，检测方法为在静室内嘱被检查者闭目坐在椅子上，并用手指堵塞一侧耳道，医师以手表或以拇指与食指相互摩擦，自 1m 以外逐渐移近被检查耳部，直到被检查者听到声音为止，测量距离，同样方法检查另一耳。比较两耳的测试结果并与检查者（正常人）的听力进行对照。正常人一般在 1m 处可闻机械表声或捻指声。精测方法是使用规定频率的音叉或电测听设备所进行的一系列较精确的测试，对明确诊断更有价值。

3. 鼻

（1）鼻的外形：视诊时注意鼻部皮肤颜色和鼻外形的改变。如鼻梁皮肤出现黑褐色斑点或斑片，为日晒后或其他原因所致的色素沉着，如黑热病、慢性肝脏疾患等。如鼻梁部皮肤出现红色斑块，病损处高起皮面并向两侧面颊部扩展，见于系统性红斑狼疮。如发红的皮肤损害主要在鼻尖或鼻翼，并有毛细血管扩张和组织肥厚，见于酒渣鼻。

（2）鼻翼扇动：吸气时鼻孔张大，呼气时鼻孔回缩，见于伴有呼吸困难的高热性疾病、支气管哮喘和心源性哮喘发作时。

（3）鼻中隔：正常成人的鼻中隔很少完全正中，多数稍有偏曲，如有明显的偏曲，并产生呼吸障碍，称为鼻中隔偏曲。检查时用小型手电筒照射一侧鼻孔，如见对侧有亮光透入，即为鼻中隔穿孔。

（4）鼻腔黏膜：不用器械，只能视诊鼻前庭、鼻底和部分下鼻甲，使用鼻镜则可检查中鼻甲、中鼻道、嗅裂和鼻中隔上部。

（5）鼻窦：

1）上颌窦：医师双手固定于患者的两侧耳后，将拇指分别置于左右颧部向后按压，询问有无压痛，并比较两侧压痛有无区别。也可用右手中指指腹叩击颧部，并询问有无叩击痛。

2）额窦：一手扶持患者枕部，用另一拇指或食指置于眼眶上缘内侧用力向后向上按压。或以两手固定头部，双手拇指置于眼眶上缘内侧向后、向上按压，询问有无压痛，两侧有无差异。也可用中指叩击该区，询问有无叩击痛。

3）筛窦：双手固定患者两侧耳后，双侧拇指分别置于鼻根部与眼内眦之间向后方按压，询问有无压痛。

4）蝶窦：因解剖位置较深，不能在体表进行检查。

4. 口 口的检查包括口唇、口腔内器官和组织以及口腔气味等。

（1）口唇：口唇的毛细血管十分丰富，因此健康人口唇红润光泽，当毛细血管充盈不足或血红蛋白含量降低时，口唇即呈苍白，见于贫血、虚脱、主动脉关闭不全等。口唇颜色深红为血液循环加速、毛细血管过度充盈所致，见于急性发热性疾病。口唇发绀为血液中还原血红蛋白增加所致，见于心力衰竭和呼吸衰竭等。

（2）口腔黏膜：口腔黏膜的检查应在充分的自然光线下进行，也可用手电筒照明，正常口腔黏膜光洁呈粉红色。如出现蓝黑色色素沉着斑片多为肾上腺皮质功能减退症。如见大小不等的黏膜下出血点或瘀斑，则可能为各种出血性疾病或维生素 C 缺乏所引起。若在第二磨牙的颊黏膜处出现帽针头大小白色斑点，称为麻疹黏膜斑（Koplik 斑），为麻疹的早期特征。雪口病（鹅口疮）为白色念珠菌感染，多见于衰弱的病儿或老年患者，也可出现于长期使用广谱抗生素和抗癌药之后。

（3）牙：应注意有无龋齿、残根、缺齿和义齿等。

上																	
右	8	7	6	5	4	3	2	1	1	2	3	4	5	6	7	8	左
右	8	7	6	5	4	3	2	1	1	2	3	4	5	6	7	8	左
下																	

1. 中切牙 2. 侧切牙 3. 尖牙 4. 第一前磨牙 5. 第二前磨牙 6. 第一磨牙 7. 第二磨牙 8.第三磨牙

(4) 牙龈:正常牙龈呈粉红色,质坚韧且与牙颈部紧密结合,检查时经压迫无出血及溢脓。

(5) 舌:详见数字部分知识拓展3-3-2。

(6) 咽部及扁桃体

咽部的检查方法:被检查者取坐位,头略后仰,口张大并发"啊"音,此时医师用压舌板在舌的前2/3与后1/3交界处迅速下压,此时软腭上抬,在照明的配合下即可见软腭、腭垂、软腭弓、扁桃体、咽喉壁等。

扁桃体检查方法:扁桃体除了观察其形态以外,需注意隐窝有无分泌物及瘢痕。扁桃体增大一般分为三度:不超过咽腭弓者为Ⅰ度;超过咽腭弓者为Ⅱ度;达到或超过咽后壁中线者为Ⅲ度。

(7) 腮腺:位于耳屏、下颌角、颧弓所构成的三角区内,正常腮腺薄而软,触诊时摸不到腮腺轮廓,腮腺肿大时可见到以耳垂为中心的隆起,并可触及边缘不明显的包块。腮腺导管位于颧骨下1.5cm处,横过咀嚼肌表面,开口相当于上颌第二磨牙的颊黏膜上,检查时应注意导管口有无分泌物。

二、颈 部 检 查

颈部检查的重点是颈部的外形、运动以及甲状腺和气管。正常人颈部直立,两侧对称,伸屈、转动自如。当出现腮腺病变、颈部淋巴结肿大等病变时,可出现颈部外形的改变;颈椎病变、严重消耗性疾病的晚期、重症肌无力等可以导致颈部活动的障碍。

(一) 颈部血管

正常人立位或坐位时颈部血管不显露,平卧时可稍见颈外静脉充盈。颈外静脉充盈的水平在锁骨上缘至下颌角距离的下1/2以内。如果在坐位或半坐位出现颈外静脉明显充盈、怒张或出现搏动时,提示颈静脉压力升高,是右心功能不全、心包积液等的重要体征之一。而平卧位时若见不到颈静脉充盈,则提示可能有低血容量状态。

颈动脉位于胸锁乳突肌内侧,在喉结水平可以触摸到,是在心肺复苏时检查动脉搏动的主要动脉。正常人颈部动脉的搏动,只在剧烈活动后心搏出量增加时可见,且很微弱,听诊时没有杂音。在主动脉瓣关闭不全、高血压、甲状腺功能亢进及严重贫血患者则可能出现安静状态下的颈动脉搏动,并可能出现杂音。

(二) 甲状腺

甲状腺位于甲状软骨下方和两侧,正常约15~25g,表面光滑,柔软不易触及。甲状腺的检查方法为:

1. 视诊 患者坐位,头部摆正,直视前方。检查者在患者正前方观察甲状腺的位置(男性喉结区域),正常不易见到甲状腺。但在青春期,女性甲状腺可略增大。检查时可以嘱患者做吞咽动作,可以见到甲状腺随吞咽动作而向上移动。

2. 触诊　在甲状腺检查中,触诊比视诊更重要,更能明确其大小及质地。详见数字部分知识拓展 3-3-3。

3. 听诊　当触到甲状腺肿大时,可用钟形听诊器直接放在肿大的甲状腺上进行听诊,如听到低调静脉杂音,对诊断甲状腺功能亢进症将很有帮助。

(三) 气管

正常人气管位于颈前正中部。检查时让患者取舒适坐位或仰卧位,颈部处于自然直立状态,医师将食指与环指分别放在两侧胸锁关节上,然后将中指置于气管之上,观察中指是否在食指与环指中间,或以中指置于气管与两侧胸锁乳突肌之间的间隙,据两侧间隙是否等宽来判断气管有无偏移。

第四节　胸　部　检　查

胸部是临床重要的物理检查区域,因为心脏、肺、纵隔等重要结构都位于胸腔。

一、胸壁、胸廓与乳房

(一) 胸壁

胸壁的检查主要看是否有畸形、皮下淤血、静脉曲张以及肋间隙的增宽或缩窄等。详见数字部分知识拓展 3-4-1。

(二) 胸廓

正常胸廓两侧大致对称,呈椭圆形。双肩基本在同一水平上,锁骨稍突出,锁骨上、下稍下陷。成年人胸廓的前后径较左右径为短,两者的比例约为 1:1.5。小儿和老年人胸廓的前后径略小于左右径或几乎相等,故呈圆柱形。胸廓改变类型及表现详见数字部分知识拓展 3-4-2。

(三) 乳房

检查乳房时,患者应采取坐位或仰卧位。一般先作视诊,然后再作触诊。检查内容包括:乳房的对称性,表面是否有红肿、色素沉着、溃烂及瘢痕,毛囊和毛囊开口是否明显可见,乳头的位置、大小,两侧是否对称,有无回缩、倒置或内翻,是否有分泌物,乳房皮肤是否有回缩等。乳房触诊方法详见数字部分知识拓展 3-4-3。

二、肺和胸膜

(一) 视诊

1. 呼吸运动　正常人在静息状态下呼吸运动稳定而有节律,每分钟 12~20 次。检查呼吸运动时,可以观察被检查者的胸廓起伏。值得注意的是,呼吸检查不能告知患者,因为患者的紧张、恐惧等都可能改变固有的呼吸状况。我们可以通过和患者说话,以便观察他(她)胸廓运动的频率和节律。呼吸节律不规则、呼吸动度变化以及呼吸频率改变都是患者病情危重的信号。常见呼吸节律改变详见数字部分知识拓展 3-4-4。

2. 呼吸频率　正常成人静息状态下,呼吸为 12~20 次 / 分,呼吸与脉搏之比为 1:4。

新生儿呼吸约 44 次 / 分,随着年龄的增长而逐渐减慢。呼吸频率超过 20 次 / 分称为"呼吸过速",见于运动、紧张等生理情况以及发热、疼痛、贫血、甲状腺功能亢进及心力衰竭病理情况等。呼吸频率低于 12 次 / 分称为呼吸过缓,常见于麻醉剂或镇静剂过量和颅内压增高等情况。

呼吸深度的变化对临床也有指导意义:呼吸浅快见于呼吸肌麻痹、严重肠胀气等腹压升高以及肺部疾病的晚期。呼吸深快见于剧烈运动和各种机体氧气供应不能满足身体需要的情况。呼吸深而慢见于严重代谢性酸中毒时。

（二）触诊

1. 胸廓扩张度　反映呼吸时的胸廓的运动幅度。常见检查方法详见数字部分知识拓展 3-4-5。

2. 触觉语音震颤　被检查者发出的声音可沿气管、支气管及肺泡传到胸壁引起胸壁震动,检查者用手触摸胸壁时可以感知,这种感觉称为"触觉语音震颤"或"触觉语颤"。根据其震颤的增强或减弱,可帮助判断胸内病变的性质。

检查者将左右手掌的尺侧缘或掌面轻放于两侧胸壁的对称部位,然后嘱被检查者用同等的强度重复发"yi"长音,自上而下,从内到外比较两侧对称部位语音震颤的异同,注意有无增强或减弱。

语音震颤减弱或消失主要见于肺泡内含气量过多的疾病,而语音震颤增强主要见于肺泡内有炎症浸润等肺组织实变性疾病。

3. 胸膜摩擦感　当各种原因引起胸膜炎症时,在呼吸时脏层和壁层胸膜相互摩擦,检查者手触胸壁时可以感觉到,这种感觉称为胸膜摩擦感。通常于吸气、呼气两相均可触及,但有时只能在吸气相末触到,屏气消失。该征象常于胸廓的下前侧部或腋中线第 5、6 肋间比较明显,因为该处为呼吸时胸廓动度最大的区域。

在检查时值得注意的是,呼吸道内的分泌物或气道狭窄,呼吸也可产生震动,但这种震动可随着患者咳嗽而消失。

（三）叩诊

胸部叩诊的方法:用于胸廓或肺部的叩诊方法有间接叩诊法和直接叩诊法两种。详见数字部分知识拓展 3-4-6。

（四）听诊

肺部听诊时,被检查者取坐位或卧位。听诊的顺序一般由肺尖开始,自上而下分别检查前胸部、侧胸部和背部,与叩诊相同,听诊前胸部应沿锁骨中线和腋前线;听诊侧胸部应沿腋中线和腋后线;听诊背部应沿肩胛线,自上至下逐一肋间进行,而且要在上下、左右对称的部位进行对比。被检查者微张口作均匀的呼吸,必要时可作较深的呼吸或咳嗽数声后立即听诊,这样更有利于察觉呼吸音及附加音的改变。四种正常呼吸音的特征详见数字部分知识拓展 3-4-7。

三、心脏检查

（一）视诊

心脏查体时,被检查者尽可能取卧位,充分暴露胸部,使医生能够更好地了解心前区有无隆起和异常搏动等。

1. 心前区隆起　心前区隆起多为先天性心脏病造成心脏肥大造成,表现为胸骨下段及胸骨左缘第3、4、5肋间的局部隆起,如法洛四联症。位于胸骨右缘第2肋间及其附近局部隆起,常提示主动脉弓动脉瘤或升主动脉扩张所致,常伴有收缩期搏动。

2. 心尖冲动　视诊心尖冲动是由于心室收缩时心脏摆动,心尖向前冲击胸壁相应部位而形成软组织震动。

正常成人心尖冲动位于第5肋间,左锁骨中线内侧0.5~1.0cm处,搏动范围直径约2.0~2.5cm。心尖冲动的位置可由于体位、体型等因素而发生轻微改变。另外,心脏疾病造成的心脏增大、腹部压力升高使膈肌上抬等也可以引起心尖冲动的位置发生一定程度的变化。心尖冲动移位常见病理因素及可能原因详见数字部分知识拓展3-4-8。

（二）触诊

心脏触诊的方法是:检查者先用右手全手掌开始置于心前区,然后逐渐缩小到用手掌尺侧(小鱼际)或食指和中指指腹并拢同时触诊,必要时也可单指指腹触诊。触诊的内容包括:

1. 心尖冲动及心前区搏动　心脏触诊时,要结合心脏视诊和听诊,借以帮助确定心尖冲动的位置、心尖或心前区抬举性搏动,以及心律失常或异常心音所处的心动周期。被检查者出现心尖区徐缓、有力的搏动,被称为心前区抬举性搏动,是左室肥厚的重要体征。而胸骨左下缘收缩期抬举性搏动是右心室肥厚的可靠指征。

2. 震颤　指心脏搏动时,在触诊时手掌感到的一种细小震动感,与在猫喉部摸到的呼吸震颤类似,又称"猫喘"。震颤的发生机制是由于血流经过狭窄的口径或因异常的方向流动产生涡流造成瓣膜、血管壁或心腔壁震动所致。检查时,应当确定震颤的部位及来源,其次是确定其处于心动周期中的时相(收缩期、舒张期或连续性),这对于确定临床疾病以及疾病的性质至关重要。

3. 心包摩擦感　与胸膜病变产生胸膜摩擦一样,当心包出现纤维素性渗出或粘连时,随着心动周期也可产生摩擦现象,表现为摩擦感。检查时,用手掌小鱼际放在心前区,可在胸骨左缘第3、4肋间触及。心包摩擦感多数情况下在收缩期和舒张期均可以感受到粗糙摩擦感,但在收缩期,特别是被检查者坐位前倾和呼气末时明显,屏气不会消失。

（三）叩诊

通过叩诊可以确定心界大小及其形状。心脏外围就是肺脏,因为肺脏在叩诊时呈清音,而心脏叩诊则是浊音,因此两者交界就是心界。根据被肺覆盖的区域和非肺覆盖的区域,心浊音界包括相对及绝对浊音界两部分。心脏左右缘被肺遮盖的部分,叩诊呈相对浊音,而不被肺遮盖的部分则叩诊呈绝对浊音。通常心脏相对浊音界反映心脏的实际大小。

1. 叩诊方法　在进行心脏叩诊时,宜自下而上,自外向内,先左后右的原则。从心尖冲动处外2~3cm处开始,逐渐向上,至第二肋间。叩诊方法详见数字部分知识拓展3-4-9。

2. 正常心浊音界　心脏的浊音界就是心脏的外形,它反映了心脏的大小和形态。正常心脏左界自第2肋间起向外逐渐形成一外凸弧形,直至第5肋间。右界各肋间几乎与胸骨右缘一致,仅第4肋间稍超过胸骨右缘。以胸骨中线至心浊音界线的垂直距离表示正常成人心相对浊音界(表3-4-1),并标出胸骨中线与左锁骨中线的间距。

表 3-4-1 正常成人心脏相对浊音界

右界（cm）	肋间	左界（cm）	右界（cm）	肋间	左界（cm）
2~3	II	2~3	3~4	IV	5~6
2~3	III	3.5~4.5		V	7~9

注：左锁骨中线距胸骨中线为 8~10cm

（四）听诊

心脏是一个驱动血液流动的器官。一方面它在无时无刻地进行着收缩和舒张，心脏瓣膜关闭产生着声音；另一方面，血液在心脏中流动也会因为种种问题产生声音。心脏听诊的正常与否，是帮助临床医生判断各种病变的重要指标之一。心脏听诊时需注意心率、心律、心音、心脏杂音和额外心音等特征。

听诊时，被检查者多取卧位或坐位，充分暴露检查部位，不能隔着衣服进行心脏听诊。

1. 心脏瓣膜听诊区及听诊顺序（表 3-4-2）。

表 3-4-2 心脏听诊区及其体表位置

听诊区	体表位置
二尖瓣听诊区	心尖冲动最强点，又称心尖区
肺动脉瓣听诊区	胸骨左缘第 2 肋间
主动脉瓣听诊区	胸骨右缘第 2 肋间
主动脉瓣第二听诊区	胸骨左缘第 3 肋间
三尖瓣听诊区	胸骨下端左缘，即胸骨左缘第 4、5 肋间

为了全面检查，防止遗漏，心脏听诊应当按规定依次进行，其听诊顺序为：二尖瓣听诊区→肺动脉瓣听诊区→主动脉瓣听诊区→主动脉瓣第二听诊区→三尖瓣听诊区（图 3-4-1）。

2. 心脏听诊内容 包括心率、心律、心音、额外心音、杂音和心包摩擦音。

（1）心率：是每分钟心搏次数。正常成人在安静情况下心率范围为 60~100 次 / 分。成人心率超过 100 次 / 分，婴幼儿心率超过 150 次 / 分称为心动过速。心率低于 60 次 / 分称为心动过缓。

（2）心律：指心脏跳动的节律。正常人心律基本规则。心脏听诊时能发现的心律失常最常见的有期前收缩和心房颤动。期前收缩是在规律心律的基础上，突然提前出现一次心跳，随后出现一个较长的间歇，而心房颤动的三大体征为：①心律绝对不齐；②第一心音强弱不等；③脉率小于心率，即脉搏短绌。

（3）心音：按其在心动周期中出现的先后次序，可依次命名为第一心音（S1）、第二心音（S2）、第三心音（S3）和第四心音（S4）。通常情况下，只能听到第一、第二心音。第三心音可在部分青少年中闻及。第四心音一般听不到，如听到第四心音，属病理性。

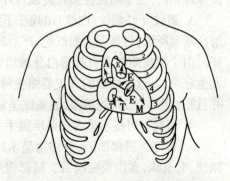

图 3-4-1 心脏瓣膜解剖部位及瓣膜听诊区

详见数字部分知识拓展 3-4-10。

(4) 心脏杂音:是指在心音之外,在心脏收缩或舒张过程中的异常声音,杂音性质的判断对于心脏病的诊断具有重要的参考价值。具体详见数字部分知识拓展 3-4-11。

(5) 心包摩擦音:心包脏层与壁层因生物性或理化因素致纤维蛋白沉积而粗糙,以致在心脏搏动时产生摩擦而出现的声音。音质粗糙、高音调、搔抓样、比较表浅,类似纸张摩擦的声音。在心前区或胸骨左缘第 3、4 肋间最响亮,坐位前倾及呼气末更明显。当心包腔有一定积液量后,摩擦音可消失。

第五节 腹 部 检 查

一、视 诊

腹部检查时,视诊非常重要,因为很多情况可以通过直视而发现,如肠梗阻的腹部膨隆和胃肠型。进行腹部视诊前,应当让患者排空膀胱,取低枕仰卧位,两手自然置于身体两侧,充分暴露全腹,上自剑突,下至耻骨联合。但要注意给患者保暖,同时要注意患者的隐私。男医生检查女患者时,要有其他女性工作人员在现场辅助。

视诊时,医师站在患者右侧,观察时自上而下,有隆起或者蠕动波时常采取侧面观察,将视线降低至腹平面。

腹部视诊的主要内容有一般情况、腹部外形、呼吸运动、腹壁皮肤、腹壁静脉、胃肠型和蠕动波以及疝等。

(一) 一般情况

1. 皮疹 不同类型的皮疹有不同的提示意义:

常出现于发疹性高热疾病或某些传染病(如麻疹、猩红热、斑疹伤寒)及药物过敏等。沿脊神经走行分布的疱疹提示带状疱疹。

2. 色素 正常腹部皮肤颜色稍淡。异常情况如下:

(1) 肾上腺皮质功能减退:腹部皮肤皱褶处常有褐色色素沉着。

(2) Grey-Turner 征:左侧腰背部皮肤呈蓝色,为血液自腹膜后间隙渗出到侧腹壁的皮下,血细胞破坏后血红蛋白漏出并降解所致。常见于急性出血坏死性胰腺炎。

(3) Cullen 征:为脐周或下腹壁皮肤发蓝,为腹腔内或腹膜后大出血征象,与 Grey-Turner 征原理相同,见于出血性胰腺炎或宫外孕破裂。

3. 腹纹 妊娠纹(白纹)出现于下腹部和髂部,为腹壁真皮结缔组织中弹力纤维因张力增高断裂所致,妊娠期为粉红色,产后转变为白色长期存在。紫纹是皮质醇增多症的常见体征。由于糖皮质激素引起蛋白分解增强,真皮层中结缔组织被迅速沉积的皮下脂肪膨胀而发生胀裂,以致紫纹处的真皮萎缩变薄,上面仅覆盖一层薄薄表皮。而皮下毛细血管网丰富并且脆性增加,红细胞偏多,故条纹呈紫色。

4. 瘢痕 可提示患者曾经所做手术及外伤情况。

5. 脐部 脐部凹陷,分泌物呈水样,有尿味,为脐尿管未闭的征象;分泌物呈浆液性或脓性,有臭味,多由炎症所致。脐部溃烂,可由化脓性或结核性炎症所致;脐部溃疡,如质地坚硬,固定而突出,多由癌肿所致。

6. 腹部体毛 增多或女性体毛呈男性型分布见于皮质醇增多症、肾上腺性变态综合征,稀少见于腺垂体功能异常、黏附性水肿、性腺功能减退。

7. 上腹部搏动 多由腹主动脉搏动传导而来,通常触及不到或不明显,但偏瘦的正常人可触及。病理情况可见于副主动脉瘤及肝血管瘤。

(二)腹部外形

观察腹部外形是否对称,有无全腹或局部的膨隆或凹陷,有腹水或腹部肿块时,还应测量腹围。

当平卧位时,前腹壁大致处于肋缘至耻骨联合同一平面或略为低凹,称为腹部平坦;肥胖人群或者小儿餐后腹部外形较饱满,前腹壁稍高于肋缘与耻骨联合的平面,称为腹部饱满;消瘦者或老年人腹壁皮下脂肪较少,前腹壁稍低于肋缘与耻骨联合的平面,称为腹部低平,这些都属于正常腹部外形。常见腹部外形变化原因详见数字部分知识拓展3-5-1。

(三)呼吸运动

呼吸分为腹式和胸式呼吸,腹式呼吸多见于男性及小儿,胸式呼吸多见于成年女性。腹式呼吸是指呼吸时腹部上下起伏,吸气时上抬,呼气时下陷。男性及小儿以腹式呼吸为主,女性则以胸式呼吸为主。而胸式呼吸腹部起伏不明显。

异常呼吸:腹式呼吸减弱或消失:急性腹痛、腹膜炎、腹水、腹腔内巨大肿物、妊娠。

腹式呼吸消失:膈肌麻痹、胃肠穿孔所致急性腹膜炎。

腹式呼吸增强:癔症、胸腔疾病(大量积液等)。

(四)腹壁静脉

正常人腹壁皮下静脉一般不显露,皮下脂肪较薄或皮肤较白的人才隐约可见,老年人中,皮肤常常较薄而松弛,可见腹壁静脉显露于皮肤,但多不迂曲,为较直条纹,属于正常现象。

在有些门静脉高压性疾病或下腔静脉阻塞性疾病时,可以出现明显的腹壁静脉显露甚至曲张(图3-5-1)。

腹壁静脉曲张检查方法:指压法可鉴别腹壁曲张静脉的方向:选择一段没有分支的腹壁静脉,检查者首先将食指和中指并拢并压在待测试的静脉上,然后一只手压紧,另一手指沿着静脉缓慢向外移动以便挤出该段静脉内血液,然后松开移动的手指,另一手指仍然紧压不动,观察此时静脉是否充盈,如果迅速充盈,则表明血流方向是从松开的一端流向紧压手指的一端。同样的方法松开另一手指(图3-5-2)。

(五)胃肠型和蠕动波

正常人腹部一般看不到胃和肠的轮廓及蠕动波形。但老年人、经产妇、极度消瘦者这些腹壁非常菲薄的人群中可以明显观察到。

异常:当患者胃肠道发生梗阻时,梗阻近端的胃或肠段饱满而隆起,可显出各自的轮廓,称为胃型或肠型,伴有该部位的蠕动加强,可以看到蠕动波。

观察胃肠型和蠕动波时,在患者的侧面更容易看到,也可用手掌轻拍患者腹壁诱发蠕动波出现。

二、触 诊

腹部的压痛、脏器的增大、肿物都需要依靠腹部触诊来发现。

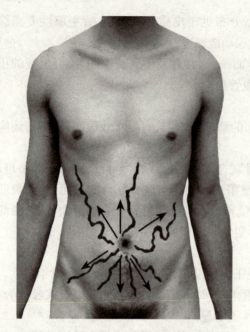

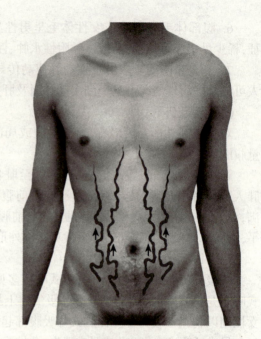

图 3-5-1　门脉高压时腹壁浅静脉血流方向　　　图 3-5-2　静脉血流方向检查示意图

(一) 腹部触诊检查的方法

1. 被检查者应排尿后取低枕仰卧位,两手自然置于身体两侧,两腿自然屈起并稍分开,使腹肌尽量松弛,作张口缓慢腹式呼吸,吸气时横膈向下而腹部上抬隆起,呼气时腹部自然下陷,可使膈下脏器随呼吸上下移动。检查肝脏、脾脏时,还可分别取左、右侧卧位。检查肾脏时可用坐位或立位。检查腹部肿瘤时还可用肘膝位。

2. 检查者应站立于被检查者右侧,面对被检查者,前臂应与腹部表面在同一水平,检查时手要温暖,先以全手掌放于腹壁上部,使患者适应片刻,并感受腹肌紧张度。然后以轻柔动作按顺序触诊,一般自左下腹开始逆时针方向至右下腹,再至脐部,依次检查腹部各区。原则是先触诊健康部位,逐渐移向病变区域,以免造成患者感受的错觉。边触诊边观察被检查者的反应与表情,对精神紧张或有痛苦者给以安慰和解释。亦可边触诊边与患者交谈,转移其注意力而减少腹肌紧张,以保证顺利完成检查。

3. 腹部触诊应用基本检查方法中所列各种触诊手法,包括浅部触诊法、深部触诊法、滑行触诊法、双手触诊法、浮沉触诊法(详见本章第二节)。

(二) 腹部触诊检查内容

1. 腹壁紧张度　腹壁紧张度增加见于腹腔内容物增加或腹膜炎症的自我保护性张力增加。在腹膜炎时,不仅腹壁常有明显紧张,甚至强直硬如木板,同时有明显压痛和反跳痛。腹壁紧张度减低则见于慢性消耗性疾病或大量放腹水后,亦见于经产妇或年老体弱、脱水患者。

2. 压痛及反跳痛　正常腹部触摸时不引起疼痛,重按时仅有一种压迫感。腹腔内的病变,特别脏器的炎症、淤血、肿瘤、破裂、扭转以及腹膜的刺激(炎症、出血等)都可引起压痛,压痛的部位常提示存在相关脏器的病变。反跳痛是指医师用手触诊腹部出现压痛后,用并拢的2~3个手指(食、中、环指)压于原处稍停片刻,使压痛感觉趋于稳定,然后迅速将手抬起,如此时患者感觉腹痛骤然加重,并常伴有痛苦表情或呻吟,称为反跳痛。反跳痛是腹膜壁层已受炎症累及的征象,当突然抬手时腹膜被激惹所致,是腹内脏器病变累及邻近腹膜的标志。疼痛也可发生在远离受试的部位,提示局部或弥漫性腹膜炎。

腹部常见疾病的压痛部位见图 3-5-3。

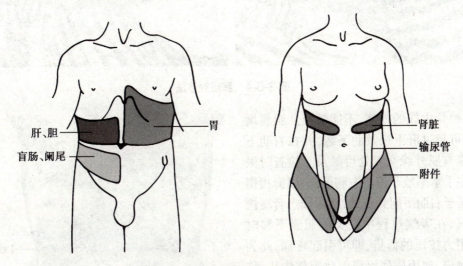

肝、胆
胃
盲肠、阑尾
肾脏
输尿管
附件

图 3-5-3 腹部常见疾病压痛部位

(三)脏器触诊

1. **肝脏触诊** 肝脏触诊时,要注意其大小、质地、压痛、边缘状态、搏动、肝区摩擦感、肝震颤等。正常成人的肝脏,一般在肋缘下触不到,但腹壁松软的瘦长体型者于深吸气时可于肋弓下触及肝下缘,在 1cm 以内,在剑突下可触及肝下缘,多在 3cm 以内,在腹上角较锐的瘦高者剑突根部下可达 5cm,但是不会超过剑突根部至脐距离的中、上 1/3 交界处。正常肝脏质地柔软,如触撅起之口唇,边缘整齐、表面光滑,无压痛,不伴有搏动,正常呼吸时手掌感觉不到摩擦感。当大小超过上述标准,出现质地变硬、边缘变钝或出现压痛,则应当结合病史考虑异常发现。常见触诊方法详见数字部分知识拓展 3-5-2。

2. **脾脏触诊** 正常情况下脾被左侧肋骨掩盖,不能触及,当内脏下垂或左侧胸腔积液、积气时,膈肌会下降,进一步可使脾向下移位而被触及。触到脾脏则多提示已增大至正常体积 2 倍以上。

脾脏的检查方法(图 3-5-4)同肝脏检查。如位置表浅,用右手单手稍用力触诊即可查到。如果肿大的脾脏位置较深,应用双手触诊法进行检查,患者仰卧,两腿稍屈曲,医生左手绕过患者腹前方,手掌置于其左胸下部第9~11 肋处,试将其脾脏从后向前托起,并限制了胸廓运动,右手掌平放于脐部,与左肋弓大致成垂直方向,自脐平面开始配合呼吸,如同触诊肝脏一样,迎触脾尖,直至触到脾缘或左肋缘为止。在脾脏轻度肿大而仰卧位不易触到时,可嘱患者取右侧卧位,双下肢屈曲,此时用双手触诊则容易触到。

脾脏肿大的测量法见图 3-5-5。

3. **胆囊触诊** 可用单手滑行触诊法或钩指触诊法进行。正常时胆囊位于肝脏的下表

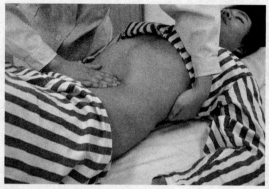
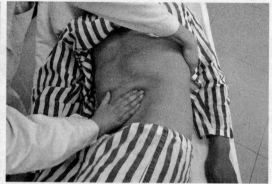

图 3-5-4 脾脏触诊法

面,右锁骨中线的外侧,不能触及。胆囊增大时,可超过肝下缘及肋下缘,并在右肋下缘和腹直肌外缘交界处可触及。检查时医师以左手掌平放于患者右胸下部,以拇指指腹勾压于右肋下胆囊点处,然后嘱患者缓慢深吸气,在吸气过程中发炎的胆囊下移时碰到用力按压的拇指,即可引起疼痛,此为胆囊触痛,如因剧烈疼痛而致吸气中止,称 Murphy 征阳性(图 3-5-6)。

4. 肾脏触诊 肾呈卵圆形,位于腹膜后脊柱两侧,紧贴腹后壁,平对第 12 胸椎至第 3 腰椎,第 12 肋跨过肾后表面的中部。当肾增大时,通常是向下向前延伸。这是因为腰大肌和第 12 肋限制其向后扩展,与左肾重叠的脾阻止左肾向上扩展。

检查肾脏一般用双手触诊法(图 3-5-7)。取仰卧位,嘱患者两腿屈曲并做较深腹式呼吸,触诊右肾时,医师立于患者右侧,以左手掌托起其右腰部,右手掌平放在右上腹部肋缘稍向下,手指方向大致平行于右肋缘进行深部触诊,于患者吸气时双手夹触肾脏。如触到光滑钝圆的脏器,可能为肾下极,如能在双手间握住更大部分,则略能感知其蚕豆状外形,握住时患者常有酸痛或类似恶心的不适感。触诊左肾时,左手越过患者腹前方从后面托起左腰部,右手掌横置于患者左上腹部,依前法双手触诊左肾。如患者腹壁较厚或配合动作不协调,以致右手难以压向

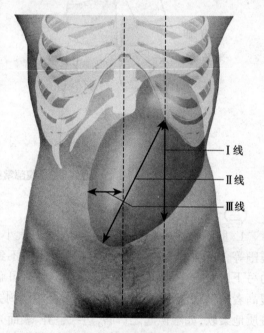

I 线
II 线
III 线

图 3-5-5 脾脏肿大测量法

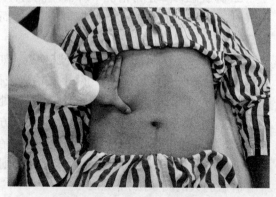

图 3-5-6 Murphy 征检查法

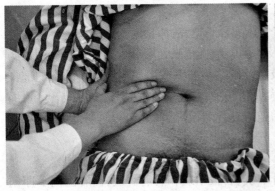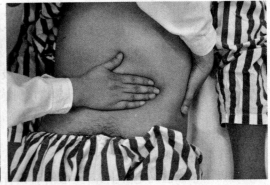

图 3-5-7 肾脏触诊法

后腹壁时,可采用以下手法触诊:患者吸气时,用左手向前冲击后腰部,如肾下移至两手之间时,则右手有被顶推的感觉;与此相反,也可用右手指向左手方向腰部做冲击动作,左手也可有同样的感觉而触及肾脏。如卧位未触及肾脏,还可让患者站立床旁,医生于患者侧面用两手前后联合触诊肾脏。当肾下垂或游走肾时,立位较易触到。

常见肾脏疾病压痛点详见数字部分知识拓展 3-5-3。

(四) 液波震颤

腹腔内有大量游离液体时,如用手指叩击腹部,可感到液波震颤,或称波动感。检查时患者平卧,医师以一手掌面贴于患者一侧腹壁,另一手四指并拢屈曲,用指端叩击对侧腹壁(或以指端冲击式触诊),如有大量液体存在,则贴于腹壁的手掌有被液体波动冲击的感觉。为防止腹壁本身的震动传至对侧,可让另一人将手掌尺侧缘压于脐部腹中线上,即可阻止之。此法检查腹水,需有 3000~4000ml 以上液量才能查出,不如移动性浊音敏感(图 3-5-8)。

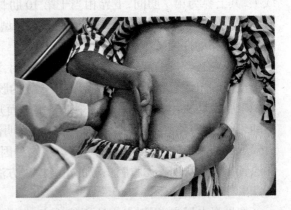

图 3-5-8 液波震颤检查法

(五) 振水音

在胃内有多量液体及气体存留时,运动或冲击触诊法搅动胃内液体和气体混合,可出现振水音。检查时患者仰卧,医生以一耳凑近上腹部,同时以冲击触诊法振动胃部,即可听到气、液撞击的声音,亦可将听诊器膜型体件置于上腹部进行听诊。正常人在餐后或进多量液体时可有上腹部振水音,但若在清晨空腹或餐后 6~8 小时以上仍有此音,则提示幽门梗阻或胃扩张。

三、叩 诊

叩诊法包括直接叩诊法和间接叩诊法,两者均可用于腹部,间接叩诊法较常用,具有较高的准确性。

（一）腹部叩诊音

正常情况下，腹部叩诊大部分区域为含有气体的胃肠道，故叩诊时为鼓音，肝、脾实质性脏器区域，增大的膀胱和子宫占据的部位，以及两侧腹部近腰肌处叩诊为浊音。当麻痹性肠梗阻胃肠高度胀气和胃肠穿孔致气腹时，则鼓音范围明显增大或出现于不应有鼓音的部位（如肝浊音界内）。当肝、脾或其他脏器极度肿大，腹腔肿瘤或大量腹水时，病变区鼓音区可缩小，并出现浊音或实音。叩诊可从左下腹开始逆时针方向至右下腹部，再至脐部，借此可获得腹部叩诊音的总体印象。

（二）肝脏及胆囊叩诊

可以用叩诊法确定肝上界，一般沿右锁骨中线、右腋中线和右肩胛线，由肺区向下叩向腹部。叩指用力要适当，勿过轻或过重。当由清音转为浊音时，即为肝上界。此处相当于被肺遮盖的肝顶部，故又称肝相对浊音界。再向下叩 1~2 肋间，则浊音变为实音，此处的肝脏不再被肺所遮盖而直接贴近胸壁，称肝绝对浊音界（亦为肝下界）。确定肝下界时，最好由腹部鼓音区沿右锁骨中线或正中线向上叩，由鼓音转为浊音处即是。肝下界与胃、结肠等重叠，叩诊准确性较差。一般叩得的肝下界比触得的肝下缘高 1~2cm，但若肝缘明显增厚，则两项结果较为接近。在确定肝的上下界时要注意体型，正常匀称体型者在右锁骨中线上的肝上界在第 5 肋间，下界位于右季肋下缘。两者之间的距离为肝上下径，约为 9~11cm；在右腋中线上，其上界为第 7 肋间，下界相当于第 10 肋骨水平；在右肩胛线上，其上界为第 10 肋间。矮胖体型者肝上下界均可高一个肋间，瘦长体型者则可低一个肋间。

（三）移动性浊音

腹腔内有较多的液体存留时，因重力作用，液体多积于腹腔的低处，故在此处叩诊呈浊音。检查时先让患者仰卧，腹中部由于含气的肠管在液面浮起，叩诊呈鼓音，两侧腹部因腹水积聚叩诊呈浊音。检查者自腹中部脐水平面开始向患者左侧叩诊，发现浊音时，板指固定不动，嘱患者右侧卧，再度叩诊，如呈鼓音，表明浊音移动。同样方法向右侧叩诊，叩得浊音后嘱患者左侧卧，以核实浊音是否移动。这种因体位不同而出现浊音区变动的现象，称移动性浊音。这是发现有无腹腔积液的重要检查方法。当腹腔内游离腹水在 1000ml 以上时，即可查出移动性浊音（图 3-5-9）。

如果腹水量少，用以上方法不能查出时，若病情允许可让患者取肘膝位，使脐部处于最低部位。由侧腹部向脐部叩诊，如由鼓音转为浊音，则提示有腹水的可能（即水坑征）。该方法可鉴定出至少 120ml 的游离腹水。也可让患者站立，如下腹部积有液体浊音，液体的上界水平线，在此水平线上为浮动的肠曲，叩诊呈鼓音。

（四）肋脊角叩击痛

检查时，患者采取坐位或侧卧位，医师用左手掌平放在其肋脊角处（肾区），右手握拳用轻到中等的力量叩击左手背。主要用于检查肾脏病变。正常时肋脊角处无叩击痛，当有肾炎、肾盂肾炎、肾结石、肾结核及肾周围炎时，肾区有不同程度的叩击痛。

（五）膀胱叩诊

可用叩诊来判断膀胱膨胀的程度。叩诊在耻骨联合上方进行，通常从上往下，由鼓音转成浊音。膀胱空虚时，因耻骨上方有肠管存在，叩诊呈鼓音，叩不出膀胱的轮廓。当膀胱内有尿液充盈时，耻骨上方叩诊呈圆形浊音区。

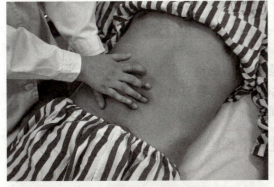
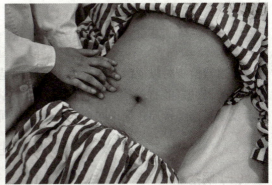
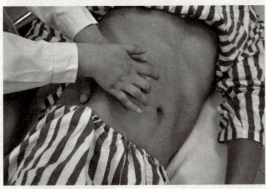

图 3-5-9　移动性浊音叩诊法

四、听　　诊

腹部听诊的内容包括:肠鸣音、血管杂音、摩擦音和搔弹音等,妊娠 5 个月以上的妇女还可在脐下方听到胎儿心音(130~160 次 / 分)。

(一) 肠鸣音

肠蠕动时,肠管内气体和液体随之流动并向前推进,产生一种断断续续的咕噜声(或气过水)称为肠鸣音。通常可用右下腹部和脐的正下方作为肠鸣音听诊点,在正常情况下,肠鸣音大约 4~5 次 / 分。其频率声响和音调变异较大,餐后频繁而明显,休息时稀疏而微弱,只有靠检查者的经验来判断是否正常。肠蠕动增强时,肠鸣音达每分钟 10 次以上,但音调不特别高亢,称肠鸣音活跃,见于急性胃肠炎、服泻药后或胃肠道大出血时。如次数多且肠鸣音响亮、高亢,甚至呈叮当声或金属音,称肠鸣音亢进,见于机械性肠梗阻。数分钟才听到一次,称为肠鸣音减弱,见于老年性便秘、腹膜炎、电解质紊乱(低血钾)及胃肠动力低下等。如持续听诊 3~5 分钟未听到肠鸣音,用手指轻叩或搔弹腹部仍未听到肠鸣音,称为肠鸣音消失,见于急性腹膜炎或麻痹性肠梗阻。

(二) 血管杂音

详见数字部分知识拓展 3-5-4。

(三) 摩擦音

类似胸膜摩擦音。腹膜纤维渗出性炎症时,可在腹壁听到摩擦音。在脾梗死、脾周围炎、肝周围炎或胆囊炎累及局部腹膜等情况下,可在深呼吸时,于各相应部位听到摩擦音,严重时可触及摩擦感。

第六节 生殖器、肛门、直肠检查

生殖器检查时以视诊与触诊为主。触诊是肛门、直肠检查最简便、有效的方法。

生殖器、肛门、直肠检查部位隐私，应注意沟通技巧，要与患者及家属进行有效沟通，向患者及家属详细告知并征得同意。同时，男医师检查女患者时，应有女医务人员或家属在场。

一、男性生殖器检查

(一) 阴茎

详见数字部分知识拓展 3-6-1。

(二) 阴囊

详见数字部分知识拓展 3-6-2。

(三) 前列腺

为男性特有。检查时取肘膝卧位，跪卧于检查床上。检查者食指戴指套(或手套)，指端涂以润滑剂，缓慢插入肛门后向腹侧触诊(图 3-6-1)。正常前列腺质韧富有弹性，可触及前列腺沟；前列腺单纯肥大时，表面光滑有韧感，无压痛及粘连，正中沟消失，老年人多见；急性前列腺炎时，可触及肿大伴明显压痛的前列腺；前列腺癌时，前列腺肿大、质硬、表面有硬结。无压痛。如需留取前列腺液，则在触诊同时按摩前列腺进行。

(四) 精囊

精囊是男性附属性腺器官，正常时，直肠指诊一般不易触及。如触及则提示为病理状态，常继发于前列腺病变，如炎症波及，结核扩散和前列腺癌的侵犯。精囊呈索条状肿胀伴触压痛多为炎症所致，串珠样肿胀见于输精管结核，质硬肿大应考虑癌变。

图 3-6-1 前列腺触诊

二、女性生殖器检查

女性生殖器包括内外生殖器两部分，一般情况下不做常规体格检查。如全身性疾病疑有局部病变时可做外生殖器检查，如疑有妇产科疾病时应由专科医师进行检查。检查时患者应先排空膀胱，暴露会阴，仰卧于检查台上，两腿屈膝、外展，医师戴无菌手套进行检查。

(一) 外生殖器

详见数字部分知识拓展 3-6-3。

(二) 内生殖器

详见数字部分知识拓展 3-6-4。

三、肛门与直肠检查

肛门与直肠检查以视诊、触诊为主。检查时所发现病变应按时针方向记录病变部位，并注明患者受检时所取得体位。常见体位如下(图 3-6-2)：

图 3-6-2 常见肛门与直肠检查体位

(一) 视诊

正常肛周皮肤颜色较深,皱褶自肛门向外周呈放射状分布,提肛收缩肛门时皱褶更明显,做排便动作时则皱褶变浅。常见肛周疾病详见数字部分知识拓展 3-6-5。

(二) 触诊

肛门和直肠触诊,又称肛诊或直肠指诊,是肛门、直肠疾病检查最简便、有效的方法之一。方法:检查时患者取肘膝位或左侧卧位,医师右手食指戴指套或手套,涂以润滑剂,置于患者肛门外口轻轻按摩,嘱患者张口呼吸,待肛门括约肌适应并放松后,食指再慢慢插入肛门、直肠内(图 3-6-3)。先检查肛门及括约肌的紧张度,其次检查肛管及直肠内壁,注意黏膜是否光滑、有无压痛、肿块及波动感。

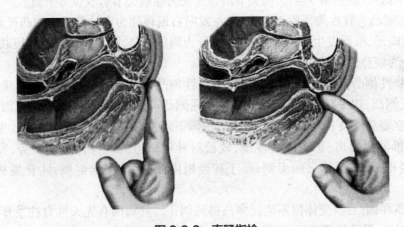

图 3-6-3 直肠指检

直肠指诊时应注意以下异常改变:
(1) 直肠触痛明显,多因肛裂及感染引起。
(2) 触痛伴有波动感,多见于肛门、直肠周围脓肿。
(3) 直肠内触及柔软、光滑而富有弹性的包块,常为直肠息肉。
(4) 触及坚硬凹凸不平的包块,应注意直肠癌。
(5) 指诊后指套表面染有黏液、脓液或血液,应留取标本送检。

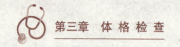

第七节 脊柱与四肢检查

一、脊柱视诊

(一) 生理弯曲度检查

正常人直立时,脊柱从侧面观察有四个生理弯曲,分别为颈段稍向前凸,胸段稍向后凸,腰椎明显前凸,骶椎明显后凸。从后面观察,脊柱呈一条垂直的直线。让患者取直立位,从侧面观察脊柱是否有前凸或后凸畸形。轻压各脊椎棘突,从后面观察是否有脊柱侧凸畸形。

(二) 病理性变形

1. 颈部变形　颈部检查可以通过自然姿势有无异常,如站立位时有无侧偏、过屈、过伸、僵硬感。颈椎侧偏见于先天性肌斜颈,患者头偏向健侧,患侧胸锁乳突肌隆起。

2. 脊柱后凸　脊柱过度后弯称为脊柱后凸,也称驼背,多发生于胸段脊柱。脊柱后凸时前胸凹陷,头颈部前倾。脊柱后凸的原因众多,表现也不完全相同,常见病因详见数字部分知识拓展 3-7-1。

3. 脊柱前凸　脊柱过度向前凸出性弯曲称为脊柱前凸。多发生于腰椎部位,患者腹部明显向前突出,臀部明显向后突出,多由于晚期分娩、大量腹水、腹腔巨大肿瘤、第五腰椎向前滑脱、水平骶椎(腰骶角 >34°)、髋关节结合及先天性髋关节后脱位等所致。

4. 脊柱侧凸　脊柱离开后正中线,向左或向右偏移称为脊柱侧凸。侧凸严重时可出现肩部及骨盆畸形,根据发生侧凸的部位不同,分为胸段侧凸、腰段侧凸及胸腰段联合侧凸,并根据病因分为姿势性和器质性两种。

(1) 姿势性侧凸:无脊柱结构的异常,姿势性侧凸早期脊柱的弯曲度多不确定,改变体位时可纠正侧凸,如平卧位或向前弯腰时,脊柱侧凸可消失,姿势性侧凸的原因有:①儿童发育期坐、立姿势不良;②代偿性侧凸可因一侧下肢明显短于另一侧所致;③坐骨神经性侧凸,多因椎间盘突出、患者改变体位,放松对神经压迫的一种保护性姿势,突出的椎间盘位于神经根外侧,腰椎突向患侧;位于神经根内侧,腰椎突向健侧;④脊髓灰质炎后遗症等。

(2) 器质性侧凸:改变体位不能使侧凸得到纠正。其病因有先天性脊柱发育不全、肌肉麻痹、营养不良、慢性胸膜肥厚、胸膜粘连及肩部或胸部畸形等。

二、脊柱活动度

正常人脊柱有一定活动度,但各部位活动范围不同,颈椎段及腰椎段的活动范围最大,胸椎段活动范围小,脊椎和尾椎已融合成骨块状,几乎无活动性。

检查脊柱活动度时,让患者做前屈、后伸、侧弯、旋转等动作,以观察脊柱的活动情况及有无变形。已有脊柱外伤、骨折或关节外伤者应避免脊柱活动,以防脊髓损伤。正常人直立时,骨盆固定的条件下,颈段、胸段、腰段的活动范围及异常情况详见数字部分知识拓展 3-7-2。

三、脊柱触诊和叩诊

(一) 压痛

脊柱压痛的检查方法是嘱患者取端坐位,身体稍向前倾。检查者以右手拇指从枕骨粗隆开始自上而下逐个按压脊椎棘突及椎旁肌肉,正常时每个棘突及椎旁肌肉均无压痛。如有压痛,提示压痛部位可能有病变,并以第 7 颈椎棘突为标志计数病变椎体的位置。除颈椎外,颈旁组织的压痛也提示相应病变,如:落枕时斜方肌中点有压痛;颈肋综合征及前斜角肌综合征的压痛点在锁骨上窝及颈外侧三角区内;颈部肌纤维组织炎的压痛点在颈肩部,范围比较广泛。胸腰椎病变如结核、腰椎间盘突出及外伤或骨折,均在相应的脊椎棘突有压痛,若椎旁肌肉有压痛,常为腰背肌纤维炎或劳损。

(二) 叩击痛

常见的脊柱叩击法有两种:

1. 直接叩击法　即用中指或叩诊锤垂直叩击各椎体的棘突,多用于检查胸椎、腰椎及颈椎,特别是颈椎骨关节损伤时,因颈椎位置深,一般不用此法。

2. 间接叩击法　患者取坐位,医师将左手掌置于患者头顶,右手半握拳以小鱼际部位叩击左手背,了解患者脊柱各部位有无疼痛。如疼痛阳性见于脊柱结核、脊椎骨折或椎间盘突出等。叩击痛的部位多为病变部位。如有颈椎病或颈椎间盘脱出症,间接叩诊时可出现上肢的放射性疼痛。

四、脊柱检查的几种特殊试验

(一) 颈椎特殊试验

1. Jackson 压头试验　患者取坐位,检查者双手重叠放于其头顶部,向下加压:如患者出现颈痛或上肢放射性痛即为阳性。多见于颈椎病及颈椎间盘突出症。

2. 前屈旋颈试验(Fens 征)　嘱患者头颈部前屈,并左右旋转、如颈椎处感觉疼痛,则属于阳性,多提示颈椎小关节的退行性变。

3. 颈静脉加压试验(压颈试验,Naffziger 试验)　患者仰卧,检查者以双手指按压患者两侧颈静脉,如其颈部及上肢疼痛加重,为颈神经根性颈椎病,此乃因脑脊液回流不畅导致滑膜腔压力增高所致。此试验也常用于下肢坐骨神经痛患者的检查,颈部加压时,若下肢症状加重,则提示其下肢的疼痛症状源于腰椎管内病变,即神经根性坐骨神经痛。

4. 旋颈试验　患者取坐位,头略后仰,并自动向左、右旋颈,如患者出现头昏、头痛、视物模糊症状,提示椎动脉型颈椎病。因旋转头部时椎动脉受到扭曲,加重了椎 - 基底动脉供血不足,当头部停止转动,症状随之消失。

(二) 腰骶椎的特殊试验

数字部分知识拓展 3-7-3。

五、上 肢

(一) 长度

双上肢长度可用目测,嘱被检者双上肢向前手掌并拢,比较其长度,也可用皮尺测量肩峰至桡骨茎突和中指指尖的距离为全上肢长度,上臂长度则从肩峰至尺骨鹰嘴的距离,前臂长度测量是从鹰嘴突至尺骨茎突的距离,双上肢长度正常情况下等长,长度不一,见于先天性短指畸形、骨折重叠和关节脱位等,如肩关节脱位时患侧上臂长于健侧,肱骨颈骨折时患侧短于健侧。

(二) 肩关节

检查方法及异常情况详见数字部分知识拓展 3-7-4。

(三) 肘关节

检查方法及异常情况详见数字部分知识拓展 3-7-5。

(四) 腕关节和手

检查方法及异常情况详见数字部分知识拓展 3-7-6。

六、下 肢

下肢包括臀、大腿、小腿、踝和足。检查下肢时应充分暴露以上部位,双侧对比,先做一般外形检查,如双下肢长度是否一致,用尺测量或双侧对比。一侧肢体缩短见于先天性短肢畸形、骨折和关节脱位。并观察双下肢外形是否对称、有无静脉曲张和肿胀,一侧肢体肿胀见于深层静脉血栓形成肿胀。伴有皮肤灼热、发红、肿胀见于蜂窝织炎和血管炎。并观察双下肢皮肤有无出血点、皮肤溃疡和色素沉着。下肢慢性溃疡时常有皮肤色素沉着。然后做下肢各关节的检查。

(一) 髋关节

1. 视诊

(1) 步态:常见异常步态详见数字部分知识拓展 3-7-7。

(2) 畸形:患者取仰卧位双下肢伸直,使患者髂前上棘连线与躯干正中线保持垂直,腰部放松,腰椎放平贴于床面,观察关节有无下列畸形,如果有多为髋关节脱位、股骨干或股骨头骨折错位。

1) 内收畸形:正常时双下肢可伸直并拢,如一侧下肢超越躯干中线向对侧偏移,而且不能外展为内收畸形。

2) 外展畸形:下肢离开中线,向外侧偏移,不能内收,称外展畸形。

旋转畸形 仰卧位时正常髌骨及拇趾指向上方,若向对外侧偏斜为髋关节内外旋畸形。

(3) 肿胀和皮肤皱褶:腹股沟异常饱满,示髋关节肿胀,臀肌是否丰满,如髋关节病变时,臀肌萎缩。臀部皱褶不对称,示一侧髋关节脱位。

(4) 肿块、窦道和瘢痕:注意髋关节周围皮肤有无肿块、窦道和瘢痕,髋关节结核时常有以上改变。

2. 触诊

(1) 压痛:髋关节位置深,只能触诊其体表位置,腹股沟韧带中点后下 1cm,再向外 1cm,触及此处,有无压痛及波动感,髋关节有积液时有波动感,如此处硬韧饱满时,可能为髋关节前脱位,若该处空虚可能为后脱位。

(2) 活动度:髋关节检查方法及活动范围详见数字部分知识拓展 3-7-8。

3. 叩诊 患者下肢伸直,医师以叩诊锤叩击足跟,如髋部疼痛则提示髋关节炎或骨折。

4. 听诊 令患者做屈髋和伸髋动作,可闻及大粗隆上方有明显的"咯噔"声,系紧张肥厚的阔筋膜张肌与股骨大粗隆摩擦声。常见检查方法及活动范围详见数字部分知识拓展 3-7-8。

（二）膝关节

1. 视诊　常见异常情况详见数字部分知识拓展 3-7-9。

2. 触诊

（1）压痛：膝关节发炎时，双膝眼处压痛，髌骨软骨炎时，髌骨两侧有压痛，膝关节间隙压痛，提示半月板损伤。侧副韧带损伤。压痛点多为韧带上下两端的附着处。胫骨结节骨骺炎时，压痛点位于髌韧带在胫骨的止点处。

（2）肿块：对膝关节周围的肿块，应注意大小、硬度、活动度、有无压痛及波动感。胫骨前方肿块，并可触及囊性感，见于髌前滑囊炎。膝关节间隙处可触及肿块，且伸膝时明显，屈膝后消失，见于半月板囊肿。胫前上端或股骨下端有局限性隆起，无压痛，多为骨软骨瘤。腘窝处出现肿块，有囊状感多为腘窝囊肿，伴有与动脉同步的搏动见于动脉瘤。

（3）摩擦感：医师一手置于患膝前方，另一手握住患者小腿，做膝关节的伸屈动作，如膝部有摩擦感，提示膝关节面不光滑，见于炎症后遗症及创伤性关节炎。推动髌骨做上下左右活动，如有摩擦感，提示髌骨表面不光滑，见于炎症及创伤后遗症的病变。

（4）活动度：膝关节屈曲可达 120°~150°，伸 5°~10°，内旋 10°，外旋 20°。

3. 几种特殊试验　包括浮髌试验、侧方压力试验。详见数字部分知识拓展 3-7-10。

骨关节炎可表现为浮髌试验阳性、关节肌肉萎缩、主动或被动活动时关节可闻及骨擦音，有不同程度的活动受限和肌疼挛，严重时可出现关节畸形。

（三）踝关节与足

1. 视诊

（1）肿胀

1）匀称性肿胀：正常关节两侧可见内外踝轮廓，跟腱两侧各有一凹陷区，踝关节背伸时可见伸肌腱在皮下走行，踝关节肿胀时以上结构消失见于踝关节扭伤、结核、化脓性关节炎及类风湿关节炎。

2）局限性肿胀：足背或内外踝下方局限性肿胀，见于腱鞘炎和腱鞘囊肿，跟骨结节处肿胀见于跟腱周围炎，第二、三跖趾关节背侧和跖骨局限性肿胀，可能为跖骨头无菌性坏死或骨折引起，足趾皮肤温度变冷，肿胀、皮肤呈乌黑色见于缺血性坏死。

（2）局限性隆起：足背部骨性隆起，见于外伤、骨质增生或先天性异常。内、外踝明显突出见于胫腓关节分离，内、外踝骨折、踝关节前方隆起见于距骨头骨质增生。

（3）畸形：足部常见畸形详见数字部分知识拓展 3-7-11。

2. 触诊

（1）压痛点：内外踝骨折、跟骨骨折、韧带损伤，局部均可出现压痛，第二、三跖骨头处压痛见于跖骨头无菌性坏死，第二、三跖骨干骨折，见于疲劳骨折。跟腱压痛见于跟腱腱鞘炎。足跟内侧压痛，见于跟骨骨棘或跖筋膜炎。

（2）其他：踝足部触诊，应注意跟腱张力、足底内侧跖筋膜有无挛缩，足背动脉搏动有无减弱，方法是医生将是中指和无名指末端指腹并拢，放置于足背一、二跖长伸肌肌腱间，触及有无波动感。

（3）活动度：可令患者主动或医师检查时做被动活动，踝关节与足的活动范围如下

1）踝关节背伸 20°~30°，跖曲 40°~50°，跟距关节内、外翻 30°

2）跗骨间关节内收 25°外展 25°，跖趾关节跖屈 30°~40°，背伸 45°。

第八节 神经系统检查

掌握神经系统的基本检查方法，获取对疾病的定位和定性诊断信息，是医学生临床教学中不可缺少的部分，在进行神经系统检查时首先要确定患者对外界刺激的反应状态及意识状态，文章中的许多检查将要在患者意识清晰状态下完成，完成神经系统检查常要具备：叩诊锤、棉签、大头针、音叉、双规仪、试管、电筒、检眼镜以及嗅觉、味觉、失语测试用具等。

一、脑神经检查

脑神经共 12 对，检查脑神经对颅脑病变的定位极为重要，检查时，应按顺序进行，以免漏查，同时要进行双侧对比。

(一) 嗅神经

嗅神经是第 1 对脑神经，检查前先确定患者是否鼻孔通畅，有无鼻黏膜病变，然后嘱患者闭目，依次检查双侧嗅觉，先压住一侧鼻孔用患者熟悉的无刺激性气味的物品（如杏仁、松节油，香烟、香皂等）置于另一侧鼻孔下，让患者辨别嗅到的各种气味。然后换另一侧鼻孔进行测试，注意双侧比较。根据检测结果可判断患者一侧或双侧嗅觉状态，嗅觉功能障碍，如排除鼻黏膜病变，常见于同侧嗅神经损害病变：压迫嗅球、嗅束可引起嗅觉丧失。

(二) 视神经

视神经是第 2 对脑神经，检查包括视力、视野检查和眼底检查。

(三) 动眼、滑车、展神经

动眼神经、滑车神经、展神经分别为第 3、4、6 对脑神经，分别支配眼球运动，合称眼球运动神经，可同时检查，检查时需注意眼裂外观、眼球运动、瞳孔及对光反射、调节反射等，检查中如发现眼球运动向内、向上和向下运动受限，以及上睑下垂、调节反射消失，均提示有动眼神经麻痹。如眼球向下及向外运动减弱，提示滑车神经有损害。眼球向外转动障碍则为展神经受损。瞳孔反射异常由动眼神经和视神经受损所致，另外眼球运动神经的麻痹可出现相应眼外肌的功能障碍导致麻痹性斜视，单侧眼球运动神经的麻痹可导致复视。

(四) 三叉神经

三叉神经是第 5 对脑神经，是混合性神经，感觉神经纤维分布于面部皮肤、眼、鼻、口腔黏膜，运动神经纤维支配咀嚼肌、面肌和翼状内外肌。

1. 面部感觉　嘱患者闭眼，以针刺检查痛觉，棉絮检查触觉，盛有冷和热水的试管检查温度觉，两侧及内外对比，观察患者的感觉反应，同时确定感觉障碍区域，注意区分周围性和核性感觉障碍，前者为患侧患肢分布区各种感觉缺失，后者呈葱皮样感觉障碍。

2. 角膜反射　嘱患者睁眼向内侧斜视，以棉絮捻成的细束从患者视野外接近并轻触外侧角膜，避免触及睫毛，正常反应为被刺激侧迅速闭眼和对侧也出现眼睑闭合反应，前者称为直接角膜反射，而后者称为间接角膜反射。直接与间接角膜反射消失见于三叉神经病变，直接角膜反射消失，间接角膜反射存在，见于患侧面神经瘫痪。

3. 运动功能　检查者双手按患者颞肌、咀嚼肌，嘱患者做咀嚼动作，对比双侧肌力强弱，再嘱患者做张口运动和露齿以上下门齿中缝为标准。观察：张口时下颌有无偏斜，当一侧三叉神经运动纤维受损时,患侧咀嚼肌肌力减弱和出现萎缩,张口时由于梨状肌瘫痪,下颌偏向患侧。

(五) 面神经

面神经是第7对脑神经,主要支配面部表情肌和具有舌前2/3的味觉功能。

1. 运动功能　检查面部表情肌时,首先观察双侧额纹、眼裂、鼻唇沟和口角是否对称,然后嘱患者做皱额、闭眼、露齿、微笑、鼓腮和吹哨动作,面神经受损可分为周围性和中枢性损害两种,一侧面神经周围性损害时患侧额纹减少,眼裂增大,鼻唇沟变浅,不能皱额、闭眼、微笑和露齿时口角歪向健侧,鼓腮和吹口哨时病变侧漏气。中枢性损害时由于上半部面肌受双侧皮层运动区的支配,皱额、闭眼无明显影响,只出现病灶对侧下半部面部表情肌的瘫痪。

2. 味觉检查　嘱患者伸舌,将少量不同味觉的物质(如食糖、食盐、醋)用棉签涂于一侧舌面测试味觉,患者不能讲话,缩舌和吞咽。用手指指出事先写在纸上的甜、咸、酸和苦四个字之一,先试可疑侧,再试另一侧,每种味觉试验完成后用水漱口,再测试下一种味觉,面神经损害者,舌前2/3味觉丧失。

(六) 位听神经

位听神经是第8对脑神经,包括前庭和耳蜗两种感觉神经。

1. 听力检查　为测定耳蜗神经的功能。

2. 前庭功能检查　询问患者有无眩晕、平衡失调。检查有无自发性眼球震颤,通过外耳道灌注冷热水试验或旋转试验,观察有无前庭功能障碍所致的眼球震颤反应减弱或消失。

(七) 舌咽神经、迷走神经

舌咽神经和迷走神经,是第9、第10对脑神经,两者在解剖和功能上关系密切,常同时受损。

1. 运动　检查时注意患者有无发声嘶哑、带鼻音和完全失音,是否呛咳,有无吞咽困难,观察患者张口发"啊"音时,腭垂是否居中,两侧软腭上抬是否一致,当一侧神经受损时,该侧软腭上抬减弱,腭垂偏向健侧。对侧神经麻痹时,腭垂虽居中,但双侧软腭上抬受限,甚至完全不能上抬。

2. 咽反射　用压舌板轻触左侧和右侧咽后壁,正常者出现咽部肌肉收缩和舌后缩,并有恶心反应。有神经损害者,则患侧反应迟钝或消失。

3. 感觉　可用棉签轻触两侧软腭和咽后壁,观察感觉。另外舌后1/3的味觉减退为舌咽神经损害,检查方法同面神经。

(八) 副神经

副神经系第11对脑神经,支配胸锁乳突肌及斜方肌。检查时注意肌肉有无萎缩,患者做耸肩及转头动作时,检查者给予一定的阻力,比较两侧肌力,副神经受损时,向对侧转头及同侧耸肩无力和不能,同侧胸锁乳突肌及斜方肌萎缩。

(九) 舌下神经

舌下神经是第12对脑神经,检查时嘱患者伸舌,注意观察有无伸舌偏斜舌肌萎缩及肌束震颤,单侧舌下神经麻痹时伸舌舌尖偏向患侧,双侧麻痹时则不能伸舌。

二、运动功能检查

运动包括随意运动和不随意运动,随意运动由锥体束司理,不随意运动由锥体外系和小脑司理。

（一）肌力

肌力指肌肉收缩时的最大收缩力,检查时令患者作肢体伸屈动作,检查者从相反方向给予阻力,测试患者对阻力的克服力量,并注意两侧对比。

肌力的记录采用 0~5 级的六级分级法及异常详见数字部分知识拓展 3-8-1。

（二）肌张力

肌张力是指静息状态下的肌肉紧张度和被动运动时遇到的阻力,其实质是一种牵张反射,即骨骼肌受到外力牵拉时产生的收缩反应,这种收缩反应是通过反射中枢控制的。检查时,嘱患者肌肉放松,检查者根据触摸肌肉的硬度以及伸屈其肢体时感知肌肉对被动伸屈的阻力做判断。

1. 肌张力增高　触摸肌肉坚实感,伸屈肢体时阻力增加,可表现为:①痉挛状态,被动伸屈肢体时起时阻力大,终末突然阻力减弱也称折刀现象,为椎体束损伤现象;②铅管样强直,即伸肌和屈肌的肌张力均增高,做被动运动时各个方向的阻力增加是均匀一致的,为锥体外系损害现象。

2. 肌张力减低　肌肉松软,伸屈肢体时阻力的关节运动范围扩大,见于下运动神经元病变,如周围神经炎、脊髓前角灰质炎等,小脑病变和肌源性病变等。

（三）不自主运动

不自主运动是指患者意识清楚的情况下,随意肌不自主收缩所产生的无目的的异常运动,多为锥体外系损害的表现。主要表现为:震颤、舞蹈样动作、手足徐动。详见数字部分知识拓展 3-8-2。

（四）共济失调

机体任意动作的完成均依赖于某组肌群协调一致的运动,称共济运动,这种协调主要靠小脑的功能以协调肌肉活动,维持平衡和帮助控制姿势,也需要运动系统的正常肌力,前庭神经系统的平衡功能,眼睛、头、身体动作的协调以及感觉神经对位置的感觉共同参与作用,任何这些部位的损伤均可出现共济失调。

1. 指鼻试验　嘱患者先以食指接触前方 0.50 米检查者的食指,再以食指触自己的鼻尖,由慢到快,先睁眼后闭眼重复进行,小脑半球病变时,同侧指鼻不准,如睁眼时指鼻准确,闭眼时出现障碍,则为感觉性共济失调。

2. 跟 - 膝 - 胫试验　嘱患者仰卧,上抬一侧下肢,将足跟置于另一侧下肢膝盖下端,再沿胫骨前缘向下移动,先睁眼后闭眼重复进行,小脑损害时动作不稳,感觉性共济失调者则闭眼时足更难以寻到膝盖。

3. 其他

（1）快速轮替动作:嘱患者伸直手掌,并以前臂作快速旋前旋后动作,或一手用手掌手背连续交替拍打对侧手掌,共济失调者,动作缓慢不协调。

（2）闭目难立征:嘱患者足跟并拢站立,闭目,双手向前平伸,若出现身体摇晃或者倾斜则为阳性,提示小脑病变,睁眼时能站稳,而闭眼时站立不稳则为感觉性共济失调。

三、感觉功能检查

感觉功能包括痛觉、触觉、温度觉、运动觉、震颤觉和位置觉。前三者属于浅感觉,后三者属于深感觉。

只有对意识清楚,能够合作的被检查者才能进行此项检查。检查时让被检查者闭目,避免主观或暗示作用。

(一)浅感觉检查

三者检查方法基本相同,即用相应物品触及身体的某一部位,观察被检查者的感觉。检查痛觉时,用锐器轻刺患者皮肤;检查触觉时,则用棉签等软物质轻触皮肤;检查温度觉时,用盛有热水(40~50℃)或冷水(5~10℃)的玻璃试管交替接触患者皮肤。分别观察患者同一身体部位的两侧感觉是否相同,以及不同部位的感觉是否相同。

(二)深感觉检查

1. 运动觉　检查者轻轻夹住患者的手指或足趾两侧上或下移动,令患者根据感觉说出"向上"或"向下",运动障碍见于后索病损。

2. 位置觉　检查者将患者的肢体摆成某一姿势,请患者描述该姿势或用对侧肢体模仿,位置觉障碍见于后索病损。

3. 震动觉　用正震动着的音叉柄置于骨突起处(如:内外踝,手指桡尺骨茎、胫骨、膝盖等)询问有无震动,判断两侧有无差别。障碍见于后索病损。

(三)复合感觉检查

包括:皮肤定位觉、两点辨别觉、实体觉、体表图形觉。详见数字部分知识拓展3-8-3。

四、神经反射检查

神经反射由反射弧完成,反射弧包括感受器、传入神经元、中枢、传出神经元和效应器。反射弧中任一环节有病变都可影响反射时其减弱或消失,反射又受高级神经中枢控制,如椎体束以上病变可使反射活动失去抑制而出现反射亢进,反射包括生理反射和病理反射,根据刺激的部位又可将生理反射分为浅反射和深反射两部分。

(一)浅反射

浅反射是刺激皮肤黏膜和角膜引起的反射。

1. 角膜反射　见本节三叉神经检查。

2. 腹壁反射　检查时患者仰卧,下肢稍屈曲,使腹壁松弛,然后用钝头棉签分别沿肋缘下(T7~8)、脐平(T9~10)和腹股沟(T11~12)上的方向由外向内轻划两侧腹壁皮肤分别称为上、中下腹壁反射(图3-8-1)。正常反应是上、中或下部局部腹肌收缩,反射消失分别见于上述不同平面的胸髓病变,双侧上、中、下反射均消失见于昏迷和急性腹膜炎患者。一侧上、中、下腹壁反射消失,见于同侧锥体束病损。肥胖者,老年人及经产妇由于腹壁过于松弛,也会出现腹壁反射减弱或消失,应予以注意。

3. 提睾反射　竹签由下而上轻划股内侧上方皮肤,可引起同侧提睾肌收缩,睾丸上提,双侧反射消失为腰髓1~2节病损,一侧反射减弱或消失见于锥体束损害,局部病变如腹股沟疝,阴囊水肿等也可影响提睾反射。

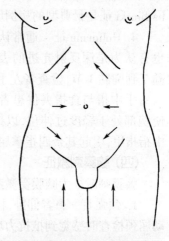

图3-8-1　腹壁反射检查示意图

4. 跖反射 患者仰卧,下肢伸直,检查者手持患者踝部用钝头棉签划足底外侧,由足跟向前至小跖趾关节处转向内测,正常反应为足趾屈曲。反射消失为骶髓 1~2 节病损。

5. 肛门反射 从用大头针轻划肛门周围皮肤,可引起肛门外括约肌收缩,反射障碍为骶髓 4~5 节和肛尾神经病变。

(二) 深反射

刺激骨膜、肌腱及深部感受器完成的反射称深反射,又称腱反射。检查时患者要和做肢体肌肉应放松,检查者叩击力量要均等,两侧要对比(表 3-8-2)。常见的腱反射检查方法及分级详见数字部分知识拓展 3-8-4。

(三) 病理反射

1. Barbinski 征 取位与检查跖反射一样,用竹签沿患者足底外侧缘由后向前至小趾近足跟部转向内侧,阳性反应为拇指背伸,余趾呈扇形展开(图 3-8-2)。

2. Oppenheim 征 检查者弯曲食指及中指,沿患者胫骨前缘用力由上向下滑压,阳性表现同 Barbinski 征(图 3-8-3)。

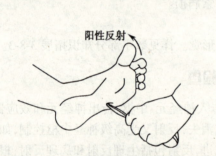

图 3-8-2 Barbinski 征检查方法

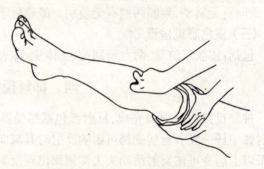

图 3-8-3 Oppenheim 征检查方法

3. 检查时用手以一定力量压腓肠肌,阳性表现同 Barbinski 征(图 3-8-4)。

以上三种体征临床意义相同,其中 barbinski 征是最典型的病例反射。

4. Hoffmann 征 通常认为是病理反射,但也有认为是深反射亢进的表现,反射中枢为颈髓 7 到胸髓 1 节,检查者左手执患者腕部,然后以右手中指与食指夹住者中指并稍向上提,使腕部处于轻度过伸位,以拇指迅速弹刮患者中指指甲,引起其余四指掌屈反应则为阳性(图 3-8-5)。

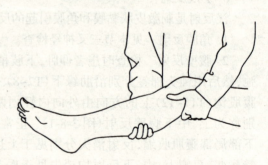

图 3-8-4 golden 征检查方法

(四) 脑膜刺激征

脑膜刺激征为脑膜受激惹的体征,见于脑膜炎、蛛网膜下腔出血和颅内压增高等。

1. 颈强直 患者仰卧,检查者一手托患者枕部,另一手置于胸前作屈颈动作,如这一被动屈颈检查时感觉到抵抗力增加,即为颈部阻力增高或颈强直,在除外颈椎或颈部肌肉局部病变后即可认为有脑膜刺激征(图 3-8-6)。

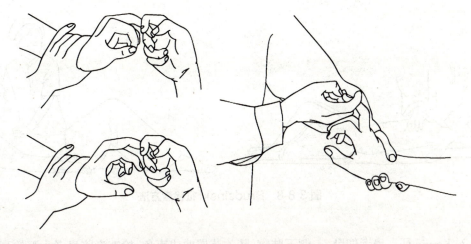

图 3-8-5　Hoffmann 征检查方法

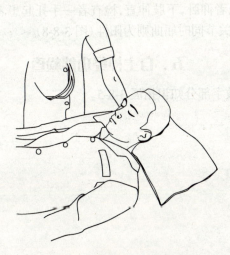

图 3-8-6　脑膜刺激征检查方法

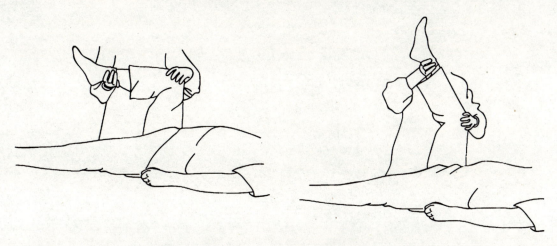

图 3-8-7　Kernig 征检查方法

图 3-8-8　Brudsinski 征检查方法

2. Kernig 征　患者仰卧,一侧下肢髋、膝关节屈曲成直角,检查者将患者小腿抬高伸膝,正常人膝关节可伸达 135°以上,如伸膝受阻且伴疼痛与屈肌痉挛则为阳性(图 3-8-7)。

3. Brudsinski 征　患者仰卧,下肢伸直,检查者一手托起患者枕部,另一手按于其胸前,当头部前屈时,双髋与膝关节同时屈曲则为阳性(图 3-8-8)。

五、自主神经功能检查

主要检查方法详见数字部分知识拓展 3-8-5。

(冯　玫)

第四章 基层常用实验室检查

第一节 概　　论

实验室检查是通过物理、化学和生物学等实验方法对患者的分泌物、渗出物、排泄物、体液、血液及组织细胞等标本进行检查，从而获得疾病的病原体、病理、生理改变或器官功能状态的资料。

(一) 实验诊断的概念及组成

实验诊断(laboratory diagnosis)是医师根据临床实验室分析所得到的信息，结合临床相关资料和其他辅助检查结果，为预防、诊断、治疗和预后评价所用的医学临床活动，包括实验室前、临床实验室和实验室后 3 个部分。

1. 实验室前　包括医师对患者的分析、检验项目的选择与组合、医嘱开立、检验申请、患者准备、原始样本采集、检验标本运送。

2. 临床实验室　实验室接受合格的患者标本，对其进行相关检测，获得实验数据并提出相关咨询性服务。

3. 实验室后　临床医师对患者临床资料进行综合分析，分析患者病情并制订诊疗方案。

(二) 选择实验室检查项目的原则

选择实验室检查项目时，一定要在认真和详尽地询问病史和体格检查得到初步诊断的基础上，从疾病诊治的实际需要出发，遵循以下原则。

1. 针对性　目前各种实验室检查项目繁多，在疾病诊断、治疗和监测中的作用不尽相同，需选择针对患者不同疾病阶段的最佳检查项目。

2. 有效性　通常用灵敏性和特异性来评价检查项目对疾病的诊疗价值。一般而言，人群筛查和临床诊断为排除某些疾病时应考虑灵敏性较高的检查项目以防止假阴性。为确诊某种疾病则需选择特异性较高的检查项目。

3. 经济性　为合理利用医疗资源、减轻患者的经济负担，需合理选择检查项目，同时，检验结果互认也可有效防止重复检验导致的浪费。

4. 及时性　在某些急症情况下，特定检验项目的选择可为疾病诊断和治疗提供重要信息。

由于标本的采集、保存、运输等问题，试剂和仪器的稳定性问题，技术人员操作的水平问题，以及机体的个体差异等问题，往往会使检验结果出现差异。而且检查结果仅是静态的数据和现象，用于判断动态的复杂机体有一定的局限性。因此，评价检验结果时需结合病史、体格检查以及其他检查手段进行系统的全面分析，必要时作动态化验检查。

第二节　血液标本的采集和处理

一、血液标本的分类

（一）全血
用于对血细胞成分的检查。

（二）血清
用于大部分临床生化检查和免疫学检查。

（三）血浆
用于凝血因子测定和游离血红蛋白以及部分临床生化检查。

二、血液检验标本采集方法

（一）毛细血管采血法
主要用于床旁检测和急诊项目，成人常选择指端，婴幼儿可用拇指或足跟。采血穿刺深度适当，不宜用力挤压，防止出现不客观结果。

1. 试剂与器材　一次性采血针、消毒干棉球、75%乙醇棉球、经校正的20μl吸管。

2. 操作

（1）采血部位：成人以左手中指或无名指指尖尺侧，1岁以下婴儿可用拇指或足底部内外侧缘采血。

（2）轻轻按摩采血部位，使其自然充血，用75%乙醇棉球消毒局部皮肤，待干。

（3）操作者用左手拇指和食指固定采血部位，右手持无菌采血针，自指尖内侧迅速穿刺。

（4）用消毒干棉球擦去第一滴血，按需要依次采血。

（5）采血完毕，用消毒干棉球按压伤口止血。

3. 注意事项

（1）除特殊情况下，不要在耳垂采血。应避免冻疮、发绀、水肿、炎症等部位采血。

（2）皮肤消毒后一定要待乙醇挥发，干燥后采血，否则血液会四处扩散而不成滴。

（3）穿刺深度一般以2.0~2.5mm为宜，稍加挤压血液能流出。

（二）静脉采血法
需血量较多时采用。通常选择肘部静脉，目前多采用一次性真空采血管，有的加有不同抗凝剂，或其他添加剂，均用不同颜色头盖标记便于识别（表4-2-1）。

表4-2-1　一次性真空采血管的颜色、用途和采血量

颜色	添加剂	用途	采血量（ml）
紫色	EDTA-K2	血常规、HLA-B27、淋巴细胞亚群检测、CYP2C19基因型检测、心肌损伤标志物	2.0
蓝色	枸橼酸钠	凝血常规、血凝试验	2.7
黑色	枸橼酸钠	血沉	1.8
绿色	肝素锂	血流变学、血浆生化	2.0

续表

颜色	添加剂	用途	采血量(ml)
黄色	分离胶促凝	生化、免疫检验等	3.0
红色	不加抗凝剂	生化、免疫、血库及脑脊液、胸腹水等标本	
灰色	氟化钠草酸	血糖、酒精检测	3.0

注：在临床检验样本采集过程中，遇有静脉穿刺多个样本采血时，为尽量减少静脉采血对检验结果的影响，采血顺序依次为：血培养-不含添加剂的管(红或黄)-血凝管(蓝)-血沉管(黑)-生化管(绿)-血常规管(紫)-血糖管(灰色)，需要抗凝的标本(凝血象、血常规、血沉、绿头生化管)要立即轻微颠倒 5 次混匀，避免标本溶血，贴好标签，尽快送检

1. 试剂与器材　目前真空采血器有软接式双向采血针系统(头皮静脉双向采血式)和硬接式双向采血针系统(套筒双向采血式)两种，都是一端为穿刺针，另一端为刺塞针。另附不同用途的一次性真空采血管。

2. 操作

(1) 采血者取仰卧位或坐位，前臂外展伸直平放置于床边或桌面枕垫上，选择容易固定、明显可见的肘前静脉或手背静脉，幼儿可用颈外静脉采血。

(2) 用 30g/L 碘酊自所选静脉穿刺处从内向外、顺时针方向消毒皮肤，消毒范围直径不小于 5cm，待碘酊挥发后，再用 75% 乙醇以同样方式脱碘，待干。如使用碘伏消毒则无需脱碘。

(3) 在穿刺点上方约 6cm 处系紧压脉带，嘱受检者紧握拳头，使静脉充盈显露。

(4) 采血：①软接式双向采血针系统采血：拔除采血穿刺针的护套，以左手固定受检者前臂，右手拇指和食指持穿刺针，沿静脉走向使针头与皮肤成 30° 角，快速刺入皮肤，然后成 5°角向前刺破静脉壁进入静脉腔，见回血后将刺塞针端(用橡胶管套上的)直接刺穿真空采血管盖中央的胶塞中，血液自动流入试管内，如需多管血样，将刺塞端拔出，刺入另一真空采血管即可。达到采血量后，松压脉带，嘱受检者松拳，拔下刺塞端的采血试管。将消毒干棉球压住穿刺孔，立即拔除穿刺针，嘱受检者继续按压针孔数分钟；②硬连接式双向采血针系统采血：静脉穿刺如上，采血时将真空采血试管拧入硬连接式双向采血针的刺塞针端中，静脉血就会自动流入采血试管中，拔下采血试管，再拔出穿刺针头。

(5) 需要抗凝的标本(凝血象、血常规、血沉、绿头生化管)要立即轻微颠倒混匀，避免标本溶血。

3. 注意事项

(1) 用真空采血器前应仔细阅读厂家说明书，严格按说明书要求操作。

(2) 尽量选粗大的静脉进行穿刺。

(3) 刺塞针端的乳胶套能防止拔除采血试管后继续流血污染周围，达到封闭采血防止污染环境的作用，因此不可取下乳胶套。

(4) 乳胶套的刺塞针端须从真空采血试管的胶塞中央垂直刺入。

(5) 采集完毕后，先拔下刺塞端的采血试管，后拔穿刺针端。

(6) 使用前勿松动一次性采血试管盖塞，以防采血量不准。

(三) 动脉采血法

常用于血气分析，多选择股动脉，也可用肱动脉或桡动脉。采集的血标本必须与空气隔

绝,立即送检。

三、采 血 时 间

(一) 空腹采血

指在禁食 8~12 小时后空腹采取的标本,一般是在晨起早餐前采血,常用于临床生化检查,可避免饮食成分和白天活动等对检验结果的影响,同时每次均在固定时间采血也便于对照比较。

(二) 特定时间采血

指定采集时间的标本,根据不同的检测要求有不同的指定时间,如餐后 2 小时血糖测定、葡萄糖耐量试验、内分泌腺的兴奋或抑制试验等。

(三) 随时或急诊采血

无时间限制或无法规定时间而必须采集的标本,被检者一般无法进行准备。主要用于体内代谢比较稳定以及受体内因素干扰少的物质的检查,或急诊、抢救患者必须做的检查,应标明急诊和采血时间。

第三节 临床血液学检验

血液一般检验包括血液细胞成分的常规检验(常称为血常规检验)、网织红细胞检验和红细胞沉降率检验。近年来由于血液学分析仪器的广泛应用,血液常规检验项目增多,包括血红蛋白测定、红细胞计数、白细胞计数及分类计数、血小板计数等。

(一) 红细胞计数和血红蛋白测定

1. 参考值　健康人群血红蛋白和红细胞计数参考值见表 4-3-1。

表 4-3-1　健康人群红细胞计数和血红蛋白参考值

人群	参考值	
	血红蛋白(g/L)	红细胞计数($\times 10^{12}$/L)
成年男性	120~160	4.0~5.5
成年女性	110~150	3.5~5.0
新生儿	170~200	6.0~7.0

2. 临床意义

(1) 红细胞及血红蛋白增多:分为相对性增多和绝对性增多。前者指血浆容量减少,使红细胞容量相对增多,如严重呕吐、腹泻、糖尿病酮症酸中毒等。后者称为红细胞增多症,按照发病原因可分为原发性和继发性两种。其中原发性红细胞增多症称为真性红细胞增多症,是一种原因未明的以红细胞增多为主的骨髓增生性疾病。继发性红细胞增多症是血中红细胞生成素增多导致,见于高原地区居民、严重心肺疾患等,也见于某些肿瘤或肾脏疾病。

(2) 红细胞及血红蛋白减少:分为生理性和病理性,前者见于婴幼儿及 15 岁以前的儿童、部分老年人、妊娠期,后者见于各种贫血。

(二) 白细胞计数和白细胞分类计数

1. 参考值　成人白细胞计数$(4{\sim}10){\times}10^9/L$,新生儿$(15{\sim}20){\times}10^9/L$,6个月 ~2 岁$(11{\sim}12){\times}10^9/L$。白细胞分类计数参考值详见表4-3-2。

表 4-3-2　5 种白细胞正常百分数和绝对值

细胞类型	百分数(%)	绝对值($\times10^9$/L)	细胞类型	百分数(%)	绝对值($\times10^9$/L)
中性粒细胞(N)			嗜碱性粒细胞(B)	0~1	0~0.1
杆状核(st)	0~5	0.04~0.05	淋巴细胞(L)	20~40	0.8~4
分叶核(sg)	50~70	2~7	单核细胞(M)	3~8	0.12~0.8
嗜酸性粒细胞(E)	0.5~5	0.05~0.5			

2. 临床意义　白细胞总数的增多和减少主要受中性粒细胞数量的影响,淋巴细胞等数量上的改变也会引起白细胞总数的变化。

中性粒细胞增多常伴有白细胞总数的增多。生理情况下外周血白细胞及中性粒细胞一天内存在变化,下午较清晨为高。妊娠后期及分娩、剧烈运动或劳动后、饱餐或淋浴后、高温或严寒等均可使其暂时性增高。病理性增多见于急性感染、严重组织损伤及大量血细胞破坏、急性大出血、急性中毒、白血病及恶性肿瘤等。中性粒细胞减少见于感染、血液系统疾病、理化因素损伤、自身免疫性疾病等。

嗜酸性粒细胞增多见于过敏性疾病、寄生虫病、皮肤病等,减少常见于伤寒、副伤寒初期、大手术、烧伤等应激状态,或长期应用肾上腺皮质激素后。

嗜碱性粒细胞增多见于过敏性疾病、血液病、恶性肿瘤等,减少无临床意义。

淋巴细胞增多见于感染性疾病、肿瘤性疾病、急性传染病的恢复期和移植排斥反应,减少主要见于应用肾上腺皮质激素等药物以及放射损伤、免疫缺陷性疾病等。

婴幼儿及儿童单核细胞可表现为生理性增多,病理性增多见于某些感染和血液病,减少无临床意义。

(三) 血小板计数

1. 参考值$(100{\sim}300){\times}10^9/L$。

2. 临床意义　减少见于血小板生成障碍,如再生障碍性贫血、放射性损伤、白血病等;血小板破坏或消耗增多,如原发性血小板减少性紫癜、恶性淋巴瘤等;血小板分布异常,如脾大、血液稀释等。

血小板超过$400{\times}10^9/L$为血小板增多,原发性增多见于骨髓增生性疾病,反应性增多见于急性感染、急性溶血、某些肿瘤患者,多为轻度增多$({<}500{\times}10^9/L)$。

(四) 红细胞沉降率(erythrocyte sedimentation rate, ESR)测定

指红细胞在一定条件下沉降的速率。

1. 参考值　男性 0~15mm/1h 末,女性 0~20mm/1h 末。

2. 临床意义　血沉增快分为生理性和病理性,前者常见于 12 岁以下儿童、60 岁以上高龄者、妇女月经期、妊娠 3 个月以上,后者见于各种炎症性疾病、组织损伤及坏死、恶性肿瘤等。血沉减慢一般临床意义较小。

(五) ABO 血型鉴定

ABO 血型抗体能在生理盐水中与相应红细胞抗原结合而发生凝集反应。在进行 ABO 血型鉴定时,采用标准的抗 A 及抗 B 血清以鉴定被检者红细胞上的抗原,同时用标准的 A 型及 B 型红细胞鉴定被检者血清中的抗体(表 4-3-3)。只有被检者红细胞上的抗原鉴定和血清中的抗体鉴定所得结果完全相符时才能肯定其血型类别。

表 4-3-3　用标准血清及标准红细胞鉴定 ABO 血型结果

标准血清 + 被检者红细胞			标准红细胞 + 被检者血清			被鉴定者血型
抗 A 血清	抗 B 血清	抗 AB 血清(O 型血清)	A 型红细胞	B 型红细胞	O 型红细胞	
+	−	+	−	+	−	A 型
−	+	+	+	−	−	B 型
+	+	+	−	−	−	AB 型
−	−	−	+	+	−	O 型

第四节　排泄物、分泌物及体液检验

一、尿 液 检 验

(一) 尿液标本的收集与保存

尿液标本种类的选择和收集取决于临床医师的送检目的、患者状况和试验的要求。

1. 尿液标本的收集

(1) 晨尿:清晨起床后,在未进早餐和做运动之前排出的尿液,可获得较多信息,如蛋白、细胞和管型等。

(2) 随机尿:随机留取任何时间的尿液标本,不受条件限制,适用于门诊、急诊的即时检测。

(3) 24 小时尿:在标本采集当天(如早晨 7 点),患者排尿并弃去尿液,从此时间开始计时并留取所有尿液,将 24h 的尿液全部收集于一个大的干净容器内。在留取尿液标本次日(如早晨 7 点),患者排尿且留尿于同一容器内。准确测量 24 小时尿量并记录。全部尿液充分混匀,再从中取出适量(一般 50~100ml)送检,余尿则弃去。主要用于检测 24 小时期间溶质的排泄总量,如尿蛋白、尿糖、电解质等。

(4) 餐后尿:通常在午餐后 2 小时收集尿标本,对病理性糖尿、蛋白尿检测较敏感。

(5) 清洁中段尿:女性采样时用肥皂水或碘伏清洗外阴,再收集中段尿标本约 10~20ml 于灭菌容器中。男性清洗阴茎头后留取中段尿标本。排尿困难者可导尿,一般插入导尿管后将尿弃去 15ml 后再留取培养标本。

(6) 注意事项

1) 尿标本应避免经血、白带、精液、粪便等混入,保证标本纯净。女性应避开月经周期。

2) 标本留取后,应及时送检,以免细菌繁殖、细胞溶解等,应在 2 小时内完成检验。

2. 尿液标本的保存　尿液常规检查的标本应在收集后 2 小时内检查完毕,否则会导致尿 pH 升高、病理性尿糖减低或消失。如遇特殊情况,冷藏(2~8℃)保存尿液标本是最简便的方法,一般可保存 6~8 小时,但要避光加盖。部分标本可有尿酸盐和磷酸盐沉淀影响显微镜检查,因此,不推荐在 2 小时内可完成检测的尿标本进行冷藏。

尿液常规筛查尽量不要使用防腐剂,然而对定时尿标本、在标本收集后 2 小时内无法进行尿液分析或要分析的尿液成分不稳定,可加入甲苯、甲醛、麝香草酚、盐酸等特定的化学防腐剂,同时,尿液仍需冷藏(4℃)保存。

(二)一般性状检验

包括尿量、尿液外观、气味、酸碱反应、尿比重。

一般成人尿量 1000~2000ml/24h,儿童按体重计算尿量,比成人多 3~4 倍。成人 24 小时超过 2500ml 称为多尿,暂时性多尿见于摄入量过多、应用利尿剂和某些药物等,还可见于内分泌疾病如糖尿病、尿崩症,肾脏疾病如慢性肾衰早期、急性肾衰多尿期等。成人尿量低于 400ml/24h 或 17ml/h 称为少尿,低于 100ml/24h 或 12 小时无尿液排出称为无尿,分为肾前性、肾性和肾后性。肾前性少尿见于心衰、休克、脱水等,肾性少尿见于各种肾脏实质性改变,肾后性少尿见于结石、尿路狭窄、肿瘤压迫等导致的尿路梗阻或排尿功能障碍。

正常尿液清澈透明,尿液颜色受食物、药物、尿色素等影响,一般呈淡黄色至深黄色。病理性尿液可见血尿、血红蛋白尿、胆红素尿、脓尿和乳糜尿。

每升尿液中含血量超过 1ml 可出现淡红色称为肉眼血尿,离心沉淀后镜检红细胞平均大于 3 个 /HPF 称为镜下血尿。血尿多见于泌尿系统炎症、结石、肿瘤、结核、外伤等,也可见于血液系统疾病如血友病等。

尿 pH 波动在 4.5~8.0,升高见于碱中毒、尿潴留、膀胱炎、应用利尿剂等,降低见于酸中毒、高热、痛风、糖尿病及服用维生素 C 等酸性药物等。

成人尿比重参考值 1.015~1.025,晨尿最高,增高见于肾前性少尿、糖尿病、急性肾小球肾炎、肾病综合征等,降低见于大量饮水、慢性肾小球肾炎、慢性肾衰竭、尿崩症等。

(三)化学检验

1. 尿蛋白

(1) 参考值

定性:阴性;定量:0~80mg/24h。

(2) 临床意义:分为生理性和病理性。生理性蛋白尿见于机体在剧烈运动、发热、寒冷、精神紧张等情况下出现的蛋白尿,泌尿系统无器质性病变,尿内暂时出现蛋白质,程度较轻,持续时间短,诱因消除后消失。病理性蛋白尿由各种肾脏及肾外疾病导致,多为持续性。

2. 尿糖

(1) 参考值

定性:阴性;定量:0.56~5.0mmol/24h。

(2) 临床意义:分为血糖增高性糖尿、血糖正常性糖尿、暂时性糖尿、假性糖尿等。其中血糖升高性糖尿见于糖尿病、内分泌疾病(如库欣综合征)、肝硬化等。

3. 尿酮体

(1) 参考值

定性:阴性。

(2) 临床意义:糖尿病性酮尿常伴有酮症酸中毒,是糖尿病酮症酸中毒性昏迷的前期指标,非糖尿病性酮尿可见于高热、严重呕吐、腹泻、长期饥饿等。

4. 尿胆红素与尿胆原

(1) 参考值:尿胆红素定性:阴性,定量≤2mg/L。尿胆原定性:阴性或弱阳性,定量≤10mg/L。

(2) 临床意义:尿胆红素阳性或增高见于急性黄疸性肝炎、胆汁淤积性黄疸、胆汁淤积、先天性高胆红素血症等。尿胆原阳性或增高见于肝细胞性黄疸和溶血性黄疸,尿胆原降低见于胆汁淤积性黄疸。

(四) 显微镜检查

1. 红细胞 肾小球源性血尿时,红细胞呈多形性改变,见于急性肾小球肾炎、急进性肾炎、慢性肾炎等。非肾小球源性血尿时红细胞形态类似外周血中的红细胞,呈双凹盘形,见于肾结石、泌尿系统肿瘤、肾盂肾炎、多囊肾、急性膀胱炎和肾结核等。

2. 白细胞 若有大量白细胞多为泌尿系统感染如肾盂肾炎、肾结核、膀胱炎或尿道炎,成年女性生殖系统有炎症时,常有阴道分泌物混入尿内,除有成团脓细胞外,可伴有多量扁平上皮细胞。

3. 管型 是蛋白质、细胞或碎片在肾小管、集合管中凝固而成的圆柱形蛋白聚体,其中透明管型正常人、老年人偶见,运动、重体力劳动、用利尿剂、发热时可出现一过性增多,肾病综合征、慢性肾炎、恶性高血压和心力衰竭时可见增多。颗粒管型、细胞管型见于各种肾小管、肾小球损伤,蜡样管型多提示有严重的肾小管变性坏死、预后不良。

4. 结晶 尿液经离心沉淀后,在显微镜下观察到形态各异的盐类结晶,经常出现于新鲜尿中并伴有较多红细胞应怀疑患有肾结石的可能性。

二、粪便检验

(一) 标本采集

1. 常规检查标本 一般应留取新鲜的自然排出的粪便3~5g,必要时可肛拭子采取,放入干燥、清洁的有盖容器内。粪便标本有脓血时,应挑取脓血及黏附部分涂片检查,外观无异常的粪便要多点取样。不应留取尿壶或便盆中的粪便标本。若标本中混入尿液,可导致某些项目检测结果出现错误。

2. 寄生虫检查标本

(1) 对某些寄生虫及虫卵的初筛检测,应采取三送三检,因为很多肠道原虫和某些蠕虫虫卵有周期性排出现象。

(2) 检测阿米巴滋养体等寄生原虫,应在收集标本后30分钟内送检,并注意保温。

3. 隐血试验 做便隐血试验时,应嘱患者于检查前3天内禁止食肉类、含动物血的食物、某些蔬菜,禁服铁剂和维生素C等对实验有干扰作用的药物,否则容易出现假阳性。选取外表及内层粪便收集于合格容器内及时送检,长时间放置可使反应的敏感性降低。

(二) 一般性状检测

正常人每日排便1次,为100~300g,为黄褐色圆柱形软便,因含有蛋白质分解产物而有臭味。

鲜血便常见于直肠息肉、直肠癌、肛裂和痔疮等,柏油样便见于消化道出血,脓便和脓血便见于肠道下段病变如溃疡性结肠炎、痢疾等,水样便见于各种感染性和非感染性腹泻。

（三）显微镜检测

在显微镜下观察粪便中的有形成分,有助于消化系统各种疾病的诊断。

1. 白细胞　正常粪便中不见或偶见,小肠炎症时白细胞数量一般 <15/HP,细菌性痢疾可见大量白细胞、脓细胞或小吞噬细胞。过敏性肠炎、肠道寄生虫病可见较多嗜酸性粒细胞。

2. 红细胞　见于下消化道出血、痢疾、溃疡性结肠炎、结肠和直肠癌。

3. 巨噬细胞　见于细菌性痢疾和溃疡性结肠炎。

（四）化学检测——粪便隐血试验(fecal occult blood test,FOBT)

隐血指消化道少量出血,红细胞被消化破坏,粪便外观无异常改变,肉眼及显微镜均不能证实的出血,正常人为阴性,阳性可诊断消化道出血。

（五）细菌学检测

粪便中细菌占干重的 1/3,多属正常菌群。肠道致病菌检测主要通过粪便直接涂片镜检和细菌培养。

三、痰液检验

（一）标本采集

痰液标本采集法因检测目的不同而不同,但所用容器必须加盖(用不吸水容器盛留),尽可能在用抗生素之前采集标本。

1. 自然咳痰法　痰液的一般检查应收集新鲜痰,患者起床后刷牙,漱口(用 $3\%H_2O_2$ 及清水漱口 3 次),用力咳出气管深处真正呼吸道分泌物,勿混入唾液及鼻咽分泌物。

2. 雾化蒸汽吸入法　对无痰或少痰的患者,可给予化痰药物,应用超声雾化吸入法,使痰液稀释,易于咳出。

3. 负压吸引法　昏迷患者可于清理口腔后,用负压吸引法吸取痰液。

4. 棉拭刮取法　幼儿痰液收集困难时,可用消毒棉拭刺激喉部引起咳嗽反射,用棉拭刮取标本。

（二）检测项目

1. 一般性状检测　正常人无痰或仅咳少量泡沫痰或黏附样痰,当呼吸道有病变时痰量增多,多见于慢性支气管炎、支气管扩张、肺脓肿、肺结核等。

正常为无色或白色。血性痰见于肺癌、肺结核、支气管扩张等,粉红色泡沫痰见于急性肺水肿,铁锈色痰见于大叶性肺炎、肺梗死等。黄色见于呼吸道化脓性感染,黄绿色痰见于铜绿假单胞菌或干酪性肺炎。

黏液性痰黏稠外观呈灰白色,见于支气管炎、支气管哮喘和早期肺炎等。浆液性痰稀薄而有泡沫,是肺水肿或肺淤血的特征。脓性痰见于呼吸系统化脓性感染,如支气管扩张、肺脓肿等。血性痰中混有血丝或血块,常提示肺组织有破坏或肺内血管高度充血,见于肺结核、支气管扩张、肺癌等。

正常痰液无特殊气味,血性痰可带有血腥气味,见于各种原因引起的呼吸道出血,肺脓肿、支气管扩张合并厌氧菌感染时痰液有恶臭。

2. 显微镜检测　分为直接涂片和染色涂片,可观察痰液中有形成分的种类、数量及形态变化。

四、浆膜腔积液检验

人体的胸腔、腹腔、心包腔统称为浆膜腔,在生理状态下腔内有少量液体,主要起润滑作用,一般不易采集到。病理状态下,腔内有多量液体潴留,称为浆膜腔积液。临床上分为漏出液和渗出液两类,漏出液为非炎症所致,渗出液为炎症、肿瘤等所致。区分积液性质对疾病的诊断和治疗具有重要意义。

(一)一般性状检查

包括颜色、透明度、比重和凝固性。

(二)化学检测

包括黏蛋白定性试验(Rivalta试验)、蛋白定量试验、葡萄糖检测、乳酸测定、乳酸脱氢酶(LDH)、腺苷脱氨酶(ADA)、淀粉酶(AMS)等。

(三)显微镜检测

包括细胞计数、细胞分类计数、脱落细胞检测和寄生虫检测。

(四)细菌学检测

若肯定或疑为渗出液,应行无菌操作离心沉淀,取沉淀物涂片作革兰氏染色或抗酸染色镜检,查找病原菌,必要时进行细菌培养,培养出细菌后作药物敏感试验作为临床用药参考。

(五)漏出液与渗出液的鉴别(表4-4-1)

表4-4-1　渗出液与漏出液鉴别要点

鉴别要点	漏出液	渗出液
原因	非炎症所致	炎症、肿瘤、化学或物理性刺激
外观	淡黄色,浆液性	不定,可为血性、脓性、乳糜性等
透明度	透明或微混	多混浊
比重	低于1.018	高于1.018
凝固	不自凝	能自凝
黏蛋白定性	阴性	阳性
蛋白定量(g/L)	<25	>30
葡萄糖定量	与血糖相近	常低于血糖水平
细胞计数	常<100	常>500
细胞分类	以淋巴细胞、间皮细胞为主	根据不同病因分别以中性粒细胞或淋巴细胞为主
细菌学检测	阴性	可找到病原菌
积液/血清总蛋白	<0.5	>0.5
积液/血清LDH比值	<0.6	>0.6
LDH(IU)	<200	>200

第五节　临床常用生物化学检验

一、肝脏功能检测

（一）血清总蛋白和白蛋白、球蛋白比值检测

1. **参考值**　正常成人血清总蛋白 60~80g/L，白蛋白 40~55g/L，球蛋白 20~30g/L，A/G 为
（1.5~2.5）：1。

2. **临床意义**　血清总蛋白降低一般与白蛋白降低相平行，见于肝细胞损伤、营养不良、
蛋白丢失过多（如肾病综合征、严重烧伤等）、消耗增加（见于慢性消耗性疾病）和血清水分增
加（如水钠潴留或补液过多）。总蛋白升高同时有球蛋白升高，见于慢性肝脏病变、自身免疫
性疾病、慢性炎症与慢性感染等。当肝脏病变达到一定程度和在一定病程后会出现血清总
蛋白的改变，急性或局灶性肝损伤时总蛋白、白蛋白、球蛋白和 A/G 多正常，因此常用于检测
慢性肝损伤，并可反映肝实质细胞储备功能。A/G 倒置见于严重肝功能减退及 M 蛋白血症，
如慢性中度以上持续性肝炎、肝硬化、原发性肝癌、多发性骨髓瘤、原发性巨球蛋白血症等。

（二）胆红素功能检测

1. **参考值**　血清总胆红素：成人 3.4~17.1μmol/L。结合胆红素：0~6.8μmol/L。非结合胆
红素 1.7~10.2μmol/L。

2. **临床意义**　用于判断有无黄疸、黄疸程度及演变过程，并可初步判断黄疸类型。若
总胆红素增高伴非结合胆红素明显增高提示溶血性黄疸，总胆红素增高伴结合胆红素明显
升高为梗阻性黄疸，三者均增高为肝细胞性黄疸。如结合胆红素/总胆红素 <20% 提示为溶
血性黄疸，20%~50% 常为肝细胞性黄疸，比值 >50% 为梗阻性黄疸。

（三）血清酶及同工酶检测

1. **血清氨基转移酶**　氨基转移酶（aminotransferases）简称转氨酶（transaminase）是一组
催化氨基酸与 α 酮酸之间氨基转移反应的酶类，用于肝功能检测的主要是丙氨酸氨基转移
酶（alanine aminotransferase，ALT，旧称谷氨酸丙酮酸转移酶，GPT）和天门冬氨酸氨基转移酶
（aspartate aminotransferase，AST，旧称谷氨酸草酰乙酸转移酶，GOT）。

（1）参考值：见表 4-5-1。

表 4-5-1　血清氨基转移酶参考值

	终点法（赖氏法）	速率法（37℃）
ALT	5~25 卡门单位	5~40U/L
AST	8~28 卡门单位	8~40U/L
DeRitis 比值（AST/ALT）		1.15

（2）临床意义：急性病毒性肝炎时 ALT 与 AST 均显著升高，可达正常上限的 20~50 倍，
甚至 100 倍，但 ALT 升高更明显。慢性病毒性肝炎、酒精性肝病、药物性肝损害、肝内外胆
汁淤积时轻度升高或正常。肝硬化时转氨酶活性取决于肝细胞进行性坏死程度，DeRitis 比
值≥2。急性心肌梗死后 6~8 小时 AST 升高，18~24 小时达高峰，与心肌坏死范围和程度有关，

4~5 天后恢复。

2. 碱性磷酸酶（alkaline phosphatase，ALP）

（1）参考值：磷酸对硝基苯酚速率法（37℃）

男性：1~12 岁 <500U/L，12~15 岁 <750U/L，25 岁以上 40~150U/L。

女性：1~12 岁 <500U/L，15 岁以上 40~150U/L。

（2）临床意义：生理情况下，ALP 活性升高主要与骨生长、妊娠、生长、成熟和脂肪餐后分泌有关，病理情况下常用于肝胆疾病和骨骼疾病的临床诊断和鉴别诊断，尤其是黄疸的鉴别诊断。

3. γ 谷氨酰转移酶（γ-glutamyl transferase，GGT）

（1）参考值：γ- 谷氨酰 -3- 羧基 - 对硝基苯胺法（37℃）

男性：11~50U/L，女性：7~32U/L。

（2）临床意义：胆道阻塞性疾病如原发性胆汁性肝硬化、硬化性胆管炎等所致的慢性胆汁淤积，肝癌时肝内阻塞加上癌细胞合成，均可使 GGT 明显升高。急性病毒性肝炎时 GGT 中等程度升高，慢性肝炎、肝硬化的非活动期酶活性正常，持续升高提示病变活动或病情恶化。GGT 显著升高是酒精性肝病的重要特征，酗酒者戒酒后 GGT 可随之下降。

（四）常见肝脏病检查项目的合理选择与应用

肝脏功能复杂，再生和代偿能力很强，肝功能检查正常也不能排除肝脏疾病。血清酶学指标测定在反映肝细胞损伤及坏死时敏感性很高，但均缺乏特异性。当肝功能试验异常时，也要注意有无肝外影响因素。目前尚无一种理想的肝功能检查方法能完整和特异地反映肝脏功能全貌。因此在临床工作中，医生需合理选择肝脏功能检查项目，并从检查结果中正确判断肝脏功能状况，必要时可选择肝脏影像学、血清肝炎病毒标志物及肿瘤标志物等检测技术，并结合患者的症状和体征，对肝脏功能进行正确而全面的评价。

二、肾脏功能检测

（一）血清肌酐检测（creatinine，Cr）

1. 参考值　全血 Cr 为 88.4~176.8μmol/L；血清或血浆 Cr：男性 53~106μmol/L，女性 44~97μmol/L。

2. 临床意义　血 Cr 升高见于各种原因引起的肾小球滤过功能减退，如急慢性肾衰竭。老年人、肌肉消瘦者 Cr 可能偏低。

（二）血清尿素氮检测（blood urea nitrogen，BUN）

1. 参考值　成人 3.2~7.1mmol/L；婴儿、儿童 1.8~6.5mmol/L。

2. 临床意义　血 BUN 升高见于器质性肾功能损害、肾前性少尿、蛋白质分解或摄入过多。

BUN/Cr（单位 mg/dl）比值可用于鉴别器质性肾衰竭和肾前性少尿，>10 ：1 称为肾前性氮质血症。

（三）血尿酸检测（uric acid，UA）

1. 参考值　成人酶法血清（浆）尿酸浓度男性 150~416μmol/L；女性 89~357μmol/L。

2. 临床意义　若能严格禁食含嘌呤丰富食物 3 天，排除外源性尿酸干扰再采血，血尿酸水平改变更有意义。升高见于肾小球滤过功能损伤、体内尿酸生成异常增多，此外还可见于长期应用利尿剂及抗结核药、长期禁食者和慢性铅中毒。降低见于各种原因导致的肾小管重吸收尿酸功能损害如急性重症肝炎、肝豆状核变性等。

（四）肾脏功能检测项目的选择与应用

肾脏有很大的储备功能，早期肾病变往往没有或极少有症状和体征，故早期诊断很大程度上要依赖于实验室检测。但多数肾功能检测项目缺乏特异性。在选择和应用肾功能时要注意：①根据临床需要选择必需的项目，为临床诊断、病情检测和疗效观察等提供依据。②结合临床资料和其他检测进行综合分析，作出客观结论。

目前肾病常用的实验室检测包括：

1. 尿液检测　用于早期筛查、长期随访，具有方便、价廉的优点，是判断肾脏疾病严重程度、预后的重要指标。

2. 肾功能检测　代表肾脏重要的功能，是判断肾脏疾病严重程度和预测预后、确定疗效、调整某些药物剂量的重要依据，但不具有早期诊断价值。包括：①肾小球功能，如血清肌酐、内生肌酐清除率、尿素氮、肾小球滤过率、血 β_2 微球蛋白等；②肾小管功能，如尿 β_2 微球蛋白、尿渗透压等；③血尿酸检测；④肾小管性酸中毒检测。

三、其他常用检测

（一）血糖及其代谢物检测

1. 空腹血糖检测（fasting blood glucose，FBG）

（1）参考值：葡萄糖氧化酶法：3.9~6.1mmol/L；邻甲苯胺法：3.9~6.4mmol/L。

（2）临床意义：血糖检测是目前诊断糖尿病的主要依据，也是判断糖尿病病情和控制程度的主要指标。

生理性 FBG 升高见于餐后 1~2 小时、高糖饮食、剧烈运动、情绪激动等。病理性升高见于各型糖尿病、内分泌疾病如甲状腺功能亢进症等、应激性因素、药物影响、肝脏和胰腺疾病等。

生理性 FBG 降低见于饥饿、长期剧烈运动、妊娠期等。病理性降低见于胰岛素过多、对抗胰岛素的激素分泌不足、急性乙醇中毒、慢性消耗性疾病等。

2. 口服葡萄糖耐量试验（oral glucose tolerance test，OGTT）

（1）参考值：FPG 3.9~6.1mmol/L。口服葡萄糖后 30 分钟到 1 小时，血糖达高峰（一般为 7.8~9.0mmol/L），峰值 <11.1mmol/L。2 小时血糖 <7.8mmol/L。3 小时血糖恢复至空腹水平。各检测时间点尿糖均为阴性。

（2）临床意义：用于了解机体对葡萄糖代谢的调节能力，是糖尿病和低糖血症的重要诊断性试验（表 4-5-2）。

表 4-5-2　糖尿病及其他高血糖的诊断标准（单位 mmol/L）

诊断	状态	静脉血浆	静脉全血	毛细血管全血
糖尿病	空腹	≥7.0	≥6.1	≥6.1
	餐后 2 小时	≥11.1	≥10.0	≥11.1
糖耐量减低（IGT）	空腹	<7.0	<6.1	<6.1
	餐后 2 小时	7.8~11.1	6.7~10.0	7.8~11.1
空腹血糖受损（IFG）	空腹	6.1~7.0	5.6~6.1	5.6~6.1
	餐后 2 小时	<7.8	<6.7	<7.8
正常血糖	空腹	<6.1	<5.6	<5.6
	餐后 2 小时	<7.8	<6.7	<6.7

3. 糖化血红蛋白（glycosylated hemoglobin, GHb） 检测 GHB 是在红细胞生存期间，血红蛋白 A 与己糖缓慢、连续的非酶促反应的产物。由于 HbA 所结合的成分不同，又分为 HbA1a、HbA1b 和 HbA1c, 其中 HbA1c 含量最高（占 60%~80%），生物学变异性小，不易受血糖波动影响，无需空腹或特定时间采血，是目前临床最常检测的部分。

(1) 参考值：HbA1c 4%~6%。

(2) 临床意义：HbA1c 水平取决于血糖水平、高血糖持续时间，其生成量与血糖浓度成正比，反映既往 2~3 个月的平均血糖水平，在临床上已作为评估长期血糖控制状况的金标准，是临床决定是否需要调整治疗的重要依据，也是评价糖尿病血糖管理方案的有效指标。

4. 糖化清蛋白（glycated albumin, GA）检测

(1) 参考值：10.8%~17.1%。

(2) 临床意义：是人体葡萄糖与清蛋白发生非酶促反应的产物，可反映糖尿病患者测定前 2~3 周血糖的平均水平，用于评价短期糖代谢控制情况和辅助鉴别应激性高血糖。

(二) 血清脂质和脂蛋白检测

血脂是血清中的胆固醇、甘油三酯和类脂等的总称，血脂不溶于水，必须与特殊的蛋白质即载脂蛋白结合形成脂蛋白（apolipoprotein, Apo）才能溶于血液，被运输至组织进行代谢。临床上血脂检测的基本项目为总胆固醇、甘油三酯、低密度脂蛋白胆固醇和高密度脂蛋白胆固醇，其他血脂项目如 Apo A1、Apo B、Lp(a) 的临床应用价值也日益受到关注。

1. 总胆固醇（total cholesterol, TCHO）测定

(1) 参考值：<5.2mmol/L。

(2) 临床意义：血清 TC 水平受年龄、家族、性别、遗传、饮食、精神等多种因素影响，且男性高于女性、脑力劳动者高于体力劳动者，因此很难制定统一的参考值。是动脉粥样硬化性疾病的重要危险因素，常用于动脉粥样硬化的预防、发病预测、疗效观察的参考指标。

2. 甘油三酯（triglyceride, TG）测定

(1) 参考值：0.56~1.70mmol/L。

(2) 临床意义：受遗传和环境因素的双重影响，与种族、年龄、性别及生活习惯（如饮食、运动等）有关，在个体内和个体间波动较大。升高见于高脂血症、肥胖症、糖尿病、痛风、甲状旁腺功能减退、肾病综合征、冠心病等。当 TG 重度升高时，可伴发急性胰腺炎。降低见于严重肝脏疾病、吸收不良、甲状腺功能亢进、肾上腺皮质功能减退等。

3. 高密度脂蛋白胆固醇（high density lipoprotein cholesterol, HDL-C）测定

(1) 参考值：1.03~2.07mmol/L。

(2) 临床意义：可通过胆固醇逆转运减少胆固醇在血管壁的沉积，起到抗动脉粥样硬化作用，血清 HDL-C 水平与动脉粥样硬化性疾病呈负相关。降低常见于动脉粥样硬化、急性感染、糖尿病、肾病综合征、应用雄激素等药物。

4. 低密度脂蛋白胆固醇（low density lipoprotein cholesterol, LDL-C）测定

(1) 参考值：≤3.12mmol/L。

(2) 临床意义：是动脉粥样硬化发生、发展的主要危险因素，与冠心病发病呈正相关。其他可见于遗传性高脂蛋白血症、甲状腺功能减退、肾病综合征、肥胖等。降低常见于甲状腺功能亢进、吸收不良、肝硬化以及低脂饮食和运动等。

5. 其他血脂检测指标 脂蛋白(a)(Lp(a)) 是脂蛋白的一种，是动脉粥样硬化和血栓形

成的重要独立危险因素,检测 Lp(a)对早期识别动脉粥样硬化的危险性,特别是在 LDL-C 浓度升高的情况下具有重要价值。

载脂蛋白 A1(Apo A1)具有清除组织脂质和抗动脉粥样硬化的作用,升高可直接反映 HDL 水平,可预测和评价冠心病的危险性,与冠心病发病率呈负相关。

载脂蛋白 B(Apo B)可直接反映 LDL 水平,增高与动脉粥样硬化、冠心病的发生率呈正相关,也是冠心病的危险因素,可用于评价冠心病的危险性和降脂治疗效果等。

(三)血清电解质检测

1. 血钾测定

(1)参考值:3.5~5.5mmol/L。

(2)临床意义:高钾血症见于血钾摄入过多如高钾饮食、静脉输注大量钾盐、输入大量库存血等;血钾排出减少如急性肾衰竭、长期应用储钾利尿剂等;细胞内钾外移增多如组织损伤和血细胞破坏、缺氧和酸中毒、药物等;此外,血管外溶血、白细胞增多症等可导致假性高钾。

低钾血症见于血钾分布异常如应用大量胰岛素、碱中毒、心功能不全、肾性水肿等;丢失过多如频发呕吐、长期腹泻、肾衰多尿期、长期应用排钾利尿剂等;摄入不足如长期低钾饮食、禁食、厌食、饥饿、营养不良等。

2. 血钠测定

(1)参考值:135~145mmol/L。

(2)临床意义:高钠血症见于水分摄入不足如进食困难、昏迷等;丢失过多如大量出汗、烧伤、长期腹泻等;内分泌疾病如肾上腺皮质功能亢进、原发性或继发性醛固酮增多症等;钠盐摄入过多如进食过量钠盐或输注大量高渗盐水等。

低钠血症见于丢失过多如肾衰多尿期和大量应用利尿剂等肾性丢失、大量出汗等皮肤黏膜丢失、浆膜腔穿刺等医源性丢失、严重呕吐等胃肠道丢失;水钠潴留导致的细胞外液稀释;慢性消耗性疾病、营养不良等导致的消耗型低钠或摄入不足。

3. 血钙测定

(1)参考值:总钙:2.25~2.58mmol/L;离子钙:1.10~1.34mmol/L。

(2)临床意义:血钙升高见于溶骨作用增强如原发性甲状旁腺功能亢进、多发性骨髓瘤、急性骨萎缩等;肾功能损害;摄入过多如静脉输入过多;吸收增加如维生素 D 中毒等。

血钙降低则见于成骨作用增强、吸收减少、摄入不足、吸收不良等情况。

4. 血氯测定

(1)参考值:95~105mmol/L。

(2)临床意义:血氯增高见于排出减少、血液浓缩、吸收增加、代偿性增高、低蛋白血症和摄入过多。

血氯降低见于摄入不足和丢失过多。

(四)心肌酶和心肌蛋白检测

1. 肌酸激酶和肌酸激酶同工酶 肌酸激酶(creatine kinase,CK)也称为肌酸磷酸激酶,主要存在于胞质和线粒体中,以骨骼肌、心肌含量最多,其次是脑组织和平滑肌。肌酸激酶同工酶 CK-MB 是肌酸激酶的一种亚型,主要存在于心肌中。两者升高主要见于急性心肌梗死、心肌炎等心肌损伤时,也可见于肌肉疾病及手术,其中 CK-MB 对判断心肌坏死的临床特异性更高。CK 升高还见于多发性肌炎、横纹肌溶解症、进行性肌营养不良等各种肌肉疾病,以及应用某些药物导致的肌肉损伤,如他汀类调脂药物。骨骼肌疾病时 CK-MB 也增高,但 CK-MB/CK 常小于 6%,可与心肌损伤相鉴别。

2. 肌钙蛋白(cardiac troponin,cTn)　cTn 是肌肉收缩的调节蛋白,包括 cTnT 和 cTnI,当心肌损伤时释放入血,是诊断心肌坏死最特异和敏感的心肌损伤标志物。其中 cTnI 具有较低的初始灵敏度和较高的特异性,cTnT 升高时间早、诊断时间长。

3. 肌红蛋白(myoglobin,Mb)　存在于骨骼肌和心肌中,当心肌或骨骼肌损伤时释放入血,具有诊断价值,可作为早期诊断急性心肌梗死的指标,但特异性较差。

第六节　其他常用实验室检查

一、肿瘤标志物检测

肿瘤标志物(tumor marker)是由肿瘤细胞本身合成、释放,或是机体对肿瘤细胞反应而产生或升高的一类物质,存在于血液、细胞、组织或体液中,反映肿瘤的存在和生长,可通过化学、免疫学以及基因组学等方法测定,对肿瘤的诊断、疗效和复发的监测、预后判断等具有一定的价值。

(一) 甲胎蛋白测定

1. 参考值　<25μg/L。

2. 临床意义　甲胎蛋白(alphafetoprotein,AFP)是在胎儿早期由肝脏和卵黄囊合成的一种血清糖蛋白,出生后 AFP 合成受到抑制。当肝细胞或生殖腺胚胎组织发生恶性病变时,有关基因重新被激活,使 AFP 重新开始合成,血中含量明显升高。因此,血中 AFP 浓度检测对诊断肝细胞癌和滋养细胞恶性肿瘤有重要的临床价值。原发性肝细胞癌时血清 AFP 升高,生殖腺胚胎肿瘤(睾丸癌、卵巢癌、畸胎瘤等)、胃癌或胰腺癌时也可升高,病毒性肝炎、肝硬化时可有不同程度的升高。

(二) 癌胚抗原测定

1. 参考值　<5μg/L。

2. 临床意义　早期胎儿的胃肠道及某些组织均有合成癌胚抗原(carcinoembryonic antigen,CEA)的能力,但妊娠 6 个月后含量逐渐降低,出生后含量极低。CEA 是一种广谱性肿瘤标志物,可在多种肿瘤中表达,脏器特异性低,在临床上主要用于辅助恶性肿瘤的诊断、判断预后、监测疗效和肿瘤复发等。CEA 升高主要见于胰腺癌、结肠癌、直肠癌、乳腺癌、胃癌、肺癌等。

(三) 前列腺特异性抗原(prostate specific antigen,PSA)测定

1. 参考值　总 PSA<4.0μg/L,游离 PSA<0.8μg/L,游离 PSA/ 总 PSA 比值 >0.25。

2. 临床意义　前列腺特异性抗原是一种由前列腺分泌的单链糖蛋白,存在于前列腺管道的上皮细胞中,在前列腺癌时可见 PSA 血清水平明显升高。总 PSA 及游离 PSA 升高、游离 PSA/ 总 PSA 比值降低,提示前列腺癌。

(四) 糖链抗原 199(carbohydrate antigen 199,CA199)测定

1. 参考值　<3.7 万 U/L。

2. 临床意义　CA199 是一种糖蛋白,正常人唾液腺、前列腺、胰腺、乳腺、胃、胆管、胆

囊、支气管的上皮细胞存在微量 CA199。胰腺癌、肝胆和胃肠道疾病时血中 CA199 的水平可明显升高。

(五) 癌抗原 125(cancer antigen 125,CA125)测定

1. 参考值 <3.5 万 U/L。

2. 临床意义 CA125 是一种糖蛋白性肿瘤相关抗原,存在于上皮性卵巢癌组织及患者的血清中,在胎儿体腔上皮分泌物及羊水中,以及成人的输卵管、子宫和宫颈内膜也可发现。

(六) 其他相关肿瘤标志物的临床意义

组织多肽抗原(tissue polypeptide antigen,TPA)是存在于胎盘和大部分肿瘤组织细胞膜和细胞质中的一种单链多肽,在恶性肿瘤患者中的检出率高达 70% 以上,但与肿瘤发生部位和组织类型无相关性。临床常用于迅速增殖的恶性肿瘤的辅助诊断,尤其是已知肿瘤的疗效监测。

鳞状上皮细胞癌抗原(squamous cell carcinoma antigen,SCCA)升高可见于肺鳞状细胞癌、食管癌、宫颈癌等,临床用于上述肿瘤的治疗效果、复发、转移或评价预后。

癌抗原 50(cancer antigen 50,CA50)是一种肿瘤糖类相关抗原,对肿瘤的诊断无器官特异性,动态观察 CA50 水平的变化对肿瘤疗效及预后判断、复发监测有意义,也可用于鉴别良性和恶性胸水、腹水。

癌抗原 724(cancer antigen 724,CA724)是胃肠道和卵巢肿瘤的标志物。神经元特异性烯醇化酶(neuron specific enolase,NSE)与神经内分泌起源的肿瘤有关,对小细胞肺癌的诊断、鉴别诊断有较高价值,并可用于监测放疗、化疗的效果。对于神经母细胞瘤的灵敏度可达 90% 以上。α-L-岩藻糖苷酶(α-L-fucosidase,AFU)是原发性肝癌的标志物之一。

二、甲状腺疾病相关检测

(一) 甲状腺素和游离甲状腺素测定

甲状腺素是含有四碘的甲状腺原氨酸(T4),T4 以结合型甲状腺素和游离型甲状腺素(free thyroxine,FT4)的形式存在,T4 与 FT4 之和为总 T4(TT4)。

1. 参考值 T4:65~155nmol/L;FT4:10.3~25.7pmol/L

2. 临床意义 TT4 是判断甲状腺功能状态最基本的体外筛查指标,浓度常受血清甲状腺结合球蛋白含量的影响。增高主要见于甲亢、先天性甲状腺结合球蛋白增多症、原发性胆汁性肝硬化、甲状腺激素不敏感综合征、妊娠以及口服避孕药或雌激素等,也可见于严重感染、心功能不全、肝脏疾病、肾脏疾病等。降低主要见于甲减、缺碘性甲状腺肿、慢性淋巴细胞性甲状腺炎等,也可见于甲亢的治疗过程中、糖尿病酮症酸中毒、恶性肿瘤、心力衰竭等。TT4 检测可用于甲亢、原发性和继发性甲减的诊断和疗效监测。

FT4 不受甲状腺结合球蛋白影响,直接测定 FT4 对了解甲状腺功能状态较 TT4 更有意义。升高对诊断甲亢的灵敏度明显优于 TT4,降低主要见于甲减。

(二) 三碘甲状腺原氨酸和游离三碘甲状腺原氨酸

T4 在肝脏和肾脏中经过脱碘后转变为 T3,与甲状腺结合球蛋白结合的结合型 T3 和游离型三碘甲状腺原氨酸(free thyroxine,FT3)之和为总 T3(TT3)。

1. 参考值 TT3:1.6~3.0nmol/L;FT3:6.0~11.4pmol/L。

2. 临床意义 TT3 增高是诊断甲亢最灵敏的指标,是诊断 T3 型甲亢的特异性指标,也

可用于监测甲亢复发。甲减时 TT3 可减低,但由于甲状腺仍有产生 T3 的能力,所以 T3 减低不明显,有时甚至轻度增高,因此 T3 不是诊断甲减的灵敏指标。此外,T3 减低也可见于肢端肥大症、肝硬化、肾病综合征和使用雌激素等。

FT3 增高对诊断甲亢非常灵敏,早期或具有复发前兆的 Graves 病的患者血清 FT4 处于临界值,而 FT3 已明显增高。FT3 减低见于低 T3 综合征、慢性淋巴细胞性甲状腺炎晚期、应用糖皮质激素等。

(三)促甲状腺激素测定

促甲状腺激素(thyroid stimulating hormone,TSH)是腺垂体分泌的重要激素,生理作用是刺激甲状腺细胞的发育、合成与分泌甲状腺激素。

1. 参考值 2~10mU/L。

2. 临床意义 TSH 是诊断原发性和继发性甲状腺功能减退症的最重要的指标,是判断甲状腺功能紊乱的首要依据,也适合于早期确立或排除下丘脑 - 垂体 - 甲状腺轴功能紊乱的诊断。FT3、FT4 和 TSH 是评价甲状腺功能的首选指标,其中 FT4 和 TSH 相互成对数 / 反比关系,是诊断原发性甲亢或甲减以及疗效评价的重要指标。TSH 增高常见于原发性甲减、单纯性甲状腺肿、腺垂体功能亢进和甲状腺炎等,也可见于应用含碘药物等,可作为甲减患者应用甲状腺素替代治疗的疗效观察指标。

TSH 减低常见于甲亢、继发性甲减、腺垂体功能减退、皮质醇增多症、肢端肥大症等。

(四)抗甲状腺球蛋白抗体和抗甲状腺微粒体抗体(anti-thyroid microsome antibody,抗 TM)

甲状腺球蛋白(thyroglobulin,TG)是由甲状腺滤泡细胞合成的一种糖蛋白。90%~95% 的桥本甲状腺炎、52%~58% 甲状腺功能亢进和 35% 甲状腺癌的患者可出现抗 TG 阳性。重症肌无力、肝脏病、风湿性血管病、糖尿病也可出现阳性。此外,有些正常人,尤其是女性,抗 TG 阳性率随年龄而增加。

抗 TM 是针对甲状腺微粒体的一种抗体,与抗 TG 同时检测可提高检出的阳性率。

三、血栓与止血检测

血栓与止血的检测主要用于临床有出血倾向、出血性疾病以及血栓前状态、血栓病患者的临床诊断、鉴别诊断、疗效观察和预后判断,也用于抗血栓和溶血栓药物治疗监测等。

(一)出血时间

出血时间(bleeding time,BT)指将皮肤刺破后,让血液自然流出到血液自然停止所需的时间,参考值为(6.9±2.1)分钟,超过 9 分钟为异常。延长可见于血小板减少、血小板功能异常、血浆凝血因子缺乏、血管异常等,也可见于服用抗血小板药物、抗凝药物等。BT 缩短无明显临床意义。

(二)血小板计数

详见本章第二节。

(三)D- 二聚体

1. 参考值 ELISA 法:0~0.256mg/L。

2. 临床意义 D- 二聚体正常是排除深静脉血栓和肺栓塞的重要试验,测定值增高可有助于诊断 DIC 和观察溶栓治疗。只要存在有血块形成的出血,本试验检测值均可增高,因此特异性低,敏感性高。

（四）口服抗凝药物治疗的监测

推荐应用国际标准化比值（international normalized ratio，INR）作为首选的口服抗凝药物的监测试验。INR=（患者 PT/ 平均正常 PT）^{ISI}，（ISI 指国际敏感度指数）。根据中国专家共识的推荐，服用华法林的患者应将 INR 控制在 2.0~3.0,此时出血和血栓栓塞的危险均最低。

四、同型半胱氨酸

同型半胱氨酸（homocysteine，Hcy）是一种含硫氨基酸,为蛋氨酸和半胱氨酸代谢过程中产生的重要中间产物。血 Hcy≥10μmol/L 是高血压重要的危险分层因素。血 Hcy 可促进动脉粥样硬化及血栓形成,是心脑血管疾病的独立危险因素,使心脑血管疾病发病率及死亡率增加。同型半胱氨酸增高还可见于慢性肾衰竭、叶酸缺乏等疾病。

五、淀粉酶（amylase，AMS）

1. 参考值　血液 AMS:600~1200Somogyi U/L,30~220SI U/L。尿液 AMS:<5000 Somogyi U/24h,6.5~48.1SI U/h。

2. 临床意义　可用于急性胰腺炎的诊断和急腹症的鉴别诊断。由于 AMS 半衰期短,胰腺或腮腺发生病变时,血液 AMS 升高早,持续时间短,而尿 AMS 升高晚,持续时间长。临床主要以血液 AMS 变化为主要诊断依据,尿液 AMS 仅作参考。

急性胰腺炎是 AMS 增高最常见的原因,慢性胰腺炎急性发作、胰腺囊肿、胰腺管阻塞、胰腺癌早期、肾衰竭时也可增高。

AMS 减低主要见于慢性胰腺炎、胰腺癌、肾衰竭晚期等。

六、子宫颈癌筛查

子宫颈癌是妇科常见恶性肿瘤,宫颈（阴道）脱落细胞学对子宫颈癌具有诊断价值,超过 92% 的宫颈癌可通过两年一次的宫颈脱落细胞学筛查得到有效预防。绝大多数宫颈（阴道）脱落细胞来自于子宫颈及阴道上皮细胞,阴道分泌物涂片常用 hematoxylin-eosin（H-E）和 Papanicolaou 染色检查。临床主要用于诊断恶性肿瘤和判断预后和了解卵巢功能。

人乳头瘤病毒（human papilloma virus，HPV）感染是子宫颈癌和癌前病变的主要致病因素,及早发现和治疗癌前病变,是防止宫颈癌发生的关键。

第七节　床　旁　检　测

一、概　　念

床旁检测（point of care testing，POCT）又称即时检测、现场快速检测,是在现场即刻进行分析并快速得到检测结果的一种检测体系,在近年来发展快速,已经成为现代检验学的发展趋势,给传统医疗模式带来了新机遇。随着精准医疗概念的引入,进一步重新定义成智慧床旁检测（intelligent point of care testing，iPOCT）,以精准化、自动化和云端化为主要特征。POCT 的快速发展得益于当今高新技术的发展和综合应用,也顺应了目前高效快节奏的工作方式,满足了人们在时间上的需求,可使患者及时得到诊断和治疗。

一般 POCT 由医生、护士或患者进行,是患者现场评估的一部分。目前已经开发完成的 POCT 检测项目包括血糖、糖化血红蛋白、尿微量白蛋白、BNP、心肌损伤标志物、血脂、电解质、抗凝监测、早孕检测、微生物检测等,在基层医疗机构具有广泛的应用前景,可用于诊断和监测治疗效果。家庭 POCT 如血糖、抗凝监测等则满足了用户个人医疗管理和知识的需要。

目前 POCT 已应用于医学的多个学科领域,尤其是急诊救护、重症监护、健康管理和家庭等场所。在急诊和重症监护领域如鉴别急性心肌梗死、鉴别发热原因是否为细菌或病毒感染、鉴别晕厥原因是否有低血糖或者电解质紊乱参与等。部分专科门诊也开展了 POCT 检测,如妇产科门诊的早孕检测、排卵周期监测,内分泌门诊的血糖、糖化血红蛋白、尿微量白蛋白等,心内科门诊的 BNP、INR 等。社区门诊可开展血糖、血脂、电解质、凝血指标、早孕检测等项目以便提高门诊的工作效率,为患者制订个体化的诊疗方案,提高患者满意度和获得感。

POCT 技术具有快速反应、操作简便、患者亲历等优点,因而能增加诊断的准确性,快速恰当地进行诊疗、护理、病情观察,提高医疗质量和患者满意度。同时可减少患者对同一疾病的就诊次数,增加患者对自身病情的进一步了解和关注,提高患者对慢性病的自我管理能力。目前基层医疗中尚未对 POCT 进行常规推广,但研究结果显示,在基层医疗中应用 POCT 更为方便有效,可改善基层医疗机构慢性病的管理效率,推动并完善全科医学原则中的连续性、可及性医疗照顾,未来必将对基层临床行为和患者的就医遵医行为产生深远影响。

任何 POCT 都存在着风险,包括检验结果不准确、传播感染性疾病、血液污染等,需严格执行相关管理规范来保证 POCT 的安全性和准确性。

二、毛细血管血糖监测

毛细血管血糖监测利用血糖仪进行,包括患者自我血糖监测(SMBG)和在医院内进行的床旁快速血糖监测(POCT),是采指端血后,用便携式血糖仪检测观察和记录患者血糖水平的方法,是目前应用最广泛的血糖监测方法。能反映实时血糖水平,评估餐前、餐后高血糖、生活事件(饮食、运动、情绪及应激等)以及药物对血糖的影响,发现低血糖,有助于为患者制订个体化生活方式干预和优化药物干预方案,提高治疗的有效性和安全性,是糖尿病患者日常管理重要和基础的手段。只能用于对糖尿病患者血糖的监测,不能用于诊断。

(一)毛细血管血糖监测的频率和时间点

血糖监测的频率和时间要根据患者病情的实际需要来决定。频率选择一天中的不同时间点,包括餐前、餐后 2 小时、睡前及夜间(一般为凌晨 2~3 时),适用范围见表 4-7-1。

表 4-7-1　各时间点血糖监测的适用范围

时间	适用范围
餐前血糖	空腹血糖较高,或有低血糖风险时(老年人、血糖控制较好者)
餐后 2h 血糖	空腹血糖已获良好控制,但 HbA1c 仍不能达标者;需要了解饮食和运动对血糖影响者
睡前血糖	注射胰岛素患者,特别是晚餐前注射胰岛素患者
夜间血糖	经治疗血糖已接近达标,但空腹血糖仍高者;或怀疑夜间低血糖者
其他	出现低血糖症状时应及时监测血糖,剧烈运动前后宜监测血糖

(二) 毛细血管血糖监测方法

1. 测试前的准备

(1) 检查试纸条和质控品贮存是否恰当。

(2) 检查试纸条的有效期及条码是否符合。

(3) 清洁血糖仪。

(4) 检查质控品有效期。

2. 血糖检测

(1) 用 75% 乙醇擦拭采血部位,待干后进行皮肤穿刺。

(2) 采用指尖的末梢毛细血管全血。

(3) 皮肤穿刺后,弃去第一滴血液,将第二滴血液置于试纸上指定区域。

(4) 严格按照仪器制造商提供的操作说明书要求和操作规程进行检测。

(5) 结果测试记录,包括:被测试者姓名、测定日期、时间、结果、单位、检测者签名等。

(6) 出现血糖异常结果时应重复检测一次,必要时复检静脉血糖。

(三) 常见的影响因素及对策

1. 与采血相关的因素

(1) 采血量不足或过多:临床采血时由于挤血量不足,测试区域吸垫未被血完全覆盖,使测得值偏低;如果挤血量过多,污染测试吸垫周围测不到血糖值。一般而言认为 5μl 血样较为合适。操作者必须掌握正确的采血方式,注意手指不要接触测试垫。采血量不足或过多时测得的值会有偏差,必须更新试纸重新测试。

(2) 采血时间:稳定的糖尿病患者血糖监测时间点通常是空腹和早、中、晚三餐后的 2 小时,而血糖不稳定的患者或有酮症酸中毒的患者,可能需要根据医嘱动态观测。

(3) 采血部位:采血部位的选择可直接影响其血糖检测值,特别是在为输液患者测血糖时,应选择没有输液肢体的指端,以确保数值的准确性。

2. 与血糖试纸条相关的因素

(1) 检测仪显示密码与试纸条密码条不符:操作中由于失误而未核对密码即给患者测试,使测得值偏差,因此操作时必须认真核对血糖仪显示的密码与血糖试纸条密码是否相符合,确认无误后方可测试。

(2) 血糖试纸在空气中暴露时间过长:临床上有的医护人员在操作时,为了方便,先将试纸条取出插入仪器,然后再到病房给患者测试,这样也会影响检测值的准确性。正确的操作方法是将密封好的试纸条连同仪器一起带到患者床旁,做好各项检测准备工作后方可开机插入试纸条。

3. 与温度、湿度相关的因素　一般情况下,血糖仪允许的工作温度范围是 10~40℃,湿度是 20%~80%,过高或过低的温度和湿度均可影响测得值。因此在使用中一定要将血糖仪放置在监测的室内至少 20 分钟,如果在此温度和湿度范围外测出的血糖值只能用作判断趋势,而不能作为治疗依据。

三、家庭自检技术

家庭自检指人们在家中就可以按说明书独立完成一些疾病检测操作的家庭医学模式,是 POCT 理念在家庭应用领域的延伸,大致可分为以下几类:疾病自我诊断(如胃肠道疾病、糖尿病等)、健康自我监测(如血压、血脂、血糖等)、营养自我评价(如微量元素、矿物质检测等)。人们利用家庭自检技术随时可以监测病情和筛查病因,是众多国家和地区正在推行和探讨的社区医疗模式之一。我国慢性病、常见病的防治工作日益严峻,家庭自检可为部分患者解决就医不便的问题,可在分流就诊前期就做好在家的疾病自我监控检测。随着家庭自检的普及,居民自我健康监测意识的增强,全民健康认知素质和生活质量也会有所提高。而通过宣传引导,慢性病患者在家得到长效监测,急性病患者在家能第一时间筛查病因,争取宝贵的救治时间。也有助于充分利用医疗资源,降低医疗公共设施占用比率,减少国家医疗开支。目前常见的家庭自检检验设备包括血糖、早早孕、便潜血、抗凝监测等。其中家庭用血糖仪的广泛使用就是 POCT 技术应用于慢病管理的一个成功典范。

互联网技术的发展也给家庭自检技术带来了新的发展前景。患者随时可使用 POCT 检测设备(甚至是可穿戴式设备)做检查,并将检测结果和相关数据同步上传至诊疗服务云平台,医师服务团队通过云平台调阅并判读检测数据,帮助患者诊断并提供用药指导和自我健康管理建议。在区域性医疗体系范围内,如能充分利用互联网技术,将患者家庭自检的家庭端与社区卫生服务中心、综合医院信息系统互联互通,建立贯穿患者家庭、社区卫生服务中心、医院的综合 POCT 检测网络和信息共享网络,在医疗机构对患者家庭自检进行质量控制和结果解读、诊疗建议,必要时到医疗机构就诊或实施转诊,可充分利用区域性医疗资源并进行优化,提高慢性病管理的效率和质量,形成贯穿全程的慢性病管理网络。

家庭自检产品的消费和使用对象是普通百姓,因此对检测仪器和试剂要求操作快速、简单、易判读、结果可靠。目前很多家庭自检产品还没有达到专业检测设备的准确性,可能受到使用方法、环境等多种因素的影响,但是只要公众清楚认识到家庭自检产品的局限和特点,正确看待检测结果,理智面对疾病带来的心理压力,家庭自检产品就有重要的存在意义。

四、全科医学与床旁检测

医疗模式与健康理念的转变是 POCT 发展的强大推动力。在传统生物医学模式指导下,医疗模式以疾病为中心,为患者提供疾病诊断和治疗的医疗照顾。而在生物-心理-社会医学模式下,医生不仅关注医疗,还要关注疾病的预防、保健康复和健康教育,不仅关注疾病本身,还关注患者心理、家庭和社会因素在疾病发生、发展和演变过程中的作用。医疗模式也逐步向以家庭、社区日常保健为中心的健康医疗模式转变,医疗工作也由院内医疗向社区、家庭延伸。快速便捷的 POCT 技术正好适应了这种医学模式、医疗模式转变对检验医学的新需求。

家庭医生制度是我国医改的重要举措,指通过签约方式,具备家庭医生条件的全科医生与签约家庭建立起一种长期、稳定的服务关系,以便对签约家庭的健康进行全过程维护的服务制度。使得一些常见病、多发病可以在社区卫生服务体系内加以解决,减少了患者奔波往返于各家医院的无序状态。随着家庭医生制度深入家庭,POCT 技术的成熟和便利能有效促进和辅助医生的诊断治疗,而家庭医生根据家庭自检结果的专业操作和判读,对患者在家中能做到真正的床旁检测。

随着分级诊疗的逐步推进,构建大量初级诊疗机构为基础的多层级诊疗体系成为重点,大多数常见病和多发病均可在一级和二级医疗机构得到有效的诊治,三级医疗机构则主要负责危重症和疑难症诊治。这就需要基层医疗机构的医疗水平和服务内容必须相应提高。

POCT 技术可有效弥补基层医疗机构检验资源不足的问题,同时实现在患者家庭、医疗机构内的"即时即地"检验,更贴近全科医生实际工作场景,满足全科医生的实际需求,帮助全科医生更好地发挥健康守门人的作用。

　　在积极推进医疗信息化发展的大环境下,应用 POCT 医疗服务的全新理念与远程医疗、可视化医疗等形成有机融合,为各级医疗患者群体提供人性化的医疗服务方式,可最大程度地满足患者的健康需求,促进医疗技术和医疗服务的双重升级,提高慢性病管理的效率和质量。随着云计算、大数据、物联网等互联网技术的逐步成熟和广泛应用,以精准化、自动化、云端化为主要特征的 iPOCT 技术将带来医疗服务体系根本性的变革,促进新型医疗服务模式的建立,进而为国家节约医疗服务资源、降低医疗服务成本。

（马　力）

第五章 基层常用心电学检查

第一节 心电图检查操作与解读

一、基本概念

心电图(electrocardiogram,ECG)是应用心电图机,从体表记录心脏每一心动周期所产生电活动变化的曲线图形,它反映了心脏兴奋的发生、传播和恢复过程的一系列变化。心电图仅反映心肌电生理特性的兴奋性、自律性和传导性,而与心脏的机械收缩活动无直接关系。

二、心电图各波段的组成和命名

正常心电活动始于窦房结,兴奋心房的同时经结间束传导至房室结后,再循希氏束、左右束支传至普肯耶纤维,最终引起心室除极兴奋。这种先后有序的电激动传播,引起一系列心肌细胞的电位改变,在心电图上描记为伴随心肌收缩活动的一组有规律反复出现的"波"。每一次心肌收缩所对应的心电图包括下述波段(图 5-1-1),并被描记在一个特定的网格纸上,使心电图的各波段变化可用相关指标进行量化。在心电图上,纵向的波形高低反映了此点的电压高低,而横向的距离反映了相应的时间。

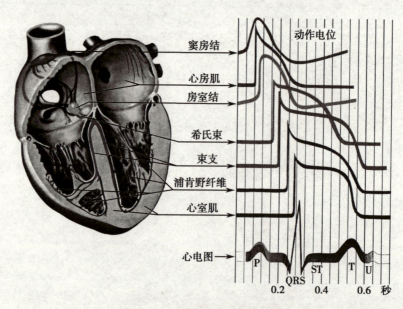

图 5-1-1　心电图各波段示意图

90

一个典型心动周期的心电图包括有波、段和间期(图 5-1-1)。

1. P 波　是每个心动周期心电图中第一个出现的低矮圆钝波形,P 波反映左、右心房除极过程的电位和时间变化。

2. QRS 波群　P 波后面出现的一组最复杂,也是振幅最高的波群。它反映左、右心室除极过程电位和时间的变化。典型的 QRS 波群包括 3 个紧密相连的波:第一个向下的波为 Q 波,继之向上的波为 R 波,R 波之后向下的波为 S 波。

3. T 波　在 QRS 波群后出现的一波较的平缓波,它反映心室晚期快速复极过程电位和时间的变化。

4. u 波　紧跟 T 波后出现的一个小波,是每次心动周期心电图的最后一个波,反映心肌活动的"激后电位",通常见于胸导联。

5. ST 段　从 QRS 波群终点到 T 波起点的线段,反映心室早期缓慢复极过程电位和时间的变化。

6. P-R 间期　从 P 波起始到 QRS 波群起始的时间,反映心房开始除极至心室开始除极的时间。

7. QT 间期　从 QRS 波群起点到 T 波终点的时间,反映心室除极和复极的总时间。

三、心电图导联体系

心脏电活动在身体各部位产生的电位差,用电极探测并传至心电图机记录,就可描记出心电图。这种通过在人体一定部位放置电极并与心电图机连接的线路称为心电图导联。导联有极性规定:与心电图机正极相连者为正,与心电图机负极相连者为负。心电图的导联可以有很多种组合,但最常用的导联为以下几种:

(一) 标准导联

亦称双极肢体导联,是 EinthoVen 发明心电图机时仅有的三个导联,即 Ⅰ 导联、Ⅱ 导联和 Ⅲ 导联,它们反映心电活动过程中体表两个肢体之间的电位差(图 5-1-2)。

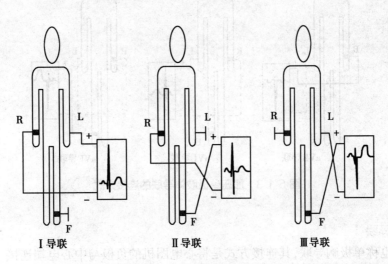

Ⅰ导联　　　　Ⅱ导联　　　　Ⅲ导联

图 5-1-2　标准导联的连接方式

1. Ⅰ导联　将左上肢电极与心电图机的正极端相连,右上肢电极与负极端相连,反映左上肢(L)与右上肢(R)的电位差。当 L 的电位高于 R 时,便描记出一个向上的波形;当 R 的电位高于 L 时,则描记出一个向下的波形。

2. Ⅱ导联　将左下肢电极与心电图机的正极端相连,右上肢电极与负极端相连,反映左下肢(F)与右上肢(R)的电位差。当 F 的电位高于 R 时,描记出一个向上的波;反之为一个向下的波。

3. Ⅲ导联　将左下肢电极与心电图机的正极端相连,左上肢电极与负极端相连,反映左下肢(F)与左上肢(L)的电位差。当 F 的电位高于 L 时,描记出一个向上的波;反之为一个向下的波。

(二) 加压单极肢体导联

标准导联虽然能反映体表某两点之间的电位差,但不能探测某一点自身的电位变化。如果要定量人体某点的电位高低,就需要将该点的探查电极与一个标准"零电位"连接构成单极导联,即可测得该点的电位变化。Wilson 提出的"中心电端"学说,即是把左上肢、右上肢和左下肢的三个电极分别用连有 5000Ω 电阻的导线汇接一处,即为中心电端(T)。而中心电端的电位在心脏激动过程中每个瞬间始终稳定地接近于零。实际应用中,就是将心电图机的无关电极与中心电端连接,再将探查电极连接在人体的左、右上肢或左下肢,即分别成为左上肢(VL)、右上肢(VR)和左下肢(VF)三个单极肢体导联。

由于 VL、VR、VF 三个单极肢体导联的心电图波形振幅小,不便观测,Gold-Berger 对此进行了改进,即:在描记某一肢体单极导联心电图时,将该肢体与中心电端相连接的高电阻断开,可使心电图波形的振幅增加 50%。这种导联连接方式称为"加压单极肢体导联",也就是现今使用的 aVL、aVR 和 aVF(图 5-1-3)。

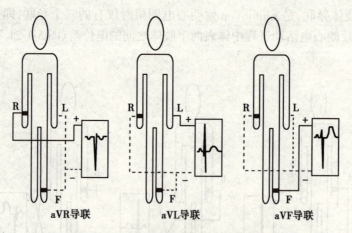

aVR导联　　　　　aVL导联　　　　　aVF导联

图 5-1-3　加压单极肢体导联的连接方式

(三) 胸导联

胸导联也称单极胸导联,其连接方式是将心电图机的负极与中心电端连接,正极与放置在胸壁一定位置的探查电极相连,以 V 表示(图 5-1-4)。由于探查电极距心脏很近,因此胸导联的心电图波形振幅较大。临床使用的胸导联探查电极安放位置如下:

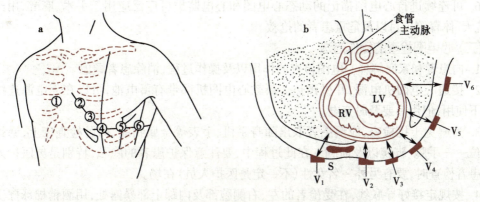

图5-1-4 胸导联的连接方式及探查电极的位置

1. V_1导联 胸骨右缘第4肋间。
2. V_2导联 胸骨左缘第4肋间。
3. V_3导联 V_2与V_4连线的中点。
4. V_4导联 左锁骨中线与第5肋间相交处。
5. V_5导联 左腋前线V_4水平处。
6. V_6导联 左腋中线V_4水平处。
7. V_7导联 左腋后线V_4水平处。
8. V_8导联 左肩胛线V_4水平处。
9. V_9导联 左脊柱旁线V_4水平处。
10. $V_3R~V_5R$导联 右侧胸壁相当于$V_3~V_5$位置。

临床常规心电图的导联包括标准导联（Ⅰ、Ⅱ、Ⅲ）、加压肢体导联（aVL、aVR和aVF）以及胸导联（$V_1~V_6$），即12导联心电图。只有在心脏后壁心肌梗死、右心室增大或右位心等特殊情况下才加做后壁导联（$V_7~V_9$）和右心导联（$V_3R~V_5R$）。

心电图机上通常以固定颜色标识各部位的电极或导联线，肢体导联：用红、黄、绿色导联线分别连接右上肢、左上肢和左下肢，黑色者（接地电极）连接右下肢；胸导联（白色导联线）则分别用红、黄、绿、棕、黑、紫标识$V_1~V_6$电极。

四、心电图检查的适应证及操作方法

(一) 心电图检查的适应证

1. 各种心电活动的激动形成异常、传导障碍或两者并存导致的心律失常。

2. 冠状动脉供血障碍导致心肌缺血或缺血性心脏疾病的诊断，尤其对心肌梗死不仅能确定是否存在，而且还可确定梗死的病变期、部位范围以及演变过程。

3. 对房室肥大、心肌炎、心肌病和心包炎的诊断有较大帮助，也常用于风湿性心脏病、肺心病以及其他系统疾病（如甲状腺功能亢进/减退症、卒中及肌营养不良等）的诊断。

4. 了解某些药物（如洋地黄、奎尼丁）和电解质紊乱对心肌的作用。

5. 作为一种电信息时间标志，用于心音图、超声心动图、阻抗血流图等心功能测定以及其他心脏电生理研究的同步描记，以利于确定时间。

6. 可连续进行心电图描记的动态心电图和心电监护可广泛应用于手术、麻醉、用药观察、航天、体育等项目以及危重患者的抢救。

(二) 心电图检查的操作方法

1. 向患者和家属解释心电图检查的作用以及操作过程,消除患者顾虑。

2. 接通心电图机电源,开机预热。新款心电图机都带有蓄电池,可以在无电源连线的情况下使用,但用后要及时充电。

3. 为避免干扰检查,应嘱患者取出随身手机、手表等金属物品,仰卧检查床上,暴露检查部位——手腕、脚腕以及前胸。在此过程中,要注意保护患者的隐私,特别是男医护人员为女患者检查时,要有另外一名女性(不一定是医护人员)在场。

4. 按规定接好导联线,在受检者的左、右侧腕部及内踝上部暴露处,用酒精棉球擦洗脱脂。然后将电极板按照右上肢→红线、左上肢→黄线、左下肢→绿线、右下肢→黑线(此线接地)要求固定好;胸导联各电极则按照 V_1→红、V_2→黄、V_3→绿、V_4→棕、V_5→黑、V_6→紫选择安置。

胸导联各电极安放位置的确定方法:

(1) 找到受检者的胸骨上窝。

(2) 从胸骨上窝沿胸骨下滑,找到骨性突起——胸骨角。

(3) 沿胸骨角向受检者右侧平行滑动至肋间隙,此为第二肋间。

(4) 自第二肋间下移至第四肋间,胸骨右缘即是 V_1 导联的位置。

(5) 依此定位,再确定 V_2~V_6 导联位置。

5. 校正心电图机的走纸速度、画笔的位置,并打开标准电压,校正后使其 10mm=1mV。

6. 顺序选择导联开关,按次序记录 I 、II 、III 、aVR、aVL、aVF、V_1、V_2、V_3、V_4、V_5 和 V_6 12个导联的心电图。必要时,可增加 V_7、V_8、V_9、V_3R、V_4R、V_5R 导联,记录 18 导联心电图。

7. 检查结束后,再次核对有无遗漏、伪差等,并在心电图上标明各导联名称、受检查姓名及检查时间。

8. 关闭心电图机电源,撤除各个导线。

新款心电图机都有自动分析、记录和打印功能。连接受检者各部位导联后,嘱患者安静,平静呼吸。心电图机将自动分析受检者的心电情况,并自动储存;当分析图形符合机器设定的标准时,机器将自动打印心电图,否则将提示错误。

五、心电图检查注意事项

为获得质量合格的心电图,需要有性能合格的心电图机,符合条件的检查环境,以及受检者的配合和正确的操作方法。

(一) 检查前注意事项

1. 保持适宜的环境温暖(不低于 18℃),以免因寒冷而引起肌电干扰。

2. 心电图机的电源线应远离检查床,床边不摆放其他电器,附近无穿行的电源线。

3. 使用交流电源的心电图机必须接可靠地线(接地电阻应小于 0.5Ω)。

4. 检查床的宽度不窄于 80cm。

5. 检查心电图机导联线、电源线、地线等各条线缆的连接是否正常。

6. 了解受检者一般情况以及临床对检测心电图的要求。

（二）检查过程中注意事项

1. 向受检者做必要解释,消除其紧张恐惧感。

2. 应用 50%~75% 的酒精或生理盐水涂搽放置电极处的皮肤,以减少皮肤电阻,保证心电图记录质量。

3. 除有特殊情况需用药物镇静外,受检者应在清醒、平静放松状态下接受检测;各种肌肉活动产生的生物电,均会影响心电图的结果。

4. 按照统一标准,准确放置标准 12 导联电极;肢体导联安放不能错位,否则将出现"异常"心电图。除非肢体缺失或完全石膏包扎,否则不要将下肢导联放在一个下肢上;女性乳房下垂者应托起乳房,将 V_3、V_4、V_5 导联电极置于乳房下缘的胸壁上。

5. 心电图记录每个导联至少描记 3 个完整的心动周期,心律失常时应适当延长(15 秒)记录时间。

6. 记录心电图时标定标准电压为 10mm/mV,走纸速度为 25mm/s,如有调整需标记清楚。

7. 最后记录受检者的基本信息。

六、心电图检查结果分析与判读

（一）心电图的测量方法

心电图描记在方格纸上(图 5-1-5)。方格纸由大、小方格组成,小方格的边长为 1mm,5 个小方格构成 1 个大方格。当走纸速度为标准的 25mm/s 时,横向 1 个小格为 0.04s,1 个大格为 0.2s。当定标电压为标准的 1mV 使曲线上移 10mm 时,纵向 1 个小格为 0.1mV,1 个大格为 0.5mV。

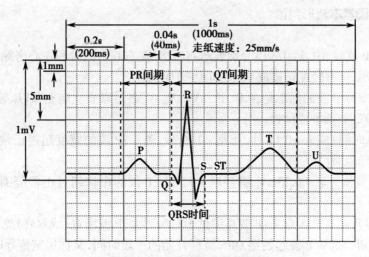

图 5-1-5 心电图各波段的测量

1. **心率的测量** 若心律规整,只需测量一个 R-R(或 P-P)的时间(秒),然后被 60 除,即可算出心率。计算公式:心率(次/分)=60/P-P 或 R-R 间距(秒)。若心律不规整,可数 6 秒(心电图纸上 30 大格)内的 P 波数或 R 波数乘以 10,即为平均心率。

2. **心律的测量** 测量同导联 P-P 或 R-R 间距的差值,若 <0.12s,表示心脏激动节律规

整,反之不规整。

3. 平均心电轴的测量

目测法:若 I、III 导联 QRS 主波均为正向波,电轴不偏;若 I 导联为负向波,III 导联为正向波,属电轴右偏;若 I 导联为正向波,III 导联为负向波,属电轴左偏(图 5-1-6)。

(二) 心电图的分析方法

1. 首先浏览心电图,检查各导联的标识、连接是否有错,基线是否平稳,有无肌颤动或交流电干扰等伪差,是否常规标准电压及纸速。

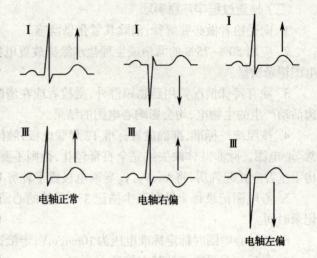

图 5-1-6 平均 QRS 心电轴简单目测法

2. 按顺序观察和测量各导联 P 波、P-R 间期、QRS 波群、ST 段、T 波及 Q-T 间期是否在正常范围。

3. 根据各导联有无 P 波及 P 波方向,P 波与 QRS 波群的关系,确定基本心律是窦性还是异位心律。

4. 测量 P-P、R-R 间距,观察心律是否规则并计算心房率、心室率。

5. 观察标准肢体导联,判断心电轴有无偏移。

6. 观察胸导联,判断有无心脏顺、逆钟向转位。

7. 综合分析心电图观测数值,结合临床资料,判断是否正常、可疑或异常心电图。

(三) 心电图基本波形判读

1. P 波

(1) 形态:P 波前、中、后 1/3 段分别表示右心房、左右心房同时和左心房除极。P 波在肢体导联呈钝圆形,可有轻度切迹成双峰(间距 <0.04 秒)。

(2) 方向:窦性 P 波的标志是在 I、II、aVF、$V_4 \sim V_6$ 各导联直立向上,aVR 导联倒置;其余导联 P 波可以双向、低平或倒置。

(3) 宽度:(时间)成人 <0.11 秒,儿童 <0.09 秒,老年;P 波的宽度超过正常范围,多提示存在心房内传导阻滞。

(4) 振幅:肢体导联 <0.25mV,胸导联 <0.2mV;P 波的振幅超过正常范围,多提示心房肥大。

(5) 常见异常及其临床意义:P 波高尖见于右房肥大,P 波增宽(或双峰)见于左房肥大。

2. P-R 间期 指从 P 波起始至 QRS 波群开始的一段时间,又称房室传导时间。测量时应选择 P 波最宽,QRS 波群起点清楚,最好有 Q 波的导联,一般选择 II 导联。

① 正常值:成人 0.12~0.20 秒,儿童不超过 0.19 秒,P-R 间期时间与年龄及心率快慢有关;健康人心率在 50~60 次 / 分时,P-R 间期 >0.20 秒表示有房室传导障碍。

② 常见异常及意义:P-R 间期固定延长 ≥0.21 秒房室传导阻滞。

3. QRS 波群 QRS 波群表示全部心室肌激动过程和最早期的复极过程中电位和时间的变化。

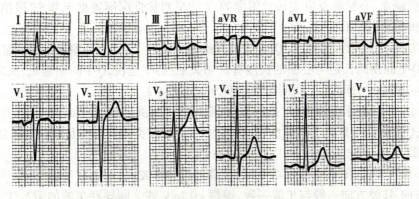

图 5-1-7　正常心电图

（1）时间范围：自 QRS 波群的开始至终末，正常人为 0.06~0.10 秒，<0.12 秒，儿童 0.04~0.08 秒。一般测量标准导联中最宽的心室波或在 V_3 导联中测量之。

（2）波形和振幅：QRS 波群在 V_1、V_2 导联呈 rS 型，V_1 导联 R≤1.0mV；在 V_3、V_4 导联呈 RS 型；V_5、V_6 呈 r、qRs、Rs 型，V_5R≤2.5mV；V_1~V_6 的 R 波逐渐增高，S 波逐渐减小。aVR 导联 QRS 波群主波向下，可呈 QS、rS、rSr、Qr 型，R<0.5mV；aVL 导联 R<1.2mV；aVF 导联 R<2.0mV；Ⅰ、Ⅱ 导联主波向上，Ⅰ 导联 R<1.5mV。

（3）Q 波：除 aVR 导联外，Q 波振幅小于同导联 R 波的 1/4，时间小于 0.04 秒；V_1 及 V_2 导联不应出现 q 波，但可呈 QS 型。如其他导联出现超过正常范围的过深、过宽的 Q 波，称为异常 Q 波。

（4）常见异常与意义：QRS 波群时间延长提示心室肥大或室内传导阻滞；QRS 波群振幅增高可见于胸壁薄者或心室肥大患者；QRS 波群低电压见于肺气肿、胸腔积液、甲状腺功能减退以及心力衰竭等患者。异常 Q 波多为病理性，见于心肌梗死、心肌病、心肌炎及束支传导阻滞等。

4. ST 段　ST 段是自 QRS 波群终点至 T 波起点间的线段，时间≤0.15s，多位于等电位线上，但可有轻度的上下偏移。在肢体导联和 V_4~V_6 导联，正常人 ST 段抬高 <0.1mV，在 V_1、V_2 导联 <0.3mV，在 V_3 导联 <0.5mV；ST 段压低在任一导联均 <0.05mV。

ST 段抬高见于急性心肌梗死、急性心包炎、室壁瘤及心脏手术后等；ST 段压低常见于冠状动脉供血不足、非 ST 段抬高型心肌梗死、低钾血症或某些药物影响等。

5. T 波　T 波代表心室快速复极时的电位和时间变化。

（1）形态：圆钝而平宽，左右两支不对称，直立时升支缓而降支陡，倒置时降支缓而升支陡。

（2）方向：正常 T 波的方向多与 QRS 波群的主波方向一致，即Ⅰ、Ⅱ、V_4~V_6 导联直立，aVR 导联倒置。Ⅲ、aVL、aVF、V_1~V_3 导联可以直立、双向或倒置，但若 V_1 导联直立，V_2~V_6 导联就不应倒置。

（3）振幅：在以 R 波为主的导联，直立 T 波应 >同导联 R 波的 1/10，否则为 T 波低平；V_2~V_4 导联 T 波可高达 1.2~1.5mV。

（4）常见异常与临床意义：T 波高耸见于高钾血症、超急性期心肌梗死等；T 波低平或倒置见于心肌缺血、心肌炎及束支传导阻滞等;T 波呈对称性深倒置见于非 ST 段抬高型心肌梗死或冠状动脉供血不足等。

6. Q-T 间期 Q-T 间期是从 QRS 波群开始至 T 波终了,代表心室肌除极和复极全过程的时间。Q-T 间期的长短与心率的快慢有密切关系:心率越快,Q-T 间期越短,反之则越长。心率在 60~100 次 / 分时,Q-T 间期正常范围为 0.32~0.44s。

Q-T 间期延长见于低钾血症、低钙血症、服用胺碘酮类药物、心肌缺血、脑卒中及长 Q-T 综合征等;Q-T 间期缩短见于高钾血症、高钙血症、洋地黄类药物影响及短 Q-T 综合征等

7. U 波

(1) 形状:U 波是在 T 波后 0.02~0.04s 出现的圆钝小波。

(2) 方向:U 波方向一般与 T 波一致,振幅 <0.2mV 或 < 同导联 T 波的 1/2。U 波在胸导联较肢体导联易见,以 V₃、V₄ 导联最清楚。

(3) 常见异常与临床意义:U 波增高见于低钾血症、洋地黄和胺碘酮影响以及颅脑疾病等;U 波倒置见于高血钾症、心肌缺血及心绞痛发作等。

第二节 动态心电图

动态心电图(ambulatory electrocardiograph,AECG)是指连续记录 24 小时或更长时间的心电图,它是由美国学者 N.J.Holter 于 1949 年首创,故又称 Holter 心电图。

AECG 通过连续记录受检者 24 小时中休息、活动、进餐、工作、学习和睡眠等不同情况下心电活动全过程,并形成心电图资料,能够发现常规心电图(ECG)不易发现的心律失常和心肌缺血,因此具有常规心电图不可替代的作用和价值,是临床分析病情,确立诊断,判断疗效重要的客观依据。

一、动态心电图系统及基本技术

动态心电图系统由记录系统、回放分析系统和打印机组成。

(一) 记录系统

动态心电图记录系统由记录器、体表电极和导联线组成,其功能是采集并储存受检者的心电信号。记录器是随身佩戴记录和贮存心电信号的设备,分为磁带式记录器、固态记录器(CF 卡或 SD 卡)以及其他类型记录器三大类,现常用 SD 卡记录器。

导联体系是采集心电信号的重要环节之一,目前常用的双极胸导联,系模拟常规心电图的导联而来,具体类型如下:

1. CMV5 正极置于 V5 导联位置,负极置于胸骨右缘第二肋间。

2. CMV1 正极置于 V1 导联位置,负极置于胸骨左缘第二肋间。

3. CMV3 正极置于 V3 导联位置,负极置于胸骨上。

4. CMaVF 正极置于左下腹部,负极置于胸骨柄上端。

5. 胸骨垂直导联 正极置于胸骨下端的剑突上,负极置于胸骨上端。

一般首选 CMV5+CMV1+CMV3 三个导联也可以根据需要随机组合。导联系统已由最初的一个导联,发展到现在的 12 个导联(图 5-2-1),在分析心肌缺血、心律失常方面更具优越性。

（二）回放分析系统

由计算机和分析软件组成,对已记录的心电信号进行分析。记录器采集的心电数据传送到计算机后,用动态心电图分析软件回放显示记录器中的心电信号及有关分析、数据、图表(直方图、趋势图等),按相关参数和指令,进行动态心电图分析和编辑,并判断分析心电图波形改变与受检者症状及活动的关系。才能得到最终的动态心电图报告。

在计算机进行分析的过程中,首先要进行 QRS 波的检出,确定每个心搏的类型后,再逐一分析其特性。动态心电图分析系统的内容包括:24 小时或 48 小时的心律失常分析、ST 段偏移的检测和

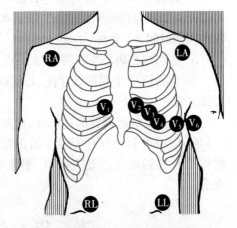

图 5-2-1 十二导联电极安装

分析、起搏心电图的分析、心率变异性分析、窦性心率振荡和睡眠呼吸暂停综合征等分析程序。

目前,动态心电图均采用计算机分析处理,并可打印各种表格、趋势图、直方图、浏览图、异常心电图片段等。但目前动态心电图的分析系统尚不能达到满意的准确度,分析结果可能包含不少误判和漏判情况。因此,操作人员必须对计算机结果进行回顾分析,并对计算机分析出现的错误和遗漏的诊断进行修正和补充,以获得正确的分析报告。

（三）操作注意事项

1. 安装时将电极固定好,避免脱落。

2. 受检者按日常状态活动,应避免接触磁场等干扰心电信号的物品或场所,避免剧烈活动;作好生活日志的记录,意识不清者和儿童应有亲属陪同,避免仪器损坏。

3. 分析时需注意开始记录的时间并应准确输入。

4. 分析报告时注意结合受检者的活动情况和症状发生状况及时间,凡是有动态心电图诊断的结论,都应附有相应的动态心电图条图供临床诊断。

二、动态心电图的应用范围

1. 评定与心律失常有关的症状 如心悸,多见于期前收缩、室上性心动过速、心房扑动、心房颤动等;发作性眩晕、晕厥则多见于窦房阻滞、窦性停搏、高度房室传导阻滞或室性心动过速等。

2. 对发作性心律失常进行定性和定量分析,对心律失常患者进行危险性的评价。

3. 评价窦房结功能,协助诊断病态窦房结综合征。动态心电图窦房结功能不全的诊断标准:①窦性心动过缓 <40 次 / 分,且持续时间 >60s;②二度 Ⅱ 型窦房传导阻滞;③窦性停搏 >3.0s,窦性心动过缓伴阵发性心房颤动、心房扑动或室上性心动过速,发作停止时窦性搏动恢复时间 >2.0s。不能单凭一次动态心电图结果作出判断,应结合受检者具体情况综合判断,必要时可行多次动态心电图检查。

4. 评价抗心律失常药物治疗效果,多采用患者治疗前后自身对照是否达标进行疗效判断。

5. 评价和诊断心肌缺血。动态心电图是测定日常生活中心肌缺血的唯一方法。动态心电图心肌缺血的诊断标准:ST 段呈水平型或下垂型压低≥0.1mV,持续时间≥1 分钟,两次发作间隔时间≥1 分钟。

6. 鉴别冠心病心绞痛的类型,评估心肌梗死患者的预后。

7. 预测长 Q-T 间期综合征、心肌病、风湿性心脏病、预激综合征等疾病可能出现的恶性心律失常。

8. 选择安装起搏器的适应证,检测起搏器功能。

9. 应用于其他医学研究:如正常人心律及心率的生理变动研究、阻塞性睡眠呼吸暂停综合征的研究以及飞行员、潜水员、运动员等特殊职业人员心血管功能的检测与研究等。

第三节　心电图运动负荷试验

心电图运动负荷试验(electrocardiographic exercise test)系指通过运动增加心脏负荷,使心肌耗氧量增加,当运动负荷达到一定量时,冠状动脉狭窄患者的心肌供血不能相应增加,从而诱发静息状态下未表现出来的心血管系统异常,并通过心电图检测显示出来。该试验传统上主要用于隐匿性冠心病的辅助诊断,现已扩展到对冠状动脉病变程度及预后的判断、药物及介入性治疗效果的评估以及非冠心病患者心功能的评价等。

一、心电图运动试验方法

目前常用踏车运动试验和平板运动试验两种方法。

1. 踏车运动试验　受检者在装有功率计的踏车上作踏车运动,以速度和阻力调节负荷大小,负荷量分级依次递增,直至心率达到受检者的预期心率。运动前、运动中及运动后多次进行心电图记录,逐次分析作出判断。

2. 平板运动试验　这是目前应用最广泛的运动负荷试验方法。受检者在活动的平板上走动,根据所选择的运动方案,仪器自动分级依次递增平板速度及坡度以调节负荷量,直到心率达到受检者的预期心率,分析运动前、中、后的心电图变化以判断结果。

二、运动试验的适应证和禁忌证

(一) 适应证

1. 对不典型胸痛或可疑冠心病患者进行鉴别诊断。

2. 评估冠心病患者的心脏负荷能力。

3. 评价冠心病的药物或介入手术治疗效果。

4. 进行冠心病易患人群流行病学调查筛选试验。

(二) 禁忌证

1. 急性心肌梗死或心肌梗死合并室壁瘤。

2. 不稳定型心绞痛。

3. 心力衰竭。

4. 中、重度瓣膜病或先天性心脏病及其他器质性心脏病患者。

5. 急性或严重慢性疾病。

6. 严重高血压患者,血压 >180/110mmHg 者。

7. 急性心包炎或心肌炎。

8. 肺栓塞。

9. 严重主动脉瓣狭窄。

10. 严重残疾不能运动者。

三、运动试验前受检者的准备

1. 运动试验前必须有详细的病史体检资料,以便了解受检者的身体状况。

2. 试验前除 12 导联常规心电图外,必须记录坐位或站立 12 导心电图以了解体位对心电图图形及 ST-T 的影响。

3. 对未知冠心病患者,为达到准确的诊断,需停用抗心绞痛药物及洋地黄类制剂至少 3~4 个半衰期。

4. 已知冠心病患者,为了解治疗效果及判断预后,则不需停用抗心绞痛药物,若停药反会引起症状加重。

四、试验结果判断

(一)阳性标准

1. 运动中出现典型心绞痛。

2. 运动中或运动后出现 ST 段水平型或下斜型压低≥0.1mV(J 点后 60~80ms),持续时间 >1 分钟。

3. 运动前原有 ST 段压低者,运动中或运动后 ST 段在原有基础上再压低≥0.1mV,持续时间 >1 分钟。

4. 运动中或运动后在 R 波为主的导联上出现 ST 段弓背向上型抬高≥0.1mV,持续时间 >1 分钟。

5. 运动中血压下降≥10mmHg(1.33kPa)并伴有全身反应,如低血压性休克者。

(二)可疑阳性标准

1. 运动中或运动后以 R 波为主的导联,ST 段在原基础上水平型或下斜型压低≥0.05mV,但 <0.1mV,持续时间 >1 分钟。

2. 运动中 ST 段上斜型压低≥0.15mV,持续时间≥1 分钟。

3. 运动中或运动后出现 U 波倒置。

4. 运动诱发严重的心律失常,如多源性室性期前收缩、室性心动过速、房室传导阻滞、窦房传导阻滞、心房颤动或心房扑动等。

(三)阴性标准

运动已达到预计心率,未出现心绞痛,心电图及血压的改变未达到上述阳性和可疑阳性的标准。

(四)假阳性与假阴性

1. 假阳性 凡能引起 ST 段压低的其他非冠心病原因均可造成运动试验假阳性。常见可能的原因有:①使用洋地黄,降压药、镇静剂及排钾利尿剂等;②存在心室肥大,左、右束支传导阻滞,预激综合征等基础心电图异常;③女性伴有自主神经功能失调者。

2. 假阴性 引起运动试验假阴性的原因有:①运动量不足;②有陈旧性心肌梗死或仅有单支血管病变者;③使用普萘洛尔、硝酸盐或其他抗心绞痛的药物。

(李双庆)

第六章 基层常用放射检查

06章

　　临床常用的放射检查项目包括X线(x-ray)、计算机断层扫描(computed tomography,CT)和磁共振成像(magnetic resonance imaging,MRI)检查。X线检查具有操作简便、费用低廉、空间分辨率较高、辐射剂量较小等优点,存在密度分辨率较低,诊断价值有限的不足。多用于自然对比度较好的组织、器官和疾病诊断,广泛应用于基层医疗机构,是健康体检、疾病初筛和随访的常用方法之一,常用于肺部及骨骼病变的检查。CT检查具有快速简便,价格适中,图像密度分辨率和空间分辨率较高的优势,存在设备较贵,安装环境要求高,X线辐射剂量较大,对自然对比度不佳的软组织器官、组织和病变诊断价值有限,需要对比增强扫描等不足,因而在基层医疗机构的应用有一定的限度。其在肺部病变、急腹症、外伤、脑血管意外、结石及钙化等方面的应用有较高的临床价值,备受推崇。MRI检查具有无辐射,多序列、多参数、多方位成像,软组织分辨力高等优点,存在设备昂贵,检查时间较长,噪声较大,费用高,对患者的配合度要求高等不足,因而在基层医疗机构的应用受到明显制约。其在大脑、脊髓、椎间盘、软组织结构、大血管等的病变诊断具有绝对的优势。总之,不同的放射学检查方法具有各自不同的优势和不足。在临床工作中应该全面了解不同检查技术的特点和适用范围,结合实际情况,权衡利弊,合理选用,以达到最高效的临床价值。

　　面对复杂的放射检查,全科医生需要掌握阅片及报告解读的基本程序和技巧。①核对患者一般信息与影像资料是否一致;②了解患者病史及临床资料;③判断放射检查的图像质量是否能达到诊断要求;④阅片要多方位、多窗位、多层面、多序列结合,CT、MRI片要先看平扫后看增强;⑤明确所分析图像是正常或异常;⑥分析病灶的详细情况,包括位置、形态、大小、密度(或信号)、强化(血供特点)、病灶与毗邻结构的关系等;⑦综合临床及放射检查资料,做出明确诊断或需进一步检查的合理化建议。

第一节　头颅放射检查

一、头颅X线检查

　　头颅X线检查是运用X线直接对头颅进行成像,常用的摄影体位包括正位和侧位。该检查操作简单、快速,价格低廉,可以观察颅骨骨折、骨质破坏等病变,对颅内病变诊断困难,应用价值有限。

(一) 检查目的
头颅X线检查主要用于观察颅骨结构、骨板厚度、骨缝及蝶鞍等的形态和密度的改变。

(二) 适应证
1. 颅骨先天性疾病。

2. 颅骨炎症、肿瘤及肿瘤样病变。

3. 颅骨外伤等。

（三）禁忌证

对临床怀疑有颅底骨折的患者，不宜做颅底 - 颏顶位检查。

二、头颅 CT 检查

头颅 CT 检查是利用 X 射线对头颅进行轴位断层扫描，其操作简单、快速、价格合适，具有密度分辨率高的优势，可以观察颅骨、脑实质、脑室、脑池和脑沟系统等，提高了颅内疾病的检出和诊断准确率。常规 CT 检查技术包括 CT 平扫、CT 增强及 CT 血管成像（CTA）等。

（一）检查目的

CT 平扫能够清楚地显示颅骨的情况，还能观察病灶的位置、形态、大小、密度及与邻近结构的关系等；增强 CT 主用于显示病灶血供、病灶与血管之间的关系等。

（二）适应证

1. 颅脑肿瘤　如脑膜瘤、胶质瘤、转移瘤等。

2. 颅脑外伤　如颅骨骨折、脑挫伤、硬膜外出血、硬膜下出血等。

3. 颅内感染　如脑结核、脑脓肿、脑寄生虫病等。

4. 先天发育异常　如脑膜膨出、无脑畸形等。

5. 脑血管疾病　如动静脉畸形、动脉瘤、脑卒中、蛛网膜下腔出血等。

6. 颅内高压、脑积水、脑萎缩等。

7. 颅骨疾病　如颅骨肿瘤、骨髓炎、颅骨先天畸形等。

（三）禁忌证

孕妇、严重心、肝、肾功能障碍者、造影剂过敏者不能行增强检查。

（四）常见疾病 CT 报告解读要点

1. 脑挫裂伤　损伤区局部呈低密度；散在点片状出血；蛛网膜下腔出血；合并颅内血肿、硬膜外或硬膜下血肿、颅骨骨折等（图 6-1-1）。

2. 硬膜外、硬膜下血肿　硬膜外血肿表现为颅骨内板下双凸形密度增高影，边界锐利，血肿范围一般不超过颅缝；硬膜下血肿表现为颅板下新月形密度增高影，范围广泛，不受颅缝的限制，常合并脑挫裂伤，占位效应明显（图 6-1-2）。

3. 脑出血　脑出血常见原因是高血压性脑出血。急性期：脑内规则或不规则密度增高影，边界清楚，密度均匀，CT 值约 50~80HU，伴病灶周围水肿带；亚急性期：血肿密度减低，血肿从周边开始吸收，中央仍呈高密度，水肿逐渐减轻；慢性期：病灶呈低密度改变（图 6-1-3）。

4. 脑梗死　脑梗死在 24 小时内 CT 检查可无阳

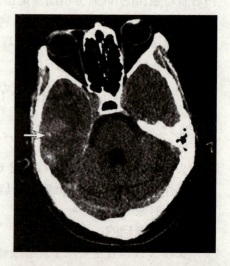

图 6-1-1　右侧颞叶脑挫伤，可见散在的斑片样高密度出血灶和损伤区低密度改变

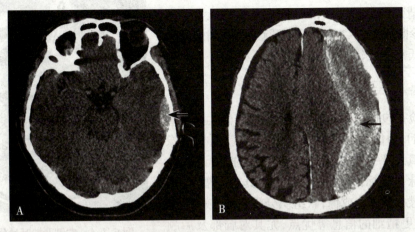

图6-1-2 图A为左侧颞部硬膜外血肿,为双凸形高密度改变;图B为左侧额顶部硬膜下血肿,血肿范围广,跨越颅缝

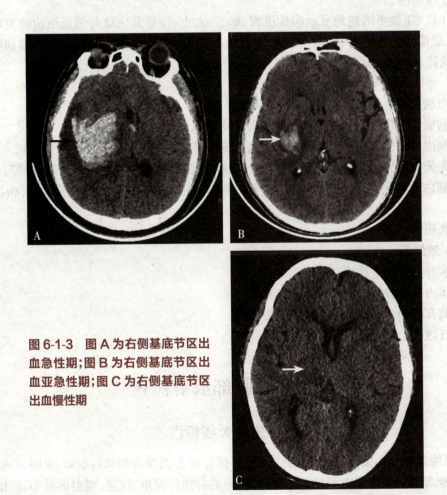

图6-1-3 图A为右侧基底节区出血急性期;图B为右侧基底节区出血亚急性期;图C为右侧基底节区出血慢性期

性发现,或仅显示模糊的稍低密度区;24 小时后梗死灶呈边界清楚的低密度区;2~3 周后显示病灶为等密度区,CT 诊断困难;1~2 个月后梗死灶软化,病灶呈边界清楚的低密度区(图 6-1-4)。

三、头颅 MRI 检查

MRI 检查包括常规 T_1WI、T_2WI 成像,磁共振血管成像(MRA)、功能 MRI 成像如磁共振扩散加权成像(DWI)、血氧水平依赖成像(BOLD)、磁共振波谱成像(MRS)、动脉自旋标记成像(ASL)等。具有无辐射、多序列、多参数、多方位成像,软组织分辨率高,较 CT 能提供更多、更精细的信息等优点,尤其对脑部及后颅窝病变的显示具有 CT 不可比拟的优势,MRI 也因为

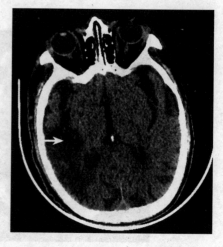

图 6-1-4 右侧颞枕叶片状梗死灶

检查价格贵、扫描时间长、对患者配合度要求高等缺点,在基层医疗机构的推广应用受限。

(一)检查目的

MRI 较 CT 能更清楚地显示病灶位置、形态、大小、信号及病灶与邻近结构的关系等信息,DWI 成像还能在早期(小于 6 小时)发现梗死灶,对颅内肿瘤的诊断、分期及鉴别诊断具有明显优势。

(二)适应证

1. 颅脑外伤 尤其适用于 CT 检查阴性者。
2. 脑血管疾病 如脑梗死、脑出血、血管畸形等。
3. 颅内占位性病变 如胶质瘤、脑膜瘤、转移瘤等。
4. 先天发育异常 如胼胝体发育不全、无脑畸形、先天性脑积水、蛛网膜囊肿等。
5. 脑白质疾病、颅内感染等 如多发性硬化、脑白质脱髓鞘、结核性脑膜炎、病毒性脑炎等。
6. 脑积水。

(三)禁忌证

1. 装有心脏起搏器的患者。
2. 体内带有各种固定金属物的患者。
3. 戴有各种金属抢救用具且不能去除者。
4. 妊娠 3 个月以内的妇女。

第二节 胸部放射检查

一、胸部 X 线检查

包括胸部透视和摄片,常用后者。胸部 X 线片是 X 线穿透胸部后双肺、纵隔、心脏及大血管、胸廓等器官和组织在胶片上的重叠成像,具有操作简单、快速、辐射剂量小、价格便宜等优点,是基层医疗机构常用的检查方法。

（一）检查目的

主要用于胸部健康普查、疾病初筛及病例随访等。

（二）适应证

1. 肺部及支气管病变。

2. 心脏及大血管病变。

3. 纵隔和横膈病变。

4. 骨性胸廓包括肋骨、锁骨等的病变。

5. 胸膜病变等。

（三）禁忌证

意识不清，不能站立的患者不能进行立位胸部 X 线检查。

（四）常见疾病 X 线报告解读要点

1. 肺炎 大叶性肺炎：基本 X 线表现为不同形状及范围的渗出与实变，实变期（红色肝变样期和灰色肝变样期）表现为大片状均匀的致密阴影，其内可见"空气支气管征"，病变的一侧可见平直的边界，而其他部分边缘模糊不清。

支气管肺炎：病变多见于两肺中下野的内、中带，沿支气管分布，呈斑点状或斑片状密度增高影，边缘较淡、模糊不清，可融合呈片状或大片状；液化坏死后可见空洞，支气管炎性阻塞时可见阻塞性肺不张改变，相邻肺野有代偿性肺气肿表现（图 6-2-1）。

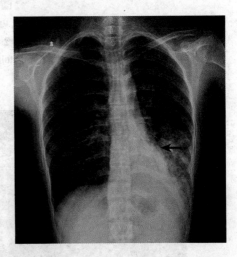

图 6-2-1 左下肺肺炎，图示左肺下野片状密度增高影

2. 胸腔积液 少量积液：液体上缘在第 4 前肋端以下，可见肋膈角变钝；中量积液：积液上缘在第 4 肋前端平面以上，第 2 肋前端平面以下，表现为外高内低弧线影；大量积液：积液上缘在第 2 肋前端平面以上，患侧肺野呈均匀致密影，有时仅见肺尖部透明，并显示肋间隙增宽，横膈下降，纵隔向健侧移位（图 6-2-2）。

3. 气胸 气胸区无肺纹理，肺自外围向肺门方向压缩。少量气胸时，气胸区呈线状或带状，同时可见被压缩肺的边缘；大量气胸时，气胸区可占据肺野的中外带，内带为压缩的肺，同侧的肋间隙增宽，横膈下降，纵隔向健侧移位（图 6-2-3）。

4. 肺结核

肺结核分为四型。

Ⅰ型（原发综合征）：典型表现为原发病灶、淋巴管炎、肿大的肺门淋巴结连接形成的"哑铃状"改变。

Ⅱ型（血行播散型）：急性典型表现为大小、密度、分布的粟粒样结节影（三均匀）；亚急性表现为大小不一、密度不一、分布不一的结节影（三不均匀）（图 6-2-4）。

Ⅲ型（继发性肺结核）：病灶好发于上叶尖后段和下叶背段，渗出为主型主要表现为斑片状或云絮状模糊影；干酪为主型以干酪病变为主，包括结核球和干酪性肺炎；空洞为主型以纤维空洞、广泛的纤维性变及支气管播散灶组成病变的主体。

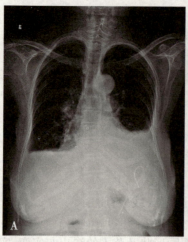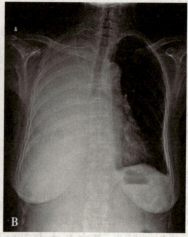

图 6-2-2 胸腔积液

图 A 示右侧胸腔少量积液,可见右侧肋膈角变钝;左侧胸腔中量积液,上缘
在第 4 肋前端平面以上,第 2 肋前端平面以下;图 B 示右侧胸腔大量积液,
患侧肺野呈均匀致密影,肋间隙增宽,纵隔向左侧移位

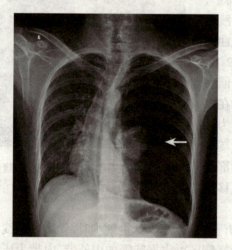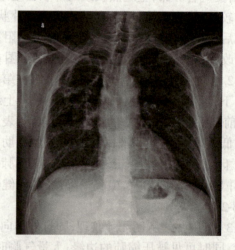

图 6-2-3 左侧大量气胸,肺压缩约 95%,   **图 6-2-4 Ⅱ型肺结核:双肺散在分布粟**
纵隔、心影向右侧移位   **粒样结节影、条索影**

Ⅳ(结核性胸膜炎):表现为游离性胸腔积液、肺底积液、叶间积液以及包裹性积液,胸膜
增厚等。

二、胸部 CT 检查

胸部 CT 检查是利用 X 线对胸部进行轴位断层扫描,包括平扫、增强、高分辨率 CT 和
CT 血管成像等,其图像包括肺窗、纵隔窗和骨窗分别用于观察双肺、纵隔和骨性胸廓的病
变。CT 平扫主用于钙化、出血等的诊断;增强 CT 有助于了解血管解剖和病变的血供情况,

用于血管性疾病的诊断、胸部良恶性肿瘤的鉴别、肺门淋巴结增大的鉴别、纵隔病变的鉴别等；高分辨率 CT 对弥漫性肺间质病变及支气管扩张的诊断具有很高的诊断价值。因此，CT 检查是胸部首选的检查方法。

(一) 检查目的

发现、诊断与鉴别诊断双肺、气管、支气管、纵隔、心脏及大血管、胸膜及胸壁等病变，为相关疾病临床治疗方案的制定、疗效的评价提供依据。

(二) 适应证

1. 胸部良恶性肿瘤和肿瘤样病变的诊断与鉴别诊断。
2. 肺部各种感染性疾病的诊断与鉴别诊断。
3. 胸膜病变的诊断与鉴别诊断。
4. 纵隔、心脏及大血管病变的诊断与鉴别诊断。
5. 气管和支气管病变的诊断与鉴别诊断。
6. 外伤及胸部手术后随访。
7. 肺部职业性疾病的诊断与鉴别诊断。

(三) 禁忌证

严重心肝肾功能不全者，对造影剂过敏者，不能行增强 CT 检查。

(四) 常见疾病 CT 报告解读要点

1. 支气管扩张　高分辨率 CT 检查是目前诊断支气管扩张的最常用的方法。正常情况，肺动脉直径大于伴行的同级支气管，当这种大小关系反转时，提示支气管扩张。可显示支气管壁增厚、管腔增宽，当扩张的支气管走行与 CT 扫描层面平行时出现"轨道征"；与 CT 扫描层面垂直时则表现为厚壁的圆形透亮影，扩张的支气管与伴行的肺动脉共同表现为"印戒征"；扩张的支气管内被黏附充盈时，表现为"类指状征改变"；静脉曲张状支气管扩张表现为"葡萄串"状改变(图 6-2-5)。

2. 肺炎(图 6-2-6)

(1) 大叶性肺炎：实变期病变呈大叶性或肺段性分布，其内可见空气支气管征，实变的肺叶体积通常与正常时相符；消散期病变呈散在的、大小不一的斑片影，进一步吸收呈条索影或病灶完全消失。

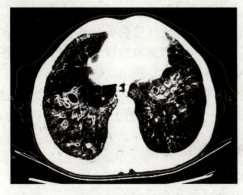

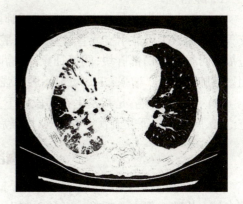

图 6-2-5　双肺散在支气管扩张伴感染，部分扩张的支气管内可见黏附栓　　**图 6-2-6　右肺中下叶肺炎；右肺中下叶片状密度增高影，可见空气支气管征**

（2）支气管肺炎：弥漫散在的斑片影，典型者呈腺泡样形态，边缘较模糊。

3. 肺脓肿　病变早期表现为较大片状密度增高影，多累及一个肺段或两个肺段的相邻部分。肺窗上病灶胸膜侧密度高而均匀，肺门侧密度多较淡且不均匀；纵隔窗可见空气支气管征。病灶液化坏死呈低密度，有空洞者可见气-液平面或液-液平面。增强扫描病灶内未坏死部分有不同程度的强化，脓肿壁呈明显环状强化。血源性肺脓肿多为两肺多发结节状或片状密度增高影，边缘模糊，液化坏死后形成空洞（图6-2-7）。

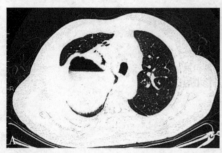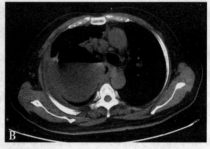

图 6-2-7　右肺脓肿

图 A 为肺窗，图 B 为纵隔窗

4. 肺结核

Ⅰ型（原发综合征）：显示原发病灶、引流的淋巴管炎及肿大的肺门淋巴结。

Ⅱ型（血行播散型）：显示弥漫性分布的粟粒状病灶。

Ⅲ型（继发性肺结核）：其 CT 表现与病变性质有关，主要为渗出浸润灶、结核球、干酪性肺炎和空洞等（图 6-2-8）。

Ⅳ（结核性胸膜炎）：主要表现为胸膜增厚、胸腔积液。

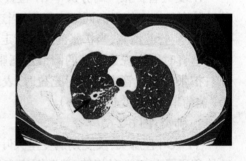

图 6-2-8　右肺上叶Ⅲ型肺结核，可见空洞，多发增殖结节

5. 肺癌

（1）中央型肺癌：是指发生在肺段或肺段以上支气管的肺癌。直接征象：当肿瘤局限于支气管内时，CT 可显示支气管管壁增厚、腔内外结节、局部支气管腔狭窄甚至截断，当病变进展时可显示肺门部肿块；间接征象：肿瘤阻塞远端肺叶出现阻塞性肺炎、阻塞性肺不张及阻塞性肺气肿等。增强 CT 片可显示肿瘤强化，肺门淋巴结增大等。

（2）周围型肺癌：是指发生在肺段以下支气管的肺癌。CT 显示肿瘤分叶征、边缘毛刺、空泡征、胸膜凹陷征及血管集束征等，增强后肿瘤 CT 值较平扫时增加 15~80HU（图 6-2-9）。

三、胸部 MRI 检查

MRI 多序列、多参数、多方位成像，对于鉴别肺内外病变、纵隔内外病变、横膈上下病变等有较大优势。但由于呼吸运动和心脏大血管的搏动所致的伪影干扰较大，MRI 胸部应用有一定限度。

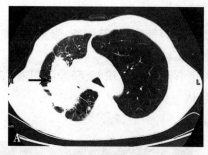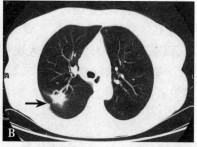

图 6-2-9 图 A 为中央型肺癌,图 B 为周围型肺癌

(一) 适应证

1. 纵隔肿瘤的诊断与鉴别诊断。
2. 心脏及心包肿瘤的诊断与鉴别诊断。
3. 先天性心脏病、心肌病、冠心病、心瓣膜疾病的诊断与鉴别诊断。
4. 胸部及肺部大血管疾病的诊断与鉴别诊断。

(二) 禁忌证

1. 装有心脏起搏器的患者。
2. 体内戴有各种固定金属物的患者。
3. 戴有各种金属抢救用具又不能拆除者。
4. 妊娠 3 个月以内的妇女。

第三节 消化道 X 线检查

消化道 X 检查方法主要包括常规检查(如透视、平片)以及造影检查(钡餐、钡灌肠、空气灌肠等)。

(一) 适应证

1. 各种急腹症 如肠梗阻、空腔脏器穿孔等。
2. 食管病变 如食管癌、食管异物、食管静脉曲张、食管先天畸形、食管功能紊乱和贲门失弛缓症等。
3. 胃、十二指肠病变 如胃癌、胃溃疡、胃炎以及十二指肠病变等。
4. 小肠、结肠、直肠病变 如直肠癌、直肠脱垂、痔疮等。

(二) 禁忌证

消化道穿孔、急性消化道出血、感染等禁止做钡餐检查。

(三) 并发症

1. 口服硫酸钡的并发症 钡剂可造成胃肠道狭窄的近端梗阻,重者甚至可能引起穿孔;胃肠穿孔时,口服钡剂可发生腹腔感染和钡剂沉积,有时钡剂检查胃十二指肠可致溃疡穿孔。
2. 钡灌肠并发症 穿孔、水中毒、钡剂入静脉,钡剂通过狭窄区进入近端结肠造成梗阻等。

（四）常见疾病报告解读要点

1. **胃肠道穿孔**　胃肠道穿孔时，主要 X 线表现为气腹、腹腔积液、腹脂线异常和麻痹性肠胀气等表现，以膈下游离气体为典型表现（图6-3-1）。

2. **肠梗阻**　单纯性小肠梗阻：典型 X 线表现有小肠扩张积气、肠腔内积液（立位检查可见肠腔内有多个液平面、呈阶梯状排列）、胃结肠内气体少或消失（图6-3-2）。

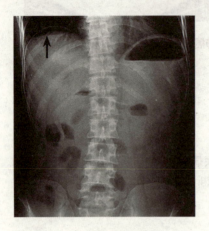

图6-3-1　右侧膈下游离气体

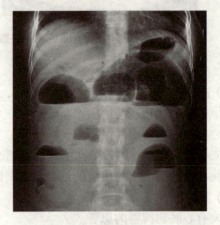

图6-3-2　肠梗阻

（1）绞窄性肠梗阻：除单纯性肠梗阻的 X 线表现外，还可以出现假肿瘤征、咖啡豆征、多个小跨度卷曲肠襻、长液平征、空回肠换位征等。

（2）麻痹性肠梗阻：麻痹性肠梗阻的特点是胃、小肠和大肠等均积气、扩张，其中结肠积气更为显著，立位可见液平面，但液面少于机械性肠梗阻。

3. **食管功能紊乱和贲门失弛缓症**　仰卧位时，见钡剂从胃反流至食管。贲门失弛缓症早期食管下段变窄，呈"漏斗状"，晚期呈"鸟嘴状"。

4. **食管癌**　基本征象有充盈缺损、管壁僵硬、黏膜分离、破坏或中断、龛影、狭窄等（图6-3-3）。

5. **食管静脉曲张**　早期食管下段局限性黏膜增宽，稍显迂曲，皱襞呈虚线状，但柔软；晚期食管张力

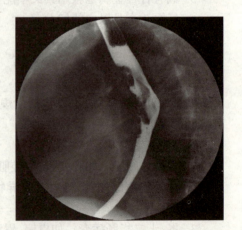

图6-3-3　食管癌　食管中段不规则充盈缺损

减低、蠕动差，食管中下段呈蚯蚓状和串珠样充盈缺损（图6-3-4）。

6. **胃溃疡**　主要征象包括龛影、放射状集中的黏膜皱襞、挛缩切迹、蠕动跳跃、局部痉挛或狭窄。

7. **胃癌**（图6-3-5）

（1）早期局部皱襞零乱不规则。

（2）局部胃壁僵硬。

（3）肿瘤向腔内生长形成充盈缺损。

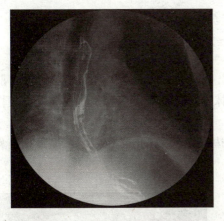

图 6-3-4　食管中下段静脉曲张

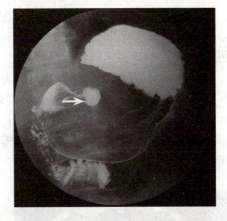

图 6-3-5　胃小弯处胃癌,见壁内龛影

(4) 局部黏膜皱襞中断、消失。

(5) 蠕动变浅、中断、消失。

(6) 癌肿表面溃烂而形成溃疡。

第四节　腹部放射检查

一、腹部 CT 检查

是利用 X 线束对腹部脏器进行横断面扫描,一般分为平扫及增强扫描。平扫 CT 又称普通扫描,指静脉不注射造影剂的扫描。增强扫描是从静脉注入水溶性有机碘,再进行扫描,可以使某些病灶显示更为清晰。

(一) 检查目的

1. 了解腹腔脏器有无炎症、结核、脓肿等感染性疾病。

2. 了解腹腔脏器有无占位性病变及对良、恶性占位病变性质的判断。

3. 了解腹腔脏器有无畸形、结石、梗阻、穿孔、积液等。

(二) 适应证

1. 腹盆部肿瘤。

2. 腹盆部感染性病变。

3. 结石性病变。

4. 腹盆部外伤。

5. 急腹症。

6. 腹膜后病变。

7. 腹部血管性病变。

8. 先天性畸形等。

(三) 禁忌证

1. 孕妇和再生障碍性贫血者。

2. 严重心、肝、肾衰竭及病情严重难以配合者。

3. 对碘对比剂过敏者不能行 CT 增强检查。

(四) 常见疾病 CT 报告解读要点

1. 肝硬化 肝脏体积缩小，各叶比例失调，一般为右叶萎缩，尾叶或左叶增大，肝表面凹凸不平，肝裂增宽。可伴有脾大、腹水、门静脉干增宽及侧支血管扩张扭曲等继发性改变（图 6-4-1）。

2. 肝囊肿 单个或多个类圆形低密度影，边缘光滑，CT 值接近于水。增强扫描囊肿无强化（图 6-4-2）。

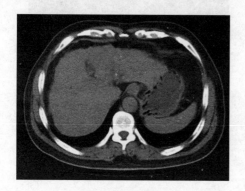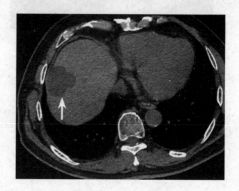

图 6-4-1 肝硬化　　　　　　　　　　　　图 6-4-2 肝囊肿

3. 肝癌 分为结节型、巨块型和弥漫型。平扫大多呈不均匀低密度影，部分边界不清，少数可见包膜，其内可见更低密度坏死区。合并肝硬化者可出现相应表现。增强后病灶动脉期明显迅速强化，密度超过肝实质，静脉期病灶强化减弱，密度低于肝实质，呈"快进快出"强化方式，这是由于肝癌 90%~99% 由肝动脉供血，而周围肝实质约 80% 由门静脉供血，两者增强效应时相不同所致（图 6-4-3）。

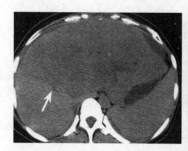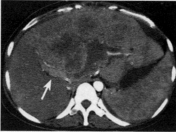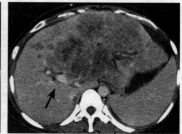

图 6-4-3 肝脏巨块型肝癌，呈"快进快出"强化

4. 肝血管瘤 平扫为单发或多发类圆形低密度灶，边界清楚，密度均匀或有更低密度区，大的血管瘤有时可见中央更低密度的瘢痕，呈裂隙状、星状或不规则形，少数可见钙化。增强后多数病灶呈"快进慢出"强化方式，即动脉期病灶边缘呈结节样明显强化，持续时间超过 2 分钟。随着时间的延迟，造影剂不断从周边向病灶中心填充，多于 5~10 分钟后中心部完全填充，最终延迟期呈等密度或稍高密度改变（图 6-4-4）。

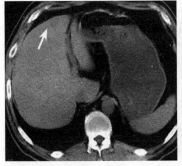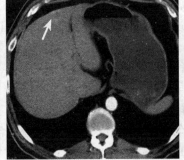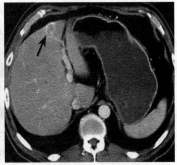

图 6-4-4 肝血管瘤,呈"快进慢出"强化

5. 肝转移瘤 平扫为肝内大小不一多发类圆形低密度灶,也可单发。增强后病灶边缘强化或结节状强化,"牛眼征"是其典型表现,即病灶中心为液化坏死的低密度区无强化。

6. 结石 常见的有胆囊结石、肾结石、输尿管结石及膀胱结石,结石一般在 CT 表现为高密度影,因结石成分差异,有些结石也可呈等密度、低密度及环状改变(图 6-4-5)。

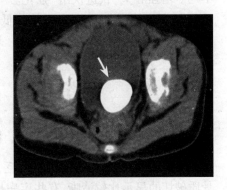

图 6-4-5 膀胱结石

二、腹部 MRI 检查

腹部 MRI 具有多序列、多参数、多方位及软组织分辨率高等优势,能够为腹部实质性脏器病变提供更多有价值的诊断信息,在恶性肿瘤早期诊断、早期侵犯、分期及预后评估等方面优于 CT 检查,而成为腹部疾病首选的检查方法。

(一)检查目的

进一步明确病变的范围及其特征,能为疾病诊断及治疗提供更多详细资料。

(二)适应证

1. 肝、胆、胰、脾、肾等占位性病变 良性的包括肝血管瘤、肝局限性结节增生和肝炎性假瘤等,恶性的有原发性或转移性肿瘤。

2. 肝、脾寄生虫病 血吸虫病、棘球蚴病等。

3. 弥漫性病变 如肝硬化、脂肪肝、色素沉着症等。

4. 先天性发育异常 先天性胆管囊性扩张、多囊肝、多囊肾等。

5. 感染性病变 急慢性胰腺炎、胆囊炎、肝、脾、肾脓肿、结核等。

6. 结石性病变 胆囊结石、肾结石等。

7. 手术、放疗、化疗及其他治疗效果的随访和观察。

(三)禁忌证

1. 安装人工心脏起搏器者及神经刺激器者。

2. 颅内有银夹,眼球内金属异物者。

3. 安置心电监护仪者,有过心脏、大血管手术者,安装人工心瓣膜者。

4. 昏迷及危重病患者。

5. 检查部位有金属异物者。

6. 妊娠期妇女,尤其妊娠早期者。

(四) 常见疾病 MRI 报告解读要点

1. 肝囊肿 T1WI 上呈均匀低信号,边缘光整,囊肿蛋白含量较高或有出血时呈等信号或高信号,增强后无强化;T2WI 上呈高信号。

2. 肝癌 平扫边缘不规则的圆形、类圆形异常结节或肿块影,在 T1WI 上呈稍低信号,有时与正常肝组织难以分辨,T2WI 上呈稍高信号,瘤内可出现出血、坏死和脂肪变而致信号不均。增强后呈"快进快出"强化。

3. 肝血管瘤 T1WI 上呈均匀低信号,T2WI 上呈高信号,随着回波时间延长,血管瘤的信号强度逐渐增高,称为"灯泡征"。增强后呈"快进慢出"强化特点。

第五节 四肢、脊柱放射检查

一、四肢、脊柱 X 线检查

X 线在四肢、脊柱方面应用广泛,能直观地显示骨的结构及其病变,特别是对于钙化和骨质破坏的显示比较清晰,有些疾病甚至能定性诊断。

(一) 检查目的

了解骨关节有无骨性结构及位置的改变,明确有无骨折或脱位、骨质破坏等。

(二) 适应证

1. 骨折、脱位等。

2. 骨特异性、非特异性感染。

3. 骨关节退行性变。

4. 骨瘤、骨软骨瘤、骨肉瘤等肿瘤性病变。

5. 代谢性及免疫性骨病。

6. 骨关节发育异常等。

(三) 禁忌证

一般没有严格的禁忌证,孕妇慎做,婴幼儿忌滥用。

(四) 常见疾病 X 线报告解读要点

1. 骨折 骨皮质连续性中断,可见光滑锐利的线状透亮影,严重骨折骨骼常弯曲、变形。根据骨折线形态可分为横形、纵形、斜形、螺旋形、"T"形或粉碎性骨折等。

两种特殊类型的骨折:①骺离骨折:骨骺部分分离或完全移位。②青枝骨折:见于儿童,因儿童骨骼柔韧性较大,外力不易使骨皮质完全断裂,而发生青枝骨折。X 线表现为局部骨皮质和骨小梁扭曲,一侧骨皮质局部皱褶隆起,长骨轻微弯曲变形,形似折而不断的柳枝。

常见的骨折有:

(1) 锁骨骨折:骨折部位多发生于锁骨中段,折端可分离、错位、重叠、成角,由于胸锁乳突肌牵拉,常使锁骨近端向上移位(图6-5-1)。

(2)肱骨外科颈骨折:指肱骨大结节下部与胸大肌止点上方骨折,在肱骨解剖颈下2~3cm的部位。

(3)肱骨髁上骨折:分为伸展型损伤和屈曲型损伤两种。前者儿童多见,占此型的90%以上,骨折线经过鹰嘴窝或其上方,由前下至后上,折端向前成角,骨折远端向后上方移位。后者比较少见,骨折线亦位于髁上,多成斜形,由后下至前上,折端向后成角,骨折远端向前方移位。

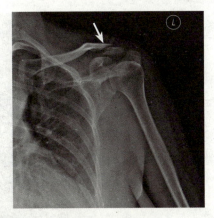

图 6-5-1　锁骨骨折

(4)伸展型桡骨远端骨折:又称Colles骨折,老年人多见,多为摔倒时手掌触地。骨折发生在桡骨远端2~3cm以内,以横行骨折较多见。骨折向掌侧成角,远折端向桡背侧移位,手腕呈"餐叉"样畸形最具特征。严重者桡尺远端韧带断裂,合并尺骨小头向远端脱位(图6-5-2)。

(5)骨颈骨折:常见,老年人多见。骨折按解剖部位可分为头下型、中央型和基底部骨折,其中头下型骨折影响股骨头血供较明显,容易发生股骨头缺血坏死。按发生骨折的外力作用方向还可分为外展型及内收型。外展型骨折线呈斜形,断端互相嵌入,骨折线一般表现为密度增高的线状影,或骨小梁不连续、断裂,此型较为稳定。内收型骨折常有错位,股骨干上移,颈干角变小,Shenton线不连续(图6-5-3)。

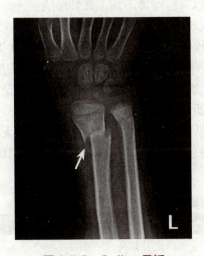

图 6-5-2　Colles 骨折

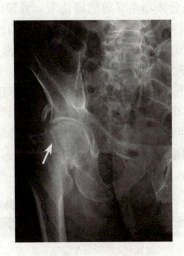

图 6-5-3　股骨颈骨折

(6)椎体压缩性骨折:椎体压缩呈楔形变扁,严重脊柱呈后突成角畸形。椎体前缘或两侧骨皮质中断,骨折断端互相嵌插,可见横行线状致密度影。可并发棘突撕脱骨折及横突骨折(图6-5-4)。

2.关节脱位　组成关节的两个骨端失去正常的对应关系。常见肩关节脱位、肘关节脱位及髋关节脱位等(图6-5-5)。

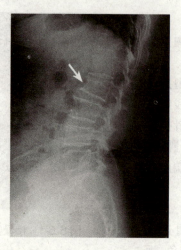

图 6-5-4 腰 2 椎体压缩性骨折

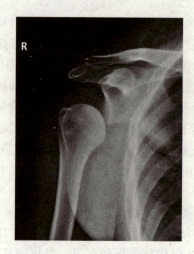

图 6-5-5 肩关节脱位

3. 化脓性骨髓炎

(1) 急性化脓性骨髓炎:早期主要为软组织肿胀,之后 2 周内干骺端出现斑片状低密度骨质破坏,骨小梁结构模糊,同时出现轻微的骨膜新生骨。随着脓肿继续发展,干骺端骨质破坏范围扩大,可累及整个骨干,骨骺多不受侵犯,形成骨膜下脓肿,刺激骨膜引起骨膜增生。骨膜新生骨明显,呈葱皮状或花边状。可见死骨形成。

(2) 慢性化脓性骨髓炎:患骨密度增高,骨干增粗,轮廓不规整,髓腔变窄、闭塞。骨质破坏区周围见骨质增生显著的硬化带。骨膜增生广泛、厚薄不均。死骨形成。

4. 股骨头缺血坏死 早期,股骨头内出现斑片状或条带状硬化区,边界模糊,股骨头外形正常,关节间隙正常。中期,股骨头内出现致密硬化带、斑片状透光区和囊状透光区混合存在,股骨头塌陷,但关节间隙基本正常。早期和中期还可见"新月征"(股骨头皮质下新月状透光影)和"裂隙征"(股骨头内裂隙样透光线)。晚期,股骨头塌陷加重,甚至碎裂,关节间隙变窄。可继发退行性骨关节病、病理性骨折或半脱位。

5. 骨肿瘤 良性肿瘤形态规则,边缘清楚,多呈膨胀性生长,骨皮质变薄,无骨质破坏。恶性骨肿瘤形态不规则,边缘欠规则,呈浸润性生长,可见骨质破坏区,周围软组织可受侵形成肿块(表 6-5-1)。

表 6-5-1 良性骨肿瘤与恶性骨肿瘤的鉴别要点

鉴别要点	良性骨肿瘤	恶性骨肿瘤
分化程度	分化好,异型性小	分化高,异型性大
生长方式	膨胀性或外生性生长	浸润性或外生性生长
生长速度	缓慢	较快
形态边缘	规则,边缘清楚	不规则,边缘欠光滑
骨膜反应	常无	可见不同形式的骨膜增生及 Codman 三角形成
转移	不转移	可转移
周围软组织情况	多无软组织肿块,周围软组织多为推挤表现	可形成软组织肿块影
常见疾病	骨瘤、骨样骨瘤、骨软骨瘤、骨巨细胞瘤	骨肉瘤、软骨肉瘤、骨髓瘤、骨转移瘤

6. 骨关节结核

(1) 长骨结核:好发于骨骺、干骺端,病灶常穿越骺板。圆形、类圆形或不规则局限性骨质破坏,边缘清楚,其内可见细小死骨。

(2) 脊柱结核:腰椎最常受累,其次是胸椎。X线主要表现有:椎体骨质破坏、椎间隙变窄或消失、脊柱畸形、椎旁冷脓肿及沙砾样死骨。椎旁冷脓肿:脓液汇聚在椎体一侧的骨膜下形成椎旁脓肿。

二、四肢、脊柱 CT 检查

CT 检查可同时显示骨、关节及周围软组织结构,且具有三维重建及多平面成像的功能,密度分辨率又高,能显示 X 线不能显示细小病变,能为疾病诊断提供更多、更精细的影像学信息,临床应用十分广泛。

(一) 检查目的

在 X 线检查基础上进一步了解骨折情况及发现 X 线不能显示的骨折;进一步明确肿瘤的部位、范围和起源等。

(二) 适应证

外伤、肿瘤、退行性病变、结核、椎间盘病变、椎管狭窄等。

(三) 禁忌证

1. 孕妇和再生障碍性贫血者。

2. 严重心、肝、肾衰竭者。

3. 对碘对比剂过敏者不能做增强 CT 检查。

(四) 常见疾病 CT 报告解读要点

1. 椎间盘膨出　椎间盘较均匀地超出相邻椎体边缘,可引起硬膜囊受压变形及神经根受压移位或消失。

2. 椎间盘突出　椎体后缘可见局限性突出的软组织影,呈半圆形或不规则,密度与椎间盘一致,高于硬膜囊密度,局部可见钙化。

(邬颖华)

第七章　基层常用内镜、超声及核医学检查

第一节　肺功能检查

肺功能检查是对受试者呼吸功能所进行的定性和定量评估,其主要内容为肺的通气和换气功能测定。临床上常用的检查项目包括:肺容积检查、肺计量检查、支气管激发试验、支气管舒张试验、肺弥散功能检查、气道阻力检查及运动心肺功能检查等。肺功能检查是临床上对胸肺疾病诊断、严重程度、治疗效果和预后评估的重要检查手段。

肺功能检查的主要应用范围包括:

1. 了解肺功能的基本状态、明确肺功能障碍的程度及类型。

2. 观察肺功能损害的可复性,疾病的预后,进行劳动力鉴定或胸科手术前的评估。

3. 判定药物治疗的效果。

4. 进行呼吸生理研究。

肺功能结果的判读以实测值偏离预计正常值的程度为基础。预计正常值是依据年龄、性别、身高、体重、种族等多个变量对肺功能的影响程度,用回归方程计算得出的。

一、肺容积检查

肺容积检查是肺功能检查最重要的指标之一。肺容积是指在安静状态下,测定一次呼吸所出现的气量变化,不受时间限制。

(一)概念

1. 基础肺容积　包括四个互不重叠的部分:

(1) 潮气量(tidal volume,VT):平静呼吸时每次吸入或呼出的气量。正常成人参考值约为 10ml/kg 体重,与性别、年龄、身高等因素有关,还受胸廓和膈肌运动的影响。

(2) 补吸气量(inspiratory reserve volume,IRV):平静吸气末,再尽最大力量吸气所能继续吸入的气量。

(3) 补呼气量(expiratory reserve volume,ERV):平静呼气末,再尽最大力量呼气所能继续呼出的气量。

(4) 残气量(residual volume,RV):用力呼气后残留在肺内的气量。RV 不能直接测得,需用气体(氦气或氮气)分析方法间接测定。临床上常以 RV 占肺总量(TLC)的百分比(RV/TLC%)作为判断指标,正常情况下≤35%,超过 40% 提示肺气肿。

2. 四种组合的容量　以上四种基础肺容积又可组成 4 种容量,分别是:

(1) 深吸气量(inspiratory capacity,IC):VT+IRV。指平静吸气末再尽力吸气所能吸入的最大气量。正常 IC 应占肺活量的 2/3 或 4/5,是肺活量的主要组成部分。影响 IC 的主要因素是吸气肌力,当呼吸肌功能不全时 IC 减少。其次,胸廓活动度降低、肺组织弹性回缩力增

高和气道阻塞等亦可使 IC 减少。

（2）肺活量（vital capacity，VC）：IC+ERV 或 IRV+VT+ERV。是指尽力最大吸气后做深呼气所能呼出的最大气量。表示肺最大扩张和最大收缩的幅度，作为单一指标具有较高的诊断价值，是判断限制性通气功能障碍程度的主要指标。VC 实测值/预计值 <80% 为异常，60%~79% 为轻度降低，40%~59% 为中度降低，<40% 为重度降低。

（3）功能残气量（functional residual capacity，FRC）：ERV+RV。是指平静呼气末肺内所含气量。FRC 主要取决于胸壁向外的弹性回缩力和肺向内弹性回缩力之间的平衡。

（4）肺总量（total lung capacity，TLC）：VC+RV。指最大吸气后肺内所含全部气量。需用气体分析法间接测定。

（二）肺容积改变的临床意义

肺容积受多种因素的影响，主要包括年龄、身高、体重、性别、体位等。测量时，通过测试者的年龄、性别、身高和体重等数据，经过计算得到预计值，正常参考值为预计值的 80%~120%。

1. 肺叶切除术可引起静态肺容量的减少。TLC、FRC、RV 均下降。VC 和有功能肺组织的切除量成反比，其中右全肺切除术下降 55%，左全肺切除术下降 45%。

2. 肺炎、肺部巨大占位性病变、胸腔积液均可造成有效肺容积的减少，使 VC、RV、FRC、TLC 下降。

3. 胸廓和肺弹性回缩力对肺容积的影响 胸廓和肺弹性回缩力增加（肺顺应性下降）可使 VC、TLC 下降，RV 可下降或正常，如肥胖者或肺间质纤维化患者。而肺弹性回缩力下降（顺应性增加）则可使 TLC、RV 增加，如肺气肿。

4. 阻塞性气道疾病 如慢性阻塞性肺疾病、支气管哮喘等，当呼出气流严重阻塞时，肺内气体在呼气末不能充分呼出，形成肺内气体滞留，可出现 RV 增加，FVC 正常或降低，TLC 正常或增加。

二、通气功能检查

通气功能又称动态肺容积，指单位时间内随呼吸运动进出肺的气量和流速。凡能影响呼吸频率、呼吸幅度和气流流速的生理、病理因素，均可影响通气功能。

（一）肺通气量

1. 每分钟静息通气量（minute ventilation，VE） 指静息状态下每分钟呼出或吸入的气量。VE= 潮气量 X 呼吸频率（VT×f）。

正常男性为 (6.7 ± 0.2)L/min，女性为 (4.2 ± 0.2)L/min。VE>10L/min 表明通气过度，可导致呼吸性碱中毒；VE<3L/min 为通气不足，可引起呼吸性酸中毒。

2. 最大自主通气量（maximum voluntary ventilation，MVV） 简称最大通气量，指在 1 分钟内以尽可能快的呼吸频率和尽可能深的呼吸幅度自主努力呼吸所呼出的气量。临床主要用于胸腹手术前评估通气功能储备能力，预测肺合并症的发生风险。

一般先测定并计算出呼吸 12 秒或 15 秒的通气量，再计算出 MVV，而不直接呼吸 1 分钟。根据 MVV 实测值占预计值百分比进行判定，MVV 实测值/预计值 <80% 提示通气功能异常。

（二）肺泡通气量

肺泡通气量（alveolar ventilation，VA）是指安静状态下每分钟进入呼吸性细支气管及肺泡,参与气体交换的有效通气量。正常成人 VT 约为 0.5L。

（三）用力肺活量

1. 用力肺活量(forced vital capacity,FVC) 是指最大吸气后以最快速度最大力量用力呼气所能呼出的最大气量。

2. 第一秒用力呼气容量(forced expiratory volume in one second,FEV_1) 简称一秒量,是指用力呼气开始第一秒所呼出的气量,是判断通气功能损害程度、气道阻塞及其可逆性,以及指导手术治疗的最常用指标。

3. $FEV_1/FVC\%$ 简称一秒率,是指第一秒用力呼气容量占用力肺活量的百分比。是区分阻塞性和限制性通气功能障碍最常用的指标。阻塞性通气功能障碍时,FVC 可基本正常或轻度下降,但呼气速度明显减慢,因而 $FEV_1/FVC\%$ 下降。限制性通气功能障碍时,肺弹性及胸廓顺应性明显下降,但呼出气流相对不受限制,FEV_1 较 FVC 下降程度小,所以 $FEV_1/FVC\%$ 保持不变或升高。评价有无气道阻塞的界值是 70%,即 $FEV_1/FVC\%<70\%$ 可判定为阻塞性通气功能障碍。

（四）最大呼气流量 - 容积曲线

判断气流受限的最常用图形。常用参数有:

1. 呼气流量峰值(PEF) 也称最高呼气流量、呼气峰流量或峰流量,是指从肺总量位置用最大力量、最快速度呼气所产生的最快瞬间流速,主要反映呼吸肌的力量和气道有无阻塞,是综合反映通气能力的常用指标,常用于支气管哮喘的动态随访和判断患者的咳痰能力。

2. $FEF_{25\%}$ 为用力呼出 25% 肺活量时的瞬间呼气流量,是反映呼气早期的流量指标。大气道阻塞时 $FEF_{25\%}$ 明显降低。

3. $FEF_{50\%}$ 为用力呼出 50% 肺活量时的瞬间呼气流量,是反映呼气中期的流量指标,下降提示小气道病变或气道阻塞。

4. $FEF_{75\%}$ 为用力呼出 75% 肺活量时的瞬间呼气流量,是反映呼气后期的流量指标,也是判定小气道功能的重要依据。

（五）小气道功能检查

小气道是指吸气状态下气道内径≤2mm 的细支气管,包括全部细支气管和终末细支气管,是 COPD 早期极易受累的部位。小气道功能检查对早期发现和诊断小气道病变有重要意义。评价指标主要为最大呼气中期流速(maximum middle expiratory flow,MMEF)用力呼出肺活量 25%~75% 的平均流量。其下降提示:小气道狭窄,如 COPD。

（六）临床应用

1. 判断通气功能障碍的类型

（1）阻塞性通气功能障碍:主要特征是 FEV_1 和 FEV_1/FVC 比值明显降低,MVV、MMEF、$FEF_{50\%}$ 也明显下降,但 FVC 可在正常范围或轻度下降。常见的引起阻塞性通气功能障碍的肺部疾病有 COPD、支气管哮喘、闭塞性细支气管炎和上气道梗阻疾病。

（2）限制性通气功能障碍:主要特征是 TLC 和 VC 下降(<80% 预计值)、FEV_1/FVC 比值正常或增加。常见疾病有间质性肺病、肺内炎性病变、胸膜肥厚、胸腔积液、胸廓畸形等。

（3）混合性通气功能障碍:表现为:TLC、VC、$FEV_1/FVC\%$ 下降,且 FEV_1 下降更明显。常见于 COPD、哮喘。

2. 判断气道的反应性

气道反应性是指各种刺激因素作用于气道所致的气道平滑肌痉挛收缩的反应。

(1) 呼气峰流量的变异率(peak expiratory flow rate,PEFR):正常人1日内不同时间点的 PEF 值可有差异,称为日变异率或昼夜波动率。正常人 PEFR<20%,如 PEFR≥20% 则提示气道舒缩功能变异程度较大,对支气管哮喘的诊断有意义。

(2) 支气管激发试验:气道高反应性是支气管哮喘的特征,支气管激发试验是测定气道高反应性的一种方法。通过吸入醋甲胆碱或组胺诱发支气管平滑肌收缩,以肺功能指标判断支气管收缩的程度,从而判定气道高反应性。主要用于基础肺功能正常或呈轻度阻塞(FEV_1≥70% 预计值)的疑似哮喘患者。

测定方法:首先测定受检者基础 FEV_1 值,然后依次雾化吸入剂量从小到大的醋甲胆碱或组胺,并测定 FEV_1,直至 FEV_1 较基础值下降 20% 时或达到最高浓度时终止试验。

结果判定:醋甲胆碱的激发浓度小于 8mg/ml 为支气管激发试验阳性;累积吸入剂量 <12.8μmol,为气道反应性增高。组胺的累积激发剂量 <7.8μmol,为气道反应性增高,提示支气管激发试验阳性。

支气管激发试验主要用于诊断支气管哮喘。但变应性鼻炎、支气管扩张症等都可能出现支气管激发试验阳性。

(3) 支气管舒张试验:是通过给予支气管舒张药(沙丁胺醇),观察气道的舒缓反应,用于评价气道阻塞的可逆性。对疑似哮喘患者,若基础肺功能 FEV_1<70% 预计值,不宜做支气管激发试验时,可行舒张试验检查。

测定方法:受检者测定前 24 小时停用支气管舒张药。检查时先行常规肺功能测定,当结果提示 FEV_1 或 FEV_1/FVC 降低时,吸入沙丁胺醇 200ug 后 15~20 分钟,重复测定 FEV_1 或 FEV_1/FVC,按照公式计算改变率。

结果判定:FEV_1 改变率 >12%,且 FEV_1 绝对值增加 >200ml 为舒张试验阳性。

$$FEV_1\text{改变率}\% = \frac{\text{舒张剂使用后}FEV_1\text{值} - FEV_1\text{基础值}}{FEV_1\text{基础值}} \times 100\%$$

3. 评价手术的耐受力和安全性

MVV 是反映通气功能储备能力的指标,可用于术前评价胸、腹部手术的安全性和术后生活质量。MVV>65% 预计值可实行全肺切除、MVV>50% 预计值可行肺叶切除、MVV<50% 预计值一般不宜行肺切除术。

三、换气功能检查

肺有效的气体交换不仅需要足够的通气量与血流量,而且吸入的气体在肺内分布状况、血流状态、通气/血流灌注的比例关系,以及弥散膜对气体通过的影响,均会影响肺的气体交换效率。

(一) 气体分布

当气道阻塞,因阻力不一致,吸入气体易进入阻力低的肺泡内;呼气时,因肺泡不均和呼吸加快,会加重气体分布不均。

1. 测定方法

(1) 一口气氮稀释法:最为常用。判定指标为呼气至 750~1250ml 的瞬时氮浓度差为准,

正常 <1.5%。

（2）重复呼吸 7 分钟氮清洗法：总的呼出肺泡气氮浓度 <2.5%，提示肺内气体分布相对均匀。

2. 临床意义　导致吸入气体分布不均的主要原因：

（1）不均匀的气流阻力，如支气管痉挛、狭窄、肺气肿；

（2）不均匀的顺应性：如间质性肺炎、肺间质纤维化、肺气肿、肺淤血、肺水肿、胸腔积液。

（二）通气 / 血流灌注比值

有效的肺泡气体交换不仅要求有足够的肺泡通气量和吸入气在全肺均匀分布，且需要充分肺血流量相匹配，即通气 / 血流灌注比值（ventilation/perfusion ratio，V/Q）。正常肺泡通气量约为 4L/min，肺血流量约 5L/min（V/Q=0.8），换气效率最佳。当局部血流障碍时、进入肺泡的气体，由于无充足血流与之交换（比值 >0.8），致使无效腔气增加；反之局部气道阻塞，比值 <0.8，部分血流因无通气与之交换，成为无效灌注，而导致静 - 动脉分流样效应。

临床意义：V/Q 失调是呼吸系统疾病产生缺氧的主要原因，常见于肺实质、肺血管与气道疾病，如肺炎、肺不张、肿瘤、急性呼吸窘迫综合征、肺栓塞、肺水肿、支气管哮喘、阻塞性肺气肿等。

（三）弥散功能

肺的弥散功能是指气体通过肺泡 - 毛细血管膜从肺泡向毛细血管弥散，并与红细胞中的血红蛋白（Hb）结合的能力。肺弥散量（diffusing capacity of lung，D_L）是弥散功能的衡量指标。

1. 测定方法　临床上常以 CO 作为指示气体来测定肺的弥散功能。肺 CO 弥散量（D_LCO）是指 CO 气体在单位时间（1 分钟）及单位压力差（1mmHg 或 1kPa）条件下从肺泡转移至肺泡毛细血管内并与 Hb 结合的量（ml 或 mmol）。

$$D_LCO= \frac{毛细血管\ CO\ 摄入量（ml）/min}{平均肺泡\ CO\ 分压（mmHg）- 平均毛细血管\ CO\ 分压（mmHg）}$$

2. 结果评价　D_LCO 占预计值百分比在 80%~120% 为正常，60%~80% 为轻度弥散功能障碍，40%~60% 预计值为中度弥散功能障碍，<40% 为重度弥散功能障碍。

3. 临床意义　引起弥散功能障碍的常见疾病有弥漫性间质性肺炎或肺纤维化、慢性阻塞性肺疾病等。

第二节　支气管镜检查

纤维支气管镜检查是一项内镜技术，目前广泛应用于气管、支气管、肺内深部病变及纵隔病变的诊断及治疗。具有可弯曲性、管径较细，并有可视性，可经声门进入气管、支气管并达到段及亚段支气管，在直视下对气管及支气管内病变进行组织活检、穿刺、刷检及肺泡灌洗术，也可通过经支气管肺活检术及针吸活检术，对肺组织、纵隔肿物或肿大的淋巴结进行活检，还可代替胸腔镜对胸膜病变进行诊疗。常规纤维支气管镜检查操作过程简单易行，可进行实时图像采集及录像。

一、适 应 证

1. 用于诊断

(1) 不明原因的慢性咳嗽、声音嘶哑。

(2) 咯血或痰中带血,需要明确出血原因和部位。

(3) 喘憋或局限性哮鸣音,需明确气道阻塞的原因、部位及性质。

(4) 痰中发现癌细胞或可疑癌细胞。

(5) 胸片或 CT 提示肺不张、肺内结节影、阻塞性肺炎、炎症不吸收、肺门和(或)纵隔淋巴结肿大、气管支气管狭窄、原因不明的胸腔积液等。

(6) 肺部手术前检查,以指导手术切除部位、范围及估计预后。

(7) 呼吸道感染性疾病的病因学诊断,获取标本后进行培养。

(8) 机械通气时的气道管理。

2. 用于治疗

(1) 取出支气管异物。

(2) 清除气道内异常分泌物,包括:痰液、脓栓、血栓等。

(3) 明确咯血的出血部位后可试行局部止血,如灌洗冰盐水、注入凝血酶或稀释的肾上腺素等。

(4) 经支气管镜对肺癌患者做局部化疗。

(5) 对气道良性肿瘤或恶性肿瘤进行激光、微波、冰冻、高频电刀等治疗。

二、禁 忌 证

1. 活动性大咯血。

2. 严重的高血压及心律失常。

3. 新近发生的心肌梗死或有不稳定心绞痛发作史。

4. 严重心、肺功能障碍。

5. 严重的出血倾向。

6. 严重的上腔静脉阻塞综合征,因纤维支气管镜检查易导致喉头水肿和严重的出血。

7. 多发性肺大泡。

8. 全身情况极度衰竭。

三、检 查 方 法

(一) 检查前准备

1. 测血压、评估心肺功能。

2. 检查前须有胸片,必要时行胸部 CT 检查,以确定病变部位。

3. 检查前 4 小时禁食,2 小时禁水,防止检查中发生呕吐和误吸。

4. 对于拟行经支气管活检的患者,应检测血小板计数、凝血功能。

5. 传染性疾病检查,包括肝炎病毒抗体、HIV 抗体和梅毒抗体。

6. 口腔有义齿者检查前应取下。

（二）局部麻醉

常用 2% 利多卡因溶液喷雾行鼻部及咽喉部麻醉,雾化吸入较环甲膜穿刺注射更容易被患者接受。

（三）检查中监护

1. 所有受检者检查中均应吸氧,并行血氧饱和度监测,使患者的血氧饱和度维持在 90% 以上,以减少操作中及检查后恢复期严重心律失常的发生。

2. 对于有严重心脏病史的受检者以及在持续吸氧情况下仍不能纠正低氧血症的受检者,应进行心电、血压监测。

（四）操作步骤

1. 受检者仰卧位,术者站于患者头侧,持纤维支气管镜经鼻或口插入,送入气管,直视下边向前推进边观察气管内腔。

2. 看清两侧主支气管开口后,先进入健侧再进入患侧,依次插入各段支气管。

3. 观察支气管黏膜是否光滑、色泽是否正常,有无充血水肿、渗出、出血、糜烂、溃疡、增生、结节与新生物,管壁是否受压、管腔有无狭窄等。

4. 对直视下可见病变,先取标本活检,再用毛刷刷取涂片,或用 10ml 无菌生理盐水注入病变部位进行支气管灌洗,做细胞学或病原学检查。必要时行支气管肺泡灌洗。

（五）检查后处理

1. 部分患者(特别是肺功能损害和使用镇静剂后的患者)在检查后,仍需要持续吸氧一段时间。

2. 检查后应禁食水 2 小时,以免因咽喉仍处于麻醉状态而导致误吸。

3. 部分患者在支气管镜检查后,肺巨噬细胞释放的某些炎性介质可致患者一过性发热,多不需要特别处理,但需与术后感染鉴别。

四、并 发 症

1. 喉痉挛　多为麻醉药导致的严重并发症,也可发生于支气管哮喘或慢阻肺患者进行支气管镜检查时。检查前应详细询问药物过敏史及基础疾病,必要时给予吸氧。

2. 低氧血症　80% 的患者检查时 PaO_2 下降,幅度在 10mmHg 左右,操作时间越长,下降幅度越大。低氧血症可诱发心律失常、心肌梗死,甚至心搏骤停。

3. 出血　行组织活检者均有不同程度的出血,或因插管中剧烈咳嗽而诱发出血。少量出血,可自行止血或局部注入止血药后停止;大出血(出血量超过 200ml)则需要负压吸引,及局部注入稀释的肾上腺素或凝血酶。

4. 气胸　主要由肺活检引起,活检钳插入过深、损伤脏胸膜所致。发生率 1%~6%。如发生,按自发性气胸处理。

5. 术后发热　发生率约 6%。一过性发热无需处理。对持续发热或胸片显示肺部浸润影增加时,应考虑继发肺部感染,需要使用抗生素治疗。

五、临 床 应 用

1. 协助疾病诊断　肺癌、肺不张、咯血部位、肺部感染、弥漫性肺间质病变、胸膜疾病、纵隔疾病。

2. 协助疾病治疗

(1) 呼吸衰竭的救治：因分泌物黏稠而阻塞气道者，可通过吸痰，达到良好效果。

(2) 胸外伤及胸腹手术后并发症的治疗。

(3) 摘取异物。

(4) 肺部感染的治疗。

(5) 用于大气道狭窄的介入治疗。

第三节 胃镜检查

胃镜检查亦称上消化道内镜检查，包括食管、胃、十二指肠的内镜检查。检查方式分普通和无痛。

一、适 应 证

1. 有吞咽困难、胃灼热、反酸、胸骨后疼痛、胃灼热、上腹痛或不适、饱胀、恶心、食欲下降等上消化道症状，疑有食管、胃及十二指肠疾病，又不能确诊者。

2. 上消化道出血原因不明，行胃镜检查不仅可明确病因，还同时可进行治疗。

3. 不明原因的消瘦、贫血，尤其是疑有上消化道肿瘤者。

4. X线检查发现胃部病变不能明确性质者，特别是黏膜病变和疑有肿瘤者。

5. 需要随访观察的病变，如消化性溃疡、萎缩性胃炎、反流性食管炎、Barrett食管、癌前病变等。

6. 疑有食管癌和胃癌患者，胃镜可提高诊断准确率，发现早期病变，并可进行治疗。

7. 药物或手术治疗前后病变的对比观察。

8. 需要通过内镜进行治疗者。

二、禁 忌 证

由于器械的改良，技术的进步，禁忌证大大减少。相对禁忌证包括：

1. 存在心律失常、心力衰竭、急性心肌梗死、严重呼吸功能不全及哮喘发作期等严重心肺疾病者。

2. 休克、昏迷等危重状态。

3. 精神失常、检查不能配合者。

4. 食管、胃、十二指肠穿孔急性期。

5. 严重咽喉部疾患、腐蚀性食管炎和胃炎、巨大食管憩室、主动脉瘤及严重颈胸段脊柱畸形等。

6. 患有急性传染性肝炎或胃肠道传染病者一般暂缓检查；慢性乙、丙型肝炎或抗原携带者、艾滋病患者应采取特殊消毒措施。

三、检 查 方 法

(一) 检查前准备

1. 检查前一天吃易消化的清淡饮食。检查前禁食水6小时。如有胃排空延迟者，需延长禁食时间;有幽门梗阻者,应洗胃后检查。

2. 停服阿司匹林或氯吡格雷 3 天。

3. 有高血压、冠心病、脑梗死的患者,检查当日按时服用降压药及治疗冠心病的西药。

4. **麻醉与镇静** 内镜检查前 5~10 分钟给予 2% 利多卡因喷雾或利多卡因胶浆含服使咽部局部麻醉。对于过分紧张者,可酌情肌注镇静剂,如地西泮(安定)5~10mg 或咪达唑仑 1~2mg,也可行无痛内镜检查,即用芬太尼 0.6~1.0μg/kg 静脉推注,合并丙泊酚 1.0~2.0mg/kg 静脉缓慢推注,进行全身静脉麻醉,以解除患者的恐惧和不适。无痛内镜检查,需要有专业人员给药和观察,并应在良好的心肺监护条件下进行,严防血压下降、呼吸抑制和其他并发症。术后做好复苏的观察与处理。

(二) 检查方法要点

1. 患者左侧卧位,颈部松弛,口边置弯盘,紧咬牙垫。

2. 医师持胃镜经咬口插入食管。边进镜边观察。

3. 胃镜前端缓缓插入贲门后,缓慢推进至幽门前区,进入十二指肠球部、十二指肠降部及乳头部。由此退镜观察,逐段扫描,配合注气及抽吸,可逐一检查十二指肠、胃及食管各段病变。注意胃肠腔的大小形态、胃肠壁及皱襞情况、黏膜、黏膜下血管、分泌物性状以及胃蠕动情况。

4. 对有价值部位可摄像、活检及抽取胃液检查助诊。

5. 术毕尽量抽气,防止腹胀。取活检者勿立即进食热饮及粗糙食物。

(三) 检查后注意事项

1. 检查后有明显腹痛、黑便等不适的患者,即时到医院就诊。

2. 接受无痛胃镜检查者,检查后当天不能从事驾车、涉水、高空作业等高危险操作。

3. 检查结束后 2 小时内不能进食。

四、并发症及处理

1. **一般并发症** 喉头痉挛、下颌关节脱臼、咽喉部损伤、食管贲门黏膜撕裂等。

2. **严重并发症** 少见但危害严重

(1) 出血:多因操作粗暴、活检创伤或内镜下治疗后止血不当所致。可表现为呕血、黑便及血容量不足,需要及时扩容和止血,必要时内镜下止血。

(2) 穿孔:多因操作粗暴、盲目插镜所致。食管穿孔表现为胸背部剧痛或纵隔颈部皮下气肿,胃穿孔表现为上腹剧痛及腹腔积气,及时行内镜检查明确诊断并可行内镜下闭合穿孔可避免行外科手术治疗。

(3) 低氧血症:多由通气障碍或患者紧张憋气所致,麻醉下内镜检查患者较为常见。应立即停止检查,吸氧,一般可迅速好转。

(4) 感染:部分患者可发生吸入性肺炎。另外,为防止乙、丙型肝炎传播,应在检查前化验,阳性者用专用内镜,术后彻底消毒。

(5) 心脏骤停、心肌梗死或心绞痛:多因插镜刺激迷走神经及低氧血症所致。一旦发生应立即停止检查,积极抢救。

五、胃镜检查常见病变

胃镜检查对浅表性黏膜病变、早期肿瘤和上消化道出血病因的诊断等特别有意义。

1. 炎症 胃镜检查发现以慢性胃炎居多。包括慢性浅表性胃炎、萎缩性胃炎和特殊类型的胃炎(感染性胃炎、化学性胃炎、嗜酸细胞性胃炎、淋巴细胞性胃炎、非感染性肉芽肿性胃炎、放射性胃炎)。

2. 溃疡 以十二指肠球部及胃窦部慢性溃疡为多。根据溃疡形态,内镜下可分为活动期(A 期)、愈合期(H 期)和瘢痕期(S 期)。恶性溃疡实际上为癌的一种类型(溃疡型癌),需做活检,根据病理检查确诊。

3. 肿瘤 胃癌、食管癌。早期胃癌仅累及黏膜或黏膜下层,无淋巴结转移,可做局部治疗而治愈。因此,及时正确的诊断意义重大。进展期胃癌根据形态分为隆起型、溃疡型、溃疡浸润型和弥漫浸润型。

第四节 结肠镜检查

下消化道内镜检查包括小肠镜、胶囊内镜、结肠镜检查。因小肠镜检查操作较难、价格昂贵,且设备要求高,临床应用尚不普遍。胶囊内镜已应用于临床,口服内置摄像与信号传输装置的智能胶囊后,其微型电子摄像装置沿消化道摄像并信号储存,经电子计算机处理重建图像后进行观察分析;胶囊内镜使用简单、无创,患者无痛苦,尤其对于小肠病变的诊断有很好的价值。结肠镜检查已广泛用于临床,本节仅讨论结肠镜检查。

结肠镜检查自肛门至回盲部甚至末段回肠,从而了解部分小肠及全结肠病变,以协助下消化道疾病的诊断。检查方式分普通和无痛。

一、适 应 证

- 1. 有原因不明的腹泻、便秘、便血、下腹痛、贫血、腹部肿块、消瘦等。
- 2. 钡灌肠或乙状结肠镜检查有异常者。
- 3. 肠道炎性疾病的诊断与随访观察。
- 4. 结肠癌前病变的监视,癌肿的术前诊断及术后随访。
- 5. 需做止血及结肠息肉摘除等内镜下治疗者。
- 6. 药物或手术治疗前后病变的对比观察。

二、禁 忌 证

无绝对禁忌证,相对禁忌证包括:
1. 肛门、直肠严重狭窄。
2. 急性重度结肠炎,如重症痢疾、溃疡性结肠炎及憩室炎等。
3. 急性弥漫性腹膜炎及腹腔脏器穿孔。
4. 妊娠妇女。
5. 严重心肺功能衰竭、精神失常及昏迷者。

三、检 查 方 法

(一) 检查前准备
肠道准备是检查成功的关键之一。

1. 检查前 1~2 天少渣半流食,检查当日晨起、中午禁食。接受无痛肠镜检查的患者,除检查当日晨起、中午禁食外,检查前 4 小时必须禁水,以保持空腹状态。

2. 停服阿司匹林或氯吡格雷 3 天。

3. 有高血压、冠心病、脑梗死的患者,检查当日按时服用降压药及治疗冠心病的西药。

4. 肠道清洁

方法一:硫酸镁、甘露醇清肠。检查当天 6am 服用硫酸镁 40ml,随后约 30 分钟内服用温开水 800~1000ml;8am 服用甘露醇 250ml,随后约 30 分钟内服用温开水 800~1000ml。

方法二:聚乙二醇(福静清)4 袋清肠,每袋溶于温开水 1000ml 中饮用。检查前一天 5pm 服用一袋,当晚继续进食;检查当天 6am、7am、8am 分别服用一袋,每袋约 30 分钟喝完。预行内镜下高频电切息肉等内镜治疗时,应避免用甘露醇清肠,以防甘露醇电解后产生的易燃气体在肠腔爆炸。

5. 麻醉与镇静 解痉剂可抑制蠕动,有利于操作,可于检查前 5~10 分钟予阿托品 0.5mg 或东莨菪碱 10mg 肌注。对于过分紧张者,可酌情肌注镇静剂,如地西泮(安定)5~10mg 或咪达唑仑 1~2mg。也可行无痛内镜检查,麻醉用药及处理同胃镜检查。

(二)检查方法要点

1. 患者左侧卧位,双腿屈曲。

2. 术者嘱患者放松肛门括约肌再插镜,直至回盲瓣,观察末段回肠 15~30cm 范围的肠腔与黏膜。

3. 退镜时,环视肠壁,适量注气、抽气,逐段仔细观察,注意肠腔大小、肠壁及袋囊情况。

4. 对有价值部位可摄像、取活检及行细胞学等检查助诊。

5. 检查结束时,尽量抽气以减轻腹胀,嘱患者稍事休息,观察 15~30 分钟。

6. 做息肉摘除、止血等治疗者,给予半流质饮食和适当休息 4~5 天,以确保安全。

(三)注意事项

1. 肠道准备过程中若有明显腹痛、腹胀等不适,应立即停止肠道准备,及时就诊。

2. 长期便秘者,检查前 3~7 天服用有效的通便药。

3. 特殊情况(年老体弱、怀疑有不全肠梗阻),必须在医生指导下进行肠道准备。

四、并发症及处理

1. 穿孔 可由于结肠结构异常如憩室、粘连、肠袢扭结等,亦可因操作不当引起。多表现为腹胀、腹痛,可有气腹及腹膜炎体征,肠镜可见破口位置,X 线有助于确诊。

2. 出血 多由插镜损伤、活检过度、电凝止血不足等引起。应根据出血量予以止血处理,必要时内镜下止血。

3. 肠系膜损伤 多由操作粗暴导致。表现为腹痛及少量腹腔内出血。少量出血者保守治疗;出血量较大者应考虑剖腹探查。

4. 心脏骤停、心肌梗死、心绞痛等 多因插镜刺激迷走神经、心律失常或低氧血症所致。一旦发生应立即停止检查,积极抢救。

5. 气体爆炸 用甘露醇进行肠道准备时,因其可被肠内细菌分解,产生甲烷类易燃气体,如行结肠息肉的高频电凝治疗,有引起爆炸的危险,后果严重,应严加防范。息肉电切治疗应严格避免使用甘露醇类做肠道准备。

五、结肠镜检查常见病变

结肠疾病的基本病变,如炎症、溃疡及肿瘤与上消化道疾病有相似之处。

1. 炎症　由多种不同的原因引起,非特异性炎症主要指溃疡性结肠炎和克罗恩病。

2. 溃疡　多表现为糜烂或浅表溃疡。

3. 肿瘤　结肠良、恶性肿瘤患者均较常见,为结肠镜检查的主要指征。良性者以结肠腺瘤多见,属于癌前病变,其大小、形态、有无蒂对判断类型及预后均非常重要。恶性肿瘤主要是结肠癌,以息肉型最多,绝大多数为腺瘤恶变所致,其次为溃疡型和浸润型。结肠癌好发于直、乙状结肠。

第五节　常用超声检查

一、超声心动图检查

超声心动图(echocardiography)是利用超声波特有的物理学特性检查记录心脏和大血管的形态结构及功能的一种无创性检查方法,既可实时观察心脏大血管的形态结构与搏动,了解心脏功能及瓣膜活动,又能实时显示心血管内的血流状态,为心脏疾病提供全面的评价。临床常用的检查方法为经胸超声心动图,包括:M 型、二维和多普勒超声心动图。其中,M 型超声心动图是超声心动图最基本的检测技术。

患者平卧或左侧卧位,平静呼吸。探头置于胸前不同部位,从不同角度扫查以评价心脏结构及功能。

超声心动检查主要的临床应用包括:

1. 心脏和大血管结构　M 型超声心动图和二维超声心动图可实时观察心脏和大血管结构,对心包积液、心肌病、先天性心脏病、各种心瓣膜病、急性心肌梗死的并发症(如室间隔穿孔、乳头肌断裂、室壁瘤、假性室壁瘤)、心腔内附壁血栓形成等有重要诊断价值。对心脏肿物、冠心病、心包疾患、高血压性心脏病、肺心病、人工瓣膜随访、大血管疾患也有辅助诊断意义。

2. 血流速度及类型　多普勒超声可探测血流速度和血流类型,因而有助于有分流和反流的心血管疾病的诊断。能较准确地提供左室收缩和舒张功能的定量数据,还可计算瓣口面积。

3. 经食管超声　经食管超声是经胸超声心动图的一种补充,目前已在国内少数大医院开展,主要应用范围有:确定栓子的来源,特别是对经胸超声不能获得满意图像及左心耳部血栓、感染性心内膜炎、主动脉夹层、术中监测等。

二、血管超声

(一)颈动脉超声

1. 检查目的　颈动脉超声检查可以对颈部血管病变的部位、范围以及严重程度作客观评估。

(1)评估颈部血管正常解剖结构和血流动力学,血管走行是否正常,管腔有无扩张、狭窄、扭曲和受压。

（2）评估各种原因引起的颈动脉狭窄或闭塞性病变导致血管结构及血流动力学的变化。如有无内中膜增厚或斑块形成、斑块稳定性评估及动脉狭窄程度。

（3）评估颈动脉狭窄介入治疗后支架的位置、扩张程度、残余狭窄及治疗后相关解剖结构、血流动力学改变等。

2. 适应证

（1）正常人群或脑血管病高危人群（高血压、糖尿病、高脂血症等）的筛查。

（2）对脑卒中、短暂性脑缺血发作、黑矇等神经系统症状的患者进行评价。

（3）对无症状性颈部血管杂音、伴有心脏杂音或拟行心血管手术患者进行评价。

（4）对施行颈动脉内膜剥脱术或其他介入治疗的患者进行评价及随访。

3. 禁忌证 通常无禁忌证。

4. 颈动脉超声诊断中常见描述的解读 颈动脉内中膜增厚的标准是：内中膜厚度（IMT）≥1.0mm；局限性≥1.5mm 定义为斑块；软斑为易损斑块，容易脱落；硬斑为稳定斑块，不易脱落。

（二）上肢动脉超声检查

1. 检查目的 评价上肢动脉病变的部位、范围和严重程度。

（1）动脉内中膜增厚及斑块特征。

（2）动脉狭窄。

（3）动脉闭塞。

（4）动脉瘤、假性动脉瘤、动静脉瘘。

2. 适应证

（1）上肢乏力、发凉。

（2）与上肢运动有关的上肢无力、疼痛或指端溃疡、坏疽。

（3）与上肢运动有关的头晕等颅脑缺血症状。

（4）上肢动脉搏动减弱、消失或双上肢血压差在 20mmHg 以上。

（5）疑有动脉瘤、假性动脉瘤、动静脉瘘。

（6）上肢动脉手术或介入治疗后的随访。

3. 禁忌证 无绝对禁忌证。但相应部位有插管、石膏固定等，检查可能受限。

（三）上肢静脉超声检查

1. 检查目的 判断上肢静脉有无血栓性病变及其部位、范围。

（1）有无深静脉和浅静脉血栓形成。

（2）静脉血栓治疗后随访。

2. 适应证

（1）上肢肿胀。

（2）上肢沉重、疼痛。

（3）上肢和（或）胸壁浅静脉扩张。

（4）不明原因的肺动脉栓塞。

3. 禁忌证 无绝对禁忌证。

（四）下肢动脉超声检查

1. 检查目的 评价下肢动脉病变的部位、范围和严重程度。

(1) 动脉内中膜增厚及斑块特征。

(2) 动脉狭窄。

(3) 动脉闭塞。

(4) 动脉瘤、假性动脉瘤、动静脉瘘。

2. 适应证

(1) 下肢乏力、发凉。

(2) 下肢间歇性跛行、疼痛、溃疡或坏疽。

(3) 下肢动脉搏动减弱或消失。

(4) 疑有动脉瘤、假性动脉瘤、动静脉瘘。

(5) 下肢动脉手术或介入治疗后的随访。

3. 禁忌证　无绝对禁忌证。

(五) 下肢静脉血栓超声检查

1. 检查目的　判断下肢静脉有无血栓性病变及其部位、范围。

(1) 有无深静脉和浅静脉血栓形成。

(2) 静脉血栓治疗后随访。

2. 适应证

(1) 下肢肿胀。

(2) 下肢沉重、疼痛。

(3) 下肢色素沉着和(或)溃疡。

(4) 下肢浅静脉扩张。

(5) 不明原因的肺动脉栓塞。

3. 禁忌证　无绝对禁忌证。

(六) 下肢静脉反流超声检查

1. 检查目的

(1) 评估下肢静脉(浅静脉、深静脉)的瓣膜功能。

(2) 检查确定反流静脉的解剖部位,协助手术或介入治疗时的静脉定位。

(3) 下肢静脉手术或介入治疗后随访。

2. 适应证

(1) 下肢浅静脉曲张。

(2) 下肢沉重、疼痛。

(3) 下肢肿胀。

(4) 下肢色素沉着、溃疡。

3. 禁忌证　无绝对禁忌证。

三、腹部超声检查

(一) 肝脏超声检查

1. 适应证

(1) 了解肝脏的大小、形态、位置。

(2) 不明原因的上腹不适、疼痛或包块。

(3) 肝脏局灶性病变。

(4) 肝脏弥漫性病变。

(5) 腹部外伤。

(6) 临床诊断怀疑有肝脏血管病变。

(7) 黄疸的诊断与鉴别诊断。

(8) 肝脏移植围术期评估。

2. 受检者准备　检查前需禁食 8~12 小时。

3. 超声检查可诊断的肝脏疾病

(1) 弥漫性肝病：肝硬化、肝血吸虫病、脂肪肝。

(2) 肝脏局灶性病变：肝囊肿、多囊肝、肝脓肿、肝棘球蚴病、肝血管瘤、肝腺瘤、肝局灶性结节性增生、原发性肝癌、转移性肝癌；

(3) 肝脏创伤。

（二）胆道系统超声检查

1. 适应证

(1) 临床症状、体征、实验室或其他影像学检查提示胆道系统疾病。

(2) 胆道外科手术围术期评估和随访。

(3) 肝脏移植围术期胆道评估。

(4) 胆道系统介入性超声检查。

2. 受检者准备

(1) 检查前需禁食 8 小时以上，以使胆囊充盈胆汁，并减少胃肠道内容物和气体的干扰。

(2) 检查前 24 小时禁脂肪饮食，停用影响排空胆汁的药物，如阿托品、（羟甲烟胺）羟甲烟胺等。

(3) 如已做胃肠钡剂 X 线检查、胃镜检查或胆管 X 线造影，超声检查应在 2~3 天后进行。

3. 超声检查可诊断的胆道系统疾病

(1) 胆囊疾病：胆囊结石、胆囊息肉样病变、胆囊腺肌症、胆囊腺瘤、胆囊癌。

(2) 胆管疾病：胆管结石、胆道蛔虫、胆道积气、胆管肿瘤、胆管先天性疾病（先天性胆管囊状扩张症、胆道闭锁）。

（三）胰腺超声检查

1. 适应证

(1) 临床症状、体征、实验室检查或其他影像学检查提示或待排除胰腺疾病。

(2) 胰腺的介入性诊断与治疗。

(3) 了解胰腺大小、形态、位置。

2. 受检者准备　检查前需禁食 8~12 小时。

(1) 受检前需禁食 8 小时以上，前一天晚餐以清淡饮食为主，以减少肠道内容物和气体的干扰。

(2) 如已做胃肠钡剂 X 线检查、胃镜检查或胆管 X 线造影，超声检查应在次日或以后进行。

3. 超声检查可诊断的胰腺疾病

(1) 胰腺炎：急性胰腺炎、慢性胰腺炎、自身免疫性胰腺炎。

(2) 胰腺囊肿:胰腺真性囊肿、胰腺假性囊肿。

(3) 胰腺肿瘤:胰腺癌,壶腹周围癌,胰腺囊腺瘤,胰腺囊腺癌,胰腺神经内分泌肿瘤,无功能性胰岛细胞瘤,胰腺实性假乳头状瘤。

(四) 脾脏超声检查

1. 适应证

(1) 不明原因的腹部不适、腹部饱胀、腹痛或腹部肿瘤,尤其发生部位在左上腹部。

(2) 评估各种原因所致的脾脏弥漫性肿大及程度。

(3) 临床或其他影像学检查怀疑脾脏囊肿,肿瘤,脓肿,结核等局灶性病变。

(4) 闭合性腹部外伤,了解有无脾脏外伤及其程度。

(5) 临床疑似脾脏血管病变、脾脏先天性异常。

(6) 脾脏疾病疗效评估。

2. 受检者准备 一般空腹检查。

3. 超声检查 可诊断的脾脏疾病 脾脏弥漫性肿大,脾囊肿,脾脓肿,脾梗死,脾肿瘤,脾外伤。

(五) 肾脏超声检查

1. 适应证

(1) 有血尿、腰背部疼痛或腹部肿物等与肾脏相关的症状或体征。

(2) 实验室或其他影像学检查提示肾脏病变。

(3) 肾占位性病变的诊断和鉴别诊断。

(4) 泌尿道梗阻性病变的评价。

(5) 临床怀疑肾血管性病变。

(6) 可疑或已知肾弥漫性病变的评价和随诊。

(7) 肾内及肾周感染性病变的评价。

(8) 可疑先天性肾异常的评价。

(9) 腹部外伤的评估。

(10) 肾移植手术前后的评价。

2. 受检者准备 无需特殊准备。当评价肾盂病变或拟同时检查输尿管和膀胱时,需在检查前1~2小时饮水400~600ml,以使膀胱充盈,更好的观察肾盂及上尿路病变。

3. 超声检查 可诊断的肾脏疾病有肾囊肿、多囊肾、肾实性肿瘤、肾血管平滑肌脂肪瘤、肾细胞癌、肾盂癌、肾结石、肾积水、肾缺如或异位肾、重复肾、肾创伤、肾结核;弥漫性肾病变:肾小球肾炎、肾盂肾炎、肾病综合征、狼疮肾,肾周围炎及肾周围脓肿,肾动脉狭窄,移植肾。

(六) 输尿管、膀胱和尿道的超声检查

1. 适应证 先天性异常,肾盂输尿管连接部狭窄、尿路狭窄或梗阻,输尿管畸形,异位膀胱,膀胱憩室,输尿管、膀胱瘘,神经源性膀胱,输尿管、膀胱、尿道炎性病变,肿瘤、外伤、异物。

2. 禁忌证 尿道狭窄、膀胱挛缩和急性感染者。

3. 受检者准备

(1) 需充盈膀胱,经直肠和经阴道检查亦需适度充盈膀胱。经直肠检查者,在检查前应排净大便。

(2) 检查前应了解受检者有无尿道狭窄、膀胱挛缩和急性感染等检查禁忌证。

4. 超声检查可诊断的输尿管、膀胱和尿道疾病

(1) 输尿管病变:输尿管结石、狭窄、脱垂、憩室、重复输尿管、输尿管肿瘤。

(2) 膀胱病变:膀胱肿瘤、息肉、结石、憩室、损伤、膀胱炎、膀胱结核、膀胱异物、膀胱子宫内膜异位。

(七) 前列腺超声检查

1. 适应证

(1) 经腹检查:①尿急、尿频、尿痛等尿路刺激症状;②排尿不尽、夜尿增多、尿线变细、尿等待等排尿困难症状;③直肠指诊提示前列腺异常;④前列腺病变治疗后的随访。

(2) 经直肠检查:①~④同经腹检查;⑤PSA升高或短期内升高明显者;⑥经腹超声检查或其他影像学检查发现异常者;⑦临床怀疑前列腺脓肿;⑧血精;⑨引导穿刺活检或治疗。

2. 受检者准备

(1) 经腹检查:膀胱需适当充盈。

(2) 经直肠检查:检查前需排便,必要时灌肠,膀胱可适当充盈。

3. 超声检查可诊断的前列腺疾病　良性前列腺增生症,前列腺囊肿,前列腺结石,前列腺癌。

(八) 肾上腺超声检查

1. 适应证

(1) 肾上腺皮质醇增多症(库欣综合征)。

(2) 原发性醛固酮增多症。

(3) 肾上腺肿瘤。

(4) 临床症状、体征及相关实验室检查怀疑肾上腺异常者。

2. 受检者准备　宜空腹检查。对于左肾上腺,为避免胃内气体干扰,常需饮水500~700ml。

3. 超声检查可诊断的肾上腺疾病

(1) 肾上腺肿瘤:肾上腺皮质腺瘤、肾上腺嗜铬细胞瘤、肾上腺囊肿、髓样脂肪瘤、神经母细胞瘤、肾上腺皮脂腺癌。

(2) 肾上腺血肿。

(3) 肾上腺皮质增生。

(九) 胃肠超声检查

1. 适应证

(1) 胃肠道占位性病变。

(2) 胃肠急腹症。

(3) 胃肠壁及黏膜增厚性疾病。

(4) 胃肠腔内异物。

(5) 胃肠先天性异常。

(6) 贲门失弛缓症。

2. 受检者准备

(1) 检查前日晚餐清淡饮食。禁食8~12小时,必要时服用缓泻剂。

(2) 应在X线胃肠造影或纤维内镜检查之前进行超声检查,急腹症除外。

3. 超声检查可诊断的胃肠疾病　贲门失弛缓症、胃溃疡、胃癌、胃间质瘤、胃异物、胃结

石,十二指肠球部溃疡,消化道穿孔,肠道肿瘤、肠梗阻、肠套叠、急性阑尾炎、克罗恩病。

四、甲状腺超声检查

(一) 检查目的

1. 甲状腺的位置、形态和大小。

2. 甲状腺实质及结节的回声质地、内部血供状态。

3. 甲状腺弥漫性或结节性病变的超声诊断和鉴别诊断。

4. 甲状腺疾病的定期随访和疗效评估。

5. 甲状腺癌的术后随访。

(二) 适应证

1. 甲状腺相关症状或体征

(1) 颈前甲状腺区域肿大、疼痛。

(2) 声音嘶哑、吞咽困难、呼吸困难、颈部压迫感或面部淤血、水肿等。

(3) 甲状腺功能亢进或减退的临床表现。

(4) 体检发现甲状腺形态、大小、质地异常;触及甲状腺结节。

(5) 颈部淋巴结肿大。

2. 辅助检查发现甲状腺异常

(1) 影像学检查提示甲状腺异常,如核素检查提示有甲状腺内异常聚集区等。

(2) 实验室检查发现 T3、T4 异常升高或减低,甲状腺相关抗体异常等。

3. 甲状腺外科手术术前、术中及术后评估

4. 甲状腺病变的随访

(1) 监测药物或放射治疗对甲状腺弥漫性病变的疗效。

(2) 甲状腺癌术后的定期随访。

5. 超声引导下介入诊断和治疗

6. 常规体检

(1) 一般人群:女性更应重视。

(2) 特殊地域人群:高碘地区和缺碘地区人群。

(三) 禁忌证

1. 无明显禁忌证。

2. 由于甲状腺可异位生长,对于异位于胸骨柄后或前上纵隔的甲状腺,超声可能显示效果不佳。

3. 超声对探测甲状腺癌气管食管沟、前上纵隔等部位淋巴结转移有局限性。

(四) 超声可辅助诊断的甲状腺疾病

1. 甲状腺弥漫性病变 甲状腺功能亢进症、慢性淋巴细胞性甲状腺炎(桥本病)、结节性甲状腺肿、亚急性甲状腺炎。

2. 甲状腺结节性疾病 单发和多发;良性和恶性;甲状腺髓样癌、滤泡癌、乳头状癌。

(五) 甲状腺超声检查结论中常见描述的意义

1. 血流丰富 多见于甲状腺功能亢进,血流减少多见于桥本病或亚急性甲状腺炎。

2. 有关结节 纵横比≥1,提示恶性可能性大;边界模糊多见于恶性结节,而良性结节

多表现为边界清晰;结节内出现囊性成分提示恶性可能性较小;恶性结节多表现为低回声或极低回声,高回声结节,恶性的可能性很小;结节钙化,则恶性的危险增高。

五、乳腺超声检查

(一) 检查目的

1. 判断乳腺有无病变。

2. 判断病变的物理性质 囊性、实性、混合性。

3. 根据病变的灰阶声像图特征和彩色多普勒血流表现,给出疾病诊断或良恶性等提示性意见。

4. 评估乳腺引流区淋巴结的情况。

5. 乳腺病变的随访。

(二) 适应证

1. 出现乳腺相关症状和体征

(1) 诊断和定位乳腺包块。

(2) 评估特殊症状:如扪诊异常、疼痛、乳头溢液,通常需要结合乳腺 X 线检查。

2. 乳腺病变的随访

(1) 随访以前超声检查发现的乳腺病变,观察包块稳定性和周期性变化。

(2) 乳腺癌辅助化疗中,随访肿瘤大小、血供,引流淋巴结等变化。

3. 乳腺外科手术术前、术后评估

4. 乳腺置入假体后的评估 假体囊是否完整,有无变形,有无破裂等。

5. 超声引导下介入诊断和治疗

6. 常规体检

(1) 一般人群:女性更应重视。

(2) 特殊人群:如妊娠妇女;绝经后激素替代治疗的中老年妇女。

(3) 乳腺癌高危人群:乳腺癌家族史,乳腺癌个人史,以前活检显示高危险性,遗传易感。

(三) 禁忌证 无绝对禁忌证

(四) 乳腺超声 BI-RADS 评价分级

在多数情况下,超声检查能满意完成对乳腺的评价。如果超声是初始性检查,可能需要其他影像检查,如钼靶 X 线检查、乳腺 MRI 检查。

表 7-5-1 乳腺超声 BI-RADS 评价分级

BI-RADS 评价分级	评分意义
0 级	需行其他影像学进一步检查
Ⅰ 级	阴性,未发现病灶(常规随访)
Ⅱ 级	良性病变,无恶性特征,如囊肿(常规临床处理和随访)
Ⅲ 级	可能良性病变,恶性可能性非常小,如纤维腺瘤(短期复查)
Ⅳ 级	可疑恶性病变,低到中度可能癌症,应考虑穿刺活检
Ⅴ 级	高度提示恶性病变,几乎肯定为癌性病变,应采取适当措施
Ⅵ 级	已知癌性病变,穿刺活检证实恶性,接受治疗前检查和评价

六、妇科超声检查

(一) 妇科超声常用的检查技术

1. 经腹超声检查

(1) 患者在检查前应饮水 500~800ml,使膀胱适度充盈,以能显示子宫底部。

(2) 体位:平卧位。

2. 经阴道超声检查

(1) 检查前无需充盈膀胱。

(2) 体位:膀胱截石位。

(3) 优势:清晰显示子宫内膜及双侧卵巢形态、大小和卵泡。

(二) 先天性子宫发育异常

1. 适应证

(1) 青春后期无月经或月经过少。

(2) 原发性闭经伴周期性下腹痛。

(3) 原发性不孕者。

(4) 习惯性流产或早产者。

2. 检查方法及注意事项

(1) 经腹。

(2) 月经前期检查,易于观察宫腔内膜有否变化。

(3) 充盈膀胱应适度,过度充盈或充盈不足均易影响检查结果。

(4) 未婚、月经期不应进行经阴道超声检查。

(三) 子宫良性疾病

1. 适应证

(1) 月经过多,月经淋漓不净,或有贫血者。

(2) 妇科检查子宫大于正常,妊娠子宫大于相应孕周者。

(3) 不孕或有习惯性流产史者。

(4) 有进行性加剧痛经史者,且月经期子宫较月经前期增大者。

2. 检查方法及注意事项

(1) 常规选择经腹超声检查。

(2) 疑有黏膜下、子宫肌壁内小肌瘤者、子宫腺肌症或子宫内膜病变,宜选用经阴道超声检查。

(3) 未婚妇女不宜进行经阴道超声检查,已婚应避开月经期。

3. 超声检查可诊断的子宫良性疾病

(1) 子宫肌瘤。

(2) 子宫腺肌症。

(3) 子宫内膜增生症。

(4) 子宫内膜息肉。

(四) 子宫内膜癌

1. 适应证

(1) 阴道异常排液,更年期月经紊乱者。

（2）不规则阴道流血，尤其是绝经后。

（3）盆腔部触及肿块，并有腰骶部、下腹部、大腿部放射性疼痛者。

2. 检查方法及注意事项

（1）适度充盈膀胱后，常规选择经腹超声。

（2）疑为子宫内膜病变，应选用经阴道超声检查。

（3）彩色多普勒观察病变周围及内部血流情况。

（4）子宫内膜癌的确诊依靠诊断性刮宫。

（5）早期子宫内膜癌多无特殊表现或仅见内膜轻度增厚，与经期前正常子宫内膜、子宫内膜增生过长或内膜息肉、黏膜下肌瘤等病变难以鉴别。

（五）卵巢疾病

1. 适应证

（1）盆腔肿块。

（2）绝经后。

（3）月经失调。

（4）子宫切除术后或一侧附件切除术后。

（5）妇科普查。

（6）阴道排液、出血。

2. 注意事项

（1）子宫外的盆腔肿块，尤其是囊性肿块，并非全来源于卵巢，如中肾管或副中肾管囊肿。

（2）囊性肿块多为良性，卵巢囊肿须进行随访，以除外非赘生性囊肿；卵巢囊实性肿物良恶性兼有，随肿瘤内部实质部分增多，恶性可能性增加；实质性肿物较囊性少见，但多为恶性。

（3）卵巢转移性肿瘤往往为双侧，外缘可清晰、不规则，内部可有大小不等圆形无回声区，为腺体分泌的黏附形成，常伴有大量腹水。

（六）宫内节育器

1. 适应证

（1）监测宫内节育器位置是否正常。

（2）了解有无并发症。

（3）引导宫内节育器的放置或取出。

2. 检查方法及注意事项

（1）适度充盈膀胱后经腹检查。

（2）具体了解子宫的位置至关重要。

（3）带有节育器而有早孕表现者，需注意鉴别有否带器妊娠。

第六节　常用核医学检查

放射性药物引入人体后，与脏器或组织相互作用，参与体内的代谢过程，被脏器或组织吸收、分布、浓聚和排泄。在自发衰变过程中能发射 γ 射线，被 γ 照相机等显像仪器定量检测到并形成图像,从而获得核素或核素标记物在脏器和组织中的分布代谢规律,达到诊断疾病的目的。

一、心肌灌注显像

正常心肌细胞具有摄取某些显影剂的功能,其摄取量与心肌血流量成正比,缺血或坏死心肌的摄取功能减低或丧失,表现为心肌节段性放射性分布减低区或缺损区。主要用于冠心病的诊断、治疗方案的选择、疗效的判断及对预后的评估。

(一) 适应证

1. 心肌缺血的诊断,评价心肌缺血的部位、范围及程度

2. 为选择冠状动脉造影做准备

(1) 胸痛、胸闷或心律失常。

(2) 无明显症状但心电图异常者。

(3) 平板运动试验阳性者。

3. 心肌梗死的定位诊断,可以判断梗死的范围及程度。

4. 室壁瘤的诊断。

5. 冠脉造影正常、怀疑有小血管异常致心肌缺血的判断。

6. 血运重建(PTCA 或 CABG)术前后的评价、疗效判断及术后再狭窄的监测。

7. 血运重建术后再发心绞痛意义的判断。

8. 心肌存活的测定。

(二) 禁忌证

只要患者能耐受检查,心肌灌注显像无绝对禁忌证,但运动与药物负荷试验除外。

(三) 注意事项

1. 检查前停用 β- 受体阻滞剂和减慢心率的药物 48 小时,停用硝酸酯类药物 12~24 小时。

2. 对冠心病心肌缺血的诊断需要结合负荷(运动或药物)试验及静息心肌灌注显像。

3. 运动负荷必须严格掌握适应证,一般要求有专业心内科医生在场,检查室内须配备心电监护仪、除颤器及必要的急救器材和氧气、药物等。

4. 心率变化太大或心律不齐频繁者不宜做门控心肌灌注显像。

二、^{18}F-FDG 心肌葡萄糖代谢显像

通过检测心肌葡萄糖在正常与异常状态下的代谢分布变化,客观反映心肌的缺血程度及范围,准确鉴别正常、缺血和坏死心肌状态,正确评价冠脉再通术的适应证。

(一) 适应证

1. 冠心病心肌缺血的诊断。

2. 心肌缺血范围与程度的客观评价与预后判断及心肌梗死区存活心肌的准确判断。

(二) 禁忌证

无明显禁忌证。

(三) 注意事项

1. 显像前禁食至少 12~16 小时以上,检查前不饮用咖啡类饮料。

2. 由于血糖直接影响心肌 ^{18}F-FDG 摄取与分布,放射性药物注射前应监测患者血糖,血糖应控制在 140~160mg/dl。

3. 放射性药物注射前 10 分钟及检查前的一段时间,应完全处于休息状态。

三、全身骨显像

骨显像是核医学最常用的显像检查之一,能较为清晰地显示骨骼形态,能敏感反映骨骼的血液供应和代谢状态,因此、对于各种骨骼疾病的诊断、监测和疗效观察具有重要价值。因敏感性高,多在骨骼疾病的早期就有异常表现。全身骨显像可以显示全身所有骨骼情况,发现隐匿病灶,从而为诊断和治疗提供较为系统的影像学依据。

（一）适应证

1. 有恶性肿瘤病史,早期寻找骨转移灶,治疗后随诊。

2. 评价不明原因的骨痛和血清碱性磷酸酶升高。

3. 已知有原发骨肿瘤,检查其他骨骼受累情况及转移病灶。

4. 临床怀疑骨折。

5. 早期诊断骨髓炎。

6. 临床可疑代谢性骨病。

7. 诊断缺血性骨坏死。

8. 骨活检的定位。

9. 观察移植骨的血供和存活情况。

10. 评价骨病变治疗后的疗效。

（二）禁忌证

无明确禁忌证。

（三）注意事项

1. 注射显像剂后 2 小时内饮用足够的水。

2. 避免尿液、显像剂对患者体表的污染。

3. 近期使用钡剂的患者须将钡剂排出后再约检查。

四、肺灌注显像

肺灌注显像是目前非常成熟的无创性肺栓塞的诊断方法。其主要机制是利用放射性颗粒在肺毛细血管内暂时的嵌顿,得到肺血流灌注的影像。由于局部栓塞的量与该处的血流灌注量成正比,因而颗粒在肺内各部位的放射性分布即可反映各部位血流灌注的情况。

（一）适应证

1. 怀疑肺动脉栓塞。

2. 原因不明的肺动脉高压或右心负荷增加。

3. 大动脉炎、结缔组织病疑累及肺动脉。

4. 判断慢性阻塞性肺病（COPD）和成人呼吸窘迫综合征（ARDS）患者,肺血管受损程度与疗效判断。

5. 肺部肿瘤、肺结核、支气管扩张等患者,观察其病变对肺血流影响的程度与范围。

(二)禁忌证

1. 严重肺动脉高压及肺血管床极度受损者。

2. 有严重过敏史或过敏体质者。

五、肺通气显像

肺通气显像是将放射性气体或气溶胶经呼吸道送入双肺,其在肺内的分布于肺的通气量成正比。通过体外放射性显像装置,显示双肺各部位的放射性分布及其动态变化影像,并可应用影像数据处理计算局部通气功能参数,评估肺的局部通气功能、气道通畅及肺泡气体交换功能状况。

(一)适应证

1. 了解呼吸道的通畅情况及各种肺疾病的通气功能变化。

2. 药物或手术治疗前后的局部肺通气功能的评价。

3. 结合肺灌注显像鉴别肺栓塞和 COPD 等。

(二)禁忌证

无明确禁忌证。

(三)注意事项

受检者吸入过程中的呼吸方式和气管的解剖结构将影响放射性气溶胶在肺内分布,因此受检者在吸入气溶胶时应平稳呼吸、减少吞咽动作。如有痰,应随时咳出后再行吸入颗粒。

六、肾动态显像

肾动态显像是检测泌尿系统疾病的常规核素检查方法,可以为临床提供双肾血流、大小、形态、位置、功能及尿路通畅情况。

(一)适应证

1. 了解双肾大小、形态、位置、功能及尿路通畅情况。

2. 评价肾动脉病变及双肾血供情况,协助诊断肾血管性高血压。

3. 了解肾内占位性病变区域的血流灌注情况,用以鉴别良、恶性病变。

4. 诊断肾动脉栓塞及观察溶栓疗效。

5. 监测移植肾血流灌注和功能情况。

6. 肾外伤后,了解其血运及观察是否有尿漏存在。

7. 鉴别腹部肿物为肾内或肾外。

(二)禁忌证

无明确禁忌证。

(三)注意事项

1. 如夏季出汗较多或失水者,检查前 30~60 分钟饮水 300~500ml,显像前排空膀胱。

2. 检查过程中,患者须保持体位不动。

七、肾小球滤过率测定

单位时间内从肾小球滤过的血浆容量(ml/min)称为肾小球滤过率测定(GFR)。根据放射性药物被清除的速度和数量计算 GFR。GFR 是判断肾功能的灵敏指标,其改变早于外周血肌酐、尿素氮的改变。

(一) 适应证

1. 综合了解肾脏的形态、功能和尿路通畅情况。
2. 对各种肾病的肾功能判断。
3. 对各种肾病的疗效观察。
4. 移植肾的监护。
5. 病肾残留功能,作为病肾手术类型时的参考。

(二) 禁忌证

无明确禁忌证。

(三) 注意事项

1. 检查前 3 天停服任何利尿药物及不能行静脉肾盂造影检查。
2. 检查前排尿。

八、甲状腺静态显像

甲状腺静态显像是利用甲状腺具有摄取和浓聚放射性碘或摄取 ^{99m}Tc- 过锝酸盐的功能,通过显像仪器显示其甲状腺位置、大小、形态及其放射性分布状况,用于诊断和鉴别诊断某些甲状腺疾病。

(一) 适应证

1. 了解甲状腺的位置、大小、形态及功能状态。
2. 甲状腺结节的诊断与鉴别诊断。
3. 异位甲状腺的诊断。
4. 估计甲状腺重量。
5. 判断颈部肿瘤与甲状腺的关系。
6. 寻找甲状腺癌转移病灶,以助选择治疗方案,评价 ^{131}I 治疗效果。
7. 甲状腺术后残余组织及其功能的评估。
8. 各种甲状腺炎的辅助诊断。

(二) 禁忌证

妊娠、哺乳期妇女禁用 ^{131}I 行甲状腺显像,但使用 ^{99m}Tc- 过锝酸盐无特殊禁忌。

(三) 注意事项

1. 用 ^{99m}Tc- 过锝酸盐作为显像剂时,无需特殊准备;用 ^{131}I 作为显像剂时,须根据情况停用含碘食物及影响甲状腺功能的药物,检查当日空腹。
2. 长期服用甲状腺素、碘制剂或用过含碘 X 线造影剂均可影响甲状腺对 ^{131}I 的摄取。

九、甲状腺吸 ^{131}I 功能试验

甲状腺吸 ^{131}I 功能试验是了解甲状腺碘代谢的常用方法。空腹口服放射性 ^{131}I 后,经胃肠道吸收并随血流进入甲状腺,并迅速被甲状腺滤泡上皮细胞摄取,摄取量及速度与甲状腺的功能密切相关。因此利用甲状腺功能测定仪获得不同时间的甲状腺摄取率,以此评价甲状腺的功能状态。

(一) 适应证

1. 甲状腺功能亢进症 ^{131}I 治疗前剂量的计算。

2. 甲状腺功能亢进症和甲状腺功能减退症的辅助诊断。

3. 亚急性甲状腺炎或慢性淋巴细胞性甲状腺炎的辅助诊断。

4. 了解甲状腺的碘代谢或碘负荷情况,鉴别诊断高碘和缺碘性甲状腺肿。

(二) 禁忌证

妊娠期、哺乳期妇女。

(三) 注意事项

严格控制含碘药物、食物以及影响甲状腺功能的药物的影响是本项检查质控的关键:

1. 含碘丰富的食物,如海带、紫菜、海蜇、海鱼虾等,可抑制摄 ^{131}I 率,须停食 2~4 周。

2. 含碘药物,如碘化物、复方碘溶液等,须停服 2~8 周。

3. 影响甲状腺功能的药物,如甲状腺素、抗甲状腺药,须停服 2~4 周。

4. 某些中草药,如海藻、昆布、贝母、木通等也可抑制摄 ^{131}I 率,须停服 2~6 周。

十、PET/CT 检查

PET 是正电子发射断层显像(positron emission tomography)的英文缩写。是一种无创性探测发射正电子的生理性放射核素在机体内分布的断层显像技术。CT 是 X 射线从体外一侧穿过人体,被体内组织器官吸收从人体另一侧射出后被 X 线探测器采集,经计算机重建成断层图像,用 X 线穿透各部位后的衰减值显示组织器官的密度。将 PET 与 CT 组合在一起,则称为 PET/CT,实现了 PET 与 CT 的优势互补。由 PET 提供病灶详尽的功能与代谢等分子信息,而 CT 提供病灶的精确解剖定位,一次显像可获得全身各方位的断层图像,具有灵敏、准确、特异及定位精确等特点,可一目了然的了解全身整体状况,达到早期发现病灶和诊断疾病的目的。

^{18}FDG 是最常用的 PET 药物,进入组织,被摄取和磷酸化,可以用来反映组织对葡萄糖的需要量(也称利用率或代谢率)。用来测定脑功能区的代谢、判断心肌存活以及诊断多种肿瘤。PET/CT 临床应用的 60%~80% 工作是肿瘤显像,其次是中枢神经系统疾病和缺血性心脏病的应用。肿瘤的代谢改变早于它的结构变化,因此 PET 显像往往能比显示解剖结构的 CT 和 MR 更早发现病灶。

(一) 适应证

1. 肿瘤疾病的适应证

(1) 肿瘤的临床分期。

(2) 肿瘤的早期诊断。

(3) 检测肿瘤是否复发。

(4) 监测肿瘤治疗效果和预后判断。

(5) 肿瘤治疗后残余或治疗后纤维化坏死的鉴别诊断。

(6) 寻找肿瘤的原发灶。

(7) 指导放疗计划,确定肿瘤放射治疗的生物靶区。

(8) 帮助确定肿瘤的活检部位。

2. 心脏疾病的适应证

(1) 缺血性心脏病的早期诊断。

（2）心肌梗死后存活心肌的判断。

（3）评估介入治疗前后心肌灌注及功能的恢复。

3. 中枢神经系统疾病的适应证

（1）癫痫病灶的定位诊断、术前评价与疗效判断。

（2）痴呆的诊断（包括早期诊断和痴呆严重程度的评价）及鉴别诊断、病程评价。

（3）帕金森病的诊断和鉴别诊断。

（二）禁忌证

无绝对禁忌证。但怀孕和哺乳期妇女一般不进行 PET/CT 检查。

（三）注意事项

1. 检查前 24 小时不饮酒、不做剧烈的运动，最好保证清淡饮食。

2. 检查前禁食 4~6 小时。

3. 检查前 2 小时禁做剧烈运动，显像前需完全休息半小时。

4. 检查前一天晚饭进高蛋白、低碳水化合物饮食（如：肉类、蛋类、海鲜，少吃谷物类、水果）。

5. 有糖尿病或糖耐量异常者，应测血糖，理想血糖水平是：3.33~6.67mmol/L（60~120mg/dl）。

6. PET/CT 检查前排空小便，排尿时避免尿液污染体表和衣裤。

7. 检查前需按医嘱要求饮水或饮料。

8. 做全身 PET/CT 检查双臂上举，一般检查时间在 10 分钟左右；脑部检查不需要双臂上举，一般检查时间在 6 分钟左右。

9. 检查后注意事项　尽量多喝水，以利于 ^{18}F-FDG（注射的示踪物）的代谢，尽快排出体外。检查后 10 小时内不宜接触孕妇或者儿童。

（刘　杰）

第八章 临床急救技术

临床急救技术是全科医师必须掌握的技能之一,而且是最重要的临床技能。评价全科医师能力的标准就包括其是否有能力应对发生在社区卫生服务中心(站),以及发生在居民区的意外事件。心肺复苏、气道异物的清除以及各种紧急疾病或理化因素致伤的处理都是急救技术的范畴。

第一节 心肺脑复苏

一、概 述

心肺复苏术是针对心脏骤停患者(也称"猝死"患者)的紧急抢救技术。几十年来,该技术经过了一次又一次的修订。2015 年,美国心脏病学会(American Heart Association, AHA)组织全球急诊医学、危重病医学和心血管医学的专家再次对"心肺复苏指南"(以下简称"指南")做了修正。其中最大的变化是在此把心脏按压提到了前所未有的高度,并把以往的"气道-呼吸-循环"(即 ABC)顺序转变为"循环-气道-呼吸"(即 CAB)顺序。为了使更多的人能够学会并掌握这项技术,"指南"也简化了很多操作流程,使心肺复苏更加具有可操作性,并可以节省更多的时间。

二、心肺复苏术操作要领及注意事项

(一)判断意识

当发现有人突然倒地时,全科医师必须立即判断患者的意识状态。

1. 动作要领 抢救者用双手拍打被抢救者双肩,同时进行呼叫。如果知道其名字可以呼唤名字,不知名者可以呼唤"先生"或"女士",并询问其情况。被抢救者出现下述任何一项视为有反应:能发出声音(即使不能够正确回答问题),能够睁眼,或有肢体运动。如果在呼叫过程中上述三项均不存在,视为被抢救者"没有反应"。

2. 注意事项 首先,在任何情况下要注意尊重被抢救者,不能拍打其面部,拍打双肩部时的力度也要适当。在呼叫时,对着被抢救者的耳部,声音要足够大。

(二)判断呼吸

1. 动作要领 判断呼吸时,抢救者观察被抢救者的胸部是否有起伏,同时观察其口鼻是否有规律的呼吸动作。如果完全没有胸部起伏,或口鼻处的呼吸动作,则视为完全没有呼吸。值得提出的是,被抢救者如果只有下颌动作,而没有胸廓起伏,即我们常说的"倒气儿",也视为没有呼吸。

2. 注意事项 判断呼吸的时间不应该超过 10 秒。为了更加节省时间,2015 年版的"心

肺复苏指南"已经废除了"一看、二听、三感觉"的检查方法。

(三) 呼叫

立即呼叫求救,可以呼叫 EMS 系统或相关抢救部门,要特别提醒携带自动体外除颤器(automatic external defibrillator,AED)或其他体外除颤器。

(四) 判断脉搏

当确定被抢救者没有反应,也没有呼吸时,应同时(10 秒钟内)判断是否有脉搏存在。

1. 动作要领　抢救者在被抢救者身体的一侧,用一只手的食指和中指并拢,找到被抢救者的喉结(甲状软骨)后,延颈部向抢救者同侧滑动 1~1.5cm 的肌间沟。此处即为颈动脉搏动的地方,触摸颈动脉搏动。

2. 注意事项　现场急救时可以不进行脉搏检查。如果进行检查,检查时间不得超过 10 秒,与检查有无呼吸同时进行。此外,还需注意以下两点:

(1) 当不能确定被抢救者有脉搏时,就需要进行抢救,而不是确定被抢救者没有脉搏时才抢救。这是所有抢救人员均须牢记的一点。

(2) 检查时,一定在触摸抢救者同侧的颈动脉,而不是对侧,这样可以避免视觉上的误解,以免引起不必要的医疗纠纷。

(五) 心脏按压

1. 动作要领

(1) 按压部位:纵向位于胸骨下段,横向相当于两乳头连线中点。

(2) 按压方法:抢救者将一只手的掌根部置于按压部位;另一只手平行叠加在前述手的手背上,双手十指交叉,并抬离胸壁。身体略前倾,上肢伸直,使肩、肘、腕连线与地面垂直,以上身的重力进行按压,如图 8-1-1。

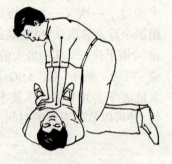

图 8-1-1　心脏按压

(3) 按压频率:为 100~120 次 / 分。判断减少按压中断的标准是以胸外按压在整体心肺复苏中占的比例确定的,所占比例越高越好,目标比例为至少 60%。

(4) 按压与放松时间比为 1∶1,按压后要保证使胸壁完全回弹,尽可能减少按压的中断(不超过 10 秒)。

(5) 按压深度:按压深度成人 5~6cm。儿童[包括婴儿(小于一岁)至青春期开始的儿童],按压深度胸部前后径的三分之一,大约相当于婴儿 4cm,儿童 5cm。对于青少年即应采用成人的按压深度,即 5~6cm。

2. 注意事项

(1) 按压时手指要抬起,不要接触胸壁,避免引起肋骨骨折。

(2) 按压全程上肢不能弯曲。

(3) 下压后要完全放松,使胸壁回弹,但手掌不能离开胸壁。

(4) 按压力量要均匀,不能冲击性按压。

(六) 开放气道

1. 动作要领　根据患者是否有颈椎损伤的可能性,开放气道有两种不同的方法。

(1) 仰头抬颏法:抢救者一只手的手掌根放在伤病员前额处,稍用力下压,另一只手的食指与中指并拢放在伤病员下颌骨处,两只手合力向上抬起下颌使头部后仰(图 8-1-2)。

(2) 仰头托颌法:抢救者在伤病员头侧,双肘位于伤病员背部同一水平上,双手抓住伤病员两侧下颌角,向上托举,使患者下颌向前上。此时,保持头部的位置不变,两手拇指可将下唇下推,使口腔打开(图 8-1-3)。适用于怀疑颈椎有损伤的患者。

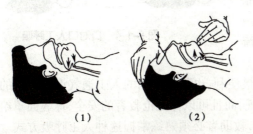

(1)　　　　　(2)

图 8-1-2　仰头抬颏法

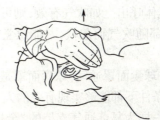

图 8-1-3　仰头托颌法

2. 注意事项

(1) 操作仰头抬颏法时,要注意手指不要压迫患者颈前部颏下软组织,以免压迫气管。此方法不适合于可疑颈椎骨折的患者。

(2) 虽然仰头托颌法更能保证颈椎的安全,但统计显示即使是头颈部钝性损伤的患者,大部分伤员也不一定有颈椎损伤。而此法将大大限制抢救者的其他操作,因此在 2015 年修订的指南中未再被强调。

(七) 人工通气

对于有目击者、有可电击心律的院外心脏骤停患者,基于优先权的多层急救系统可以借助 3 个 200 次持续按压的按压周期,加被动给氧和辅助气道装置的策略,来延迟正压通气(PPV)。医护人员可以每 6 秒进行 1 次人工呼吸(每次呼吸超过 1 秒,每次须使胸部隆起,每分钟 10 次),同时进行持续胸部按压(即在心肺复苏中使用高级气道)。

理由:在 3 个周期的被动给氧、辅助气道装置(如球囊面罩、气管插管)的置入、200 次持续胸外按压配合间歇电击之后,有人目击或有可电击心律的心脏骤停患者的神经功能良好的存活率有所增加,强调心脏按压时的胸廓变化可以部分实现气体交换,被抢救者的自身安全和社会伦理学限制了口对口人工通气的使用。

人工通气包括口对口、口对鼻、口对面罩以及使用球囊面罩等通气方法。无论何种人工通气方法,通气时间均应 1 秒以上,而可以见到"胸廓运动"是人工通气有效的唯一指标。各种人工通气都应当在保持呼吸道畅通和患者口部张开的位置进行。

1. 动作要领

(1) 口对口人工呼吸:抢救者用按于前额一手的拇指和食指捏闭患者鼻孔,自然吸气后,张开口紧贴患者口部,以封闭患者的嘴周围(婴幼儿可连同鼻一块儿包住,使之不漏气);均匀地向患者口内吹气,吹气时间不小于 1 秒;同时注意观察患者的胸部在吹气时有胸廓上抬;一次吹气完毕,应立即与患者口部脱离,轻轻抬起头部,同时放松捏患者鼻部的手,以便于患者从鼻孔出气,此时患者胸部向下塌陷;抢救者吸入新鲜空气,以便做下一次人工通气(图 8-1-4)。

(2) 口对鼻呼气:当患者有口腔外伤或其他原因致口腔不能打开时,可采用口对鼻吹气。

口对鼻通气的方法与口对口相近,首先开放患者气道,但此时用托住患者下颌的手用力上抬,使其口闭住。抢救者自然吸气后,用口包住患者鼻部,用力向患者鼻孔内吹气,直到胸部抬起,吹气后将患者口部张开,让气体呼出。如吹气有效,则可见到患者的胸部随吹气而起伏,并能感觉到气流呼出。

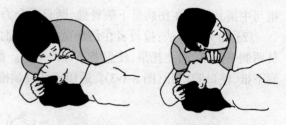

图 8-1-4　口对口人工呼吸

(3) 球囊面罩通气:球囊面罩是临床最便利,也是最常用的人工通气设备。它的优点是在任何条件下都能够实现有效的人工通气,而且可以保证抢救者的安全,球囊面罩给氧与气管插管一样为复苏通气支持的"金标准",救助者必须熟练掌握这种人工呼吸方式。在有条件的情况下,还可以连接氧气,向患者提供浓度 50%~100% 的氧气。

球囊面罩操作的动作要领是:注意面罩要与患者面部严密接合,包盖口鼻(窄头在鼻侧,宽头在口侧),同时尽可能地开放气道。操作者用一只手的拇指、食指扣成半环按压住面罩与球囊连接处,其余三指分开抬起下颏,保持气道开放,即"EC"手法。另外一只手挤压球囊,使气体进入被抢救者气道。或与辅助气道相接,潮气量约 400~600ml/ 次。

2. 人工通气的注意事项

(1) 任何方法的人工通气都必须在保证气道开放的前提下进行,否则将无法把气体送入患者气道。

(2) 人工呼吸时见到胸廓起伏即认为有效,不必过度用力。吹气量过大,吹气时间过短,可造成咽部压力增大,使气体吹入食管和胃。反复吹入后,胃的进气量过大,可引起胃胀气,一方面使横膈抬高,肺扩张障碍、肺容量减少,进而影响肺通气量;另一方面,胃胀气引起的胃扩张可导致呕吐、反流和误吸。

如果患者已发生胃胀气,抢救者可用手按压上腹部,以利于胃内气体的排出,如有反流或呕吐,要将患者头部侧向一旁,防止呕吐物误吸。

(3) 使用球囊面罩送气时,要把面罩与患者的面部扣紧,避免漏气。

(八)直流电除颤

1. 除颤条件　只有被抢救者的心电图显示为"可除颤心律"才可以考虑除颤。

2. 除颤器及能量选择　单相波除颤时,选择 360J 的能量;双相波则按照仪器设定的推荐能量或选择最大能量,通常是 200J 进行除颤。

3. 电极板的位置　胸骨电极板的位置在胸骨右缘锁骨下区,心尖电极板的位置是其中心在左腋中线第五肋间。

4. 除颤次数　一次检测除颤一次,然后立即开始心脏按压。

(九)心肺复苏的操作流程总结

心肺复苏的操作流程可以简单记为:"呼叫 - 呼救 -C-A-B"的顺序进行。

呼叫:当发现患者突然倒地时,应当立即通过呼叫和拍打判断被抢救者是否有反应,如没有反应则进行以下操作。

判断呼吸:通过胸部是否有起伏判断是否有正常的呼吸。如果发现无任何反应且无呼吸,如不能确定有呼吸则进行以下操作。

呼救：立即呼叫求救，可以呼叫 EMS 系统或相关抢救部门，要特别提醒携带自动体外除颤器(automatic external defibrillator, AED)或其他体外除颤器。

判断脉搏：可以判断或不判断脉搏，但时间不超过 10 秒，如不能确定有脉搏，则进行以下操作。

开始胸外按压 30 次，然后开放气道、人工通气两次，然后以 30∶2 的比例进行胸外按压和人工通气，直至除颤器到达或专业人员到达。此期间每两分钟判断患者的呼吸和脉搏。

除颤器到达，抢救者继续抢救操作，其他人准备除颤器。当除颤器准备完毕后即行除颤。然后立即进行心脏按压和人工通气，……五个循环后再次使用除颤器判断。实施流程基本生命支持(BLS)总结见图 8-1-5，高质量 CPR 的判断要点见表 8-1-1。

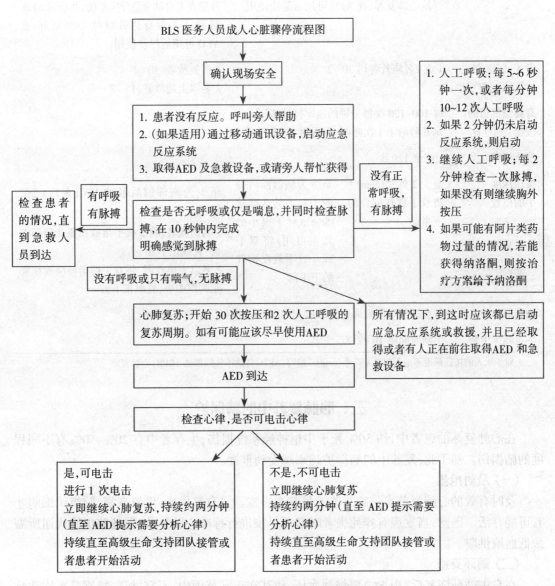

图 8-1-5 成人基础生命支持简化流程

表 8-1-1　BLS 人员进行高质量 CPR 的要点总结

内容	成人和青少年	儿童(1 岁至青春期)	婴儿(不足 1 岁),除新生儿以外
现场安全	确保现场对施救者和患者均是安全的		
识别心脏骤停	检查患者有无反应(即呼吸不正常) 不能在 10 秒内明确感觉到脉搏 (10 秒内可同时检查呼吸和脉搏)		
启动应急反应系统	如果您是独自一人且没有手机,则离开患者启动应急反应系统并取得 AED,然后开始心肺复苏;或者请其他人去,自己则立即开始心肺复苏;在 AED 可用后尽快使用	有人目击猝倒,对于成人和青少年,遵照左侧的步骤 无人目击的猝倒给予 2 分钟的心肺复苏离开患者去启动应急反应系统,并获取 AED 回到该儿童身边并继续心肺复苏;在 AED 可用后尽快使用	
没有高级气道的按压 - 通气比	1 或 2 名施救者均 30∶2	1 名施救者,30∶2 2 名以上施救者,15∶2	
有高级气道的按压 - 通气比	以 100~120 次每分钟的速率持续按压 每 6 秒给予 1 次呼吸(每分钟 10 次呼吸)		
按压速率	100 至 120 次		
按压深度 手的位置	至少 2 英寸(5cm)* 将双手放在胸骨的下半部	至少为胸部前后径的 1/3,大约 2 英寸(5cm);(对于很小的儿童可用)将双手或一只手放在胸骨的下半部	至少为胸部前后径的 1/3;大约 $1\frac{1}{2}$ 英寸(4cm) 1 名施救者,将 2 根手指放在婴儿胸部中央,乳线正下方 2 名以上施救者,将双手拇指环绕放在婴儿胸部中央,乳线正下方
胸廓回弹	每次按压后使胸廓充分回弹;不可在每次按压后倚靠在患者胸上		
尽量减少中断	中断时间限 10 秒钟		

* 对于成人的按压深度不应超过 2.4 英寸(6cm)。缩写:AED,自动体外除颤器 ;CPR,心肺复苏

三、心肺复苏中的脑保护

在心肺复苏的患者中,约 50% 死于中枢神经系统损伤,生存者中有 20%~50% 有不同程度的脑损伤。基于此,复苏中的脑保护越来越受到重视。

(一) 及时抢救

及时有效的心肺复苏术是脑复苏的最基本措施。只有脑供血、供氧恢复,脑组织细胞才有可能存活。因此,当发现有猝死患者时必须尽快进行标准心肺复苏,保证脑组织代谢所需最低血液供应。

(二) 循环支持

在自主循环恢复后(ROSC)要控制血压,使其在正常范围内,不宜过高,特别是平均动脉压不高于 130~150mmHg。通过这样的方法保持脏器功能的稳定。

(三) 供氧

有条件时应当给患者吸入氧气,可以采用高流量吸氧或者吸入 100% 的纯氧。

(四) 低温

降低体温可以降低机体代谢率,是保护脑组织和其他内脏功能的重要措施之一。临床上常用的降温要求如下:

1. 降温开始的时间越早越好,尽量赶在脑水肿形成之前。

2. 可以采取全身体表降温与头部重点降温相结合,首先可用空调控制室温,身下置冰毯;然后,可在前额、颈部及腋窝和腹股沟处放置冰袋来降温。

3. 目标温度选定在32~36℃为宜。体温过低可引起心律失常和血压降低。

4. 降温的持续时间至少维持 24 小时。

第二节 心脏电击除颤

一、概 述

心室颤动时,无心动周期,可在任何时候放电以消除颤动波,使心脏再次复跳,即非同步电复律,又称为电除颤(defibrillation);而其他任何异位或快速性的心律失常只要有心动周期,心电图有 R 波,即应采用同步直流电复律,放电时需与心电图的 R 波同步(一般在 R 波顶点后 20 毫秒内),避开其易损期,防止诱发室性心动过速或心室颤动。

二、适 应 证

心室颤动、心室扑动、室性心动过速等可引起血流动力学严重障碍,甚至猝死,此时应首选并立即行电击除颤治疗。

所有心室颤动都应尽快电击除颤,最好在 30~45 秒内转复为窦性心律,超过 4 分钟后除颤成功率明显降低。

室性心动过速伴血流动力学显著改变者应立即行电复律治疗;无明显心衰、休克表现者可试用抗快速心律失常药物治疗,一旦无效立即电击除颤。

心房颤动、心房扑动等快速性心律失常,必要时可择期电复律。

三、禁 忌 证

洋地黄中毒所致快速性心律失常,电复律可加重或诱发洋地黄的毒性,使室颤阈值降低,电复律可无效甚至心室率更增快,诱发心室颤动,使血流动力学进一步恶化。

病态窦房结综合征部分患者电复律后可发生心室停搏,如术前忽略本病表现,未做临时心脏起搏的准备,则可能造成患者猝死。因此对年龄较大的快速心房颤动患者拟行电复律术时,应注意除外本病,并在术前植入临时心脏起搏器进行保护。

室上性快速性心律失常合并完全性房室传导阻滞电复律后可发生房室交界区或心室节律点自律性明显抑制,甚至引起心室停搏。

快速心律失常伴低钾血症,此时电复律可发生严重的甚至致命性心律失常。因此除心肺复苏时,一般电复律前必须测血钾,血钾低时应先补足再行电复律术。

低氧血症、高碳酸血症及酸碱平衡紊乱导致的快速性心律失常单纯电复律术常无效,且有危险。应首先行病因治疗。

快速性心律失常拟同步直流电除颤复律患者,如有近期内动脉或静脉曾发生栓塞、左心房有附壁血栓、心脏明显扩大、严重心功能不全,均属禁忌或慎用范围。

四、操作步骤

用于紧急危重患者时操作过程力求简化,患者多已意识丧失,无需麻醉等术前准备。用于快速性心律失常择期复律时则需完备的术前准备。

1. 患者平卧位。

2. 准备除颤器,在电极板上涂导电糊或铺垫用盐水浸湿的纱布垫。

3. 术者双手持电极板,将两电极板分别置于胸骨右缘第 2 肋间和左腋前线第 5 肋间(心底 - 心尖位)(图 8-2-1);打开除颤器,观察监测屏幕确认为心室颤动或心室扑动心律。

4. 选择除颤能量:双向波除颤器用 200J,单向波除颤器用 360J,充电。

5. 紧压电极板,确认无人接触患者且周围无导电体存在,于人工呼气末按放电按钮除颤。

6. 立即移开电极板,继续胸外按压,给予 5 个按压 - 通气循环或 2 分钟的 CPR 后观察心电示波器检

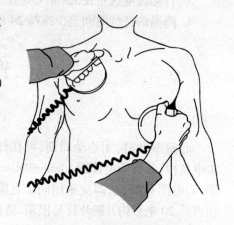

图 8-2-1　除颤电极安放位置

查患者心律,如未复跳准备下一次除颤;如果患者仍然为室颤,则可以再除颤 1~2 次,能量与前面相同。

7. 经上述 2~3 次除颤仍无效、或心电图示细颤波,则应给予肾上腺素、胺碘酮或利多卡因(lidocaine)50~100mg(速度≤50mg/min)或溴苄胺(bretylium tosylate)250mg 静脉注射,并胸外按压 5 个循环后再除颤。继用胺碘酮按每次 5mg/kg、或以 450~600mg 加于 5% 葡萄糖液 500ml 中静脉滴注。利多卡因 2~4mg/min 维持静脉点滴,可提高室颤的阈值,防止除颤成功后复颤。

五、自动体外除颤仪(automated external defibrillators, AED)

自动体外除颤仪可通过分析心电信号的多重性质,确定心律是否为室颤或室速;并在室颤或室速时做出除颤的提示,以至自动按预设程序启动除颤。目前广泛应用于心搏骤停患者的院前现场急救,可由专业人员或任何经过简单培训的非专业人员使用。自动体外除颤仪的应用使许多心搏骤停患者接受除颤的时间大大提前,使基础生命支持"生存链"的前三个环节(早期评估、早期心肺复苏、早期电除颤)得以实现,被认为是现今提高心肺复苏成功率的最重要因素。

1. 患者平卧位贴电极片　一个在胸骨右缘第二肋间(右锁骨正下方),另一个贴在左腋前线,使其顶端位于腋下 4~5cm 处。

2. 打开 AED 电源将电极片导线与其连接,与患者脱离接触,AED 自动分析心律(约需 5~15 秒钟),如有室速或室颤等应电击除颤的心律时则会自动充电,并有语音提示应予以

电击。

3. 确认无人接触患者且周围无导电体存在后,按下电击钮。

4. 第一次电击后立即按下分析钮,如提示室速或室颤持续存在,则再次重复充电—电击的步骤。三次电击后将要求医护人员检查患者的循环征象,包括脉搏,如没有恢复应继续做心肺复苏。

六、注 意 事 项

电复律术的并发症发生率4%~6%。术后可发生多种短暂性心律失常,一般无需处理,但在心肌缺血或梗死时以及洋地黄中毒、低钾、低镁等电解质紊乱患者可发生严重室性心律失常,少数室性快速心律失常者需再次电击;高能量电击可导致长时间心脏停搏,应予以及时复苏;高能量放电时易发生一过性低血压,数小时后可自行恢复,无需特殊处理;术后可有一过性CPK升高和心电图高钾表现,数月内心电图可有心肌损伤表现,无需特殊处理;少数患者于术后24~48小时或两周内发生肺栓塞或周围血管栓塞,应予注意,术前适量服用抗凝药物有助防止栓塞的发生,但不作为常规使用;急性肺水肿见于二尖瓣或主动脉瓣病变及左室功能不全的患者,多发生于术后1~3小时,应按急性左心衰竭及时处理。

临床疗效评价即时成功率高,室性心动过速达97%以上,心室颤动发生后即刻电复律的成功率也能达50%以上。

附:2015年儿童心肺复苏及生命支持指南

1. 儿童基本生命支持

(1) 儿童基本生命支持(basic life support,BLS)中的变更和成人BLS的变更一致。审查的问题包括以下内容:即"C-A-B"为儿童CPR的优先程序。儿童的心肺复苏从胸外按压30次(单人复苏)或15次按压(双人复苏)开始,而不是从人工呼吸开始。尽管儿童心脏骤停大多是呼吸相关性(窒息)的心跳骤停(asphyxial cardiac arrest),而不是心源性的,所以通气对于儿童复苏至关重要,但由于施救者不愿意进行口对口人工呼吸或需要寻找气囊面罩等延误胸外按压的时间,因此更改指南的意义旨在保证尽早胸外按压以提高儿童患者院外实施心肺复苏的成功率。

(2) 单一施救者和多施救者的医护人员儿童CPR新流程:有人目击的猝倒对于成人和青少年,遵照步骤(如果您是独自一人且没有手机,则离开患者启动应急反应系统并取得AED,然后开始心肺复苏或者请其他人去,自己立即开始心肺复苏;在AED可用后尽快使用)。

无人目击的猝倒给予2分钟的心肺复苏,离开患者去启动应急反应系统并获取AED,回到该儿童身边并继续心肺复苏;在AED可用后尽快使用,再进行心肺复苏。

(3) 进一步强调高质量心肺复苏:按压频率是"100~120次/分钟";儿童按压深度应至少为儿童患者[婴儿(小于1岁)至青春期开始的儿童]胸部前后径的1/3。这大约相当于婴儿1.5英寸(4cm),儿童2英寸(5cm)。一旦儿童进入了青春期(即青少年),即应采用成人的建议按压深度,即至少2英寸(5cm),但不超过2.4英寸(6cm)。

(4) 胸廓完全回弹及胸外按压的中断时间:施救者应避免在按压间隙倚靠在患者胸上,以便每次按压后使胸廓充分回弹。

（5）避免过度通气：强调心肺复苏时应注意避免过度通气。人工呼吸可增加胸腔压力，减少回心血量，降低下一次胸部按压所产生的血流量。过度通气可能导致胃膨胀。因此，人工通气只要给予使胸廓抬起的最小潮气量即可。

（6）胸外按压方法：胸外按压方法未见重大改动。儿童进行胸外按压时，使用单手或双手按压法，即单手或双手掌根按压胸骨下 1/2（乳头连线中点）；对婴儿进行胸外按压时，单人使用双指按压法，双指位于乳线中点下；双人使用双手环抱法，拇指置于胸骨下 1/2 处。与双指按压法相比，双手环抱法能产生较高的动脉灌注压以及一致的按压深度及力度，是双人复苏时首选的胸外按压方法。

（7）按压与通气的协调在按压与通气协调：当患儿心搏骤停时，单人复苏应采用按压通气比 30∶2 的比例进行心肺复苏，双人或多人复苏时儿童与婴儿采用 15∶2 的比例，应保持按压与通气的协调。当置入高级气道时，按压与通气不再进行协调，按压者以 100~120 次 / 分的速率进行按压，通气则以 10 次 / 分（即每 6 秒 1 次呼吸）的速率进行。

2. 儿童高级生命支持　2015 年指南中的儿童高级生命支持的文献审查中涉及的多个关键问题，对现有建议进行了优化而没有提出新建议。在很多问题上提供了新的信息或更新，包括发热病症时的液体复苏，气管插管前给予阿托品，对电击难以纠正的室颤 / 无脉性室性心动过速使用胺碘酮和利多卡因，婴儿和儿童心脏骤停复苏后的目标温度管理，心脏骤停后的血压管理。

（1）在特定条件下，治疗有发热病症的儿童患者时，使用限制量的等渗晶体液可以增加存活率。这与常规的大量液体复苏有益的传统想法相反。

（2）对非新生儿急诊气管插管时常规给予阿托品作为术前用药，专门预防心律失常的做法存在争议。而且，有证据显示，为此目的给予阿托品不存在最小用量的要求。

（3）如果有创动脉血压监控已经就位，则可以用其调整心肺复苏，以使心脏骤停的儿童达到特定的血压目标。

（4）对于儿童患者，电击难以纠正的室颤和无脉性室性心动过速，可用胺碘酮或利多卡因作为抗心律失常药物。

（5）初始除颤时可考虑使用单向波或双向波，2~4J/kg。但是为了教学方便，推荐首剂为 2J/kg，难治性室颤可增至 4J/kg，之后的能量可考虑 4J/kg 或更高，但不超过 10J/kg 或成人最大能量。

（6）肾上腺素仍被建议为儿童心脏骤停时的血管加压药。

（7）对于在实行现有的体外膜肺氧合（ECMO）操作规范的机构中发生院内心脏骤停，诊断有心脏病症的儿童患者，可以考虑 ECPR。

（8）救治院外心脏骤停（OHCA）后恢复自主循环的昏迷的儿童时，应避免发热。一项针对 OHCA 儿童低温治疗的大型随机试验表明，无论是一段时间的中度低温治疗（温度维持在 32~34℃），还是严格维持正常体温（温度维持在 36~37.5℃），结果没有区别。

（9）预后的意义需检测几项骤停中和骤停后的临床变量。没有发现有哪一项单一的变量足以可靠地预测结果。因此，救治者在心脏骤停中和恢复自主循环后预测结果时应该考虑多种因素。

（10）自主循环恢复以后，应该使用液体和血管活性药物输注，使收缩压维持在患者年龄段的第 5 百分位以上。

（11）自主循环恢复（ROSC）后复苏的通气策略应针对每位儿童达到目标 $PaCO_2$，以避免极端的高碳酸血症和低碳酸血症。

（12）自主循环恢复以后，应以正常血氧水平为目标。如果有必需的装置，应逐步减低氧的供应，使氧合血红蛋白饱和度达到 94%~99%。应严格避免低氧血症。理想情况下，准确调整氧供到一个合适的值以适合患者的具体情况。同样，自主循环恢复后，儿童的 $PaCO_2$ 也应根据每个患者的情况，确定一个合适的目标水平。应避免出现严重的高碳酸血症或低碳酸血症。

（13）心脏骤停后存活患儿进行早期和可靠的神经系统预后预测是必要的，用于有效制定计划和家庭支持（是否需要继续生命维持治疗）。儿童心脏骤停后的最初 7 天内应考虑使用脑电图监测来预测出院时神经系统预后，但不能作为唯一标准。

（14）多个因素可被考虑用来进行心脏骤停结果的预测。它们被用来决定在心脏骤停时是继续复苏还是停止，以及评估心脏骤停逆转的可能性。数个 ROSC 后，已经被用来预测存活率和神经系统预后的因素包括瞳孔对光反射，低血压，血浆神经生物标记物和血乳酸。儿童心脏骤停后任意一项预测因素的可信度尚未确立，医务人员在预测心脏骤停后 ROSC 的婴儿和儿童的预后时，应考虑多方面因素。

第三节　急性上呼吸道梗阻

临床上，上呼吸道梗阻上气道阻塞虽较为少见，但一旦发生其危险性极大。完全性上呼吸道梗阻可能在数分钟内危及患者生命。

（一）引起上呼吸道梗阻的常见原因包括

1. 喉痉挛　喉部肌肉反射性痉挛收缩，使声带内收，声门部分或完全关闭而导致患者出现不同程度的呼吸困难，甚至完全性上呼吸道梗阻。

2. 气道瘢痕狭窄　多为气管插管或切开术等治疗所致。

3. 气道壁病变　如咽喉部软组织炎、咽后壁脓肿、扁桃体肿大、声带麻痹、喉或气管肿瘤、气管软化以及复发性多软骨炎等。

4. 气道腔内病变　以气道内异物为多见，以及带蒂气管内息肉或肿瘤和炎性肉芽肿。

5. 气道外部压迫　气道周围占位性病变如甲状腺癌、脓肿、血肿或气体的压迫。

6. 上呼吸道内分泌物潴留　呼吸道出血或大量痰液未能咳出，胃内容物大量吸入等。

7. 上呼吸道异物梗阻　固体食物或玩具误入气道，这也是急性上气道阻塞的最常见原因。

（二）急性上呼吸道梗阻的判断

1. 急性上呼吸道梗阻的典型表现　由于异物吸入上呼吸道时，患者感到极度不适，常常不由自主地以一手呈"V"字状紧贴于颈前喉部，苦不堪言，如图 8-3-1 所示。

2. 上呼吸道不完全阻塞　患者可以有咳嗽、喘气或咳嗽微

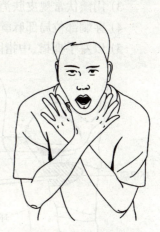

图 8-3-1　气道梗阻的典型表现

弱无力,呼吸困难,患者张口吸气时,可以听到异物冲击性的高嘀声,皮肤、甲床和口腔黏膜、面色青紫、发绀。

3. 上呼吸道完全阻塞 较大的异物堵住喉部、气管处,患者面色灰暗青紫,不能说话、不能咳嗽、不能呼吸,失去知觉,窒息,很快呼吸停止。

(三)急性上呼吸道梗阻的紧急处理

1. 环甲膜穿刺术 用于无法解除的上呼吸道梗阻,是临床上为了有效解除急性上呼吸道梗阻引起的严重呼吸困难而采取的急救方法之一。它可为后续抢救赢得时间,是现场急救的重要组成部分。它具有简便、快捷、有效、容易掌握四大优点,但由于是一种"损伤性"操作,现场人员常常难以决断。

(1)环甲膜的解剖:环甲膜是位于甲状软骨和环状软骨之间,由弹力纤维构成的近似三角形的结缔组织膜。其周围无颈部肌群及重要神经、血管,而且远离肺及纵隔,所以手术非常安全,利于穿刺(图 8-3-2)。

(2)定位:使被抢救者头部后仰,在体表触摸,自下颌部沿颈正中线向下触摸,会摸到两个硬性突起,第一个突起即喉结,第二个突起即环状软骨。环状软骨上缘软组织凹陷处是环甲膜。

会厌软骨
舌骨
甲状舌骨膜
甲状软骨
喉结
环甲膜
环状软骨
气管软骨环

图 8-3-2 环甲膜解剖

(3)环甲膜穿刺的适应证和禁忌证:用手法无法解除的上呼吸道梗阻,特别是喉以上部位的梗阻可以考虑使用环甲膜穿刺术。已明确呼吸道阻塞发生在环甲膜水平以下者,不宜行环甲膜穿刺术。

(4)环甲膜穿刺操作步骤

1)如果病情允许,患者应尽量取仰卧位,肩部垫高,头后仰。不能耐受上述体位者,可取半卧位。

2)颈中线甲状软骨下缘与环状软骨弓上缘之间即为环甲膜穿刺点。

3)用碘伏常规皮肤消毒。戴无菌手套,检查穿刺针是否通畅。

4)穿刺部位局部麻醉。危急情况下可不用麻醉和消毒、戴手套等。

5)以左手拇指、中指固定穿刺部位两侧,食指触摸环状软骨上缘,右手持环甲膜穿刺针垂直刺入环甲膜,注意勿用力过猛,出现落空感即表示针尖已进入喉腔。再顺气管方向稍向下推行少许,退出穿刺针芯,检验有呼吸气流,确认针刺入喉腔后将针末端用胶布固定。

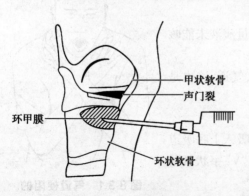

甲状软骨
声门裂
环甲膜
环状软骨

图 8-3-3 环甲膜穿刺术

(5)环甲膜穿刺操作要点(图 8-3-3)

1)穿刺针要贴着环状软骨上缘刺入,其间略有阻力,刺破后有落空感。

2)如果没有穿刺针,可用粗注射针头或其他任何锐器如水果刀迅速从环甲膜刺入,并使创口撑开,创口内放置通气管,检查呼吸顺畅后,将露出皮肤以外的部分用胶布加以固定,以防通气管坠入气管。

（6）环甲膜穿刺注意事项

1）该手术是一种急救措施,须争分夺秒,在尽可能短的时间内实施完成。

2）作为一种应急措施,置针留置时间一般不超过24小时,应及时转院。

3）如遇血凝块或分泌物阻塞套管,可用注射器注入空气,或用少许生理盐水冲洗,以保证其通畅。

2. 上呼吸道异物的急救方法　怀疑患者有上呼吸道阻塞时,首先应当确定阻塞程度。如呼吸道部分阻塞而气体交换良好时,救护员不要做任何处理,应尽量鼓励伤病员咳嗽确定是否发生呼吸道异物堵塞,询问"是否被噎住了",了解患者能否咳嗽和说话。如果患者不能说话、咳嗽或呼吸道部分堵塞而气体交换欠佳时,可实施人工操作帮助清除上呼吸道异物。

（1）单人海姆式手法（Heimlich Maneuver）:海姆式手法是目前国际通用的现场处理上呼吸道异物的手法（图 8-3-4）。操作方法为:

图 8-3-4　单人海式手法

1）救护员站在伤病员背后,被抢救者弯腰并头部前倾。

2）救护员双手环抱患者腰部。

3）救护员一手握空心拳,将拇指侧顶住患者腹部正中线肚脐上方两横指处、剑突下方。

4）救护员另一手掌紧握在握拳之手上。

5）救护员用力在患者腹部向上连续冲击 5~6 次。

6）每次推压动作要明显分开。

（2）其他急救手法

1）卧位腹部冲击法:当患者意识丧失或无法站立时,可采用此法,如图 8-3-5 所示。

2）互救胸部冲击法:主要针对孕妇或其他腹部明显膨隆者,如图 8-3-6 所示。

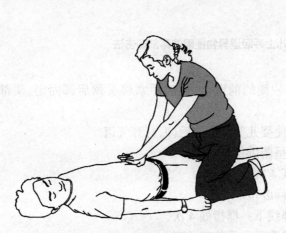

图 8-3-5　卧位腹部冲击法

图 8-3-6　互救胸部冲击法

（3）清醒成人自救 自救腹部冲击法，如图 8-3-7 和图 8-3-8 所示。

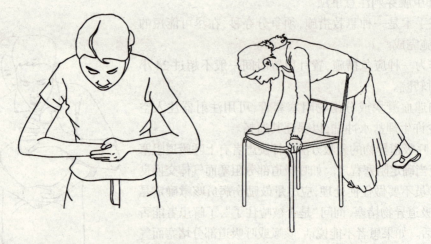

图 8-3-7　自救腹部冲击法　　　　　　图 8-3-8　自救腹部冲击法

（4）婴儿上呼吸道异物的抢救方法：当婴儿有上气道异物时，通常采用背部叩击法（图 8-3-9）。

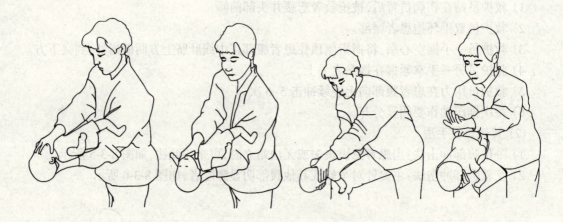

图 8-3-9　婴儿上呼吸道异物梗阻的背部叩击法

1）救护人将婴儿的身体骑跨在一侧的前臂上，同时手掌将头颈后部固定，头部低于躯干。

2）用另一手固定婴儿下颌角，并使婴儿头部轻度后仰，打开气道。

3）两手的前臂将婴儿固定，翻转呈俯卧位。

4）用手掌根叩击婴儿背部肩胛区 4 次。

5）两手前臂将婴儿固定，翻转呈仰卧位。

6）快速冲击性按压婴儿两乳头连线下一横指处 4 次。

7）检查口腔，如异物咳出，迅速采取手取异物法处理。

8）若阻塞物未能咳出,重复背部叩击和胸部冲击动作多次。

（5）上呼吸道异物抢救的注意事项

1）尽早识别气道异物梗死的表现,做出判断。

2）实施腹部冲击,定位要准;不要把手放在胸骨的剑突下或肋缘下。

3）腹部冲击要注意胃反流导致误吸。

第四节　气管插管术

气管插管术主要适用于危重病伴有呼吸功能不全和呼吸、心跳突停的患者,目的是保持气道通畅,便于吸痰,保证供氧,提供一种给药途径,并能准确控制潮气量,保证胃内容物、血液及口腔黏附不误吸入肺。气管插管要求施术者要有一定的经验,否则可能会产生严重的并发症,如口咽黏膜损伤、误插入食管或过深进入分支气管等。

一、适　应　证

（一）心跳、呼吸突停行心肺复苏者,应尽早进行气管插管,确保提供足够通气,有效供氧。

（二）大手术需行气管插管麻醉的患者。

（三）慢性阻塞性肺疾病患者慢性呼吸衰竭急性恶化。

（四）中毒

中枢神经系统抑制药物如吗啡、镇静安眠药物过量;有机磷农药、氰化物、砷中毒;副醛、甲醇、氯化铵等中毒引起的呼吸肌麻痹。

（五）脑血管疾病及神经肌肉疾病

重症肌无力、脊髓灰质炎、肌萎缩性侧索硬化症、急性感染性多神经炎等疾病引起的肌无力。

（六）胸部外伤

肺挫伤、开放性或闭合性血气胸、多发多处肋骨骨折所致的连枷胸。

（七）头颈部手术呼吸道难以保持通畅者。

（八）危重患者出现呼吸功能不全,需人工辅助呼吸或机械通气者,或者痰液不能咳出需行气管插管吸痰者。

二、禁　忌　证

下列情况不宜进行气管插管,推荐气管切开。

（一）颈椎外伤、脱位。

（二）喉部肿瘤出血或异物未清除。

（三）主动脉瘤压迫气管。

（四）喉部急性炎症、水肿、血肿、烧灼伤或化学灼伤。

三、操作前准备

气管插管时通常需要从会厌部或直接将会厌提起以暴露声门。气管插管是将气管导管通过声带置入气管。声带的前 2/3 是软组织和黏膜,而后部是比较坚韧的软骨部分,是阻碍气管导管进入的原因之一。

(一) 物品准备

气管插管之前必需备好相关用品,包括喉镜(弯型镜片)、硅胶气管导管(成人男性 36~40 号,女性 32~36 号)、金属导丝等,其他用品包括牙垫、麻醉用喷雾器、注射器 1~2 支、吸引器、氧气、压舌板、听诊器、胶带、枕头以及通气装置如气囊、麻醉机或呼吸机。

(二) 预氧合

气管插管前患者应用纯氧预氧合至少 3 分钟,尽可能使血氧饱和度稳定在 98% 以上。这对于清醒有自主呼吸患者使用面罩维持适当的每分钟通气量即可达到,但对于昏迷、呼吸功能失代偿患者可能需要面罩加压通气才能满足要求。其目的是置换出肺内的二氧化碳,有助于延迟喉镜和气管插管无通气期间低氧血症的发生。

(三) 喉镜检查和气管插管检查

操作者必须戴手套和眼罩,以免直接接触患者的分泌物。检查喉镜弯型镜片大小是否合适,取出义齿,通过喉镜查看口腔内有否异物。气管导管不易过硬、过大或过小。如果需要使用金属导丝,其插入气管导管内时其尖端应距导管前端 2~3cm。近端应卡在导管的接头处,以防止管芯意外地进入气管。

四、操作方法

(一) 患者仰卧体位,头后仰,双手将下颌向前、向上托起,左手持喉镜自右口角放入口腔,将舌推向左方,向前推进喉镜暴露悬雍垂,右手托起下颌,并继续向前推进喉镜,直至看到会厌。清醒或有心脏病患者,插管前应进行喉部和气管表面喷雾麻醉,以减轻刺激。

(二) 左手稍用力向前推进喉镜,使镜片前端到达舌根部,向上、向前提起喉镜,暴露声门。

(三) 右手持气管导管,对准声门,用轻旋转的力量插入气管。

(四) 放置牙垫,退出喉镜。

(五) 观察导管有无气体出入。若无呼吸,可用口、气囊或麻醉机吹入气体,观察胸廓有无起伏,或用听诊器听双侧呼吸音,以确定导管位置是否合适。一侧有呼吸音,表明导管进入一侧支气管,应使导管稍做后退。

(六) 固定牙垫和气管导管。

五、注意事项

(一) 注意无菌操作,防止感染。

(二) 操作轻柔准确,忌操作过猛,防止牙齿脱落及下颌脱位。

(三) 气管导管选用大小合适,过小易变形堵塞,增加呼吸阻力。过粗易压迫喉部组织,引起水肿或坏死。

(四) 气管导管插入不宜过深或过浅。过深时易进入支气管,导致一侧肺不张,加重缺氧。过浅则易脱落。

(五) 插管时间不宜过长,成人一般不要超过一周,如有需要,需定期更换导管。

(六) 使用呼吸机时应根据病情和血气分析调整参数。

(马中富)

第九章 其他常用急救技术

第一节 催吐、洗胃术

当食入毒物或过量药物时,为了减少毒物和药物的吸收,需要尽快将胃内残留的毒物或药物清除到体外,这种清除手段包括催吐和洗胃术。

一、催 吐

1. 概述 呕吐是人体排除胃内毒物的本能自卫反应。催吐是在现场或在医院抢救食入性毒物或药物过量最及时且方便易行的办法。但这种办法只能用于完全清醒患者,而且需要尽快进行,如果患者不能配合或者已经昏迷,则需要采取洗胃来清除毒物或药物。

2. 适应证

(1) 意识清醒、具有呕吐反射,且能合作配合的急性中毒者。

(2) 口服毒物时间不久,2 小时以内效果最好。

(3) 在现场自救无胃管时首选催吐。

3. 禁忌证

(1) 患者不合作,拒绝饮水者。

(2) 意识障碍者。

(3) 抽搐、惊厥未控制之前。

(4) 服强酸强碱等腐蚀性毒物者。

(5) 合并有上消化道出血、主动脉瘤、严重心脏病、食管静脉曲张等患者。

(6) 孕妇及老年人。

4. 操作方法

(1) 首先做好患者思想工作,具体说明要求和方法,以取得配合,有利于操作顺利进行。

(2) 患者取坐位,取匙柄、压舌板、筷子(均用纱布包裹)或手指刺激患者咽后壁,引起反射性呕吐,吐出胃内容物。

(3) 也可以使用 2%~4% 盐水或淡肥皂水饮用后催吐,必要时可使用 0.5%~1% 硫酸铜 25~50ml 灌服。

(4) 所有催吐患者应当同时大量饮水,通过反复呕吐达到"清洗胃"的目的。

5. 注意事项

(1) 催吐后,要立即送往附近大医院,酌情施行胃管洗胃术。

(2) 因剧烈呕吐可能诱发急性上消化道出血,催吐要当心出血后误吸。

(3) 要注意饮入量与吐出量大致相等。

二、洗 胃 术

1. 概述　胃管洗胃术是将胃管从鼻腔或口腔插入经食管到达胃内,注入洗胃液,并将胃内容物排出,以达到消除毒物或过量药物的目的,国内临床应用广泛,在国际上有一定争议。对服大量毒物在 4~6 小时以内者,因排毒效果好且并发症较少,故应首选此种洗胃方法。由于部分毒物即使超过 6 小时,仍可滞留胃内,多数仍有洗胃的必要。

2. 适应证

(1) 怀疑或明确食入性中毒或药物过量的患者。

(2) 催吐无效或有意识障碍、不能合作者。

(3) 需留取胃液标本送分析者应首选胃管洗胃术。

(4) 口服毒物或过量药物、无禁忌证者均应采用胃管洗胃术。

3. 禁忌证

(1) 强酸、强碱及其他对消化道有明显腐蚀作用的毒物中毒。

(2) 抽搐、惊厥未控制之前。

(3) 伴有上消化道出血、食管静脉曲张、主动脉瘤、严重心脏疾病等患者。

(4) 存在食管狭窄病史。

4. 操作方法

(1) 留置胃管

1) 器械准备:胃管、镊子、液状石蜡、纱布、弯盘、棉签、压舌板、开口器、1%麻黄碱滴鼻液、听诊器等,量杯内盛有洗胃液。

2) 患者取坐位或半坐位,中毒较重者取左侧卧位。胸前垫以防水布,有活动义齿应取下,盛水桶放于患者头部床下,弯盘放于患者的口角处。

3) 将消毒的胃管前端涂液状石蜡后左手用纱布捏着胃管,右手用纱布裹住胃管 5~6cm 处,自鼻腔或口腔缓缓插入。当胃管插入 10~15cm(咽喉部)时,嘱患者做吞咽动作,轻轻将胃管推进。如患者呈昏迷状态,则应轻轻抬起其头部,使咽喉部弧度增大,轻快地把胃管插入。当插到 45cm 左右时,胃管进入胃内(插入长度以 45~55cm 为宜,约前额发际到剑突的距离)。

4) 有意识障碍的患者,则可用开口器撑开上下牙列,放入牙垫,徐徐地送入胃管,切不可过度用力。

5) 为证实胃管已进入胃内,一边用注射器快速将空气注入胃管,一边用听诊器在胃部听到气泡响声,或用注射器回抽,可从胃管内抽出胃内容物,或将胃管置于清水中,看到气泡溢出,即可确定胃管已在胃腔内。

6) 确认胃管在胃内后,用纱布拭去口角分泌物,撤除弯盘,摘掉手套,用胶布将胃管固定于面颊部。

(2) 洗胃

1) 置入洗胃管后,使用 Y 型连接管连接胃管及冲洗管、引流管。

2) 首先夹闭引流管,打开冲洗管,连接充满液体的冲洗袋,每次冲洗的剂量成人约 150~300ml,儿童 10~15ml/kg 或 50~100ml。待冲洗完毕后夹闭冲洗管,打开引流管。

3) 洗胃过程中,冲洗及引流在重力作用下应保持通畅,如速度减慢或受阻,应考虑进管过深或管路打折,可适当调整管路直至通畅。

4）冲洗和引流过程反复进行。洗胃总量目前尚无证据推荐剂量，但原则上应不少于 1L，常用剂量为 1~2L，并且保证引流液清亮透明后结束。

5）在洗胃结束后，应尽快去除洗胃管，必要时更换普通胃管。

6）目前有"自动洗胃机"（图 9-1-1），可以按照设置的程序进行冲洗和引流。将配好的洗胃液置于清洁溶液桶内。将洗胃机上的药液管一端放入溶液桶内液面以下，出水管的一端放入污水桶内，胃管的一端和患者洗胃管相连接。调节好液量大小，接通电源后按"开始"键，机器开始对胃进行自动冲洗。待冲洗干净后，按"停机"键。

图 9-1-1 自动洗胃机

5. 操作要点

（1）洗胃体位：患者在整个洗胃治疗过程中应保持左侧卧位，并坚持头低位（10°~15°），此体位既可以尽量减少食物向十二指肠蠕动，又可减少误吸发生的风险。

（2）在胃管留置过程中如遇患者剧烈呛咳、呼吸困难、面色发绀，应立即拔出胃管，休息片刻后再插，避免误入气管。

（3）在洗胃过程中应随时观察患者生命体征的变化，如患者感觉腹痛、引流出血性灌洗液，应立即停止洗胃。

（4）用自动洗胃机洗胃，使用前必须接妥地线，以防触电，并检查机器各管道衔接是否正确，接牢，运转是否正常。打开控制台上的按钮向胃内注入洗胃液的同时观察正压表（一般压力不超过 40kPa），并观察洗胃液的出入量。使用前洗胃机须空载运转一次，如有水流不畅，进、出液量相差较大，可按均衡键进行调整；用毕及时清洗。

6. 注意事项

（1）凡呼吸停止、心脏停搏者，应先作 CPR，再行洗胃术。如有缺氧或呼吸道分泌物过多，应先吸取痰液、保持呼吸道通畅，再行胃管洗胃术。

（2）洗胃是在危急情况下的急救措施，急救人员必须迅速、准确、轻柔、敏捷的操作来完成洗胃的全过程，尽最大努力来抢救患者生命。

（3）要注意每次灌入量与引流量的基本平衡。每次灌入量不宜超过 500ml。灌入量过多可引起急性胃扩张，使胃内压上升，增加毒物吸收。

（4）用自动洗胃机洗胃时，也需要密切监护患者，避免由于机器故障、引流不畅等造成患者急性胃扩张或破裂。

第二节　三腔二囊管置入术

一、概　述

三腔二囊管是用于紧急处理胃食管静脉曲张破裂出血的最有效措施。所谓"三腔二囊管"是指该导管有三个腔，分别通往胃囊、食管囊和胃内，而两个囊分别是对食管壁产生压迫作用的食管囊和对胃底产生压迫作用的胃囊（图 9-2-1）。应用三腔二囊管，通过胃囊和食管囊的填塞压迫，直接压迫胃底和食管下段出血的静脉，可起到暂时止血的作用，为下一步急救、药物治疗及内镜下治疗创造条件、赢得时间。

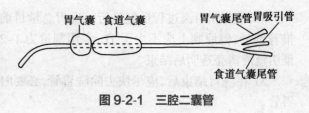

图 9-2-1　三腔二囊管

二、适 应 证

适用于明确或可疑肝硬化、肝癌等引起食管、胃底静脉破裂出血，经内科药物止血无效，而介入或外科手术暂无法实施者。

三、禁 忌 证

1. 严重冠心病、高血压、心功能不全者慎用。
2. 惊厥未控制不能配合者慎用。

四、操 作 方 法

1. 物品准备　三腔二囊管、50ml 注射器、止血钳 3 把、治疗盘、无菌纱布、液状石蜡、0.5kg 沙袋（或盐水瓶）、血压计、绷带、宽胶布。

2. 洗手，戴口罩、手套、帽子。

3. 认真检查三腔二囊管气囊有无松脱、漏气，充气后膨胀是否均匀，通向食管囊、胃囊和胃腔的管道是否通畅。测试气囊的注气量及达到的压力，一般胃囊需注气 200~300ml，食管囊需注气 100~150ml，找到管壁上 45cm、60cm、65cm 三处的标记及三腔通道的外口，三根接头分别贴上标识记号。

4. 抽尽双囊内气体，将三腔二囊管前端及气囊表面涂以液状石蜡。将三腔管从患者通畅侧鼻腔送入，达咽部时(14~16cm)嘱患者吞咽，使三腔二囊管顺利送入至 55~65cm 标记处，如能由胃管腔抽出胃内容物，表示管端已至幽门。

5. 用注射器先向胃气囊注入空气 200~300ml（囊内压 5.33~6.67kPa 即 40~50mmHg），使胃气囊充气，用血管钳将此管腔钳住，然后将三腔二囊管向外牵拉，感觉有中等度弹性阻力时，表示胃气囊已压于胃底部。再以 0.5kg 沙袋通过滑车固定于床架，持续牵引三腔二囊管，以达到充分压迫之目的。

6. 经观察仍未能压迫止血者，再向食管囊内注入空气 100~150ml（囊内压 4~5.33kPa 即 30~40mmHg），然后钳住此管腔，以直接压迫食管下段的曲张静脉。

7. 定时由胃管内抽吸胃内容物，以观察有否继续出血，并可自胃管进行鼻饲和有关药物治疗。

8. 每 2~3 小时检查气囊内压力一次，如压力不足应及时注气增压。每 8~12 小时食管囊放气并放松牵引一次，每次 15~30 分钟，同时将三腔二囊管再稍深入，使胃囊与胃底黏膜分离，放气前先口服液体石蜡 15~20ml，以防胃底黏膜与气囊粘连。30 分钟后再将气囊充气加压。

9. 出血停止 24 小时后，取下牵引沙袋并将食管气囊和胃气囊放气，继续留置于胃内观察 24 小时。

10. 如 24 小时未再出血,可以拔管,首先嘱患者口服液体石蜡 15~20ml 后,随后再将三腔二囊管慢慢退出。

五、操作要点

1. 置管前清除鼻腔内的结痂及分泌物,同时检查有无鼻息肉,鼻甲肥厚和鼻中隔偏曲,置管选择鼻腔较大侧插管。

2. 置三腔二囊管时操作手法要温柔,避免咽腔及食管撕裂伤。

3. 三腔二囊管下至咽腔时,要让患者做吞咽动作,以免误入气管造成窒息。

4. 拔三腔二囊管时先服用液状石蜡,操作手法必须轻柔,以防撕下黏附于气囊壁上的黏膜。

六、注意事项

1. 三腔二囊管置入常常是在患者大出血状态下的紧急操作,需要在准备物品的同时,积极安慰患者,并与家属沟通,得到患者和家属的理解和认同。用通俗的语言讲清楚应用三腔二囊管止血的作用及如何配合,也讲清楚操作过程中的风险及可能的意外。

2. 每 2~3 小时检查气囊内压力一次。气囊充气不够,牵拉不紧,是压迫止血失败的常见原因,如胃囊充气量不足且牵拉过猛,可使胃囊进入食管下段,挤压心脏,甚至将胃囊拉至喉部,引起窒息。

3. 每 8~12 小时食管囊放气并放松牵引一次,使胃囊与胃底黏膜分离,避免胃底黏膜与气囊粘连。

4. 拔管后一周是破裂血管修复、愈合的关键时期,同时亦是多种因素诱发再出血的高危时期,应予以密切观察。

第三节　创伤的处理

止血、包扎、固定和搬运是现场救助伤病人员的四项基本技术。实施现场救护时,施救人员要沉着、迅速地开展现场急救工作,重要的是要首先保证自己的安全,同时要及时通知并组织人员参与急救。现场的抢救原则是:先抢后救,先重后轻,先急后缓,先近后远;先止血后包扎,再固定后搬运。在现场进行外伤初步处理时常使用的材料包括:纱布、绷带、三角巾、夹板、脊柱板及头部固定器以及各种担架(图 9-3-1)。

一、开放性伤口止血和包扎

1. 概述　各种外伤导致血液从体表开放性伤口流出,称为外出血。与发生在体腔内的内出血不同,外出血很容易识别,只要及时进行止血和包扎处理,就可以大大降低休克的风险。

2. 适应证　适用于各种出血情况下的急救止血与包

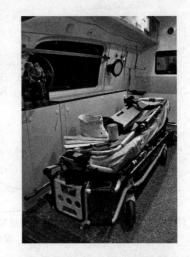

图 9-3-1　基层现场急救使用材料

扎,尤其是大出血的急救处理,以压迫止血、保护伤口、固定敷料、减少污染。

3. 操作方法　物品准备:消毒用品、无菌纱布、棉垫、绷带、三角巾、止血带等,亦可用清洁毛巾、手绢、布单、衣物等替代。

(1) 止血方法

1) 加压包扎法:为最常用急救止血方法。在出血部位用消毒或洁净纱布、干净的毛巾折叠成比伤口稍大的垫子盖住伤口,从肢体远端向近心端包扎,再用绷带或折成条状布带或三角巾紧紧包扎,包扎范围要超过伤口 2~3 横指,其松紧度以能达到止血目的

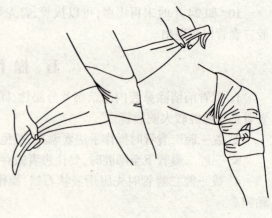

图 9-3-2　加压包扎止血法

为宜(图 9-3-2)。这种止血方法多用于静脉出血和毛细血管出血,在动脉出血时通常达不到止血目的。

2) 堵塞止血法:用消毒的纱布、棉垫等敷料堵塞在伤口内,再用绷带、三角巾或四头带加压包扎,松紧度以达到止血为宜。常用于颈部、臀部等较深伤口。

3) 指压止血法:用手指压迫出血的血管上端,即近心端,使血管闭合阻断血流达到止血目的。适用于头、面、颈部及四肢的动脉出血急救。指压止血法是一种快捷、简单有效的临时性止血方法,但这种方法只能作为应急之用,当伤者出现大量出血的情况,需要在指压止血的同时迅速呼救,并尽快过渡到其他的止血方法。

4) 屈曲加垫止血法:当前臂或小腿出血时,可在肘窝或腘窝内放置棉纱垫、毛巾或衣服等物品。屈曲关节,用三角巾或布带作 8 字形固定。注意有骨折或关节脱位者不能使用。

5) 止血带止血法:是在基层或现场快速且有效的止血方法,适用于四肢大血管破裂或经其他急救止血无效者。止血方法是用橡皮管或布条缠绕伤口上方肌肉较多的部位,阻断动脉血液供应达到止血的目的。上肢出血时,止血带定位在上臂中、上 1/3 交界处;下肢出血时,止血带定位在下肢大腿中部 1/2 处。安放止血带后,必须在明显的部位标明上止血带的部位以及时间。通常上止血带的时间不宜超过 2 小时。如果转运时间较长,要每隔一个小时放松一次,每次 6~8 分钟,为避免放松止血带时大量出血,放松期间可改用指压法临时止血。止血带通常是有弹性的橡皮带,也可以用三角巾或其他布带替代。包括:①橡皮止血带止血法:常用长 1 米左右的橡皮管,先在止血带部位垫一层布或单衣,再以左手拇指、食指、中指持止血带头端,另一手拉紧止血带绕肢体缠 2~3 圈,并将橡皮管末端压在紧缠的橡皮管下固定(图 9-3-3)。②绞紧止血法:急救时可用布带、绳索、三角巾或者毛巾替代橡皮管,先垫衬垫,再将带子

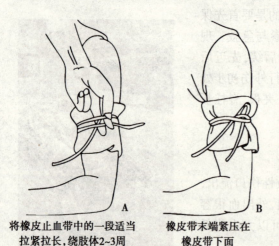

A	B
将橡皮止血带中的一段适当拉紧拉长,绕肢体2~3周	橡皮带末端紧压在橡皮带下面

图 9-3-3　止血带止血法

在垫上绕肢体一圈打结,在结下穿一短棒,旋转此短棒使带子绞紧,至不流血为止,最后将短棒固定在肢体上。

(2) 包扎方法

1) 头部帽式包扎法:将三角巾的底边向内折叠约两指宽,平放在前额部眉弓上方,顶角向后拉盖住头顶,将两底边沿两耳上方往后牵拉至枕部下方,左右交叉压住顶角绕至前额打结固定,再将顶角反折,拉紧后在脑后塞至两底边交叉处(图9-3-4)。

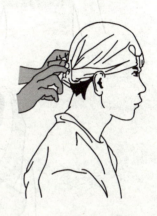

图9-3-4 三角巾头部包扎法

2) 头、耳部风帽式包扎法:将三角巾顶角打一个结,置于前额中央,头部套入风帽内,向下拉紧两底角,再将底边向外反扎2~3指宽的边,左右交叉包绕兜住下颌,绕至枕后打结固定。

3) 三角巾眼部包扎法:包扎单眼时,将三角巾折叠成四指宽的带状,斜置于伤侧眼部,从伤侧耳下绕至枕后,经健侧耳上拉至前额与另一端交叉及折绕头一周,于健侧耳上端打结固定。包扎双眼时,将带状三角巾的中央置于枕部,两底角分别经耳下拉向眼部,在鼻梁处左右交叉各包一只眼,成"8"字形经两耳上方在枕部交叉后绕至下颌处打结固定(图9-3-5)。

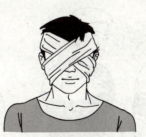

图9-3-5 三角巾单眼、双眼包扎法

4) 三角巾胸部包扎法:将三角巾的顶角置于伤侧肩上,两底边在胸前横拉至背部打结固定,再与顶角打结固定(图9-3-6)。

5) 三角巾肩部包扎法:单肩包扎时,将三角巾折成约80°夹角的燕尾巾,夹角朝上,向

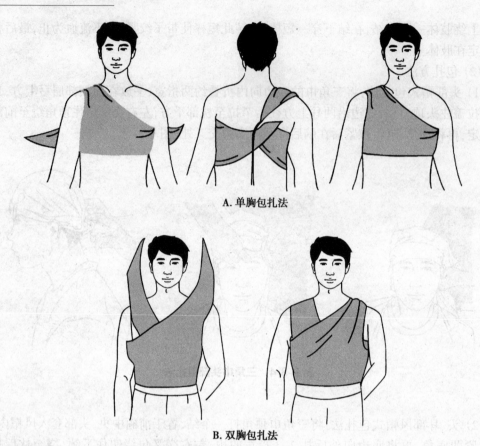

A.单胸包扎法

B.双胸包扎法

图 9-3-6 三角巾胸部包扎法

后的一角压住向前的角,放于伤侧肩部,燕尾底边绕上臂在腋前方打结固定,将燕尾两角分别经胸、背部拉到对侧腋下打结固定。包扎双肩时,则将三角巾折叠成两尾角等大的双燕尾巾,夹角朝上,对准颈后正中,左右双燕尾由前向后分别包绕肩部到腋下,在腋后打结固定(图 9-3-7)。

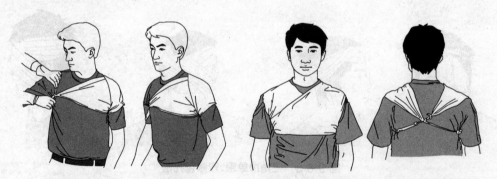

图 9-3-7 三角巾燕尾肩部包扎法

6) 三角巾下腹部包扎法:将三角巾顶角朝下,底边横放腹部,两底角在腰后打结固定,顶角内两腿间拉至腰后与底角打结固定。

7) 三角巾手、足部包扎法：包扎膝、肘部时，将三角巾叠成比伤口稍宽的带状，斜放伤处，两端压住上下两边绕肢体一周，在肢体内侧打结固定。包扎手、足时，将三角巾底边横放在腕（踝）部，手掌（足底）向下放在三角巾中央，将顶角反折盖住手（足）背，两底角交叉压住顶角绕肢体一圈，反折顶角后打结固定（图9-3-8）。

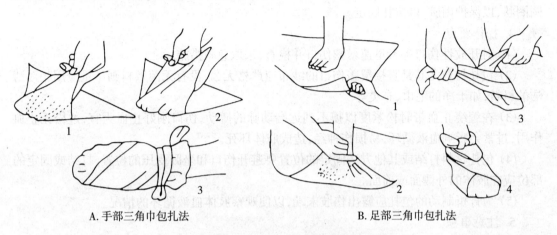

A.手部三角巾包扎法   B.足部三角巾包扎法

图9-3-8 三角巾手、足部包扎法

8) 三角巾臀部包扎法：需两条三角巾，将一条三角巾盖住伤臀，顶角朝上，底边折成两指宽在大腿根部绕一周打结；另一三角巾折成带状压住三角巾顶角，围绕腰部一周打结，最后将三角巾顶角折回，用别针固定。

9) 绷带手腕、胸、腹部环形包扎法：包扎手腕、胸、腹部等粗细大致相等的部位时，可将绷带作环形重叠缠绕，每一环均将上一环的绷带完全覆盖，为防止绷带滑脱，可将第一圈绷带斜置，环绕第二或第三圈时将斜出圈外的绷带角反扎到圈内角重叠环绕固定。

10) 绷带四肢螺旋包扎法：包扎四肢时，将绷带作一定间隔的向上或向下螺旋状环绕肢体，每旋绕一圈将上一圈绷带覆盖1/3或2/3。此法常用于固定四肢夹板和敷料。

11) 绷带螺旋反折包扎法：包扎粗细差别较大的前臂、小腿时，为防止绷带滑脱，多用包扎较牢固的螺旋反折法，此法与螺旋包扎法手法基本相同，只是每圈必须反扎绷带一次，反扎时用左手拇指按住反扎处，右手将绷带反折向下拉紧缠绕肢体，但绷带反折处要注意避开伤口和骨突起处。

(3) 特殊损伤的包扎

1) 开放性颅脑损伤：用干净的碗扣在伤口上，或者用敷料或其他的干净布类做成大于伤口的圆环，放在伤口周围，然后包扎，以免包扎时骨折片陷入颅内，同时保护膨出的脑组织。

2) 开放性气胸：如胸部外伤伴有气胸，对较小的伤口采用紧密包扎，阻断气体从伤口进出。可先用厚敷料或塑料布覆盖，再用纱布垫或毛巾垫加压包扎。对伤口较大或胸壁缺损较多，可用葫芦形纱布填塞压迫。先用一块双面凡士林纱布经伤口填塞于胸腔内，再在其中心部位填塞干纱布，外加敷料，用胶布粘贴加压固定。

3) 肋骨骨折：胸部外伤伴有多发肋骨骨折，可用衣物、枕头等加压包扎伤侧，以遏制胸壁浮动，必要时可将伤员侧卧在伤侧。单根肋骨骨折可用宽胶布固定：用胶布3~4条，每条宽7~8cm,长度为胸廓周径的三分之二,在患者最大呼气末时固定,从健侧肩胛下向前至健侧锁骨中线,上下胶布重叠2~3cm。

4）腹部外伤并内脏脱出:脱出的内脏不能还纳,包扎时屈曲双腿,放松腹肌,将脱出的内脏用大块无菌纱布盖好,再用干净饭碗、木勺等凹形物扣上,或用纱布、布卷、毛巾等做成圆圈状,以保护内脏,再包扎固定。

4. 操作要点

（1）对开放性伤口患者迅速暴露伤口并检查,采取急救措施。

（2）包扎材料尤其是直接覆盖伤口的纱布应严格无菌,没有无菌敷料则尽量应用相对清洁的材料,如干净的毛巾,布类等。

（3）在缠绕止血带时松紧度以摸不到远端动脉的搏动,伤口刚好止血为宜,过松无止血作用,过紧会影响血液循环,易损伤神经,造成肢体坏死。

（4）包扎材料打结或其他方法固定的位置要避开伤口和坐卧受压的位置,打结或固定的部位应在肢体的外侧面或前面。

（5）为骨折制动的包扎应露出伤肢末端,以便观察肢体血液循环的情况。

5. 注意事项

（1）与患者或家属交待病情,做好解释工作,争取清醒患者配合。

（2）在转运途中,需要观察止血部位的纱布或绷带等是否被血液浸透,是否有大量的血液流出,如果有,需要调整止血方法或位置。

（3）要保证出血远端的血液循环,特别是肢体出血,在止血的同时,要防止手指或脚趾等末梢部位的严重缺血。

（4）复合外伤的患者除有可见到的外出血之外,还常常合并有内脏破裂出血。对内出血或可疑内出血的伤员,应让伤员绝对安静不动,垫高下肢,有条件的可先输液,并迅速将伤员送到距离最近的医院进行救治。

二、四肢骨折现场急救 - 外固定技术

1. 概述　四肢骨折现场急救要抢救者对可能的致伤机制及伤员的症状、可能的骨折类型及严重程度进行判断。受伤机制包括钝性损伤或锐器伤、致伤的方向、力量以及着力点等,症状则包括局部疼痛、肿胀、畸形、骨擦音(骨擦感)、功能障碍等。固定的目的是为了防止骨折移位而损伤血管或神经,同时可以减轻伤员的疼痛。急救时的固定为临时固定,防止骨折断端活动刺伤血管、神经等周围组织造成继发性损伤,并减少疼痛,便于抢救和搬运。外固定通常有夹板固定和石膏固定两种简单的方法。夹板是用于固定骨折的工具,标准的夹板是一块窄长,垫有软布的木板或竹板。根据需要,可以选择适用于四肢长度的夹板。在现场没有夹板时,也可用健侧肢体、树枝、竹片、厚纸板、报纸卷等作为代替物。夹板固定的优点是方便、简单,可以适应创伤后水肿,缺点是强度不如石膏,固定不确切。

2. 适应证　急救现场初步判断为骨折的伤员。如现场不能确诊,根据受伤机制高度怀疑骨折可能的患者,也要按照骨折的原则进行处理,特别是怀疑颈椎损伤的伤员,要注意局部固定和保护。

3. 禁忌证

（1）确诊可疑伤口厌氧菌感染者。

（2）进行性水肿患者。

（3）严重心肝肺肾等疾病患者。

4. 操作方法

物品准备：夹板，在现场没有夹板时，也可用健侧肢体、树枝、竹片、厚纸板、报纸卷等作为代替物。敷料和绷带、三角巾、棉花、布块、衣服等衬垫物品。

（1）止血：首先要注意出血伤口和全身状况，如有伤口出血，应先立即止血，然后对伤口进行包扎以后才能进行固定。

（2）加垫：为使固定妥贴稳当，同时防止突出部位的皮肤被磨破，在骨骼突起部位要用棉花、布块等软物垫好，使夹板等固定材料不直接与皮肤接触。

（3）不随意移动骨折的部位　为防止骨断端刺伤神经、血管，在固定时不应随意搬动患者，特别是伤肢；外露的断骨不能送回伤口内，以免增加污染。但在现场急救时，有时不得不搬动伤员或伤肢，特别是为使伤员免于再次受伤的危险，要将伤员搬到安全地方。在这种情况下，需要一人握住伤处上方，另一人握住伤处下端肢体，并沿着纵轴线作相反方向的牵引，在伤肢不扭曲的情况下让骨断端分离开，然后边牵引边同方向移动，另外的人可进行固定，固定应先绑断处上端，后绑断处下端，然后再固定断端的上下两个关节。

（4）外固定

1）前臂骨折的固定方法：将夹板置于前臂四侧，然后固定腕、肘关节，用三角巾将前臂屈曲悬吊于胸前，用另一条三角巾将伤肢固定于胸廓。若无夹板固定，则先用三角巾将伤肢悬吊于胸前，然后用三角巾将伤肢固定于胸廓（图9-3-9）。

2）上臂骨折的固定方法：有夹板时，可将伤肢屈曲，贴在胸前，在伤臂外侧放一块夹板，垫好后用两条布带将骨折上下两端固定并吊于胸前，然后用三角巾（或布带）将上臂固定在胸部。无夹板时，可将上臂自然下垂用三角巾固定在胸侧，用另一条三角巾将前臂挂在胸前；亦可先将前臂吊挂在胸前，用另一三角巾将上臂固定在胸部（图9-3-10）。

图9-3-9　前臂骨折的固定方法

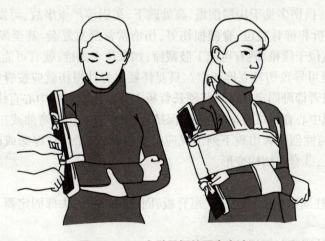

图9-3-10　上臂骨折的固定方法

3）小腿骨折的固定方法：有夹板时，将夹板置于小腿外侧，其长度应从大腿中段到脚跟，在膝、踝关节垫好后用绷带分段固定，再将两下肢并拢上下固定，并在脚部用"8"字形绷带固定，使脚掌与小腿成直角。无夹板时，可将两下肢并列对齐，在膝、踝部垫好后用绷带分段将两腿固定，再"8"字形绷带固定脚部，使脚掌与小腿成直角（图9-3-11）。

図9-3-11　小腿骨折的固定方法

　　4）股骨骨折的固定方法：①健肢固定法：用绷带或三角巾将双下肢绑在一起，在膝关节、踝关节及两腿之间的空隙处加棉垫。②躯干固定法：用长夹板从脚跟至腋下，短夹板从脚跟至大腿根部，分别置于患腿的外、内侧，用绷带或三角巾捆绑固定。

　　5. 操作要点

　　（1）用绷带固定夹板时，应先从骨折的下部缠起，以减少患肢充血水肿。

　　（2）夹板应放在骨折部位的一侧或两侧，应固定上下各一个关节。

　　（3）大腿、小腿及脊柱骨折者，不宜随意搬动，应临时就地固定。

　　（4）固定的松紧要适度，过松容易滑脱，失去固定作用，过紧会影响血液循环。

　　6. 注意事项

　　（1）有创口者应先止血、消毒、包扎，再固定。

　　（2）如现场不能确诊，根据受伤机制高度怀疑骨折可能的患者，也要按照骨折的原则进行处理。

　　（3）在使用夹板之前需要在肢体上附有衬垫，一般在骨折的部分用1~2层棉垫，在固定的近端、远端分别垫3~4层棉垫。衬垫一定要超出夹板的头端。

　　（4）固定时应外露指（趾）尖，以便观察血流情况，如发现指（趾）尖苍白或青紫时，可能是固定包扎过紧，应放松重新包扎固定。固定完成后应记录固定的时间，并迅速送医院作进一步的诊治。

三、脊柱损伤的固定搬运术

　　1. 概述　脊柱损伤多见于房屋倒塌、高处跌下、车祸等严重事故，可发生闭合性脊椎压缩性骨折、椎骨骨折和椎骨脱位、脊髓损伤等，伤情常常严重复杂，甚至发生不同部位的截瘫。如果损伤部位位于腰椎，就有可能下肢截瘫；如果位于颈椎，就有可能颈部以下截瘫，高位颈髓的损伤甚至可导致伤者立即死亡。只要怀疑有脊柱损伤就应按脊柱损伤情况处理，将脊柱不稳定的患者仰卧固定在一块坚硬长背板上并将他放置在中心直线位置，即头部、颈部、躯干、骨盆应以中心直线位置逐一固定，保持脊柱伸直位，严禁弯曲或扭转。

　　2. 适应证　钝性创伤者出现下列情况应行脊柱固定：①脊柱疼痛或触痛；②出现神经性缺损主诉或体征；③脊柱结构变形。

　　3. 操作方法

　　物品准备：脊柱固定担架、长脊板、短脊板、固定带、颈托、头部固定器，必要时可就地取材木板、门板等。

　　（1）脊柱损伤的固定与搬运

1) 现场评估：观察周围环境安全后，急救员正面走向伤者表明身份；告知伤者不要做任何动作，初步判断伤情，简要说明急救目的，先稳定情绪再固定伤者，避免加重脊柱损伤。

2) 取仰卧位，头部、颈部、躯干、骨盆应以中心直线位，脊柱不能屈曲或扭转。

3) 固定伤员：三人至患者同侧跪下插手，同时抬高、换单腿、起立、搬运、换单腿、下跪、换双腿同时施以平托法将患者放于硬质担架上（图9-3-12），禁用搂抱或一人抬头、一人抬足的搬运方法，在伤处垫一薄枕，使此处脊柱稍向上突，然后用4条带子把伤员固定在木板或硬质担架上（一般用带子固定胸与肱骨水平、前臂与腰水平、大腿水平、小腿水平，将伤员绑在硬质担架上），使伤员不能左右转动。如果伴有颈椎

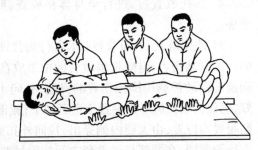

图 9-3-12　平托法

损伤，病员的搬运应注意先用颈托固定颈部，如无颈托用"头锁或肩锁"手法固定头颈部，其余人协调一致用力将伤病员平直地抬到担架上或木板上，然后头部的左右两侧用软枕或衣服等物固定。

4) 监测与转运：检查固定带、观察患者生命体征、选择合适转运工具，保证患者安全，送至最近医院进一步抢救。

(2) 颈椎损伤的固定与搬运（伤员仰卧位）

1) 现场评估、判断现场环境安全，询问伤员："我是医生，请问您现在哪里不舒服…"，伤员诉颈部疼痛、下肢感觉障碍，怀疑颈椎损伤。

2) 检查头颈部：助手头胸锁固定头颈部，术者检查头枕部（颈椎形状、压痛）、上头锁。尽快给伤员安置头部固定器或颈托，无颈托时可用砂袋或衣服填塞头、颈部两侧，防止头左右摇晃，再用布条固定。

3) 全身检查判断伤情，按照头 - 颈 - 胸 - 腹 - 背部 - 外生殖器 - 卜肢 - 上肢的顺序。

4) 整体侧翻：术者指挥，两位助手左右手交叉抱伤员的肩、髋和膝部，将伤者轴位整体侧翻于侧卧位，保持脊柱在同一轴线。助手检查背部及脊柱。

5) 放置脊柱板：助手拉脊柱板，注意摆放在背部合适的位置。将伤者轴位放置回仰卧位。

6) 脊柱板平移伤员：助手用胸锁手法固定头颈部，术者用双肩锁，助手左右手交叉，将伤者在仰卧位平移，推至脊椎板合适位置。

7) 头部固定：一助头胸锁，二助准备头部固定器，术者上头部固定器。

8) 脊柱板约束带固定：助手按胸部、髋关节、膝关节、踝关节的顺序以约束带固定。

9) 再次检查伤员后搬运：术者指挥平稳抬起伤者，足先行，头侧在后，同时观察头颈部情况。

(3) 颈椎损伤的固定与搬运（伤员坐位）

1) 初步判断伤情，术者行胸背锁稳定患者，一助至患者后方，进行头、外耳道、颈后部查体，一助行后头锁，术者固定患者双肩，保持患者上身稳定，一助将患者头部复位至正常体位。

2) 头颈部检查，术者判断患者有无呼吸道损伤，检查头枕部（颈椎形状、压痛）、上头锁。

3）放置颈托：测量伤者颈部长度，拇指与掌面垂直，其余四指并拢并与患者额面垂直，测量下颌角至斜方肌前缘的距离，调整颈托，塑型。放置颈托时，颈托中间弧度卡于患者右肩处并略向前下倾斜，先放置颈后，再放置颈前，保证位置居中，扣上搭扣，松紧度适中。

4）颈托放置后，进行全身体格检查，顺序由上到下，由躯干到四肢，同伤员仰卧位的顺序。

5）使用解救套（短脊板）：术者行胸背锁固定患者；助手放置解救套在患者背部，平滑面的一面紧贴伤者身体；把解救套的中央放在伤者的脊椎位置后，一助换头锁；术者和二助把胸前的活动护胸甲围绕伤者的身躯，并向上轻微拉动贴在腋下；将肩带和胸腹部固定带扣好，确保活动护胸甲顶端置于患者腋下；腿部固定带自内而外、自下而上绕经伤者的膝间，紧贴腹股沟位置，由大腿内侧穿出，拉向外扣好并收紧；将颈部衬垫放好并将右手于短脊板后方行胸背锁，在颈部与解救套之间放置衬垫紧贴，确保无空隙，一助将头部护甲整理并置于正确位置后，行后头锁；将下颌固定带放于下颌位置并向上拉贴紧头部活动护甲，额部固定带放置额前后也将之向下拉贴紧头部活动护甲，注意保持气道通畅；从下至上拉紧各固定带，并用三角巾宽带将膝踝部固定；检查所有固定带松紧度并整理。

6）搬运：双人在两边各自抓住腰两侧握把处，另一手放在伤者腿下，两人双手互扣抓牢，将患者分两次45°移动转体至90°。

7）上脊柱板：长脊板放置在上车担架，与伤者背侧成一直线，稳定上车担架，一助用双肩锁固定头部，术者与二助抬高下肢先将伤者躯干平放于长脊板上，逐渐移动到位，适度放松肩、胸、腹、腹股沟固定带，解除膝踝三角巾，并平放在长脊板上。

8）固定伤者：将伤者躯体和四肢固定在长脊板上，按从头到脚顺序固定，头部固定器固定头部，胸部固定带交叉固定，腿部固定带斜形固定，并固定伤者与上车担架。自下而上检查各固定带，并判断患者呼吸情况。

9）再次检查伤员后搬运：术者指挥平稳抬起伤者，足先行，术者在头侧，同时观察头颈部情况。

4. 操作要点

（1）脊柱损伤搬运始终保持脊柱伸直位，严禁弯曲或扭转。

（2）脊柱损伤的固定与搬运需要团队合作，要求动作规范，整体配合。

（3）转运过程中需注意观察生命体征和病情变化。

（4）对呼吸困难和昏迷者，要及时清理口腔分泌物，保持呼吸道通畅。

5. 注意事项

（1）急救现场稳定伤员情绪，告知伤者不要做任何动作，初步判断伤情，简要说明急救目的，再固定和搬运，各项操作希望伤员配合。

（2）各项抢救措施的重要性排序为：环境安全＞生命体征平稳＞开放性创伤及严重骨折＞搬运。

（3）脊柱损伤引起的脱位或骨折均有引起脊髓压迫的危险，现场或社区卫生服务中心医护人员的重要任务之一是保证临时的颈椎、胸腰椎的稳定。

（4）此后需要将患者迅速转移至综合医院医院进行进一步的诊断和治疗，不宜在现场进行复位操作，避免引起继发性神经损伤。

第四节　气管切开术

一、概　　述

气管切开术系切开颈段气管,放入金属气管套管,以解除喉源性呼吸困难、呼吸功能失常或下呼吸道分泌物潴留所致呼吸困难的一种常见手术。气管切开有四种方法:气管切开术;经皮气管切开术;环甲膜切开术;微创气管切开术。紧急抢救多采用气管切开术和环甲膜穿刺术。临床医师均应掌握这一抢救技能。

二、适　应　证

气管切开术主要用于解除较严重的喉阻塞,下呼吸道分泌物潴留,以改善通气,抢救患者生命。

三、禁　忌　证

有明显出血倾向和凝血功能异常者;下呼吸道占位而导致的呼吸道梗阻。

四、操　作　方　法

1. 物品准备　手术照明灯,吸引器,直接喉镜,选择适合患者气管粗细的气管套管,包括外套管、内套管和套管芯。

2. 取仰卧位,头向后伸,肩部垫高,下颏、喉结及胸骨上切迹三点成一直线,严格保持在正中位上,便于气管的暴露。呼吸困难严重者,为避免呼吸困难,可将头稍前屈,作切口后再使之后仰。不能仰卧的患者也可采用坐位或半坐位。

3. 局部浸润麻醉,用含少量肾上腺素的1%或2%的利多卡因作颈前中线皮下、气管旁浸润,起自甲状软骨下缘,下达胸骨上切迹,相当于皮肤切口的部位。

4. 切口有纵、横两种,纵切口操作方便,目前多采用。在颈前正中,自环状软骨上缘至胸骨上切迹上一横指处,纵形切开皮肤、皮下组织及浅筋膜,可见两条怒张的颈静脉,可向两侧牵开,必要时可结扎切断。

5. 分离颈前组织,将颈深筋膜在两侧胸骨舌骨肌之间切开,用剪刀向上、下分离至与皮肤切口等长为止。胸骨舌骨肌及胸骨甲状肌自中线用血管钳作钝性分离,然后从两侧用相等力量牵开。保持气管位于切口正中,并经常用左手食指探触气管环,以防气管被牵拉移位。

6. 牵开甲状腺峡部,牵开肌肉后,即可看到气管前筋膜。甲状腺峡部一般遮蔽于第2、3气管环的前面,如妨碍气管的暴露,可在甲状腺前筋膜下缘与气管前筋膜之间稍加分离,然后向上或向下将峡部牵开(通常以向上牵开较为方便),气管前壁即可清楚暴露(图9-4-1)。

7. 切开气管,在非紧急的情况下,切开气管前向气管内注入数滴利多卡因,以免气管切开后发生剧烈咳嗽。可纵形切开2~4或3~5气管环,也可倒"U"形切开或气管前壁切除椭圆形一小块。

8. 安放气管套管,气管切开后,需迅速用扩张器或弯血管钳将气管切口撑开,再插入合适的气管套管。插入套管前要取出内管,套入管芯,插入后迅速取出管芯,吸尽分泌物后将

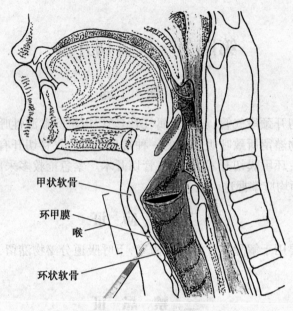

甲状软骨
环甲膜
喉
环状软骨

图9-4-1 气管切开术

内管套上。检查有无出血。

9. 创口处理,气管套管上的带子系于颈部,打成死结以牢固固定。切口一般不予缝合,以免引起皮下气肿。最后用一块开口纱布垫于伤口与套管之间。

五、操 作 要 点

1. 术中暴露气管时过于向下分离,误伤了胸膜或胸膜顶,可出现气胸,要注意避免。

2. 规范操作,减少出血,术中出血常因损及颈前静脉或甲状腺,术后少量出血往往是因术中止血不够有效,或结扎之线头脱落,一般经局部填塞或重行结扎可止住。

3. 环状软骨损伤常因切口过高,动作粗暴所致,要细心操作,避免误伤环状软骨。

4. 避免误伤食管,由于食管前壁在呼吸时可自气管后壁向前突入气管,因此切开气管时若刀尖插入过深,尤其是在因手术导致咳嗽时,易将气管后壁连同食管前壁切破形成气管食管瘘。

六、注 意 事 项

1. 气管切开术为解除气道梗阻的抢救手段,术前需征得家属同意,说明手术必要性及可能发生的意外,取得配合。

2. 术后应保持套管通畅,经常吸痰,每日定时清洗内管。

3. 防止外管脱出,套管太短,固定带子过松,气管切口过低,颈部肿胀或开口纱布过厚等,均可导致外管脱出。要经常注意套管是否在气管内,若套管脱出,又未及时发现,可引起窒息。

4. 防止伤口感染,由于痰液污染,术后伤口易于感染,故至少每日换药一次。如已发生感染,可酌情给以抗生素。

5. 喉阻塞或下呼吸道分泌物解除,全身情况好转,置管一周以上可考虑拔管。拔管前先堵管24~48小时,如患者在活动、睡眠时均无呼吸困难,可予拔管。

(陈丽英)

第十章 常用手术相关操作技能

第一节 无 菌 操 作

一、概　　述

1. 无菌技术　指在手术、穿刺、插管、注射和换药等医疗、护理技术过程中,防止一切微生物侵入机体和保持无菌物品及无菌区域不被污染的操作技术。

2. 无菌物品　指经过物理或化学方法灭菌后,未被病原微生物污染的物品。

3. 无菌区域　指经过灭菌处理而未被病原微生物污染的区域。

4. 非无菌物品或区域　指未经灭菌,或经灭菌后被病原微生物污染的物品或区域。

二、无菌操作的原则

1. 环境　进行无菌技术操作前半小时,应停止打扫卫生,减少人员走动,以降低室内空气中的尘埃。经常进行无菌操作的空间,应当每日用紫外线灯照射消毒一次。操作台面宜清洁、宽敞、干燥。

2. 人员　在执行无菌操作前,操作人员要将衣帽穿戴整齐,戴口罩,剪短指甲并去除甲缘下的积垢,洗手。

3. 物品　明确无菌物品及非无菌物品,无菌物品必须与非无菌物品分开放置,并且有明显标志,无菌物品不可暴露于空气中,应保存于无菌包或无菌容器中,无菌包外需标明物品名称,消毒灭菌日期,有效期,并按有效期先后顺序摆放,以便取用。无菌包一经打开即不能视为绝对无菌,应尽快使用。无菌物品一经使用或过期、受潮应重新灭菌;无菌物品一经取出即使未用也不可放回无菌包或无菌容器内,必须再经灭菌处理后方可使用。

4. 取无菌物　操作者的身体与无菌区之间的距离应不小于20cm,手臂高度应保持在腰部以上。进行无菌操作时,凡未经消毒的手、臂、均不可直接接触无菌物品或跨越无菌区域取物。取放无菌物品时,须用无菌持物钳(镊),不可用手接触无菌物品。无菌物品取出后,不可过久暴露,若未使用,不可放回无菌包或无菌容器内。进行无菌操作时,如器械、用物疑有污染或已被污染,不得使用,应予更换。无菌物品要做到"一物一人",即:一套无菌物品,只供一个患者使用,以防交叉感染。避免面对无菌区谈笑、咳嗽、打喷嚏。

三、无菌操作的步骤

1. 戴工作帽　戴工作帽可防止头发上的灰尘、散发及微生物落下造成污染。为传染病患者进行操作时,工作帽也可保护自己。工作帽大小要适宜,要盖住全部头发,不得外露。非一次性使用的工作帽要定期更换,手术室或严密隔离的临床单位,应每次进入时更换。

2. 戴口罩　戴口罩的目的是防止飞沫污染无菌物品。戴口罩时,应盖住口、鼻,系带松紧要适宜,同时不可用污染的手触及口罩。非一次性口罩不用时不宜挂于胸前,应将清洁面向内折叠后,放入干净衣袋内。

3. 手的清洁与消毒　直接接触患者前后,从同一患者身体的污染部位移动到清洁部位时,接触不同患者之间;接触患者黏膜、破损皮肤或伤口前后,接触患者的血液、体液、分泌物、排泄物、伤口敷料之后;进行无菌操作前后,处理清洁、无菌物品之前,处理污染物品之后;穿脱隔离衣前后;戴手套前、脱手套后均应洗手和消毒。可用免洗手消毒凝胶,按"六步洗手法"彻底洗手和消毒。

"六步洗手法"具体操作如下:

第一步:掌心相对,手指并拢相互揉搓。

第二步:手指交叉,掌心对手背,沿指缝相互揉搓,交换进行。

第三步:手指交叉,掌心相对,沿指缝相互揉搓。

第四步:弯曲各手指关节,在另一手掌心旋转揉搓,交换进行。

第五步:一手握另一手大拇指旋转揉搓,交换进行。

第六步:五指指尖并拢,在另一手的掌心处揉搓,交换进行。

4. 戴无菌手套　选择大小合适的手套,检查手套外包装有无潮湿、破损,是否在有效期内。打开手套袋,双手分别捏住两只手套的反折部分(手套内面),同时取出一双手套;将两手套的五指对准,先戴一只手。将已戴好无菌手套的手指插入另一只手套的反折内面(手套外面),同法将另一手套戴好,戴手套时不可强拉。最后将两手套反折面套在工作衣袖外面。注意手套外面为无菌区,应保持其无菌,未戴手套的手不可触及手套的外面,戴了手套的手不可触及手套的内面及未戴手套的手。戴手套后如发现手套有破损应当立即更换手套。

5. 持物钳的使用　无菌钳浸泡在盛有消毒液的开口容器中。取无菌持物钳时,应保持钳端闭合下垂直取出。在用持物钳取物时,要保证"尖低柄高"位,保证不接触有菌物品。将持物钳放回消毒容器时,应保持钳端闭合下放回,钳体的尖端不能接触容器内侧消毒液体以上的部分。持物钳使用后立即放入消毒液中。

第二节　手术基本操作

一、皮肤切开

(一) 概述

切开是外科手术的第一步,是指使用某种器械(通常为各种手术刀)在组织或器官上造成切口的外科操作过程,也是外科手术最基本的操作之一。目前常用的手术刀有普通手术刀、各种电刀、激光刀、超声刀、微波刀、等离子手术刀及高压水刀等多种。

(二) 普通手术刀的执刀手法

可以根据手术部位和切开的病变性质的不同,选用不同形状和大小的刀片。每位术者,由于习惯不同或因切口部位不同,常以多种握持变换的方法,来达到理想的切开。正确的持刀方式有四种:

1. 持弓式　持刀如持琴弓,是最常用的一种持刀方式,使用灵活而动作范围广,适用于各种胸腹部皮肤切口。

2. 执笔式　持刀如持钢笔,用力轻柔,操作灵巧而精细,适于切开短小切口。

3. 抓持式　适于切割范围较广,用力较大的切口,如截肢。

4. 反挑式　是指刀刃向上挑开的持刀方式,可避免损伤深部组织,如用此法切断钳夹组织。

(三) 皮肤切口选择

切口的选择是手术显露的重要步骤,在切口选择上应考虑以下几点原则:

1. 切口应选择于病变部位附近,通过最短途径以最佳视野显露病变。

2. 力求切口对组织损伤小,不损伤重要的解剖结构如血管、神经等,并且不影响该部位的生理功能。

3. 力求切口能快速而牢固的愈合,并尽量照顾美观,不遗留难看的瘢痕,如颜面部手术切口应与皮纹一致,并尽可能选取较隐蔽的切口。

4. 切口必须有足够的长度,以能容纳手术操作和放进必要的器械为宜,切口宁可稍大而勿太小,并且需要时应易于延长。应根据患者的体型、病变深浅、手术的难度及麻醉条件等因素来计划切口的大小。

(四) 切开方法及要点

1. 消毒皮肤并铺巾　小切口由术者用一手拇指及食指在切口两旁固定皮肤。较大的切口由手术者与助手用手在切口两旁或上下将皮肤固定。

2. 术者持手术刀,将刀腹刃部与组织垂直,防止斜切,刀尖先垂直刺入皮肤,然后再转至与皮面成45°斜角,用刀均匀切开皮肤及皮下组织,直至预定切口的长度,再将刀转成90°与皮面垂直方向,将刀提出切口。

3. 切开时要掌握用刀力度,从切口开始到终止,力求一次切开全层皮肤,使切口呈线状。使切口边缘保持平滑,避免多次切割导致切口边缘参差不齐而影响愈合。切开时不可用力过猛,以免误伤深部重要组织。

4. 皮下组织宜与皮肤同时切开,并须保持同一长度,若皮下组织切开长度较皮肤切口短,则可用剪刀剪开。

5. 切开皮肤和皮下组织后,随即用手术巾覆盖切口周围(现临床上多用无菌薄膜粘贴切口部位后再行切开),以隔离和保护伤口免受污染。

二、缝　　合

(一) 概述

缝合是将已经切开或外伤断裂的组织、器官进行对合或重建其通道,恢复其功能的操作。缝合是保证良好愈合的基本条件,也是重要的外科手术基本操作技术之一。不同部位的组织器官,需采用不同的方式和方法进行缝合。

(二) 缝合材料的选择

1. 缝合针　缝合针有针尖、针体、针尾三部分。依据不同的特点和规格,缝合针被划分为不同类型。

(1) 依针尖分类:按针尖的形状,缝合针可分为三角针与圆针两种。三角针(也叫缝皮针),其针尖为三角形,比较锋利,对周围软组织损伤较大,容易留瘢痕,颜面或包皮的皮肤缝合时应当慎用。圆针因针尖、针体为圆形,对周围组织损伤小,可作为软组织或胃肠道等内脏器官的缝合之用。

(2) 依针径分类:有粗细之分,以针的最粗部分的直径代表针径。

(3) 依形状分类:直针,适合于缝合皮肤浅组织。3/8 弧度针,即占 3/8 圆弧弯度,适合缝皮肤、皮下组织及肌肉等稍深器官或组织。1/2 弧度针,即占 1/2 圆弧弯度,适用缝合深部组织。

2. 缝合线

(1) 可吸收性缝线:主要为羊肠线和合成纤维线。多用于愈合较快的组织或皮下组织、结扎血管等,也用于内脏黏膜的缝合。

(2) 不可吸收性缝线:即不能被机体的酶类消化或不能在机体组织内水解的缝线,多用在普通穿刺操作或体表缝合时。其适用范围包括:体表皮肤的缝合,体腔内的缝合;用于可吸收缝线过敏、瘢痕体质的患者等;移植物的暂时性固定(如起搏器等装置)。

(三) 常用缝合方法

缝合的方法很多,目前尚无统一的分类方法。按组织的对合关系可分为单纯缝合、外翻缝合、内翻缝合三类;按缝合时缝线的连续与否可分为间断缝合和连续缝合两种;按缝线与缝合时组织间的位置关系分为水平缝合、垂直缝合;有时则将上述几种情况结合取名。当缝合伤口形态特殊时,采用独特的缝合方法,还可分为荷包缝合、包埋缝合、"U"字缝合、"8"字缝合、"T"字缝合、"Y"形缝合等。另外还有用于特别目的所做的缝合,如减张缝合、皮内缝合、缝合止血等。下面介绍几种常见的缝合方法:

1. 连续缝合　连续缝合是用一根缝合线所做的一系列缝合。多适用于腹膜或腹壁筋膜层的暂时性闭合。在第一针缝合后打结,继而用该缝线缝合整个创口,结束前的一针,将缝线尾拉出留在对侧,形成双线与缝线尾打结。使用连续缝合时应避免因张力过大引起的组织皱缩,同时也应避免因缝线断裂所导致的整个伤口组织开裂。连续缝合因为使用一根缝线,也容易导致感染沿缝线传播。

2. 单纯间断缝合　单纯间断缝合是利用多根缝线闭合伤口的缝合方式。该种缝合方式多用在皮肤、皮下组织、肌肉、腱膜的缝合。每根缝线被单独打结、剪断。单纯间断缝合能使缝合更为牢固,即使有一根缝线断裂,在其他缝线的作用下仍能保持伤口对合良好。同时,间断缝合也适用于感染的伤口,感染不会沿多根缝合线传播。

3. 垂直褥式外翻式缝合　该缝合方式多用于松弛皮肤的外翻对合,在使用普通缝合方式时,伤口的创缘容易内翻,愈合后易形成瘢痕组织;也适用于较深的、不必要分层缝合的伤口。垂直褥式缝合先在离创缘的 1~1.5cm 处进针,在创口对侧同样的距离出针,然后反折在离创缘 1~2mm 处再次进针,最后在进针的一侧打结。

(四) 缝合的步骤

1. 进针　缝合时左手执有齿镊,右手执持针钳,用腕臂力量由外旋进,顺着弯针的弧度迅速刺入皮肤,经皮下从对侧切口皮缘穿出。

2. 拔针　可用有齿镊夹住针的前端,顺着针的弧度向外拔,同时持针器从针后部顺势前推。

3. 夹针　当针要完全拔出时,阻力已很小,可松开持针器,单用镊子夹针继续外拔,持针器迅速转位再夹针体(后 1/3 弧处),将针完全拔出。

4. 打结　手法正确,松紧适度。

5. 剪线　手法正确,线头长短适中。

6. 对皮　用镊子使皮肤对合整齐。

(五) 缝合注意要点及技巧

1. 组织分层对合　缝合应分层进行,按组织的解剖层次进行缝合,使组织层次严密,不要卷入或缝入其他组织。

2. 避免张力缝合　如果伤口张力过大,勉强拉拢缝合后,可导致伤口边缘缺血,不利于愈合,同时缝线周围牵拉大,可导致拉豁皮肤,使伤口愈合后瘢痕增生。

3. 进针出针　进针、出针时应注意顺着针的弧度用力,缝合皮肤时要求进、出针与皮面垂直。

4. 边距、针距合适　根据不同的部位,原则上以使创缘平整对合为原则,不可太密、太紧。通常针距为 1cm,边距为 0.5cm。

5. 保持伤口创缘轻度外翻对合　伤口组织在形成瘢痕组织的过程中会出现回缩,轻微的外翻在组织恢复过程中反而会让皮肤变得平整。

三、手术结

(一) 概述

打结是手术中最基本,也是最重要的技术操作之一,止血、组织缝合都需要打结。打结不正确可能导致结滑脱,严重时可造成出血或缝合组织裂开。

临床上使用的"结"有单结、方结、外科结和三重结,而临床不正确的打结有"假结"和"滑结"(图 10-2-1)。单结在手术操作中作为组织指示或临时止血时使用;方结、外科结是临床使用最多,也是最牢靠的结(图 10-2-2)。方结是由两个方向相反的单结组成。外科结与方结相似,区别是外科结的第一个结为两个环(图 10-2-2)。外科结的优点在于当扎紧第二个结时,第一个结的两个环更稳定、更牢固。三重结是由三个方结组成,相邻两个结的方向均相反,适用于大血管的结扎或特殊打结线(肠线或尼龙线)时使用。

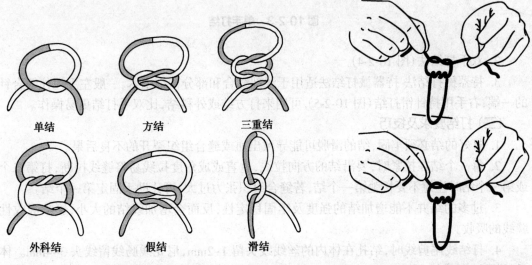

单结　　方结　　三重结

外科结　　假结　　滑结

图 10-2-1　结扎种类　　　　**图 10-2-2　外科结与方结**

(二) 打结方法

临床常用的打结方法可分为单手打结、双手打结和持器械打结法三种。

1. 单手打结法(图 10-2-3)。

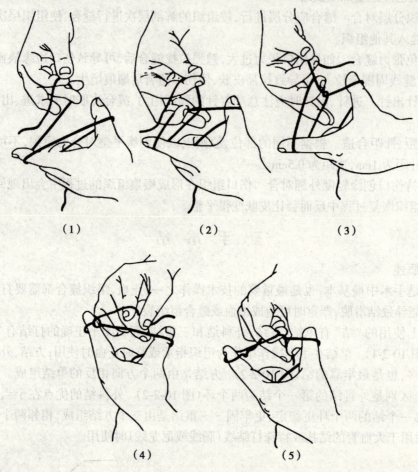

(1)　　　　　　(2)　　　　　　(3)

(4)　　　　　　(5)

图 10-2-3　单手打结

2. 双手打结法(图 10-2-4)。

3. 持器械打结法　持器械打结法适用于浅部缝合和部分精细手术,一般左手捏住缝合针的一端,右手用持针钳打结(图 10-2-5),可用来打方结或外科结,比双手打结更易操作。

(三) 打结要求及技巧

1. 打好的结必须牢固,结的滑脱可能导致出血或缝合组织裂开的不良后果。

2. 每一个结在拉紧时,要沿结的方向拉线,垂直或成角度拉线易将缝线拉断,打第二个或第三个结时注意不要松弛第一个结,若缝合组织张力过大,可让助手固定第一个结。

3. 过多的结并不能增加结的强度及牢固稳定性,反而会增加线结的大小,影响吸收性缝线的吸收。

4. 打结线尾剪线时,结扎在体内的丝线线头留 1~2mm,尼龙线肠线留线头 3~4mm。体外的线头,丝线线头留 5~6mm。

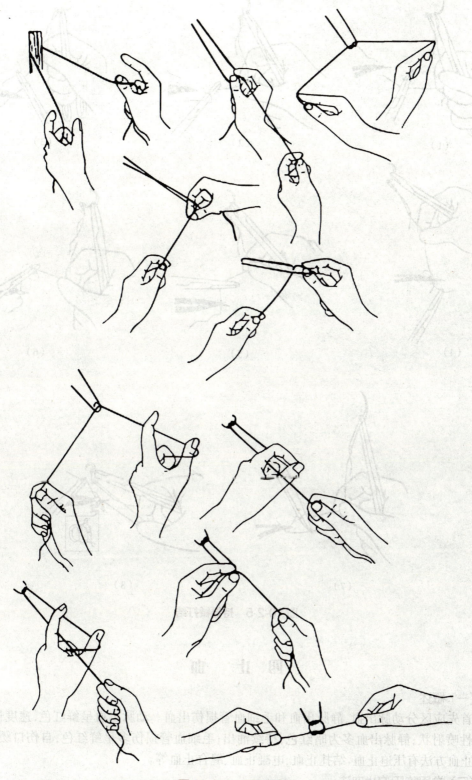

图 10-2-4　双手打结

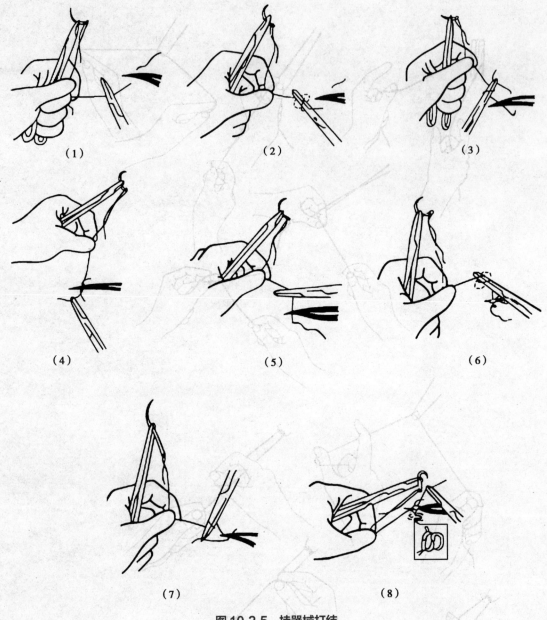

（1）　　　　　　　（2）　　　　　　　（3）

（4）　　　　　　　（5）　　　　　　　（6）

（7）　　　　　　　（8）

图 10-2-5　持器械打结

四、止　血

（一）概述

首先应区分动脉出血、静脉出血和毛细血管损伤出血。动脉出血呈鲜红色，速度快，呈间歇性喷射状；静脉出血多为暗红色，持续涌出；毛细血管损伤多呈鲜红色，自伤口缓慢流出。止血方法有压迫止血、结扎止血、电凝止血、缝合止血等。

（二）常用的压迫止血法

常用的压迫止血法有指压法、加压包扎法、填塞法和止血带法。

1. 指压法　用手指压迫动脉经过骨骼表面的部位,达到止血的目的。适用于头、面、颈部及四肢的动脉出血急救。如头颈部大出血,可压迫一侧颈总动脉、颞动脉或颌动脉;上臂出血可根据伤部压迫腋动脉或肱动脉;下肢出血可压迫股动脉等。此法是应急措施,因四肢动脉有侧支循环,故其效果有限,且难以持久。应根据情况适时改用其他止血方法。

2. 加压包扎法　最常用。一般小动脉和静脉损伤出血均可用此法止血。方法是用敷料盖住伤口,再用绷带加压包扎。注意包扎的压力要均匀,范围应够大。包扎后应将患肢抬高,以增加静脉回流和减少出血。

3. 填塞法　用于肌肉、骨端等部位的渗血。常用于颈部、臀部等较深的伤口。用消毒的纱布、棉垫等敷料填塞在伤口内,再用绷带、三角巾等加压包扎。

4. 止血带法　适用于四肢大血管破裂出血或经其他急救止血无效者。

(1) 上止血带前,先将患肢抬高 2~3 分钟,以增加回心血量。

(2) 扎止血带的位置:应靠近伤口的近心端。上肢在上臂上 1/3 处,下肢一般在大腿中上 1/3 处,手指在指根部。

(3) 绕扎止血带:在上止血带处置衬垫物,将橡皮止血带适当拉紧、拉长,缠绕肢体 2~3周。不能绕扎过紧,绕扎松紧程度应以能止住出血为宜。

(4) 在标志牌上记录使用止血带的开始时间。

(三) 注意事项

每间隔 60 分钟应放松止血带 1 次,每次放松止血带的时间为 3 分钟,松开止血带之前应用手压迫出血动脉的近端。止血带使用时间一般不应超过 4 小时。

五、清　创

(一) 概述

清创术是对新鲜开放性污染伤口进行清洗去污、清除血块和异物,切除失去生机的组织,使之尽量减少污染,甚至变成清洁伤口,力图伤口一期愈合的操作技术。对开放性伤口采用清创术,有利于受伤部位的功能和形态的恢复。清创术是一种外科基本手术操作。伤口初期处理的好坏,对伤口愈合、受伤部位组织的功能和形态的恢复起决定性作用,应予以重视。

开放性伤口分为清洁、污染(有细菌污染但尚未构成感染)和感染伤口三类。严格地讲,外伤时清洁伤口是很少的,意外创伤的伤口难免受到不同程度的污染。如污染严重,细菌量多且毒力强,在受伤 8 小时后即可变为感染伤口。由于头面部伤口局部血运良好,对抗病原体的能力较强,伤后 12 小时仍可按污染伤口行清创术。

(二) 适应证

受伤 8 小时以内的开放性非感染伤口应行清创术。8 小时以上但无明显感染的伤口,若伤员一般情况好,亦可行清创术。

(三) 禁忌证

如伤口已有明显感染,则不宜行清创术,仅将伤口周围皮肤擦净、消毒,将伤口敞开引流。

(四) 操作步骤

1. 清创前准备

(1) 清创前须对伤员进行包括生命体征在内的全面检查,如伤员有休克,应先抢救生命,待休克好转后再争取时间进行清创;如颅脑、胸、腹部等重要脏器有严重损伤,应先处理危及生命的创伤;如四肢有开放性损伤,应注意是否同时合并骨折,可拍 X 线片协助诊断。

(2) 在清创前,应给予伤员镇痛药物。

(3) 如伤口较大、污染严重,应在术前 1 小时给予抗生素抗感染。

(4) 肌内注射破伤风抗毒素 1500U,创伤严重者给予 3000U,如伤员对破伤风抗毒素过敏,可采用破伤风免疫球蛋白,儿童、成人一次用量均为 250U。

(5) 准备无菌软毛刷、消毒肥皂水、无菌生理盐水、75% 酒精、1‰苯扎溴铵溶液、3% 过氧化氢溶液、0.5% 碘伏溶液、2% 利多卡因溶液,以及手术刀、手术剪、血管钳、持针器、手术镊、缝合针、缝合线、棉球、无菌纱布敷料、胶布、绷带等。

(6) 戴帽子、口罩(盖住口、鼻孔)。

2. 初步处理伤口　包括清洗皮肤和清洗伤口两个步骤。

(1) 清洗皮肤:用无菌纱布覆盖伤口,再用汽油或乙醚擦去伤口周围皮肤的油污。术者按常规方法洗手、戴手套,更换覆盖伤口的纱布,用软毛刷蘸消毒肥皂水刷洗伤口周围皮肤,并用生理盐水冲洗三次。注意勿使冲洗液流入伤口内。

(2) 清洗伤口:移去覆盖伤口的纱布,用生理盐水冲洗伤口后,用 3% 双氧水冲洗伤口,直至出现泡沫。再次使用生理盐水冲洗伤口。擦干伤口,初步检查伤口内有无活动性出血、异物,有无合并神经、血管、肌腱损伤等(图 10-2-6)。

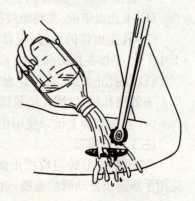

图 10-2-6　生理盐水冲洗伤口

3. 再次处理伤口

(1) 脱手套,洗手,并消毒术者自己的手臂。

(2) 消毒铺巾:用碘伏消毒伤口周围皮肤 2~3 遍(注意勿使消毒液流入伤口),铺无菌巾。

(3) 戴无菌手套。

(4) 局部麻醉 用 2% 利多卡因沿伤口外周,距伤口边缘 1~2cm,作局部浸润麻醉。

(5) 清理伤口

1) 修剪创缘皮肤:沿原伤口切除创缘皮肤 1~2mm,必要时可扩大伤口(浅部贯通伤的出入口较接近者,可将伤道间的组织桥切开,变两个伤口为一个),肢体部位应沿纵轴切开,经关节的切口应作 S 形切开。如伤道过深,不应从入口处清理深部,而应从侧面切开清理伤道。

2) 彻底止血:结扎活动性出血点。

3) 由浅入深:用消毒镊子或小纱布球轻轻去除异物和凝血块、血肿,切除失活组织(图10-2-7)。如损伤局部伴粉碎性骨折,应尽量保留骨折片;已完全剥落的小骨片则应清除。用 3% 双氧水及生理盐水再次冲洗伤口。

4. 清创后伤口处理

(1) 根据伤口情况决定是否放置引流物:大而深的伤口,在一期缝合时应放置引流条。污染重的或特殊部位不能彻底清创的伤口,应在清创后于伤口内放置凡士林纱布条引流。胸、腹腔的开放性损伤应在彻底清创后,放置引流管或引流条。

(2) 根据污染程度、伤口大小和深度等具体情况,决定伤口应该开放还是缝合,一期还是延期缝合:未超过 12 小时的清洁伤口可一期缝合;污染重的或特殊部位不能彻底清创的伤

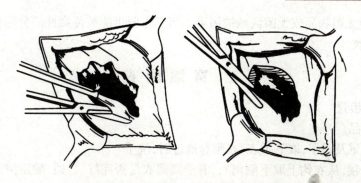

图 10-2-7 切除失去活力的筋膜和肌肉

口,应延期缝合,即在清创后先于伤口内放置凡士林纱布条引流,待 4~7 日后,如伤口组织红润,无感染或水肿时,再作缝合。对重要的血管损伤应修补或吻合。对断裂的肌腱和神经干应修整缝合。显露的神经和肌腱应以皮肤覆盖。开放性关节腔损伤应彻底清洗后缝合。

(3) 缝合后酒精棉球消毒皮肤,覆盖无菌敷料,外加包扎。

(五) 清创术的注意事项

1. 开放性创伤者应注射破伤风抗毒素治疗,在伤后 12 小时内应用可起到预防作用。

2. 伤口清洗是清创术的重要步骤,必须反复用大量生理盐水冲洗,务必使伤口清洁后再作清创术。

3. 选用局部麻醉者,只能在清洗伤口后麻醉。

4. 清洁伤口可以直接缝合,开放性创伤早期为污染伤口可行清创术,直接缝合或延期缝合,感染伤口要先引流,然后再作其他处理。开放性伤口一期缝合的指征为:伤后 6~8 小时内;伤口污染较轻,且不超过 8~12 小时;头、面部的伤口,一般在伤后 24~48 小时。若不能满足以上条件,则只清创不缝合。缝合伤口时,不应留有无效腔,张力不能太大,以免造成缺血或坏死。

5. 较深入体内的创伤在手术中必须仔细探查和修复。伤口或组织内存有异物,应尽量取出以利于组织修复;但如果异物数量多,或者摘取可能造成严重的再次损伤,处理时必须衡量利弊。

6. 清创时既要彻底切除已失去活力的组织,又要尽量爱护和保留存活的组织,这样才能避免伤口感染,促进愈合,保存功能。

7. 污染和感染伤口还要根据伤情和感染程度考虑使用抗生素。

8. 清创后的肢体损伤患者,应当嘱其抬高伤肢,促使血液回流。

9. 清创后注意伤肢血运、伤口包扎松紧是否合适、观察伤口有无出血等。发现伤口出血或发生感染时,应立即拆除缝线,检查原因,进行处理。

第三节 穿脱隔离衣

一、概　述

穿、脱隔离衣也属于隔离技术范畴,目的保护工作人员和患者,避免相互接触性交叉感染,也可以避免无菌物品或无菌区域被污染。当工作服可能被传染性的分泌物、渗出物污染时需要穿隔离衣。

二、穿隔离衣

(一) 操作步骤

1. 备齐物品。

2. 戴好口罩及帽子,取下手表,衣服卷袖过肘,洗手。

3. 手持衣领,从衣钩上取下隔离衣,看清隔离衣是否完好、合适,确定清洁面(衣领及隔离衣内面为清洁面)和污染面,将清洁面朝向自己,有腰带的一面向外。

4. 将衣领两端向外折齐,对齐肩缝,露出肩袖内口。

5. 右手持衣领,左手伸入袖内并向上抖,注意衣袖勿触及面部,右手将衣领向上拉使左手露出衣袖。

6. 换左手持衣领,同法穿好另一袖。

7. 两手持衣领顺着边缘由前向后,在颈后将领扣扣好,然后扣好袖口或系上袖带。

8. 松开腰带活结,从腰部向下约 5cm 处,自一侧衣缝处,将隔离衣后身部分向前拉,见到衣边捏住,然后依法将另一边捏住,注意手勿触及衣内面。两手在背后将两侧衣边对齐,向一侧按压折叠,以一手按住,另一手将腰带拉至背后压住折叠处,在背后交叉,回到前面打一活结,系好腰带。

(二) 注意事项

1. 穿隔离衣时,应先扣领扣,再扣袖口,最后系腰带。系领扣时,勿使衣袖触及面部、衣领及工作帽。穿隔离衣时,应避免接触清洁物。

2. 隔离衣内面及领部为清洁区,应始终保持清洁,避免污染;隔离衣须全部覆盖工作衣,如有破洞,立即更换。

3. 穿隔离衣后,只限在规定区域内进行工作,不允许进入清洁区,避免接触清洁物品。

4. 隔离衣应每天更换一次,如有潮湿或污染,应立即更换。接触不同病种的患者时应随时更换隔离衣。

三、脱隔离衣

(一) 操作步骤

1. 解开隔离衣的腰带,在前面打一活结。

2. 解开两袖口,在肘部将部分袖管塞入工作服内,暴露前臂。

3. 消毒双手,从前臂至指尖顺序刷洗两分钟,清水冲洗,擦干。

4. 解开领扣。

5. 右手伸入左手袖口内,拉下衣袖过手(用清洁手拉袖口内的清洁面),用遮盖着的左手抓住右手隔离衣袖子的外面,将右侧衣袖拉下,双手在袖内使袖子对齐,双臂逐渐从袖管中退出。

6. 双手持领,将隔离衣两边对齐(若挂在半污染区,则隔离衣的清洁面向外;挂在污染区,则污染面朝外),挂在衣钩上。

(二) 注意事项

1. 脱隔离衣时,应先解腰带,再解袖口,最后解衣领。

2. 脱隔离衣时,隔离衣内面和衣领为清洁区,应避免污染。

3. 消毒手时不能沾湿隔离衣,隔离衣也不可触及其他物品。

4. 挂隔离衣时,不可使衣袖露出或衣边污染面盖过清洁面;脱下的隔离衣如挂在半污染区,则清洁面向外;挂在污染区则污染面向外。

第四节　换药与拆线

一、换　药

(一) 概述

换药是观察、了解伤口的情况(长度、深度和方向、有无异物以及肉芽生长、对合情况),查看伤口有无积液(渗出)、感染(红肿、缝线反应)迹象,并对伤口进行敷料的更换和处理,以保持伤口的清洁,保护伤口,促使伤口尽早愈合。

(二) 换药常用备品

1. 生理盐水　生理盐水是最常用的药物之一,主要用于创面的擦拭、冲洗等。生理盐水为等渗性液体,渗透压与人体血浆、组织液的渗透压相等,能维持细胞的正常形态,对肉芽组织无不良刺激。等渗盐水棉球及纱布用于清洁创面、创面湿敷、填充脓腔;等渗盐水用于冲洗脓腔;1%~3% 盐水具有较强的局部脱水作用,可用于肉芽水肿明显的创面。

2. 碘酒　碘酒是高效消毒剂,是碘、碘化钾及酒精的混合物。碘酒有强大的杀菌能力,能杀死细菌的芽胞,但对皮肤的刺激性大,更不能用在黏膜上,不适用于开放性伤口的消毒。使用碘酒后需用酒精脱碘。

3. 酒精　又叫乙醇,是最常用的皮肤消毒剂,也用于碘酒使用后的脱碘。75% 的酒精用于灭菌消毒;40%~50% 的酒精用于预防褥疮;25%~50% 的酒精擦浴用于高热患者的物理降温。表皮完整的伤口可以用酒精换药,如果表皮破损就不能用酒精(或者说黏膜消毒忌用酒精),经典的消毒方法是2% 碘酒消毒两遍后使用酒精三遍脱碘消毒。酒精极易挥发,因此,消毒酒精配好后,应立即置于密封性能良好的瓶中密封保存、备用,以免因挥发而降低浓度,影响杀菌效果。

4. 聚维酮碘　聚维酮碘(碘伏)是碘与表面活性剂、灭菌增效剂经独特工艺络合而成的一种高效、广谱、无毒、稳定性好的新型消毒剂。对皮肤、黏膜、伤口刺激性小,无需用乙醇脱碘,无腐蚀作用,普遍应用于肌内注射、静脉注射、外用、手术皮肤的消毒等。碘伏的缺点是对油腻的创口或者皮脂腺发达的部位无效或者效果不好。有时需要用酒精先行脱脂,再用碘伏涂抹,能加强碘伏对皮肤的贴合和对毛孔的渗透,增强碘伏的消毒效果。

5. 3% 过氧化氢溶液　过氧化氢溶液(双氧水)是无色有刺激性气味的液体,与组织接触后分解释放出氧,这种尚未结合成氧分子的氧原子,具有很强的氧化能力,与细菌接触时有杀菌作用,主要用于冲洗外伤伤口、腐败或恶臭的伤口,尤其适用于厌氧菌感染的伤口。

6. 油纱布　油纱布具有引流、保护创面以及敷料不易干燥、延长换药时间等作用。创面分泌物少者,可 2~3 天更换一次。常用的有凡士林纱布,用于新鲜创面,有保护上皮的作用。

(三) 适应证

1. 外科伤口缝合后的覆盖敷料定期及不定期更换。

2. 各种放置引流物的体表伤口敷料更换。

3. 伤口已化脓感染,需要定时清除坏死组织、脓液和异物者。

4. 检查伤口后,拆线,伤口敷料松脱、移位、错位。

5. 手术前创面准备,需要对其局部进行清洁、湿敷者。

6. 各种瘘管、窦道漏出物或伤口渗出物太多,大、小便或鼻、眼、口分泌物污染、浸湿伤口敷料者。

(四) 禁忌证

换药没有绝对禁忌证,但患者若出现生命体征不平稳或发生休克,而换药操作需要中断抢救措施或调整患者体位时,可暂不行换药。

(五) 换药的具体步骤

1. 换药前准备

(1) 医生准备:充分了解伤口的部位、创面的大小及深浅,伤口腔内填塞纱布的数量,有无引流管需要拔除或更换,伤口是否需要扩创或冲洗,是否需要拆线或缝合等。对患者精神状态,全身状况及换药过程中可能发生的情况,均应详细了解并充分准备。洗手,戴好帽子和口罩(头发、口鼻不外露)。

(2) 物品准备:换药前准备好需要的器械和物品。换药所需物品通常包括无菌治疗碗两个(放无菌敷料)、弯盘 1 个(放污染敷料)、镊子或止血钳 2 把、剪刀 1 把、酒精棉球、干棉球、纱布、引流条、生理盐水、特殊换药药物、胶布等。另外,有些伤口可能需要手术刀、持针器、缝线、缝针、棉垫、绷带、棉签、胸腹带等。

(3) 患者准备:操作者要向患者做自我介绍,并告知患者换药的目的,有的时候还可适当告知换药的内容及注意事项,以取得患者的配合。让患者取最舒服且伤口暴露最好的体位。同时,要避免患者着凉,如伤口较复杂或疼痛较重,可适当给予镇痛或镇静药物以解除患者的恐惧及不安。同时,在换药时要充分尊重患者,保护患者的隐私,并请家属离开诊室。

2. 去除敷料

(1) 先用手取下伤口外层绷带及敷料,将污染敷料内面向上,放在弯盘里。撕胶布时应自伤口由外向里,可用手指轻轻推揉贴在皮肤上的胶布边沿,待翘起后用一只手轻压局部皮肤,另一只手牵拉翘起的胶布,紧贴皮面(即与皮肤表面平行)向相反的方向慢慢取下,切不可垂直地向上拉掉,以免产生疼痛或将表皮撕脱。还可用一只手指伸至敷料边缘与皮肤之间,轻柔地用手指向外推压皮肤或分离胶布与皮肤的黏合部分。若遇胶布黏着毛发时,可剪去毛发或用汽油、乙醚、松节油等浸润后揭去胶布。

(2) 用镊子轻轻揭去内层敷料。与伤口粘住的最里层敷料,应先用生理盐水棉球浸湿后再揭去,以免损伤肉芽组织或引起创面出血。

(3) 在换药过程中,一把镊子直接用于接触伤口,另一把专门用于传递换药碗中的物品,两把镊子不能混用。夹拿物品时,镊子一定要头朝下,不能翘起来。

3. 伤口周围皮肤消毒　去除敷料后,用70%酒精棉球由内向外消毒伤口周围皮肤2遍,注意不要使消毒液流入伤口内。若伤口周围皮肤粘有较多胶布痕迹,可用汽油棉棒擦去,以减少对皮肤的刺激。

4. 创面处理

(1) 用盐水棉球自内向外轻轻拭去创面内分泌物,擦洗创面周边皮肤的棉球不得再接触创口内面。在拭去创面分泌物时切忌反复用力擦拭,以免损伤创面肉芽或上皮组织;擦拭创面所用棉球不应太湿,否则不但不易清除分泌物,反而使脓液外流污染皮肤和被褥,可用换药镊将棉球中过多的药液挤掉。

(2) 正常的肉芽颜色鲜红、质地致密、局部洁净、表面平坦。如发现肉芽色泽黯淡,表面呈粗大颗粒状,水肿发亮高于创缘,可将其剪除,再将盐水棉球拭干,压迫止血。若肉芽轻度水肿,可用 3%~5% 高渗盐水纱布湿敷。

(3) 脓液或分泌物较多的伤口,宜用消毒溶液湿敷,以减少脓液或分泌物。湿敷药物视创面情况而定,可用新霉素溶液或庆大霉素溶液等局部处理。每天换药 2~4 次,同时可根据创面分泌物培养出的不同细菌和药敏试验,选用敏感的抗生素。对于有较深脓腔或窦道的伤口,可用双氧水、生理盐水进行冲洗,伤口内适当放置引流物,将脓液引出。脓腔深大者,棉球擦洗时应防止脱落在伤口内。

(4) 创面擦拭干净后,应彻底去除伤口内的线头、死骨、腐肉等异物。

(5) 最后用 70% 的酒精棉球由内向外消毒伤口周边皮肤(注意不可使酒精进入伤口内)。根据伤口情况放入引流管、纱布引流条等,再选择凡士林纱布、药物或盐水纱布覆盖伤口。

5. 包扎固定　创面处理完毕后,用无菌干纱布覆盖伤口,并用胶布粘贴固定纱布。创面大、渗液多的伤口,可加用棉垫。覆盖纱布时,要覆盖 8 层纱布以上(一般一块纱布 4 层),并使纱布光面朝下。纱布覆盖面边缘至少超过伤口 3cm。贴胶布方向应与肢体或躯干长轴垂直,一般粘贴三条,两条压边,中间贴一条,若胶布不易固定时可用绷带包扎。

6. 换药频率　换药并非频率愈高愈好。每次换药,都会不同程度地损伤肉芽组织上的毛细血管,影响肉芽组织的生长,即便是轻微的擦拭也是如此。企图通过勤换药"彻底"冲洗伤口而达到伤口"无菌"是不可能的,相反会对伤口产生不良刺激,影响愈合,因此,应当注意换药的间隔时间。

(1) 一期缝合的无菌伤口:患者无特殊不良反应,敷料不必更换,保持敷料的清洁和干燥直到拆线。但常于术后 3 天左右(颜面、躯干手术 24 小时后)检查伤口,此时可以同时更换敷料;如敷料污染或移位,也应及时更换。

(2) 可能存在问题的无菌伤口:当患者主述局部疼痛、刺痒或发热时,应及时检查伤口,并更换敷料,此时可能有以下几种情况:

1) 缝线反应:是伤口的组织生理反应或组织与缝线的反应,表现为暂时性水肿及术后 2~3 天针眼及缝线下发红,此非感染。局部消毒、换药后,可继续包扎观察。

2) 针眼脓疱:针眼部红肿有硬结或脓疱。出现此情况时,可拆除缝线,扩大引流,配合局部抗生素或红外线照射。

3) 伤口化脓感染:患者可有发热等全身反应,伤口可见缝线嵌入肿胀的皮肤组织内,伤口局部红、肿、热、痛明显。出现这种情况,除局部处理外,还需要配合全身抗生素治疗,同时使用双氧水、氯己定局部冲洗,局部引流,并送脓液细菌培养 + 药敏检查以确定病原体。

(六) 换药技巧及注意事项

1. 严格遵守无菌操作技术。

2. 换药操作前,首先应明确是清洁伤口、普通感染伤口,还是特异性感染伤口。换药次序应先无菌伤口,后感染伤口,最后是特异性感染伤口,如气性坏疽、破伤风等。气性坏疽、破伤风、溶血性链球菌及铜绿假单胞菌等感染伤口,可指定专人负责换药,而且必须严格执行床边隔离制度。这类换药污染的敷料需及时焚毁,使用的器械应单独加倍时间消毒灭菌。

3. 换药者当日有无菌手术,不应在手术前给感染伤口换药,换药后需认真洗手。

4. 根据伤口情况准备换药敷料和用品,应勤俭节约,物尽其用,不应浪费。

5. 换药操作要轻柔,并保护健康组织。

6. 用手移去外层敷料,用镊子而不是用手揭去内层敷料。

7. 严格执行两把镊子法。两把镊子不能混用,操作过程中镊子头部应始终低于手持部,以免污染。

8. 酒精棉球只能擦拭皮肤,不能擦拭伤口,因为刺激性太大。擦拭伤口经常使用生理盐水棉球。

9. 合理掌握换药的间隔时间,间隔时间过长不利伤口愈合,间隔时间过短因反复刺激伤口也会影响伤口愈合,同时增加患者痛苦,并造成浪费。

10. 伤口长期不愈合者,应检查原因,排除结核菌感染、引流不畅以及线头、死骨、弹片等异物存留的可能性。

二、拆　线

(一) 概述

外科拆线是指在缝合的皮肤切口愈合后或手术切口出现并发症时(如切口化脓性感染等)拆除缝线的操作过程。

(二) 适应证

1. 各种伤口如有明显红肿、压痛,局部张力增高等感染征兆时,则应及早间断拆线或拆除有关部位的缝线。

2. 无菌手术切口　成人患者一般可根据切口部位不同,按如下时间拆线(表 10-4-1)。

表 10-4-1　身体不同部位以及不同缝合方式的推荐拆线时间

部位	推荐拆线时间(天)	部位	推荐拆线时间(天)
头、颈、面部	4~5	手足背	10~12
胸、腹、背、臀部	7~10	足底部	10~15
双上肢	9~10	减张切口	14~16
双下肢	9~11		

3. 遇有下列情况,应延迟拆线

(1) 严重贫血、消瘦、恶病质者。

(2) 严重失水或水电解质紊乱尚未纠正者。

(3) 老年及婴幼儿。

(4) 较剧烈的咳嗽没有控制时,胸、腹部切口应延迟拆线。

(三) 操作步骤

1. 拆线前准备

(1) 戴帽子、口罩(头发、鼻孔不外露),洗手。

(2) 准备拆线物品,包括两只换药碗(盘),镊子两把,拆线剪刀、适量的酒精棉球及无菌敷料等。

（3）与患者沟通,告诉患者拆线的目的和简单过程,解除患者心理紧张。患者取仰卧位,充分暴露手术切口部位。

2. 拆线过程

（1）揭开胶布,用手移去切口敷料,将敷料放置入盛污物的换药碗（盘）内。

（2）一把镊子直接用于接触伤口,另一把专门用于传递换药碗中的清洁物品。两把镊子不能混用。夹拿物品时,镊子一定要头朝下,不能翘起来。

（3）观察切口的情况。用酒精棉球消毒切口周围皮肤 2~3 遍,距切口 3~5cm。

（4）操作者左手持血管钳或镊子,夹住线头,轻轻向上提起,使原来在皮下的一小段缝线露出。另一手用剪刀插进线结下空隙,紧贴针眼将露出的缝线段剪断。

（5）持镊将缝线抽出,抽线的方向朝向切口侧。

（6）全部拆完后检查伤口愈合情况,用酒精棉球重新消毒切口一遍,无菌敷料覆盖切口并用胶布固定,粘贴胶布的方向应与躯干长轴垂直,长短适宜。

（7）将换下的污染敷料置入医用垃圾袋中。

第五节　体表肿物切除

一、概　　述

体表肿物指发生在皮肤或皮肤附属组织的增生性病变。简单来说,凡在体表能看见或能清楚摸到的皮肤及皮下的肿物就是体表肿物,如皮脂腺囊肿等。另外,位于皮肤和皮下的血管瘤、淋巴管瘤、神经纤维瘤、黄色瘤、皮样囊肿等都属于体表肿物。

二、体表肿物的分型

根据体表肿物的病理学类型,可将肿物分为肿瘤性肿物和非肿瘤性肿物两大类。

1. 非肿瘤性肿物　包括疣、炎性肉芽肿、瘢痕疙瘩、皮脂腺囊肿（表皮囊肿）、皮样囊肿、表皮样囊肿、腱鞘囊肿等。

2. 肿瘤性肿物　为发生在体表的实体肿瘤,其中良性肿瘤包括:汗腺瘤、色素瘤、皮肤乳头状瘤等;恶性肿瘤通常包括:汗腺癌、黑色素瘤、皮肤癌等。

三、体表肿物的诊断

1. 视诊　直接观察肿物的大小、形态、色泽、有无破溃或分泌物。

2. 触诊　感觉肿物的硬度、质地（囊性或实性）、有无触痛以及活动度。

3. 彩超检查　有条件的社区卫生服务中心可以通过彩超检查确定肿物是囊性还是实性,同时也可以明确肿物和周围组织的关系,特别是和血管的关系。

四、体表常见肿物的处理原则

1. 疣体　可在局部浸润麻醉下切除、电灼、冷冻或激光治疗。

2. 瘢痕疙瘩　一般不必处理,确实影响美观者,可去上级医院整形科就诊。

3. 皮脂腺囊肿 又称粉瘤或表皮囊肿,主要由于皮脂腺排泄管阻塞,皮脂腺囊状上皮被逐渐增多的内容物膨胀而形成的潴留性囊肿,并非真性肿瘤,大小一般为 1~3cm,与皮肤粘连,基底可活动,囊内为白色凝乳状皮脂腺分泌物。较小时不需治疗,但 1cm 以上者可手术切除。如合并有感染,可用药物治疗,1 周后择期手术;如果形成脓肿,宜切开引流,感染控制后择期手术。

4. 皮样囊肿 属于先天性疾患,位于皮下,不与皮肤粘连而与基底部组织粘连甚紧。常长在身体中线附近,好发于眼眶周围、鼻根、枕部及口底等处。治疗以手术切除为主。术前应该充分估计肿瘤的深度,术中保护深部重要的结构,避免遗留囊壁,防止复发。

5. 表皮样囊肿 是一种真皮内含有角质的囊肿,多因外伤(尤其刺伤)将表皮植入真皮而成,肿物表面常有角质增生,好发于手及足踝等易受外伤和压迫的部位。治疗以手术切除为主,完整手术切除,防止复发。极少数发生恶变。

6. 腱鞘囊肿 与皮肤无粘连,但可与深部组织附着,无活动。可门诊手术刺破囊壁,抽出胶冻样囊液或者手术切除。

7. 汗腺瘤 来源于汗腺及大汗腺的良性肿瘤,多发生在头面部、腋窝、大腿及会阴部,单发,囊性肿块,大约 0.5cm 大小,表皮皮色稍红,中央常凹陷,手术切除为治疗手段。

8. 汗腺癌 多发生于 40~60 岁的中老年,女性多于男性,单发的皮下结节或肿块,质地较硬,直径大于 2cm,与皮肤粘连,偶伴溢液,需转诊到综合医院手术治疗为主。切除时应距肿块 2~3cm,并做区域淋巴结清扫。

9. 色素痣 或称色痣或黑素细胞痣,系良性黑素细胞肿瘤的俗称,指各种由增生的黑素细胞构成的非恶性肿瘤。根据各种痣的特点,可分为先天性痣、后天性痣等。皮内痣、交界痣、混合痣则是病理诊断名称。色素痣通常不需治疗,仅在易受摩擦部位做预防性切除,但疑有恶变倾向时(如青春期后皮损出现疼痛不适;青春期后皮损色素明显加深,周围出现红晕;青春期后皮损显著增大或在斑疹上出现丘疹;皮损发生不明原因的出血、溃疡、附近淋巴结肿大等)按黑色素瘤处理。

10. 皮肤恶性黑色素瘤 是起源于神经嵴黑色素细胞的恶性肿瘤,多由痣或色素斑发展而来。多发生于中老年人,男性略多于女性,最常见于背部、胸腹部、腿部、足底等部位也不少见。表现为痣或色素斑迅速增大、隆起、边缘不整、硬度增大、破溃不愈、局部微痒或微痛,周围可出现色素晕,易破溃、出血等。本病预后与性别、年龄、病灶部位、肿瘤浸润深度、淋巴结转移情况及手术切除范围等相关。一经发现,需立即转综合医院进一步诊疗。

五、体表肿物切除的基本步骤

(一) 术前准备

1. 患者准备 根据手术部位让患者采用合适的体位,尽可能让患者舒适、放松,同时要确保术野开阔,方便术者操作。

2. 物品准备 准备无菌软毛刷、消毒肥皂水、无菌生理盐水、75% 酒精、0.5% 碘伏溶液、2% 利多卡因溶液,以及手术刀、手术剪、血管钳、持针器、手术镊、缝合针、缝合线、棉球、无菌纱布敷料、胶布等。

(二) 操作步骤

1. 戴口罩、帽子(盖住头发、口、鼻孔),挽袖过肘,刷手,消毒术者的前臂。

2. 消毒铺巾　以手术点为中心,消毒范围应包括手术切口周围15cm的区域,由内向外(特殊部位如肛门的消毒顺序是由外向内),自上而下,用碘伏消毒皮肤2~3遍,消毒中每一次涂擦之间不留空白区,后一遍消毒均不超过前一遍的消毒范围。铺无菌巾。

3. 穿无菌手术衣,戴无菌手套。

4. 局部麻醉　根据肿物所在的位置选择合适的麻醉方法。通常用2%利多卡因沿肿物外周,距肿物边缘约1~2cm,作局部浸润麻醉。手指、手臂等处可选用神经阻滞麻醉。

5. 切除瘤体　术者用一手拇指及食指在切口两旁固定皮肤,另一手持手术刀,在皮肤上沿肿物长轴做一梭形切口,尽可能顺皮肤纹路进行(将刀腹刃部与组织垂直,防止斜切,刀尖先垂直刺入皮肤,然后再转至与皮面成45°斜角,用刀均匀切开皮肤及皮下组织,直至预定切口的长度,再将刀转成90°与皮面垂直方向,将刀提出切口)。切开时要掌握用刀力度,从切口开始到终止,力求一次切开全层皮肤,使切口呈线状。使切口边缘保持平滑,避免多次切割导致切口边缘参差不齐而影响愈合。切开时不可用力过猛,以免误伤深部重要组织。逐层分离皮下结缔组织,并逐渐游离肿物,如是囊性肿物尽可能不要将其弄破,注意避开重要的血管、神经。完整游离肿物,将其取出。

6. 缝合　选择三角针,穿好合适的缝线,持针钳在缝针的中后1/3~1/4处夹住缝针。左手执有齿镊,右手执持针钳,用腕臂力由外旋进,迅速垂直刺入皮肤,顺着弯针的弧度经皮下从对侧切口皮缘穿出。逐层缝合皮下组织、皮肤,注意关闭可能出现的无效腔。可用间断缝合或皮内缝合的方式缝合创口。针距、边距正确(通常针距为1cm,边距为0.5cm),切缘对合满意。如肿物较大,切除后皮肤缺损较多,则应再行植皮。

7. 打结　手法正确,松紧适度。

8. 剪线　手法正确,线头长短适中。

9. 对皮　用镊子使皮肤对合整齐。

第六节　浅表脓肿切开引流

一、概　述

脓肿切开引流术是外科治疗化脓性感染的最主要的方法之一。全科医师首先必须牢记,任何抗菌药的治疗都不能代替脓肿切开引流术的巨大作用。

脓肿切开引流的原则是:及时切开,宁早勿晚;保持通畅,引流彻底。

脓肿切开引流的步骤包括:麻醉、脓肿切开、排出脓液、填塞引流物、敷料包扎固定。

脓肿切开引流后应根据情况及时正确换药,促使创口尽快愈合。

二、浅表脓肿切开引流术

(一) 适应证

1. 位于皮肤或皮下组织内可扪及波动的浅表脓肿。

2. 虽尚未形成脓肿,但局部张力较大或疼痛剧烈者,也应及早切开排出炎症区域的渗出物,降低局部压力,减轻疼痛。

(二)术前准备

1. 患者准备 向患者解释操作目的,取得患者的配合。根据脓肿发生的部位,患者取适当体位。合理应用抗生素。多发性脓肿,全身情况较差者,应注意改善全身状况。

2. 物品准备 准备 0.5% 碘伏溶液、2% 利多卡因溶液、无菌生理盐水、3% 双氧水,以及手术刀、手术剪、血管钳、注射器、手套、洞巾、棉球、棉签、棉垫、无菌纱布敷料、凡士林引流条、胶布等。

(三)操作步骤

1. 戴口罩、帽子(盖住头发、口、鼻孔),挽袖过肘,刷手,消毒术者的前臂。

2. 消毒铺巾 以手术点为中心,消毒范围应包括手术切口周围 15cm 的区域,由外向内,自上而下,用碘伏消毒皮肤 2~3 遍,消毒中每一次涂擦之间不留空白区,后一遍消毒均不超过前一遍的消毒范围。铺无菌巾。

3. 穿无菌手术衣,戴无菌手套。

4. 局部麻醉 根据肿物所在的位置选择合适的麻醉方法。通常用 2% 利多卡因沿肿物外周,距肿物边缘约 1~2cm,作局部浸润麻醉。手指、手臂等处可选用神经阻滞麻醉。注药时应注意勿将药物注入脓腔内,防止炎症扩散。

5. 证实脓肿的部位 取注射器于波动感最明显处,诊断性穿刺抽出脓液,证实脓肿部位。

6. 脓肿切开引流

(1) 于波动最明显、位置最低处做切口,未形成波动者于肿胀最显著处做切口。左手拇、食指置于脓肿两侧,略加固定,右手持手术刀,切开皮肤、皮下组织直达脓腔壁。

(2) 然后刀锋翻转,使刀刃向上,由里向外挑开脓肿壁,适当延长切口,排出脓液。

(3) 用止血钳撑开脓腔,放出脓液。

(4) 手指探查脓腔大小,分开脓肿间隔。

(5) 根据脓肿大小,在止血钳引导下,向两端延长切口,达到脓腔边缘,完全切开脓肿。如脓肿较大,或因局部解剖关系,不宜作大切口者,可以作对口引流,使引流通畅。

(6) 3% 双氧水冲洗脓腔,再用无菌生理盐水冲净双氧水。

7. 放置引流条 用止血钳将凡士林纱条送到脓腔底部,填埋脓腔,另一端留在脓腔外。

8. 覆盖无菌纱布,必要时外置棉垫包扎,胶布固定。

三、痈切开引流术

(一)适应证

1. 位于颈后、背部等处的痈,经抗生素治疗无效者。

2. 早期痈切开引流,以防炎症继续沿皮下组织间隙扩散。

(二)操作步骤

1. 戴口罩、帽子(盖住头发、口、鼻孔),挽袖过肘,刷手,消毒术者的前臂。

2. 消毒铺巾 以手术点为中心,消毒范围应包括手术切口周围 15cm 的区域,由外向内,自上而下,用碘伏消毒皮肤 2~3 遍,消毒中每一次涂擦之间不留空白区,后一遍消毒均不超过前一遍的消毒范围。铺无菌巾。

3. 穿无菌手术衣,戴无菌手套。

4. 局部麻醉。

5. 证实脓肿的部位　取注射器于波动感最明显处,诊断性穿刺抽出脓液,证实脓肿部位。

6. 脓肿切开引流

(1) 于波动最明显、位置最低处做切口,未形成波动者于肿胀最显著处做"+"、"++"或"Y"形切开。左手拇、食指置于脓肿两侧,略加固定,右手持手术刀,切开皮肤、皮下组织直达脓腔壁。

(2) 然后刀锋翻转,使刀刃向上,由里向外挑开脓肿壁,适当延长切口,排出脓液。

(3) 用止血钳撑开脓腔,放出脓液。

(4) 手指探查脓腔大小,分开脓肿间隔。

(5) 根据脓肿大小,在止血钳引导下,向两端延长切口,长度要达痈的边缘,切至深筋膜浅面,然后自深筋膜浅面横行解剖、分离皮下炎症组织,形成皮瓣,使皮下组织外翻,并尽量剪除坏死组织。

(6) 3% 双氧水冲洗脓腔,再用无菌生理盐水冲净双氧水。

7. 放置引流条　用止血钳将凡士林纱条送到脓腔底部,填埋脓腔,另一端留在脓腔外。

8. 覆盖无菌纱布,必要时外置棉垫包扎,胶布固定。

(三) 注意事项

1. 痈患者往往有糖尿病,需积极控制血糖,切口才能愈合。

2. 如果病变范围广泛,可考虑将全部病变组织自深筋膜浅面切除,创面经湿敷、清洁换药,待肉芽组织健康后植皮,以便尽早封闭创面。

四、甲沟炎切开引流术

(一) 适应证

1. 甲沟感染,形成脓肿者。

2. 甲沟感染,虽未形成脓肿,但局部肿胀明显者。

(二) 操作步骤

1. 戴口罩、帽子(盖住头发、口、鼻孔),挽袖过肘,刷手,消毒术者的前臂。

2. 消毒铺巾　以手术点为中心,消毒范围应包括手术切口周围15cm 的区域,由外向内,自上而下,用碘伏消毒皮肤 2~3 遍,消毒中每一次涂擦之间不留空白区,后一遍消毒均不超过前一遍的消毒范围。铺无菌巾。

3. 穿无菌手术衣,戴无菌手套。

4. 局部麻醉　指根部神经阻滞麻醉。

5. 证实脓肿的部位　取注射器于波动感最明显处,诊断性穿刺抽出脓液,证实脓肿部位。

6. 脓肿切开引流

(1) 左手拇、食指置于脓肿两侧,略加固定,右手持手术刀,于病变侧甲沟切开皮肤,潜行分离附着在甲根上的皮肤和脓肿壁,如甲下积脓,则需剪除一部分指甲;若为双侧甲沟炎,则双侧甲沟皮肤均需切开、分离、掀起形成皮瓣。

(2) 然后刀锋翻转,使刀刃向上,由里向外挑开脓肿壁,适当延长切口,排出脓液。

(3) 用止血钳撑开脓腔,放出脓液。

(4) 3% 双氧水冲洗脓腔,再用无菌生理盐水冲净双氧水。

7. 放置引流条 用止血钳将凡士林纱条送到脓腔底部,填埋脓腔,另一端留在脓腔外。

8. 覆盖无菌纱布,胶布固定。

(三) 注意事项

1. 术后抬高患肢,以减轻水肿和疼痛。

2. 如有甲下广泛积脓,应行拔甲术。足趾甲沟炎如由嵌甲造成,可行嵌甲根治术。

五、脓性指头炎切开引流术

(一) 适应证

1. 手指末节指腹皮下软组织感染,已形成脓肿者。

2. 虽未形成脓肿,但局部肿胀明显、剧痛影响睡眠者,应及时切开减压,解除疼痛,预防骨髓炎的发生。

(二) 操作步骤

1. 戴口罩、帽子(盖住头发、口、鼻孔),挽袖过肘,刷手,消毒术者的前臂。

2. 消毒铺巾 以手术点为中心,消毒范围应包括手术切口周围 15cm 的区域,由外向内,自上而下,用碘伏消毒皮肤 2~3 遍,消毒中每一次涂擦之间不留空白区,后一遍消毒均不超过前一遍的消毒范围。铺无菌巾。

3. 穿无菌手术衣,戴无菌手套。

4. 局部麻醉 指根部神经阻滞麻醉。

5. 证实脓肿的部位 取注射器于波动感最明显处,诊断性穿刺抽出脓液,证实脓肿部位。

6. 脓肿切开引流

(1) 左手拇、食指置于脓肿两侧,略加固定,右手持手术刀,于患者指末节侧面偏掌侧纵行切开,切口近端不应超过指间关节横纹处,用刀切开皮肤、皮下组织直达脓腔壁。切断脓腔内所有纵行纤维索,切开时勿太靠近指骨,以免损伤指骨基底部的屈指深肌腱。

(2) 然后刀锋翻转,使刀刃向上,由里向外挑开脓肿壁,适当延长切口,排出脓液。

(3) 用止血钳撑开脓腔,放出脓液。

(4) 根据脓肿大小,在止血钳引导下,向两端延长切口,达到脓腔边缘,完全切开脓肿。如脓肿较大,或因局部解剖关系,不宜作大切口者,可以作对口引流,使引流通畅。

(5) 3% 双氧水冲洗脓腔,再用无菌生理盐水冲净双氧水。

7. 放置引流条 用止血钳将凡士林纱条送到脓腔底部,填埋脓腔,另一端留在脓腔外。

8. 覆盖无菌纱布,胶布固定。

(三) 注意事项

1. 禁止行任何指腹掌侧切口。

2. 术后将患侧肢体抬高,利于静脉回流。

3. 勿作指头尖端的鱼口状切口,以免愈合后影响指端的感觉功能。

4. 引流条勿填塞过紧,以免影响引流。

六、手指化脓性腱鞘炎切开引流术

（一）适应证

手指腱鞘内急性化脓性感染所致的患指明显肿胀、疼痛者。

（二）操作步骤

1. 戴口罩、帽子（盖住头发、口、鼻孔），挽袖过肘，刷手，消毒术者的前臂。

2. 消毒铺巾　以手术点为中心，消毒范围应包括手术切口周围 15cm 的区域，由外向内，自上而下，用碘伏消毒皮肤 2~3 遍，消毒中每一次涂擦之间不留空白区，后一遍消毒均不超过前一遍的消毒范围。铺无菌巾。

3. 穿无菌手术衣，戴无菌手套。

4. 局部麻醉　指根神经阻滞麻醉或腕部神经阻滞麻醉。

5. 证实脓肿的部位　取注射器于波动感最明显处，诊断性穿刺抽出脓液，证实脓肿部位。

6. 脓肿切开引流

（1）第 2、3、4 指化脓性腱鞘炎，可于手指一侧做纵行切开；拇指、小指化脓性腱鞘炎时，可分别于拇指桡侧或小指尺侧做切口。左手拇、食指置于脓肿两侧，略加固定，右手持手术刀，于波动最明显、位置最低处做切口，未形成波动者于肿胀最显著处做切口，切开皮肤、皮下组织直达脓腔壁。再仔细分离、切开脓肿的鞘，注意勿损伤血管、神经、肌腱。

（2）然后刀锋翻转，使刀刃向上，由里向外挑开脓肿壁，适当延长切口，排出脓液。

（3）用止血钳撑开脓腔，放出脓液。

（4）手指探查脓腔大小，分开脓肿间隔。

（5）根据脓肿大小，在止血钳引导下，向两端延长切口，达到脓腔边缘，完全切开脓肿。如脓肿较大，或因局部解剖关系，不宜作大切口者，可以作对口引流，使引流通畅。

（6）3% 双氧水冲洗脓腔，再用无菌生理盐水冲净双氧水。

7. 放置引流条　于腱鞘外、皮下组织层放置橡皮条引流，注意不要放在腱鞘内，术后 24 小时拔出。必要时可于切口皮下放置两条细硅胶管，术后定时用青霉素或其他抗生素以及生理盐水冲洗。

8. 覆盖无菌纱布，必要时外置棉垫包扎，胶布固定。

（三）注意事项

1. 注意术后应将患侧肢体抬高，可减轻水肿和疼痛。

2. 急性炎症控制后应尽早练习手指伸屈活动，以防肌腱粘连。

七、掌间隙感染切开引流术

（一）适应证

掌中间隙或鱼际间隙化脓性感染，一经发现，应及早切开引流。

（二）操作步骤

1. 戴口罩、帽子（盖住头发、口、鼻孔），挽袖过肘，刷手，消毒术者的前臂。

2. 消毒铺巾　以手术点为中心，消毒范围应包括手术切口周围 15cm 的区域，由外向内，自上而下，用碘伏消毒皮肤 2~3 遍，消毒中每一次涂擦之间不留空白区，后一遍消毒均不超过前一遍的消毒范围。铺无菌巾。

3. 穿无菌手术衣,戴无菌手套。

4. 局部麻醉　一般应采取腕部神经阻滞麻醉或局部浸润麻醉。

5. 证实脓肿的部位　取注射器于波动感最明显处,诊断性穿刺抽出脓液,证实脓肿部位。

6. 脓肿切开引流

(1) 如为掌中间隙感染,在掌远侧横纹处第 3、4 掌骨间做横切口或纵切口;如为鱼际间隙感染,在大鱼际肿胀最明显处做斜切口,也可在拇、食指间指蹼背侧缘做切口。于波动最明显、位置最低处做切口,未形成波动者于肿胀最显著处做切口。左手拇、食指置于脓肿两侧,略加固定,右手持手术刀,切开皮肤、皮下组织直达脓腔壁。注意勿损伤血管、神经、肌腱。

(2) 然后刀锋翻转,使刀刃向上,由里向外挑开脓肿壁,适当延长切口,排出脓液。

(3) 用止血钳撑开脓腔,放出脓液。

(4) 手指探查脓腔大小,分开脓肿间隔。

(5) 根据脓肿大小,在止血钳引导下,向两端延长切口,达到脓腔边缘,完全切开脓肿。如脓肿较大,或因局部解剖关系,不宜作大切口者,可以作对口引流,使引流通畅。

(6) 3% 双氧水冲洗脓腔,再用无菌生理盐水冲净双氧水。

7. 放置引流条　用止血钳将凡士林纱条或等渗盐水纱条送到脓腔底部,填埋脓腔,另一端留在脓腔外。

8. 覆盖无菌纱布,必要时外置棉垫包扎,胶布固定。

9. 术后应将患肢抬高,并将手固定在功能位置,即腕部稍背屈、尺屈,指关节半屈,拇指屈向中线与中指相对。

(三) 注意事项

1. 手掌肿胀消退,应及早进行手指伸屈活动,防止肌腱粘连。

2. 由于掌面组织坚韧致密,而手背组织相对疏松,故手背组织往往肿胀更明显,切不可误认为手背感染而于手背处切开引流。

八、颌下脓肿切开引流术

(一) 适应证

1. 颌下区急性感染形成脓肿。

2. 虽未形成脓肿,但局部肿胀明显,甚至有引起呼吸困难或喉头水肿可能。

(二) 操作步骤

1. 戴口罩、帽子(盖住头发、口、鼻孔),挽袖过肘,刷手,消毒术者的前臂。

2. 消毒铺巾　以手术点为中心,消毒范围应包括手术切口周围 15cm 的区域,由外向内,自上而下,用碘伏消毒皮肤 2~3 遍,消毒中每一次涂擦之间不留空白区,后一遍消毒均不超过前一遍的消毒范围。铺无菌巾。

3. 穿无菌手术衣,戴无菌手套。

4. 局部麻醉。

5. 证实脓肿的部位　取注射器于波动感最明显处,诊断性穿刺抽出脓液,证实脓肿部位。

6. 脓肿切开引流

（1）于肿胀明显处、距下颌骨下缘 2cm，并与其平行做 2~4cm 长的切口，左手拇、食指置于脓肿两侧，略加固定，右手持手术刀，切开皮肤和颈阔肌，直达脓腔壁。

（2）然后刀锋翻转，使刀刃向上，由里向外挑开脓肿壁，适当延长切口，排出脓液。

（3）用血管钳向舌下方向分离至脓腔，排除脓液。

（4）手指探查脓腔大小，分开脓肿间隔。

（5）根据脓肿大小，在止血钳引导下，向两端延长切口，达到脓腔边缘，完全切开脓肿。如脓肿较大，或因局部解剖关系，不宜作大切口者，可以作对口引流，使引流通畅。

（6）3% 双氧水冲洗脓腔，再用无菌生理盐水冲净双氧水。

7. 放置引流条　用止血钳将凡士林纱条送到脓腔底部，填埋脓腔，另一端留在脓腔外。

8. 覆盖无菌纱布，必要时外置棉垫包扎，胶布固定。

（三）注意事项

因颌下脓肿多继发于牙源性疾病，因此，术后急性炎症控制或创口愈合后，应将原发性病灶清除，以免颌下脓肿复发。

九、乳房脓肿切开引流术

（一）适应证

1. 急性乳腺炎已经形成脓肿。

2. 乳房闭合性外伤继发感染，局部有明显红、肿、热、痛者。

（二）操作步骤

1. 戴口罩、帽子（盖住头发、口、鼻孔），挽袖过肘，刷手，消毒术者的前臂。

2. 消毒铺巾　以手术点为中心，消毒范围应包括手术切口周围 15cm 的区域，由外向内，自上而下，用碘伏消毒皮肤 2~3 遍，消毒中每一次涂擦之间不留空白区，后一遍消毒均不超过前一遍的消毒范围。铺无菌巾。

3. 穿无菌手术衣，戴无菌手套。

4. 局部麻醉　一般用局部浸润麻醉，如脓肿大而深者，应采用局部区域阻滞麻醉，切勿药物注射入脓肿内。

5. 证实脓肿的部位　取注射器于波动感最明显处，诊断性穿刺抽出脓液，证实脓肿部位。

6. 脓肿切开引流

（1）在波动明显处或压痛、红肿最显著处以乳头为中心，行放射状切口，若为乳房基底或乳房后脓肿，可沿乳房下缘做弧形切口，不要切开乳晕，避免做与乳管方向垂直的切口，切口应足够大，但不应切开正常乳腺组织。左手拇、食指置于脓肿两侧，略加固定，右手持手术刀，切开皮肤、皮下组织直达脓腔壁。

（2）然后刀锋翻转，使刀刃向上，由里向外挑开脓肿壁，适当延长切口，排出脓液。

（3）用止血钳撑开脓腔，放出脓液。

（4）手指探查脓腔大小，分开脓肿间隔。

（5）根据脓肿大小，在止血钳引导下，向两端延长切口，达到脓腔边缘，完全切开脓肿。如脓肿较大，或因局部解剖关系，不宜作大切口者，可以作对口引流，使引流通畅。

（6）3% 双氧水冲洗脓腔，再用无菌生理盐水冲净双氧水。

7. 放置引流条 用止血钳将凡士林纱条送到脓腔底部，填埋脓腔，另一端留在脓腔外。

8. 覆盖无菌纱布，必要时外置棉垫包扎，胶布固定。

(三) 注意事项

1. 注意保持引流通畅。

2. 术后用绷带托起乳房，避免下垂，有助于改善局部血液循环。哺乳期应暂停哺乳，用吸乳器定时吸尽乳汁。如有漏乳或自愿断乳者，可口服己烯雌酚 3mg，每日 3 次，3~5 日即可。

3. 感染严重伴全身中毒症状者，应积极控制感染，给予全身支持疗法。

十、髂窝脓肿切开引流术

(一) 适应证

髂窝脓肿经诊断性穿刺或 B 超检查已确定诊断者，即应行切开引流术。

(二) 操作步骤

1. 戴口罩、帽子(盖住头发、口、鼻孔)，挽袖过肘，刷手，消毒术者的前臂。

2. 消毒铺巾　以手术点为中心，消毒范围应包括手术切口周围 15cm 的区域，由外向内，自上而下，用碘伏消毒皮肤 2~3 遍，消毒中每一次涂擦之间不留空白区，后一遍消毒均不超过前一遍的消毒范围。铺无菌巾。

3. 穿无菌手术衣，戴无菌手套。

4. 局部麻醉　一般可在局部麻醉下手术，必要时在硬脊膜外腔阻滞麻醉下进行。

5. 脓肿切开引流

（1）于腹股沟韧带上方 2cm 处做 4~5cm 长的斜切口，切开皮肤、皮下组织及腹外斜肌腱膜。用血管钳钝性分离腹内斜肌和腹横肌，再小心地将腹膜向内推开，注意勿损伤腹膜或腹腔脏器。

（2）证实脓肿的部位：取注射器于波动感最明显处，诊断性穿刺抽出脓液，证实脓肿部位。

（3）穿刺抽得脓液后，顺针道作一小切口，手指伸入脓腔内了解脓腔大小，分离间隔，尽量排净脓液。

（4）根据脓肿大小，在止血钳引导下，向两端延长切口，达到脓腔边缘，完全切开脓肿。如脓肿较大，或因局部解剖关系，不宜作大切口者，可以作对口引流，使引流通畅。

（5）3% 双氧水冲洗脓腔，再用无菌生理盐水冲净双氧水。

6. 放置引流条　用止血钳将凡士林纱条或烟卷送到脓腔底部，填埋脓腔，另一端留在脓腔外。

7. 覆盖无菌纱布，必要时外置棉垫包扎，胶布固定。

(三) 注意事项

1. 患侧下肢应处于髋关节伸直位，防止屈曲畸形，必要时做皮肤牵引。

2. 牵引解除后，嘱患者早日下床活动。

（王　健）

第十一章　常用穿刺操作技能

第一节　概　述

全科医疗中,常用的穿刺操作技能包括胸膜腔穿刺术、腹腔穿刺术、骨髓穿刺术、腰椎穿刺术以及关节腔穿刺术。

一、穿刺术前常规准备

(一)手术交待

1. 交代穿刺的必要性和安全性,说明穿刺目的,操作方法、并简单地告知操作程序和大概操作时间,交待可能的不适与并发症,取得患者和家属的同意与配合。

2. 了解患者既往药物过敏史。

3. 嘱患者提前清洁穿刺部位。

4. 向患者强调,如在操作过程中出现任何不适,或有咳嗽或其他不能控制的行为的需要时,应以某种形式(如举手示意等)随时告知医生。

(二)常规术前准备

1. 定位穿刺点,可用甲紫在皮肤上做标志。

2. 操作者戴手术帽、口罩,洗净双手;准备手套、消毒器械及穿刺包。

3. 消毒　采用碘伏,以穿刺点为中心向四周进行皮肤消毒,消毒范围直径约 15cm,重复消毒 2 次。

4. 操作者戴无菌手套,取出无菌孔巾,覆盖于穿刺区域上,开口中心为穿刺点位置。

5. 检查穿刺包内物品是否齐全,穿刺针是否通畅,胶管是否破损。

6. 2% 利多卡因逐层作局部浸润麻醉以及试验性穿刺　首先核对麻醉药物名称及药物浓度。然后在穿刺处皮下注射利多卡因使皮肤隆起成一个皮丘,再逐层浸润麻醉,注药前回抽,观察无血液或腔内积液后,方可推注麻醉药。当感觉有落空感或回抽见到液体,应当停止麻醉。记清穿刺点、进针方向及深度后,退出麻醉针。

二、穿刺过程中一般注意事项

1. 准确定位穿刺点　应将医生的临床检查与超声或 X 线定位结合起来,避免因穿刺体位与定位体位不符,造成穿刺失败。

2. 严格无菌操作,防止继发感染。

3. 穿刺过程中需密切观察患者,如患者出现头晕、心悸、恶心、气短、脉搏增快及面色苍白等不适症状时,及时停止操作,并给予相应处理。

三、穿刺术后常规处理

操作结束时,拔出穿刺针。穿刺点用碘伏消毒后,覆盖无菌纱布,稍用力压迫穿刺部位数分钟,用胶布加压固定。嘱患者静卧,测血压并观察病情有无变化。书写穿刺记录。

第二节　胸膜腔穿刺术

胸膜腔穿刺术(thoracentesis),是指为了疾病的诊治,对有胸腔积气(气胸)或积液(胸水)的患者,经皮肤穿刺至胸腔一次性抽取积气、积液或置入导管进行持续引流的一种临床技术。

一、适 应 证

1. 明确胸腔积液的性质和疾病的诊断　对抽取的胸水进行涂片、细菌培养、细胞学及生化学检查。
2. 改善呼吸功能　用于大量胸腔积液、积气者,可减轻压迫症状,使肺复张。
3. 胸腔积脓者的脓液抽取与引流。
4. 局部胸腔内注射药物用于治疗某些疾病,如胸腔内结核或恶性肿瘤。

二、禁 忌 证

1. 有出血倾向和(或)凝血异常者。
2. 穿刺局部皮肤有细菌感染者。
3. 全身情况差或心肺功能衰竭者。
4. 有精神疾病或不合作的患者。

三、操 作 方 法

1. 患者通常取坐位,骑跨在椅子上,面向椅背,两前臂置于椅背,前额伏于手臂上。
2. 定位穿刺点　胸水穿刺通常以肩胛下角线或腋后线第7~8肋间作为穿刺点,必要时结合X线及超声定位(图11-2-1)。超声定位时需注意定位时体位,最好要求超声医生在穿刺

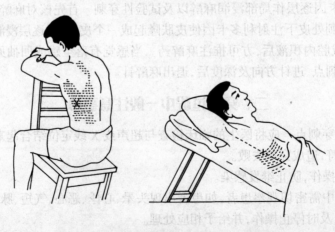

图11-2-1　胸腔穿刺时患者体位及穿刺点

体位进行定位。气胸穿刺常选锁骨中线第 2 肋间进行。

3. 常规术前准备(详见第十一章第一节概述)。

4. 取穿刺点部位的下位肋骨上缘进行穿刺。

5. 用止血钳夹闭穿刺针后面的胶管,避免漏气。

6. 左手固定穿刺部位皮肤,右手持穿刺针于穿刺点,经肋骨上缘垂直缓慢刺入,当针锋抵抗感突然消失时,用止血钳 2 将穿刺针头位置固定,于橡胶管尾端连接 50ml 注射器,松开止血钳 1,抽吸胸腔内积液。注射器抽满后再次用止血钳夹闭胶管,才能取下注射器。

7. 将抽出液注入弯盘及专门准备的容器中,以便计量或送检。抽液完毕后,还可根据需要注入药物。

8. 常规术后处理。

四、注 意 事 项

1. 避免在第 9 肋间以下穿刺,以免穿透膈肌损伤腹腔脏器。

2. 穿刺操作中应保持胸腔内负压,防止空气进入胸膜腔。

3. 穿刺过程中,患者如出现头晕、面色苍白、出汗、心悸、胸部压迫感或剧痛、昏厥等胸膜过敏反应;或连续性咳嗽、气短、咳泡沫痰等现象时,立即停止抽液,并皮下注射 0.1% 肾上腺素 0.3~0.5ml,或给予对症处理。

4. 大量胸腔积液者,一次抽液不应过多、过快。减压抽液,首次不超过 600ml,以后每次不超过 1000ml。脓胸者,每次应尽量抽尽。诊断性抽液 50~100ml 即可。肿瘤脱落细胞学检查,留取至少 500ml 积液,并立即送检,以免细胞自溶。疑为化脓性感染时,采用无菌试管留取标本,进一步行涂片革兰染色镜检、细菌培养及药敏试验。

5. 恶性胸腔积液,可注射抗肿瘤药或四环素、多西环素(强力霉素)等胸膜固定硬化剂诱发化学性胸膜炎,促使脏层与壁层胸膜粘连,闭合胸腔,防止积液再发。具体方法如下:抽液 500~1200ml 后,药物用 20~30ml 生理盐水稀释后注入胸腔,再回抽胸液,再推入,反复2~3 次。穿刺术后嘱患者卧床 2~4 小时,并不断变换体位,使药物在胸腔内均匀涂布。针对刺激性强的药物导致的胸痛,可于术前应用布桂嗪等镇痛剂。

第三节 腹腔穿刺术

腹腔穿刺术(abdominocentesis)是指对腹腔积液患者予以腹部穿刺或置管的技术。

一、适 应 证

1. 明确腹腔积液的性质,找出病因,协助诊断。

2. 腹腔内出血的判断。

3. 大量腹水致呼吸困难或腹腔胀痛的患者,适量、间断抽出腹水,以减轻症状。

4. 向腹膜腔内注入药物。

5. 施行腹水浓缩回输术。

二、禁 忌 证

1. 广泛腹膜粘连者。
2. 肝性脑病先兆者。
3. 结核性腹膜炎粘连包块,棘球蚴病及巨大卵巢囊肿者。
4. 严重电解质紊乱者。
5. 精神异常或不能配合者。
6. 妊娠者。

三、操 作 方 法

1. 根据患者的情况采取适当体位,如坐位、半坐卧位、平卧位、侧卧位。
2. 穿刺点选择

(1) 耻骨上穿刺点:脐与耻骨联合上缘间连线的中点上方 1cm、偏左或右 1.5cm 处,此处无重要器官,穿刺较安全且容易愈合。

(2) 左下腹穿刺点:脐与左髂前上棘连线的中、外 1/3 交界处,此处可避免损伤腹壁下动脉,游离肠管不易损伤,多用于需放腹水的患者(图 11-3-1)。

(3) 侧卧位穿刺点:脐平面与腋前线或腋中线延长线的交点处。此处穿刺多适于腹膜腔内少量积液的诊断性穿刺。

3. 常规术前准备(详见本章第一节概述)。

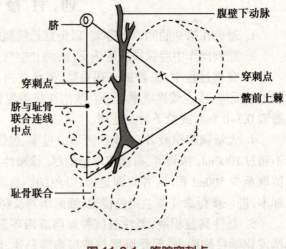

图 11-3-1 腹腔穿刺点

4. 左手固定穿刺部位皮肤,右手持针于穿刺点垂直或 "Z" 字形逐层刺入腹壁(具体详见本节 "注意事项" 第 2 条),待针锋抵抗感突然消失时,用消毒止血钳固定针头位置,术者抽取腹水,并留样送检。

5. 诊断性穿刺,可直接用 20ml 或 50ml 注射器及适当针头进行。大量放腹水时,可用 8 号或 9 号针头,并于针座接一橡皮管,以输液夹子调整速度,将腹水引入容器中计量并送检化验。

四、注 意 事 项

1. 穿刺前嘱患者排空小便,以避免损伤膀胱。
2. 诊断性穿刺及腹膜腔内药物注射时,应于穿刺点垂直进针。大量腹水者需行放液治疗时,穿刺针应 "Z" 字形进针,即先在穿刺点斜行方向刺入皮下,再垂直于腹壁刺入腹膜腔,以防术后腹水自穿刺点流出。左下腹穿刺点若偏内,易损伤腹壁下血管;偏外则易伤及旋髂深血管。进针速度不宜过快,以免刺破漂浮在腹水中的乙状结肠、空肠和回肠。
3. 腹水排放量与速度应控制适度。初次放腹水者,一般不要超过 3000ml(有腹水浓缩回输设备者不限于此量),并在 2 小时以上的时间内缓慢放出。腹水流出不畅时,可将穿刺针稍作移动或让患者稍变换体位。

4. 大量腹水排放后,需于腹部束以多头腹带,以防腹压骤降、内脏血管扩张引起血压下降或休克。

5. 腹水排放前、后均应测量腹围、脉搏、血压,检查腹部体征。放腹水后如无异常情况,嘱患者卧床休息。

第四节　腰椎穿刺术

腰椎穿刺术(lumbar puncture)是通过对脑脊液性质的检查,为神经系统疾病如脑膜炎、脑炎、脑血管病变、脑瘤的诊断提供重要依据,也可用于测定颅内压力和了解蛛网膜下腔是否阻塞等,有时还用于鞘内药物注射。

一、适 应 证

1. 中枢神经系统炎症性疾病的诊断与鉴别诊断,包括化脓性脑膜炎、结核性脑膜炎、病毒性脑膜炎、真菌性脑膜炎、乙型脑炎等。

2. 脑血管意外的诊断与鉴别诊断,包括脑出血、脑梗死等。

3. 肿瘤性疾病的诊断与治疗,用于诊断脑膜白血病,并通过腰椎穿刺鞘内注射化疗药物治疗脑膜白血病。

4. 测定颅内压力和了解蛛网膜下腔是否阻塞等。

5. 椎管内给药。

二、禁 忌 证

1. 颅内压明显增高,特别是后颅窝占位性病变。

2. 穿刺部位皮肤有明显感染。

3. 硬膜外脓肿。

4. 凝血异常或有出血倾向。

5. 穿刺部位腰椎有畸形或骨质破坏。

6. 生命垂危或处于休克期。

7. 有颅底骨折、脑脊液漏出。

三、操 作 方 法

1. **体位**　患者侧卧于硬板床上,尽可能靠近术者;背部与床面垂直,头向前胸部屈曲,屈膝且双手抱膝紧贴腹部,使躯干呈弓形;必要时由助手在术者对面用一手抱住患者头部,另一手挽住患者双下肢腘窝处并用力抱紧,使脊柱尽量后凸以增宽椎间隙,便于进针(图 11-4-1)。

2. **确定穿刺点**　以髂后上棘连线与后正中线的交会处为穿刺点,通常为第 3~4 腰椎棘突间隙,也可在其上一或下一腰椎间隙进行。

3. **常规术前准备**(详见第十一章第一节概述)。

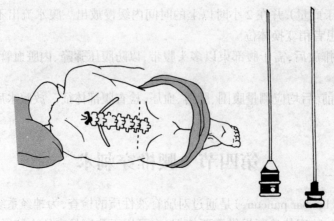

图 11-4-1　腰椎穿刺患者体位及穿刺针

4. 术者用左手固定穿刺点皮肤,右手持穿刺针穿刺。当针头穿过韧带与硬脑膜时,可感到阻力突然消失有落空感。此时可将针芯慢慢抽出(以防脑脊液迅速流出,造成脑疝),即可见脑脊液流出。

5. 连接测压管测量脑脊液压力。正常侧卧位脑脊液压力为 0.69~1.764kPa(7~18cmH$_2$O)或 40~50 滴 / 分。若要了解蛛网膜下腔有无阻塞,可做 Queckenstedt 试验。即在测定初压后,由助手先压迫一侧颈静脉约 10 秒,然后再压另一侧,最后同时按压双侧颈静脉;正常时压迫颈静脉后,脑脊液压力立即迅速升高一倍左右,解除压迫后 10~20 秒,迅速降至原来水平,称为梗阻试验阴性,示蛛网膜下腔通畅。若压迫颈静脉后,不能使脑脊液压力升高,则为梗阻试验阳性,示蛛网膜下腔完全阻塞;若施压后压力缓慢上升,放松后又缓慢下降,示有不完全阻塞。凡颅内压增高者,禁作此试验。

6. 撤去测压管,分瓶收集脑脊液送检,总量不超过 2ml;如需作培养时,应用无菌操作法留标本。留取标本时,注意第一管标本不留取常规细胞学。

7. 术后患者去枕俯卧(如有困难则平卧)不少于 6 小时,以免引起术后低颅压头痛。

四、注意事项

1. 严格掌握禁忌证,疑有颅内压升高者须先行眼底检查,如有明显视乳头水肿或有脑疝先兆者,禁行穿刺。休克、衰竭或濒危状态以及局部皮肤有炎症、后颅窝有占位性病变者均禁行穿刺。

2. 向患者和家属特别说明,腰椎穿刺不会引起痴呆等后果。

3. 麻醉时行试验性穿刺,麻醉针以垂直背部的方向缓慢刺入,边进针边抽吸,没有液体抽出可以注射少量麻醉药物。当有落空感,特别是有液体抽出时,立即停止注射。成人进针深度约为 4~6cm、儿童则为 2~4cm。记清进针点、穿刺方向、穿刺深度后拔出麻醉针。

4. 穿刺时尽可能使用外径较细的穿刺针,放脑脊液不宜过快或过多,避免出现"低颅压综合征"或"脑疝"。

5. 鞘内给药时,应先放出等量脑脊液,然后再等量转换性注入药液。

第五节　关节腔穿刺术

关节腔穿刺术的目的是行关节吸引术抽取关节腔内积液以检查积液性质或减轻关节腔压迫症状,也可在抽液后向关节腔内注药进行关节注射治疗。

一、适 应 证

骨关节急性炎症疾病,如风湿性关节炎导致的严重滑膜炎、粘连性关节炎、骨关节炎急性发作、创伤性滑膜炎等。

二、操 作 方 法

(一)肩关节

1. 患者坐位,双臂自然下垂。单纯外旋或交替外旋内旋肱骨,确定肱骨头和关节盂间隙。

2. 穿刺点确定与进针技巧(图 11-5-1)

(1) 前方入径:最为简单、常用。穿刺时,于肱骨头内侧、喙突下外侧三角肌前缘处垂直向后进针,针头朝向关节窝后方,深度 1cm。

(2) 后方入径:患侧手臂内旋内收交叉过胸前并搭至对侧肩部,帮助肩关节充分打开。于肩峰侧缘向下 2cm、向内 1cm 处进针,针头朝向喙突尖端。进针 2~3cm。

3. 用 21~23 号针头进行穿刺。

4. 注射药物　各 1ml 的皮质类固醇和 1% 利多卡因。

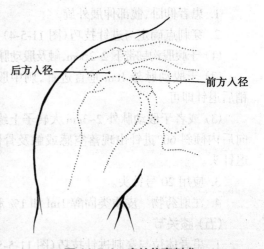

图 11-5-1　肩关节穿刺术

(二)肘关节

1. 患者坐位,患侧手掌朝下、肘部弯曲 90°。

2. 穿刺点确定与进针技巧(图 11-5-2)

(1) 后侧入径:在肱骨内、外上髁和尺骨鹰嘴 3 点构成的肘后三角区域中,于尺骨鹰嘴顶端和肱骨外上髁之间的软组织为穿刺部位,向内前方进针。

(2) 外侧入径:于桡骨小头近端与肱骨头之间的软组织,向内进针。

3. 用 23 号针头,进针 1~2cm。

4. 注射药物　类固醇 1ml 和局部麻醉药 2ml。

(三)腕关节

1. 手腕背伸

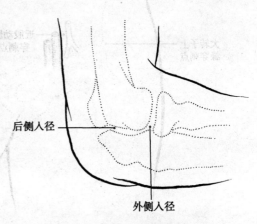

图 11-5-2　肘关节穿刺术

2. 穿刺点确定与进针技巧(图 11-5-3)

(1) 桡背侧入径:腕关节稍微掌屈并尺倾,于拇长伸肌腱与食指固有伸肌腱之间的关节间隙软组织进针。

(2) 尺侧入径:于尺骨茎突侧面下方尺侧腕屈肌和尺侧腕伸肌之间或尺侧无名指与小指固有伸肌腱间的腕关节间隙软组织垂直进针。

3. 进针 1cm。

4. 注射药物 类固醇 0.5ml 和 1% 利多卡因 0.5ml。

(四) 髋关节

1. 患者仰卧,髋部伸展外旋

2. 穿刺点确定与进针技巧(图 11-5-4)

(1) 于腹股沟韧带下 2~2.5cm,触及股动脉搏动。

(2) 于股动脉外 1cm 垂直进针,刺中股骨头,稍后退针即可。

(3) 或者于股动脉外 2~3cm 大转子上缘水平,向后内倾斜 60° 进针出现落空感或触及骨骼略回退针头。

3. 应用 20 号针头。

4. 注射药物 皮质类固醇 1ml 和 1% 利多卡因 2ml。

(五) 膝关节

1. 患者体位与穿刺进针技巧(图 11-5-5)

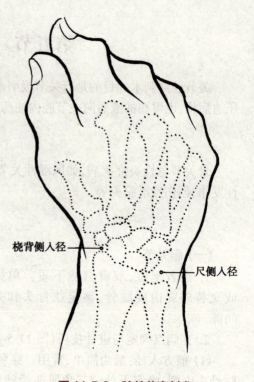

图 11-5-3 腕关节穿刺术

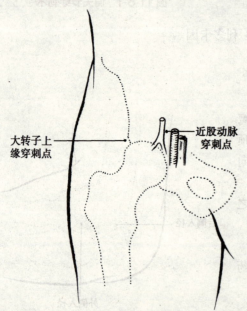

图 11-5-4 髋关节穿刺术

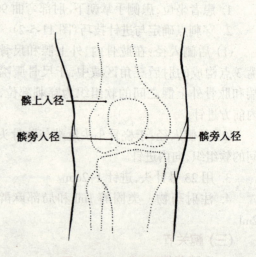

图 11-5-5 膝关节穿刺术

（1）髌上入径：患者仰卧位，膝关节自然伸展，于髌骨外上缘与股外侧肌交界的凹陷处，以向下及向中心45°进针0.5~1cm。

（2）髌旁入径：屈膝90°悬小腿位，于内、外侧膝眼（髌骨下缘、髌韧带内、外侧1cm处的小凹陷）处，避开髌内脂肪垫，与胫骨平台平行，向内呈45°角进针至有落空感。

2. 用7~10号针头。

3. 注射药物　皮质类固醇1ml。

三、注 意 事 项

1. 消毒穿刺器械，严格无菌手术操作，如有皮肤感染或病损，进针时应加以回避，防止关节腔发生继发感染。

2. 动作轻柔，避免关节软骨、神经、血管、及局部软组织损伤。

3. 穿刺针进入关节腔内应先行回抽，确保针头位置准确。

4. 较多量关节腔积液行抽吸后应予以适当加压固定。

5. 关节腔内药物注射，应确保推注无阻力，避免将药物注射进入局部软组织内。

6. 患者在手术操作24小时内避免剧烈活动。局部出现肿胀、疼痛、瘙痒、皮疹多属正常现象。

第六节　骨髓穿刺术

骨髓穿刺术（bone marrow puncture）是采集骨髓液的一种临床技术，主要用于血细胞形态学检查，也可用于造血干细胞培养、细胞遗传学分析及病原生物学检查等，以协助临床诊断、观察疗效和判断预后。

一、适 应 证

1. 各种不明原因的贫血、粒细胞减少、血小板减少或全血细胞减少。

2. 发热原因不明患者的骨髓检查或培养。

3. 白血病的诊断以及治疗过程中的病情观察。

4. 骨髓腔注药治疗白血病。

5. 骨髓干细胞培养、细胞遗传学分析、病原生物学检查及骨髓移植。

二、禁 忌 证

绝对禁忌证少见。

1. 严重出血的血友病禁忌骨髓穿刺。有出血倾向或凝血时间明显延长者为相对禁忌，为了明确诊断可行此项操作，但穿刺后必须局部压迫止血5~10min。

2. 晚期妊娠的妇女慎做骨髓穿刺。

三、操 作 方 法

1. 穿刺体位与穿刺点确定

（1）髂前上棘入路：患者仰卧位，取髂前上棘后上方1~2cm平台处作为穿刺点。此处骨面较平,容易固定,操作方便安全。

(2) 髂后上棘入路:患者侧卧位或俯卧位。取骶椎两侧、臀部上方骨性突出部位为穿刺点(图 11-6-1)。

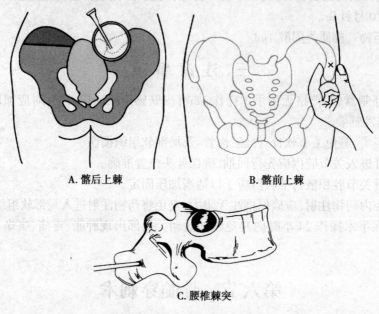

A. 髂后上棘

B. 髂前上棘

C. 腰椎棘突

图 11-6-1 骨髓穿刺部位

(3) 胸骨入路:髂前上棘及髂后上棘失败时进行此项操作。患者取仰卧位,背后用枕头垫高,以使胸部稍突出。取胸骨柄作为穿刺点,此处骨髓含量丰富,但骨质较薄,其后有心房及大血管,严防穿透发生危险,较少选用。

(4) 腰椎棘突入路:极少选用。患者坐位或侧卧位。取腰椎棘突突出处为穿刺点。

2. 常规术前准备(详见第十一章第一节概述)。

3. 将骨髓穿刺针固定器固定在适当长度上(髂骨穿刺约 1.5cm,肥胖者可适当放长,胸骨柄穿刺约 1.0cm),以左手拇、食指固定穿刺部位皮肤,右手持针与骨面垂直刺入(若为胸骨柄穿刺,穿刺针与骨面成 30°~40°角斜行刺入),当穿刺针接触到骨质后则左右旋转,缓缓钻刺骨质,当感到阻力消失,且穿刺针已固定在骨内时,表示已进入骨髓腔。

4. 用干燥的 20ml 注射器,将针栓退 3~5ml。拔出骨髓穿刺针的针芯,连接注射器,用适当力度缓慢抽吸,可见少量红色骨髓液进入注射器内,骨髓液抽吸量以 0.1~0.2ml(充满注射器针头连接头)为宜。取下注射器,将骨髓液推于玻片上,由助手迅速制作涂片 5~6 张,送检细胞形态学及细胞化学染色检查。同时作 2~3 张周围血涂片,以作对照。

5. 如需作骨髓培养,再接上注射器,抽吸骨髓液 2~3 ml 注入培养液内。

6. 未能抽到骨髓液,可能是针腔被皮肤、皮下组织或骨片填塞,也可能是进针太深或太浅,针尖未在髓腔内,此时应重新插上针芯,稍加旋转或再钻入或退出少许,拔出针芯,如见针芯上带有血迹,即可抽吸获得骨髓液。

四、注意事项

1. 向患者和家属解释此项操作对神经和智力没有任何影响。

2. 术前检查出、凝血时间,有出血倾向者小心进行骨髓穿刺术。

3. 局部麻醉时,要逐层推药,至骨膜时,以穿刺点为中心进行区域性麻醉,并用力注射使麻醉药物进入骨膜。

4. 穿刺针进入骨质后避免摆动过大,以免折断。

5. 胸骨柄穿刺不可用力过猛,以防穿透内侧骨板而发生意外。

6. 穿刺过程中,如果感到骨质坚硬,难以进入骨髓腔时,不可强行进针,以免断针。应考虑为"大理石骨病"的可能,及时行骨骼 X 线检查明确诊断。

7. 抽吸骨髓液时,应逐渐加大负压,作细胞形态学检查时,抽吸量不宜过多,否则使骨髓液稀释,但也不宜过少。

8. 骨髓液极易发生凝固,抽取后应立即涂片。

9. 多次干抽时应进行骨髓活检。

10. 注射器与穿刺针必须干燥,以免发生溶血。

（吴 瑛）

第十二章　常用妇女保健操作技能

第一节　盆腔检查

盆腔检查又称妇科检查,包括外阴部检查、阴道窥器检查、双合诊、三合诊及直肠 - 腹部诊。双合诊、三合诊常简称为妇科内诊,直肠 - 腹部诊简称肛诊。盆腔检查的范围包括外阴、阴道、宫颈、宫体及双侧卵巢和输卵管,后两者又称附件。

一、盆腔检查的目的

通过盆腔检查初步了解外阴、阴道、宫颈、宫体、双侧附件和宫旁组织有无解剖发育异常及病变。

二、检查前准备及注意事项

1. 室温适中,环境安静,医师行盆腔检查前应告知患者检查的目的和注意事项,可能会引起不适感。检查时应态度和蔼、言语严肃、动作轻柔,让患者感到安全、放松。

2. 让患者排空膀胱,必要时导尿(尿失禁患者除外)。若需作尿液检查,应先取尿样标本送化验室,然后再行盆腔检查。如果患者大便充盈,应先排便或者必要时灌肠后再检查。

3. 在患者臀下垫干净的一次性使用的垫单或纸单,一人一换。患者取膀胱截石位,嘱患者平静呼吸,双手平放在身旁,使腹肌放松,检查者立于患者两腿之间,面向患者。如遇不宜或不能搬动的危重患者可在病床上检查。

4. 仔细询问患者性生活史,无性生活史的患者禁做阴道窥器和双合诊检查,改行直肠 - 腹部诊。因病情需要必须做阴道检查时,应向患者和家属明确告知,取得同意并签署知情同意书后方可检查。

5. 避免在月经期进行检查。如因异常阴道出血必须做盆腔检查时,应该先消毒外阴,要求使用无菌手套及器械,检查时注意严格无菌操作。

6. 男医师对患者进行盆腔检查时必须有女性工作人员同时在场。

7. 疑有子宫或附件病变的腹壁肥厚或高度紧张的患者,若盆腔检查不能清楚了解子宫及附件情况时,可在麻醉下进行检查,或改用 B 超检查。

三、盆腔检查的方法及步骤

(一)外阴部检查

观察外阴发育、阴毛分布、有无畸形、皮炎、溃疡、红肿或赘生物,注意观察外阴皮肤和黏膜色泽及质地变化、尿道口及阴道口黏膜色泽、有无赘生物和异常分泌物。无性生活女性处女膜完整无裂痕,经产妇阴道口见处女膜残痕。必要时嘱患者用力向下屏气检查有无阴道

216

壁膨出、子宫脱垂及尿失禁。压力试验(stress test)：如果患者用力向下屏气或者咳嗽时伴有尿液不自主溢出，则提示压力性尿失禁。指压试验(bonney test)：检查者把中食指放入阴道前壁尿道两侧，指尖位于膀胱与尿道交界处，向前上抬高膀胱顶，再行压力试验，如尿失禁现象消失，则进一步证实为压力性尿失禁。

(二)阴道检查

以阴道窥器检查为主。根据患者阴道宽窄度及年龄选择适当大小的阴道窥器。放置阴道窥器时将窥器上、下两叶并拢，前端表面可涂生理盐水润滑，必要时可选用润滑剂，然后将窥器避开敏感的阴蒂及尿道口周围组织，侧向沿阴道后壁方向缓慢放入阴道内，向深推进的同时将窥器转平并逐渐张开两叶，暴露出阴道壁、穹隆部及宫颈，然后旋转窥器，充分暴露阴道各壁。取出窥器前，注意合拢上、下两叶后再缓慢取出，避免夹持患者阴道壁组织及小阴唇(图12-1-1)。阴道窥器检查时应观察以下项目：

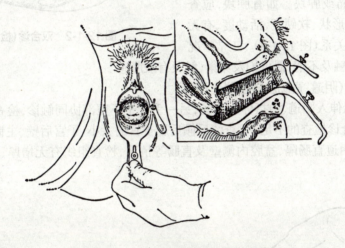

图 12-1-1　阴道窥器检查(正面及侧面观)

1. 阴道黏膜颜色、皱襞，有无炎症、畸形、赘生物、肿物等，阴道内分泌物的量、性状、颜色及气味。
2. 宫颈的大小、颜色、形状，有无糜烂样改变、肥大、腺体囊肿、息肉、赘生物、肿瘤，有无接触性出血，如有肿物，则观察肿物的大小、性状、是否累及穹隆等。

(三)双合诊

双合诊是盆腔检查最重要的项目。检查者一手戴手套，以食指、中指沾少许润滑剂后放入阴道内，另一手在腹部配合按压检查，称为双合诊。主要目的是检查阴道、宫颈、宫体、附件、宫旁组织及骨盆壁有无异常。检查方法及内容如下：

1. 检查者一手戴手套，以食指、中指沾少许润滑剂后顺阴道后壁进入阴道内，检查阴道的弹性、深度、通畅度，有无触痛、畸形、肿物，穹隆部有无结节感和饱满感等。
2. 扪触宫颈大小、软硬度、活动度，有无举痛、肿物或接触性出血等。
3. 检查子宫体时，阴道内手指放在宫颈后方，另一手掌心朝下四指平放于患者腹部脐下部位，检查时阴道内手指向前上方抬举宫颈，腹部四指向后下方按压腹壁，并逐渐移动至耻骨联合处向盆腔内按压，将子宫体夹在两手之间，查清子宫的位置、大小、形状、软硬度、活动度及有无压痛等（图 12-1-2）。大部分女性子宫的位置是前倾前屈位，少部分是后倾后屈位。"倾"是指子宫纵轴与身体纵轴的关系，前倾是指宫体朝向耻骨，后倾指宫体朝向骶骨。"屈"指宫体与宫颈的关系，若宫体纵轴与宫颈纵轴两者间形成的角度朝前称为前屈，反之称为后屈。

4. 查完子宫体后将阴道内手指移至一侧穹隆进行附件检查，按压腹壁的四指移至同侧髂嵴旁向下深压，同时阴道内手指向上向盆腔顶，两手指相互对合扣触，检查附件区有无增厚、压痛或肿块。如有肿块，应查清其位置、大小、形状、软硬度、活动度、有无压痛及与子宫的关系（图 12-1-3）。正常情况

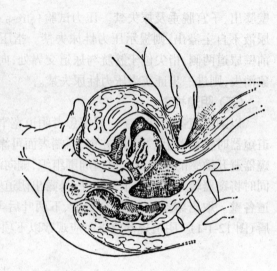

图 12-1-2　双合诊（检查子宫）

下输卵管及卵巢触及不清，偶可扣及卵巢，触及有酸胀感。

（四）三合诊（阴道、直肠及腹部联合检查）

1. 一手食指伸入阴道、中指伸入直肠，另一手置于下腹部协同触诊，检查步骤与双合诊相同，是弥补双合诊检查的不足。可查清后倾后屈子宫的大小、子宫后壁、主韧带、宫骶韧带、子宫直肠陷凹、阴道直肠隔、盆腔内侧壁及直肠等情况，检查组织有无增厚、压痛、结节及肿物（图 12-1-4）。

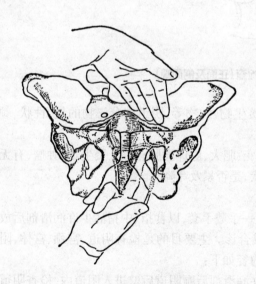

图 12-1-3　双合诊（检查附件）

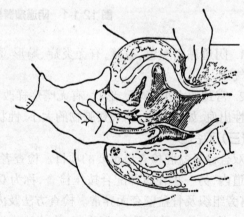

图 12-1-4　三合诊

2. 三合诊检查在生殖器官肿瘤患者尤显重要，如宫颈癌患者必须做三合诊检查，以明确宫旁组织、宫骶韧带情况，确定临床分期，为治疗方法的选择提供帮助。

（五）肛诊（直肠 - 腹部诊）

检查者一手食指沾少许润滑剂后放入直肠，另一手在腹壁按压配合同三合诊步骤检查，

称为肛诊(直肠 - 腹部诊)。无性生活史、阴道闭锁、不宜行双合诊检查的患者均可采用肛诊代替双合诊以了解子宫、附件及盆腔情况。

注意事项:在行双合诊、三合诊或肛诊检查时,若患者腹肌紧张,可与患者交谈使其精神放松,令其张口呼吸使腹壁松弛利于检查;检查时若两手指放入阴道后患者感觉疼痛不适,可单用食指进行检查;三合诊和肛诊时可嘱患者腹肌向下屏气用力,使肛门括约肌松弛,利于手指顺利伸入肛门并减轻患者疼痛不适感。

(六) 记录盆腔检查情况

按解剖部位顺序将检查结果进行记录:

1. 外阴　发育情况,婚产式(未婚、已婚、未产、经产),异常发现等。
2. 阴道　是否通畅,黏膜情况,分泌物量、色、性状及有无气味,有无畸形、肿物等。
3. 宫颈　大小、硬度,有无裂伤、糜烂样改变、息肉、腺囊肿、举痛、触血、肿物等。
4. 宫体　位置、大小、质地、活动度,有无压痛、结节、凸起等。
5. 附件　有无增厚、压痛、肿物。如有肿物,要记录肿物的位置、大小、质地、光滑度、活动度、有无压痛、与子宫和盆壁的关系等(分别记录左右两侧附件区的情况)。

第二节　子宫颈细胞学检查

子宫颈细胞学检查是发现子宫颈癌前病变及早期子宫颈癌最简单最主要的筛查方法。≥21 岁有性生活的妇女均应常规作子宫颈细胞学检查,并定期复查(每 1~3 年复查 1 次)。子宫颈细胞学检查有异常时,患者应进一步行专科检查。

子宫颈细胞学检查目前绝大多数采用的是薄层液基细胞学检查。薄层液基细胞学检查(TCT)是采用膜式液基薄层细胞检测系统检测宫颈细胞并进行细胞学分类诊断,它是目前国际上较先进的一种宫颈癌细胞学检查技术,与传统的宫颈刮片巴氏涂片检查相比,明显提高了标本的满意度及宫颈异常细胞检出率。液基细胞学检查对宫颈癌细胞的检出率为99%以上,同时还能发现绝大部分癌前病变,微生物感染如真菌、滴虫、病毒、衣原体等。常规巴氏涂片由于血液、黏附、炎症等因素影响。常使样本模糊,存在较高的检测误差,而膜式液基薄层细胞检测系统明显提高了子宫颈细胞样本的检测质量。液基细胞学检查的应用势必将癌前病变的检测工作提高到一个新的阶段,并使那些早期癌变患者得到及早的、更有效的治疗。

一、检 查 目 的

通过刮取或刷取宫颈的脱落细胞行病理检查,筛查子宫颈癌前病变及早期子宫颈癌。

二、适 应 证

1. ≥21 岁有性生活的妇女,每年 1 次宫颈细胞学检查;若连续 3 次阴性,可每 3 年复查1 次。
2. 有接触性出血症状或阴道检查怀疑有宫颈病变的患者。
3. 既往有宫颈细胞学异常、宫颈癌前病变或宫颈癌,治疗以后需要复查随访的患者。

三、操 作 步 骤

1. 该检查应在非月经期或无阴道出血的情况下进行操作。
2. 准备好阴道窥器、特制专用毛刷、含保存液的特制专用容器等。
3. 嘱受检者排空膀胱后取膀胱截石位。
4. 放置阴道窥器暴露宫颈,先用大棉拭子轻轻将子宫颈表面分泌物拭净,用特制毛刷置于宫颈外口鳞 - 柱状上皮交接处,以宫颈外口为圆心在鳞 - 柱状上皮交接处顺时针轻刷 3~5 周。
5. 旋转毛刷杆并轻推毛刷杆使毛刷头脱落浸入保存液中,拧紧专用容器盖子。
6. 填写申请单并在保存液容器上标记患者的姓名和年龄,及时送检标本。

四、子宫颈细胞学检查结果报告及分析

(一) 子宫颈细胞学检查结果报告及分析

宫颈细胞学检查报告国内常用两种分类法:巴氏 5 级分类与 The Bethesda System 分类(简称 TBS 分类)。巴氏 5 级分类法为传统的分类方法,方法简单,但各级之间无严格的客观区分标准,不能很好地反映癌前病变,受主观因素影响较大,假阴性率高(约 20%)。为使细胞学、组织病理与临床较好地结合,1988 年美国制订了 TBS 命名系统,并进行了 3 次修改。目前,国内外多采用 TBS 分类法(表 12-2-1)。

表 12-2-1　宫颈细胞学检测结果报告

2014 年 Bethesda 宫颈细胞学报告系统
标本类型
传统检测(Pap 刮片检查),液基技术,或其他采集方法
标本细胞数量
● 满意评价(描述颈管内 / 移行带成分存在或缺失以其他满意性指标,如血液成分、炎症)
● 不满意评价(特殊原因)
——标本被拒绝或未被处理(特殊原因)
——标本被处理和检测,但是因为某个特殊原因不能满意地评价上皮异常
通用分类(最好有)
● 上皮内病变或恶性病变阴性
● 其他:见解释 / 结果(如 45 岁以上女性看到内膜细胞)
● 上皮细胞异常:见解释 / 结果(指明"鳞状细胞异常"还是"腺体细胞异常")
解释 / 结果
● 无上皮内病变或恶性病变(当没有肿瘤的细胞学证据时,在通用分类部分,或者解释 / 结果部分两者之一(或两者同时)报告上述情况,同时报告是否有微生物或其他非肿瘤发现)
——非肿瘤发现(最好进行报告,不限于下述列表)
● 非肿瘤性细胞改变
● 鳞状化生
● 角化改变
● 颈管化生
● 萎缩
● 妊娠相关改变

- 细胞反应性改变和下列有关
- 炎症（包括典型的修复）
- 淋巴细胞性（滤泡性）宫颈炎
- 放疗
- 宫内节育器
- 子宫切除术后腺细胞状态
    ——微生物
- 滴虫
- 白色念珠菌形态一致的真菌性
- 菌群改变提示细菌性阴道病
- 放线菌形态一致的细菌形态
- 单纯疱疹病毒导致的细胞形态改变
- 巨细胞改变导致的细胞形态改变
- 其他
    ——内膜细胞（≥45 岁）（特别是当"鳞状上皮内病变阴性"时）
- 上皮细胞异常
    ——鳞状上皮
- 不典型鳞状上皮（ACS）
- 意义不明确（ACS-US）
- 不能排除高级别鳞状上皮内病变（HSIL）（ACS-H）
- 低级别鳞状上皮内病变（LSIL）（包含：人乳头瘤病毒 / 轻度异常 / 宫颈上皮内瘤变（CIN Ⅰ））
- 高级别鳞状上皮内病变（HSIL）（包含：中 - 重度异常，原位癌，CIN Ⅱ和 CIN Ⅲ）
- 合并浸润癌的征象（如果怀疑浸润时）
- 鳞状细胞癌
    ——腺细胞
- 不典型
- 颈管内细胞（未另做特殊说明）
- 内膜细胞（未另做特殊说明）
- 腺细胞（未另做特殊说明）
- 不典型
- 颈管内细胞，倾向于瘤变
- 腺细胞，倾向于瘤变
- 宫颈内原位腺癌
- 腺癌
- 颈管内
- 子宫内膜样
- 子宫外
- 未另做特殊说明
- 其他恶性肿瘤（特殊说明）
    附加测试
    提供测试方法的简要描述并报告结果，以便临床医生易于理解
    计算机辅助的宫颈细胞学解释
    如果病例由仪器自动判读，特别说明仪器和结果
    附加于报告后的注释和建议（最好有）
    建议应该明确，并且和专业组织发表的临床随访指南一致（可能需要包括相关文献）

（二）宫颈癌筛查方法及时间

21~29 岁的女性应该仅采用细胞学单独筛查，每 3 年筛查一次。30 岁以下的人群不应该进行联合筛查。30~65 岁的女性最好每 5 年行一次细胞学 +HPV 联合检测；每 3 年一次细胞学单独筛查也可接受，见表 12-2-2。

表 12-2-2　宫颈癌筛查方法及时间

（美国癌症协会、美国阴道镜和宫颈病理协会及美国临床病理协会联合推荐）

人群	推荐的筛查方法	建议
<21 岁	不筛查	
21~29 岁	每 3 年细胞学单独筛查	
30~65 岁	每 5 年 HPV+ 细胞学联合检测(最佳)，或每 3 年细胞学单独检测(可接受)	单独 HPV 筛查不推荐
>65 岁	既往有足够的阴性结果，则无需再行筛查	有过 CIN2、CIN3 或原位癌的患者，应该在上述病灶消退或处理后继续按照年龄进行筛查直到满 20 年
子宫切除术后女性	无需筛查	用于没有宫颈且既往 20 年没有 CIN2、CIN3、原位癌或宫颈癌的女性
接种过 HPV 疫苗的女性	遵循相应年龄的筛查策略(和未接种者一样筛查)	

（三）宫颈癌筛查结果的处理

细胞学检测为 ASC-US 但是 HPV 检测阴性的患者，无论 HPV 检测是 ASC-US 的"分流"手段还是联合筛查，患 CIN3 的风险较低，但是仍旧略高于联合筛查阴性的人群。该类病例推荐 3 年后行联合筛查。此推荐有别于 2011 年 ACS/ASCCP/ASCP 联合指南，当时推荐对这类患者行常规筛查。ASC-US 的处理存在很多不清晰的地方。ASC-US 经常被按照一个诊断来处理，实际上它代表的是一种诊断不明的状态，既包含存在鳞状上皮内病变的患者，也混有不存在病变的人群，见表 12-2-3。

表 12-2-3　宫颈癌筛查结果的处理

筛查方式	结果	处理
单独细胞学筛查	细胞学阴性	3 年后重复筛查
	ASC-US，后续 HPV 检测阴性	3 年后联合筛查
	其他情况	参见 ASCCP 指南
联合筛查	细胞学阴性，HPV 阴性	5 年后联合筛查
	细胞学 ASC-US，HPV 阴性	3 年后联合筛查
	细胞学阴性，HPV 阳性	方法 1：随访 12 个月后联合筛查 方法 2：HPV16、18 分型 ● 如果 HPV16 或 18 阳性，则行阴道镜检查 ● 如果 HPV16 或 18 阴性，12 个月后重复联合筛查 参见 ASCCP 指南
	其他情况	

第三节 阴道分泌物检查

阴道分泌物(vagina discharge)是由女性生殖器官分泌的液体,俗称"白带"(leucorrhea),主要由阴道黏膜渗出物、宫颈管腺体、子宫内膜腺体、大阴唇汗腺、大小阴唇皮脂腺分泌物及前庭大腺液混合组成,以前两者为主。阴道分泌物内含脱落上皮细胞、白细胞、乳酸杆菌等。正常女性有一定量的阴道分泌物,正常阴道分泌物清亮、透明、无味,不引起外阴阴道刺激征,也可呈白色稀糊状,无气味。阴道分泌物的量与雌激素水平及生殖器官充血情况有关。近排卵期白带量多,如蛋清状、稀薄、无味;排卵期2~3天后白带量少、混浊、黏稠;行经前白带量又稍增加;妊娠期白带量较多。

阴道分泌物悬滴检查是临床上检测女性阴道分泌物中有无滴虫、假丝酵母菌等致病菌及阴道炎症严重程度最简单、常用的方法。

一、检 查 目 的

查找病原体以明确阴道炎的病因及病情严重程度。

二、检查前准备及注意事项

1. 患者检查前24~48小时避免性生活、阴道检查、阴道灌洗或阴道用药,放置阴道窥器前不用涂抹润滑剂。

2. 嘱患者排空膀胱,取膀胱截石位。

3. 准备好0.9%氯化钠溶液和10%氢氧化钾溶液、干净玻片,取材用具干燥清洁并做好标记,检查显微镜是否处于工作状态。

4. 阴道分泌物取出后应及时送检并注意保暖。

5. 多次检查结果均为阴性而反复有症状的、或者顽固病例为明确诊断的患者,可改行培养法提高致病菌检出阳性率。

三、检查方法及内容

(一)阴道分泌物清洁度检查

1. 操作方法

(1)用窥器扩张阴道,避免用润滑剂,观察分泌物的颜色、性质及是否有异味等。

(2)用无菌棉拭子在阴道近穹隆侧壁或后穹隆处取少许分泌物作为标本。

(3)载玻片中间加1滴0.9%氯化钠溶液,将标本涂在溶液中,使分泌物均匀分布。

(4)将玻片及时放在显微镜下进行观察。

2. 阴道分泌物清洁度分级标准 根据阴道分泌物中白细胞、上皮细胞、阴道正常菌群(多为革兰阳性杆菌)与病原菌划分清洁度。正常阴道分泌物的清洁度为Ⅰ~Ⅱ度,无致病菌和特殊细胞。当清洁度为Ⅲ度及以上,但未发现病原菌,为非特异性阴道炎。当清洁度为Ⅲ~Ⅳ度同时发现病原菌,提示为感染性阴道炎。清洁度分级见表12-3-1。

表 12-3-1　阴道分泌物清洁度分级

清洁度	正常菌群	上皮细胞	白细胞	病原体	意义
Ⅰ	大量	大量	0~5/HP	无或少量	正常
Ⅱ	中等量	中等量	10~15/HP	少量	正常
Ⅲ	少量	少量	15~30/HP	中等量	有感染
Ⅳ	无	少量	>30/HP	大量	严重感染

(二) 滴虫性阴道炎阴道分泌物悬滴检查

1. 检查方法

(1) 有性生活者使用窥器(不涂润滑剂)暴露阴道及宫颈,观察并描述分泌物的特性,用无菌棉拭子在阴道近穹隆侧壁或后穹隆处取少许分泌物作为标本。无性生活者可用无菌细棉棒进入阴道口提取分泌物标本,分泌物及时送检。

(2) 载玻片上滴 1 滴 0.9% 氯化钠温溶液,将标本均匀涂在溶液中,立即在显微镜下进行观察(注意避免环境温度过低影响观察)。

2. 结果分析　显微镜下找到滴虫即可诊断。典型的镜下表现为波浪运动的滴虫及增多的白细胞被推移。

(三) 外阴阴道假丝酵母菌病阴道分泌物悬滴检查

1. 取阴道分泌物方法同前,将标本放于滴有 10% 氢氧化钾或 0.9% 氯化钠溶液的玻片上,混匀后及时在显微镜下进行观察。由于 10% 氢氧化钾溶液可以有效地溶解其他细胞成分使显微镜视野下更容易显露假丝酵母菌,故用 10% 氢氧化钾优于用 0.9% 氯化钠溶液。

2. 结果分析　镜下找到假丝酵母菌的芽胞或假菌丝即可诊断。

(四) 细菌性阴道病阴道分泌物悬滴检查

1. 取阴道分泌物方法同前。

2. 结果分析

下列 4 项中有 3 项阳性即可临床诊断为细菌性阴道病。

(1) 阴道壁上附着呈白色、稀薄、匀质状分泌物,阴道壁黏膜色泽正常。

(2) 胺臭味试验:取少许阴道分泌物涂于载玻片上,加入 1~2 滴 10% 氢氧化钾溶液,如可产生 "烂鱼肉样" 腥臭气味,则胺臭味试验测定阳性。

(3) pH 的测定:窥器扩张阴道,用 pH 试纸接触阴道壁,或用干净棉拭子取分泌物后涂于 pH 试纸上。多数细菌性阴道病患者的阴道分泌物 pH>4.5。

(4) 检查线索细胞:线索细胞指阴道脱落的表层细胞表面附着大量厌氧菌(加德纳菌等),使表层细胞边缘模糊不清似有颗粒状物附着,这些表层细胞就称为线索细胞。在载玻片上加 1 滴 0.9% 氯化钠温溶液,取阴道分泌物混合成悬液,置于高倍(400×)镜下检查。显微镜下线索细胞 >20% 为阳性。

第四节　孕期四步触诊检查法

四步触诊是妊娠中、晚期产前检查的重要内容。通过四步触诊法检查可以了解子宫大小、胎产式、胎先露、胎方位,同时还可以了解胎先露是否衔接(图 12-4-1)。

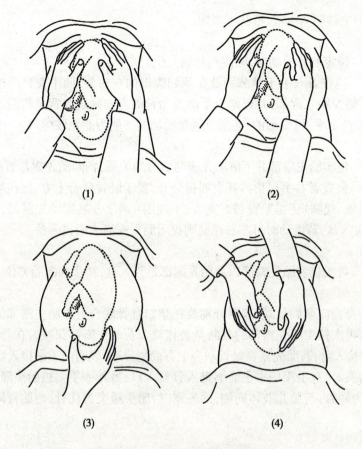

图 12-4-1 胎位检查的四步触诊法

一、检查目的

1. 了解妊娠子宫大小,间接了解和初步判断胎儿宫内生长发育情况。
2. 了解胎产式、胎先露、胎方位。
3. 了解胎先露与骨盆入口的关系,以及胎先露是否已经衔接入盆。

二、检查方法

嘱孕妇排空膀胱后仰卧于检查床上,两腿稍屈曲略分开。检查者立于孕妇的右侧,作第一、二、三步检查手法时,检查者面向孕妇头端,作第四步检查时面向孕妇足端。

(一) 第一步

1. 检查目的 测量宫底的高度,估计胎儿大小,初步判断与妊娠周数是否相符,了解位于宫底部的是胎儿身体的哪一部位,确定胎产式。

2. 具体手法

(1) 测宫底高度:检查者双手放在孕妇宫底部,判断宫底高度以估计胎儿大小与妊娠周数是否相符。

(2) 两手指腹交替轻推检查,判断在宫底部的胎儿部分,如为胎头则形状圆而规则、质硬、有浮球感；若为胎臀则宽而软、形状不规则。

(二) 第二步

1. 检查目的　确定胎背的朝向，间接判断胎方位。

2. 具体手法　检查者双手手掌分别放在孕妇腹部的左右侧，两手交替深按检查，如触及平坦、饱满的一侧为胎儿背部，并根据双手触及胎背的方向确定胎背是朝前、朝后或朝向侧方的。如触及凹凸不平、可变形的、甚至可触及胎动的一侧为胎儿肢体。

(三) 第三步

1. 检查目的　核实胎先露部并了解胎先露与骨盆的关系，判断胎先露是否衔接。

2. 具体手法　检查者右手拇指与其余四指分开，置于耻骨联合上方，握住胎先露部，核实胎先露是胎头(硬、规则)还是胎臀(软、宽大、不规则)；两手左右推动先露部，若推不动提示胎先露已经衔接入盆，若推动时可左右浮动则提示胎先露尚未衔接入盆。

(四) 第四步

1. 检查目的　再次核实胎先露部以及胎先露部是否入盆，初步判断胎方位。

2. 具体手法

(1) 检查者转身面向孕妇足端，双手分别放在孕妇耻骨联合上方胎先露部的两侧，向骨盆入口方向深按，再次核实胎先露部的判断是否相符。若胎先露部深按时在骨盆深处固定不动，提示已经衔接入盆；若胎先露在耻骨联合上方尚能浮动，表明尚未衔接入盆。

(2) 胎先露为头时，双手深按一手能够进入骨盆入口，另外一手则被胎头隆突阻挡。枕先露时胎头隆突为额骨，与胎儿肢体同侧；面先露时，胎头隆突为枕骨，与胎背同侧，以此来初步判断胎方位。

第五节　骨盆外测量方法

产力、产道、胎儿及精神心理因素是影响分娩的四大因素，其中产道分骨产道和软产道。产道异常可使胎儿娩出受阻，临床上以骨产道异常多见，是影响分娩的重要因素之一，也是产前检查中的重要内容。产前检查中是通过骨盆外测量来直接或者间接的了解骨产道各径线的长度，妊娠中期常规进行骨盆测量，必要时分娩前再次复查，结合胎儿大小和胎先露入盆的情况，评估头盆关系，为分娩方式的选择和分娩过程的预测提供依据。

骨产道的检查包括骨盆外测量和骨盆内测量。骨盆外测量为常规产前检查，可以间接了解骨盆的大小和形态。骨盆内测量一般由专科医师进行。

一、检 查 目 的

通过对孕妇骨盆各个径线的外测量，间接了解真骨盆入口平面、出口平面的各径线，初步判断各平面的大小和形态有无异常。

二、检查方法及步骤

(一) 骨盆入口平面

1. 骨盆入口横径　孕妇取仰卧，双腿伸直。

(1) 髂棘间径(interspinal diameter, IS)：检查者用手指触摸到孕妇髂骨的髂前上棘，测量两侧髂前上棘外缘的距离,正常值为 23~26cm(图 12-5-1)。

(2) 髂嵴间径(intercristal diameter,IC):检查者手指顺着孕妇髂前上棘向上触及髂嵴,测量两侧髂嵴外缘最宽处的距离,正常值为 25~28cm(图 12-5-2)。

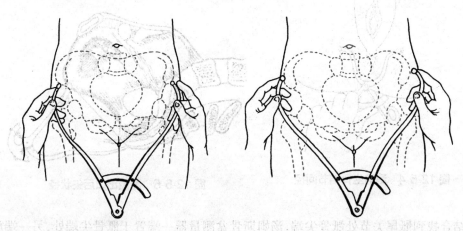

图 12-5-1 测量髂棘间径　　　　图 12-5-2 测量髂嵴间径

2. 骨盆入口前后径　孕妇取左侧卧位,左腿屈曲,右腿伸直。

骶耻外径(external conjugate,EC):检查者用手指触及第 5 腰椎棘突下缘,相当于髂嵴后连线与脊柱相交叉的点下方 1.5cm 处,或米氏菱形窝的上角处,测量孕妇第 5 腰椎棘突下缘至耻骨联合上缘中点的距离,正常值 18~20cm(图 12-5-3)。骶耻外径可以间接了解骨盆入口前后径长度,是骨盆外测量中的一条重要径线,与孕妇的骨质厚薄有关。此径线值减去 1/2 右侧尺桡周径(围绕右侧尺骨茎突测量前壁下端周径)即为真骨盆入口平面的前后径值。

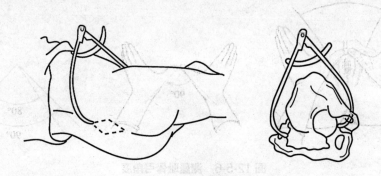

图 12-5-3 测量骶耻外径

(二) 骨盆出口平面

孕妇取仰卧位,双腿向腹部屈曲,双手抱双膝使双腿向外上方充分展开。

1. 坐骨结节间径(intertuberous diameter,IT)　又称骨盆出口横径,在会阴后联合中部,检查者触及孕妇两侧坐骨结节,测量两侧坐骨结节内侧缘的距离,正常值 8.5~9.5cm(图 12-5-4)。若坐骨结节间径 <8cm,应增加测量出口后矢状径。

2. 出口后矢状径(posterior sagittal diameter of outlet)　指坐骨结节间径的中点到骶骨尖端之间的距离。检查者右手食指伸入孕妇肛门向骶骨方向,拇指置于孕妇体外骶尾部,两指

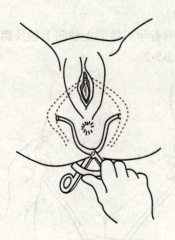

图 12-5-4 测量坐骨结节间径

图 12-5-5 测量出口后矢状径

内外结合找到骶尾关节处骶骨尖端，汤姆斯骨盆测量器一端置于骶骨尖端处，另一端放于两侧坐骨结节连线的中点处（于坐骨结节连线放一把尺），测出后矢状径（图 12-5-5）。正常值为8~9cm，与出口横径值相加 >15cm，提示骨盆出口平面狭窄不明显，中等大小的胎儿可以经阴道分娩。

3. 耻骨弓角度（angle of pubic arch） 检查者双手拇指指尖斜着对拢沿耻骨弓降支下缘放置，测量两拇指间所形成的角度，即为耻骨弓角度（图 12-5-6）。正常值为 90°，小于 80° 为异常。该角度反映骨盆出口横径的宽度。

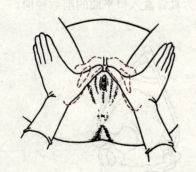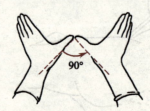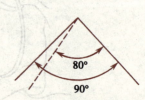

图 12-5-6 测量耻骨弓角度

（杨 冰）

第十三章 儿童保健相关操作技能

第一节　小儿生长发育评估

儿童时期是生长发育最快的时期,对成年后发育的影响也极大。通过定期体格检查可以发现个体或群体儿童的生长发育是否正常,同时对一些儿科疾病鉴别诊断也具有一定的临床意义。儿童常用的体检项目包括体重、身长(高)、坐高、头围、胸围、腹围、囟门、牙齿、五官、视听力筛查、全身查体、精神动作发育评估等。

一、体　　重

体重是身体各器官、系统及体液的总重量,包括骨骼、肌肉、内脏、体脂、体液等成分。因体脂与体液变化较大,因此,体重是最易波动的身体指标。体重易于准确测量,是最易获得的反映儿童生长与营养状况的指标,也是反应小儿营养的灵敏指标。在临床,常用体重来计算小儿的用药量和静脉输液量。

测量小儿体重的常用工具有杠杆式秤,如钩秤、磅秤等。初生儿可以用婴儿磅秤测量体重。这种婴儿磅秤最大称重量不超过 15kg,测量时将小儿放于秤盘中央即可读取小儿的毛体重。1 个月以上的小儿可用杠杆式体重计。1 个月至 7 岁所用的体重计最大载重为 50kg;8~17 岁可用的最大载重的体重计,准确读数不超过 100g。体重测量前应校正零点及灵敏度,并测量误差。测量结果记录用“kg”为单位,精确到小数点后 2 位。

测量前,应先让被测儿童排空大小便,脱去鞋帽、衣裤。婴儿卧于秤盘中,1~3 岁小儿可蹲于秤台中央,年长儿可赤足轻轻地站在画好脚印的踏板适中部位,两手自然下垂,不可摇动或接触其他物体,以免影响准确性。

儿童体重的增加为非等速增长,评价时应以儿童自己体重增长的变化为依据,不能用“公式”计算来评价,也不宜以人群均数(所谓“正常值”)当作“标准”看待。当没有条件测量体重时,为便于医务人员计算小儿用药量和静脉输液量,可用以下公式粗略估算体重(kg):

3~12 个月龄:[年龄(月)+9]/2

1~6 岁:年龄(岁)×2+8

7~12 岁:[年龄(岁)×7−5]/2

二、身高或身长

头顶至足底的直线长度称为身高,通常采用直立测量,以 cm 表示。

3 岁以内的婴幼儿躺着量称为身长,用标准的量床测。测量身长时使用的器材为卧式量板(或量床)。卧式量板由一长 120cm 的底板及在其一端与之垂直的顶板组成,另有一可以移动于底板纵槽上的足板。该足板必须与顶板平行,与底板垂直,在底板中线两侧要嵌有两条与长边平行的量尺,其刻度精度为 0.1cm。测量时将量板放在平坦地面或桌面;儿童面向上,两耳在一水平上,两侧耳廓上缘与眼眶下缘的连线与量板垂直,去鞋袜,穿单衣仰卧于量床底板中线上。测量者位于小儿右侧,在确定小儿平卧于板中线后,将左手置于小儿膝部,使两下肢互相接触并贴紧底板,用右手滑动滑板,使之紧贴小儿双侧足跟,然后读取读数至小数点后一位(0.1cm)。双侧有刻度的量床应注意两侧读数一致。

3 岁以上小儿和青少年测量身高,常使用身高计或固定于墙壁上的立尺或软尺。测量前,应注意校对零点,以标准尺(2m 长,有精确到 cm 刻度的钢尺)测量刻度是否准确,若全长(2m)和标准尺相差 0.5cm 以上则不能使用,并应保证身高计立柱与地面垂直。测量时,被测者脱去鞋、袜、帽子和厚衣服,立于木板台上,取立正姿势,两眼直视正前方,胸部稍挺起,腹部微后收,两臂自然下垂,手指并拢,足跟并拢,足尖分开成 60°,足跟、骶骨部及两肩间区与立柱相接触,躯干自然挺直,头部正直,耳屏上缘与眼眶下缘呈水平位。测试者站在受试者右侧,将水平压板轻轻沿立柱下滑,轻压于受试者头顶。测试人员读数时双眼应与压板平面等高进行读数,以 cm 为单位,精确到小数点后一位(0.1cm)。

身长(高)的粗略估算:

出生时为 50cm

1 岁时为 75cm

2~6 岁:年龄(岁)×7+75

7~10 岁:年龄(岁)×6+80

三、头 围

头围的大小与脑的发育有关,头围指眉弓上缘经枕骨粗隆绕头 1 周的长度,是反映颅骨生长和脑发育的一个重要指标。1 岁时儿童的头围增至 46cm,而第 2 年头围只增长 2cm,第 3 年与第 4 年共增加 1.5cm,5 岁时达 50cm。头围测量应用布质涂漆软尺,不宜用伸缩性较大的纯塑料制品。每测 500 人左右即用标准尺矫正一次,不合要求者应立即更换。

被测者脱帽,取立位、坐位或仰卧位,测量者立或坐于被测者右侧或前方,用左手拇指将软尺零点固定于头部右侧眉弓上缘处,软尺从头部右侧经枕骨粗隆及左侧眉上缘回至零点,读取软尺与零点重合处的读数,以 1cm 为记录单位,保留小数点后一位(0.1cm)。测量时软尺应紧贴皮肤,不能打折,长发或梳辫者,应先将头发在软尺经过处向上、下分开,使软尺紧贴头皮。

四、前 囟

新生儿颅顶骨发育尚未完全,被纤维组织膜充填,称颅囟。前囟最大,位于矢状缝前端,呈菱形,生后 1~1.5 岁闭合。新生儿前囟大小为约为 2.5cm×2.5cm(两对边中点连线),摸上去有搏动感。部分婴儿在 6 个月前会有生理性增大,6 个月时开始缩小,在 12~18 个月时会闭合。前囟的测量以两个对边中点连线的长短,以 cm 表示。

五、牙 齿

出生时乳牙已骨化,乳牙牙胞隐藏在颌骨中,被牙龈覆盖;恒牙的骨化从新生儿期开始,18~24 个月时第三恒臼齿已骨化。人一生有乳牙(共 20 颗)和恒牙(28~32 颗)两副牙齿。生后 4~10 个月乳牙开始萌出,12 个月后未萌出者为乳牙萌出延迟。乳牙萌出顺序一般为下颌先于上颌、自前向后,约于 2.5 岁时乳牙出齐,见表 13-1-1。

表 13-1-1　乳牙萌出的平均年龄和顺序

乳牙	萌出年龄	乳牙	萌出年龄
乳中切牙	6~8 个月	乳尖牙	16~20 个月
乳侧切牙	8~10 个月	第二乳磨牙	20~30 个月
第一乳磨牙	12~16 个月		

乳牙萌出时间个体差异较大,与遗传、内分泌、食物性状有关。2 岁以内乳牙数目约等于月龄减 4~6。小儿 6 岁左右萌出第一颗恒牙(第一恒磨牙,在第二乳磨牙之后,又称 6 龄齿);6~12 岁阶段乳牙逐个被同位恒牙替换,其中第 1、2 前磨牙代替第 1、2 乳磨牙,此期为混合牙列期;12 岁萌出第二恒磨牙;约在 18 岁以后萌出第三恒磨牙(智齿),也有终生第三恒磨牙不萌出者。

六、皮 下 脂 肪

皮下脂肪测量可以作为营养状态的参考指标之一。以腹部测量法为准。在锁骨中线平脐处,以拇指和食指相距 3cm 并与皮肤表面垂直成 90° 角,将皮脂层捏起(皮折方向与躯干长轴平行),然后量其上缘厚度,普遍正常值在 1cm 以上。一般规律,出生至 9 个月,皮下脂肪增长快,15~16 个月后逐渐减退,故脂肪的测量对 3 岁以内的小儿更有诊断价值。

七、胸　　围

胸围代表胸廓和肺的发育。测量采取立位或仰卧位,皮尺绕乳头下缘,经背部或两肩胛小角缘一圈。新生儿:胸围比头围小 1~2cm,1 岁左右,胸围等于头围。

第二节　小儿查体方法

一、检查方法的特点

1. 建立良好的关系　微笑、呼患儿的名字或小名、乳名,用表扬语言鼓励患儿;消除紧张心理;消除或减少恐惧,取得患儿的信任和合作;观察患儿的精神状态、对外界的反应及智能情况。

2. 体位灵活　检查时应尽量让患儿与亲人在一起,婴幼儿可坐或躺在家长的怀里检查,检查者顺应患儿的体位。

3. 顺序灵活

(1) 容易观察的部位随时查:四肢、躯干、骨骼、全身浅表淋巴结等。

(2) 安静时:检查心、肺听诊,心率,呼吸次数。

(3) 腹部:触诊等易受哭闹影响的项目,一般在患儿开始接受检查时进行。

(4) 对患儿有刺激而患儿不易接受的部位最后检查,口腔、咽部等。

（5）疼痛的部位也应放在最后检查。

4. 爱护小儿　动作轻柔,注意保暖,检查前洗手,器具无菌消毒。体格检查完毕后,应该对小儿的合作表示赞许,以便今后取得更多的合作。

二、检查内容

1. 一般状况　小儿的生长发育,营养发育情况,神志状态(清醒、嗜睡、昏睡、昏迷),面色,有无脱水,特殊面容,强迫体位,表情,对周围事物的反应,皮肤颜色,体位,行走姿势,语言能力等。

2. 一般测量　除体温、呼吸、脉搏、血压外,小儿还应测量身高(身长)、体重、头围、胸围等(详见第十三章第一节)。对身材异常的患儿还要测量上、下部量,有腹水时要测腹围。

（1）体温:可根据不同年龄和病情选择测温方法。①腋下测温法:体表置于腋窝处夹紧上臂,保持 5~10 分钟,36~37℃为正常。②口腔测温法:口表置于舌下,保持 3 分钟,37℃为正常,用于神志清楚且配合的 6 岁以上小儿。③肛门内测温法:测温时间短,准确。肛表插入肛门内 3~4cm,测温 3~5 分钟,36.5~37.5℃为正常,1 岁以内小儿、不合作的儿童以及昏迷、休克患儿可采用此方法。

（2）呼吸和脉搏:小儿安静时进行。小儿呼吸频率可通过听诊或观察腹部起伏,观察呼吸的节律和深浅,年幼而以腹式呼吸为主,可按小腹起伏计数。小儿脉搏:年长儿选择较浅的动脉,如桡动脉来检查,幼儿检查股动脉或通过心脏听诊来对比检测。要注意脉搏的速率、节律、强弱及紧张度(表 13-2-1)。

表 13-2-1　各年龄组小儿呼吸和脉搏(次 / 分)

年龄	呼吸	脉搏	呼吸：脉搏
<28 天	40~50	120~140	1：3
<1 岁	30~40	110~130	1：3~4
1 岁 ~	25~30	100~120	1：3~4
4 岁 ~	20~25	80~100	1：4
8~14 岁	18~20	70~90	1：4

（3）血压:一般用汞柱血压计,不同年龄小儿应选用不同宽度的袖带。不同年龄小儿血压的正常值可用公式推算:收缩压(mmHg)=80+(年龄 ×2);舒张压为收缩压的 2/3。mmHg与 kPa 的换算为:mmHg 测定值 ÷7.5=kPa 值。一般只测一侧上肢血压即可。

3. 皮肤和皮下组织　自然光线、保暖,皮肤的颜色,有无苍白、黄染、发绀、潮红、皮疹、瘀点(斑)、脱屑、色素沉着,毛发有无异常,触摸皮肤的弹性、皮下组织及脂肪的厚度,有无水肿及水肿的性质等。

4. 淋巴结　大小、数目、质地、活动、有无粘连、压痛,颈部、耳后、枕部、腹股沟等部位尤其要认真检查,正常情况下在这些部位可触及单个质软的黄豆大小的淋巴结,活动,无压痛。

5. 头部

（1）头颅:大小、形状,头围;前囟大小及紧张度、有无凹陷或隆起;枕秃和颅骨软化、血肿或颅骨缺损等。

（2）面部:有无特殊面容,眼距宽窄,鼻梁高低,注意双耳位置和形状等注意面部表情。

眼:无眼睑水肿、下垂、眼球突出、斜视、结膜充血、眼分泌物、角膜混浊、瞳孔大小、形状、对光反射。新生儿及幼婴若两眼紧闭,必要时可请眼科医生用开睑器完成检查。

耳:双耳的位置及耳廓的大小,双外耳道有无分泌物、局部红肿及外耳牵拉痛;耳镜检查鼓膜情况。高热不退时要检查外耳道鼓膜有无充血或流脓。

鼻:观察鼻形,注意有无鼻翼扇动、鼻腔分泌物及通气情况,如有分泌物记录其性质。

(3) 口腔:口唇色泽有无苍白、发绀、干燥、口角糜烂、疱疹。口腔内颊黏膜、牙龈、溃疡、黏膜斑、鹅口疮、硬腭有无充血,腮腺开口处有无红肿及分泌物,牙齿数目及龋齿数,舌质、舌苔颜色,记录出牙数目。

(4) 咽部:双侧扁桃体是否肿大,有无充血、分泌物、脓点、假膜。咽部有无溃疡、充血、滤泡增生、咽后壁脓肿等情况,咽部检查一般会引起小儿不适,可以放在最后。

6. 颈部　是否抵抗,有无斜颈、短颈或颈蹼等畸形;甲状腺有无肿大,气管位置;颈椎活动情况;颈静脉充盈及搏动情况,有无颈项强直等。

7. 胸部

(1) 胸廓:观察胸部两侧是否对称,有无佝偻病体征:鸡胸、漏斗胸、肋骨串珠、肋膈沟、肋缘外翻,心前区有无隆起,有无桶状胸,肋间隙饱满、凹陷、增宽或变窄等,较大的儿童注意乳房的发育。

(2) 肺脏

1) 视诊:包括呼吸频率和节律,呼吸深浅改变,呼吸困难,吸气性呼吸困难:三凹征,即胸骨上窝、肋间隙和剑突下在吸气时向内凹陷;呼气性呼吸困难:呼气延长。注意胸廓是否对称。

2) 触诊:在年幼儿可利用啼哭或说话时进行。肋骨、肋软骨是否有串珠、压痛。

3) 叩诊:比成人清,用力轻,肺部叩诊应该为清鼓音,肝浊音界在右胸第4肋以下。

4) 听诊:听诊时尽量保持小儿安静,正常小儿呼吸音较成人响,呈支气管肺泡呼吸音,应注意听腋下、肩胛间区及肩胛下区无异常,因肺炎时这些部位较易听到湿性啰音。小儿啼哭后深吸气时容易闻及细湿啰音。

(3) 心脏

1) 视诊:正常婴儿由于膈肌位置较高,心脏位置较成人稍横。心前区是否隆起,心尖冲动强弱和搏动范围,正常小儿心尖冲动范围在 2~3cm^2 之内。

触诊:主要检查心尖冲动的位置及有无震颤,并应注意出现的部位和性质(收缩期、舒张期或连续性)。进一步明确心尖冲动范围不超过 2~3cm^2。

2) 叩诊:叩诊心界可估计心脏大小、形状及在胸腔的位置,着重记录左心界(表 13-2-2)。

3) 听诊:注意心率、心律、心音及杂音。小儿心脏听诊应在安静环境中进行,小儿时期肺动脉瓣区第二心音主动脉瓣区第二心音响(P2>A2)。

表 13-2-2　小儿正常心脏浊音界

年龄	左界	右界
<1 岁	左乳线外 1~2cm	沿右胸骨旁线
1~4 岁	左乳线外 1cm	右胸骨旁线与右胸骨线之间
5~12 岁	左乳线上或乳线内 0.5~1cm	接近右胸骨线
>12 岁	左乳线内 0.5~1cm	右胸骨线

8. 腹部

(1) 视诊：注意腹部形态，大小，膨隆与否，腹壁静脉是否怒张，肠型或肠蠕动波，新生儿应注意脐部有无分泌物、出血、炎症、脐疝大小。

(2) 触诊：仰卧位，有无压痛，观察小儿表情反应，肝脏正常婴幼儿可在肋缘下 1~2cm 处扪及，柔软无压痛；6~7 岁后不应在肋下触及。小婴儿偶可触及脾脏边缘。

(3) 叩诊：可采用直接叩诊或间接叩诊法，腹水时出现移动性浊音。

(4) 听诊：肠鸣音是否亢进、减弱消失，血管杂音：应注意杂音的性质、强弱及部位。

9. 脊柱和四肢　注意四肢长短粗细，是否对称，畸形、躯干与四肢的比例；佝偻病体征："O" 形或 "X" 形腿、手镯、脚镯样变、脊柱侧弯等；手、足指（趾）有无杵状指、多指（趾）畸形等。

10. 会阴、肛门和外生殖器　有无畸形（如先天性无肛、尿道下裂、两性畸形），肛裂；女孩有无阴道分泌物、畸形；男孩有无隐睾、包皮过长、过紧、鞘膜积液、腹股沟疝等。

11. 神经系统

(1) 一般检查：神志、精神状态、面部表情、反应灵敏度、动作语言能力、有无异常行为等。

(2) 神经反射

1) 新生儿期特有的反射：吸吮、拥抱、握持反射。

2) 神经反射有其年龄特点：新生儿和小婴儿期提睾反射、腹壁反射较弱或能引出，跟腱反射亢进，并可出现踝阵挛；2 岁以下的小儿 Babinski 征可呈阳性，一侧阳性，另一侧阴性则有临床意义。

(3) 脑膜刺激征：颈部有抵抗，Kerning 征阳性，Brudzinski 征阳性，小婴儿 Kerning 征和 Brudzinski 征也可阳性。

注意：解释检查结果的意义时要根据病情、结合年龄特点全面考虑。

第三节　婴儿配奶方法

母乳是满足婴儿生理和心理发育的天然的最好食物，对婴儿的健康生长发育有不可替代作用。

如母乳不足或因其他原因加用牛乳、羊乳或配方乳补充，即为部分母乳喂养。因母乳喂养的婴儿体重增长不满意时，而采用配方乳或牛乳、羊乳补充母乳喂养为补授法，适宜 4~6 个月内的婴儿。另一种为代授法，母乳喂养婴儿至 4~6 个月龄时，为断离母乳开始用配方乳、牛乳或羊乳替代一次母乳量，为代授法。即在某一次母乳哺喂时，有意减少哺喂母乳量，增加配方乳、牛乳或羊乳量，逐渐替代此次母乳量。以此类推，直到完全替代所有的母乳。

4 个月以内的婴儿由于各种原因不能进行母乳喂养时，完全采用配方乳或其他兽乳，如牛乳、羊乳等喂哺婴儿，称为人工喂养。

一、鲜 牛 乳

(一) 牛乳的特点

人工喂养时常用牛乳，但其成分不适合婴儿。与母乳相比，牛乳乳糖低于母乳，主要为甲型乳糖;牛乳蛋白质高于母乳,酪蛋白为主,牛乳易凝结成块;氨基酸比例不如母乳合理;牛乳脂肪酶缺乏,不易消化;牛乳不饱和脂肪酸低于母乳;牛乳矿物质含量高。

牛乳缺乏各种免疫因子是与母乳的最大区别,故牛乳喂养的婴儿抵抗力要比母乳喂养的婴儿低。

(二) 牛乳的改进

由于牛乳有些成分不适合婴儿,因此常需经过改进才能喂养婴儿。改进的内容主要包括三个步骤,即:稀释、加糖和消毒,使牛奶主要营养成分尽可能调配到与人乳相仿,并保持无菌和易于消化。

1. 稀释 加水稀释可降低牛乳中蛋白质和矿物质浓度,减轻消化道和肾脏负荷。稀释的程度因婴儿月龄而异:生后不满2周者可采用2份牛奶加1份水,即2:1奶;以后逐渐过渡到3:1或4:1奶;满月后即可用全奶。

2. 加糖 牛奶中碳水化合物浓度低于人乳,应加糖以改变三大产能物质比例,利于吸收,软化大便。以蔗糖最常用,每100ml可加5~8g。

3. 消毒方法 一般应用巴氏灭菌法,将牛乳加温至65~68℃半小时,或进食前煮沸,既可达到灭菌目的,又能使奶中蛋白质变性,凝块变小易于消化。但煮沸时间不宜过长,否则其短链脂肪酸易挥发而失去香味,酶及维生素也易遭破坏。

(三) 奶量的计算

实际工作中为正确指导家长或评价婴儿的营养状况,常常需要估计婴儿奶的摄入量。婴儿每日牛奶需要量个体差异较大,可根据具体情况增减。一般可按每日能量需要计算:

1. 首先计算出婴儿月龄和单位体重每日所需能量及需水量,每千克体重需能量418~460kJ(100~120kcal),需水150ml。

2. 按每天所需总能量,计算需要的牛乳量,每100ml加5%蔗糖的牛乳可提供376kJ(90kcal)能量,100ml加8%蔗糖的牛乳可供418.4kJ(100kcal)能量。

3. 每日需水量减去牛乳量即为每日除牛乳以外需喂给的其他液体量如温开水、果汁等,可在哺乳期间喂给。

二、牛 乳 制 品

(一) 全脂乳粉

鲜牛乳经加热浓缩、喷雾干燥制成,按重量1:8(30g乳粉加水240ml)或按体积1:4(1匙乳粉加4匙水)加开水冲调成乳汁,其成分与鲜牛乳基本相同,因经热处理,乳凝块较细,比鲜牛乳易于消化,又经消毒,且贮存携带方便。

(二) 配方乳粉

指全脂乳粉经改变成分,并强化营养素配制而成,使其营养素成分尽量"接近"人乳,更适合于婴儿的消化能力和肾功能,如降低酪蛋白、无机盐的含量,添加一些重要的营养素,如乳清蛋白、不饱和脂肪酸、乳糖、核苷酸、维生素A、维生素D、β胡萝卜素和微量元素铁、锌等。有些婴儿配方乳还添加了有利于婴儿生长发育的牛磺酸、核苷酸、二十二碳六烯酸(DHA)等。根据不同年龄儿童的需要和某些特殊情况也可配制成不同的配方奶粉。这种配方奶粉一般比鲜牛奶及全脂乳粉营养价值较高又易消化吸收,适合母乳缺乏的年幼小儿食用,其调配方法同一般乳粉,浓度和量应按这种配方乳粉的说明进行。

一般使用时应按年龄选用。合理的奶粉调配在保证婴儿营养摄入中至关重要。一般市售配方奶粉配有统一规格的专用小勺。如盛 4.4g 奶粉的专用小勺,1 勺宜加入 30ml 温开水;盛 8.8g 奶粉的专用小勺,1 勺宜加入 60ml 温开水(重量比均为 1:7)。

(三) 鲜羊乳

羊乳也是婴儿良好的食品,其营养价值与牛乳大致相同,蛋白质凝块较牛奶细而软,脂肪颗粒小,更易消化。但羊乳中叶酸含量很少,长期饮用羊乳而未补充合理辅食者,易患巨幼细胞贫血。

第四节 小儿药物剂量计算方法

药物是治疗疾病的重要手段,而药物的过敏反应、副作用和毒性作用又会对机体产生不良影响,特别是对生长发育中的小儿。因此,小儿用药剂量需要根据年龄或体重进行计算,以保证安全。

一、小儿药物动力学特点

(一) 药物的吸收

药物吸收的速度和程度取决于药物的理化性质、机体情况和给药途径。新生儿早期胃酸 pH 较成人低,口服给药时,某些弱酸性药物血药浓度高于成人。新生儿胃排空速率一般比成人慢,也影响药物吸收程度、血药浓度及达峰时间,且受出生后月龄、哺乳方式、食物及某些疾病等因素影响。婴幼儿皮肤角质层薄,体表面积大,经皮肤给药时,药物较成人更易吸收。

(二) 药物的分布

对于小儿来说,影响药物分布的主要因素是脂肪含量、体液腔隙比例、药物与蛋白质结合程度等。

1. 婴幼儿脂肪含量较成人低,脂溶性药物不能充分与之结合,血浆中游离药物浓度增高。

2. 婴幼儿体液及细胞外液容量大,水溶性药物在细胞外液被稀释,血浆中游离药物浓度较成人低,细胞内液浓度较高。

3. 婴幼儿药物-蛋白结合能力比成人低,可导致血浆中游离型药物浓度增加,可能引起毒性反应。

4. 儿童尤其是新生儿,血脑屏障尚未发育完全,一些游离型药物可自由通过,一方面有助于细菌性脑膜炎的治疗,另一方面也能导致某些药物对中枢神经系统的损害。含有氨基的解热镇痛药和维生素 K 可从蛋白结合位点上将胆红素置换,使游离胆红素增加,较易引起新生儿高胆红素血症,若透过血脑屏障,则可引起核黄疸。

(三) 药物的代谢

新生儿肝药酶系统发育尚未成熟,特别是早产儿肝微粒体羟化酶功能差,易导致药物消除减慢,在体内蓄积,如地西泮、异戊巴比妥、苯巴比妥等。

(四) 药物的排泄

新生儿肾血流量低,肾小管分泌及重吸收能力也差。滤过率仅为成人的 20%~40%,出生 3~5 个月后才可达到成人水平;肾小管重吸收能力需 7 个月才达到成人水平。此外,小儿肾小管泌酸能力低,尿 pH 高,影响碱性药物排泄。这些可能导致肾排泄药物(如地高辛、庆大霉素)消除减慢,易致蓄积中毒。

二、药物治疗中的一些特殊问题

(一) 生长发育快

儿童期生长发育快,体重和体表面积变化都很大,体液量变化也很大。从新生儿成长到 1 岁,一般情况下体重可以增加 3 倍。因此,小儿用药剂量一般按公斤体重多少来计算。

(二) 呼吸道狭窄

炎症时黏膜充血水肿,渗出物增多,易出现呼吸道梗阻;因此,当小儿肺炎或剧烈咳嗽时,宜用祛痰止咳药。

(三) 新生儿皮肤薄

皮肤局部用药吸收较多,应注意不要引起中毒。

(四) 婴幼儿吞咽能力差

口服给药容易误入气管。

(五) 机体不成熟

儿童正处于生长发育阶段,对药物的反应与成人有所不同。对于镇静药、阿托品、磺胺类药、激素等的耐受性较好,而在使用酸碱类药物、利尿药、抗生素时则易发生不良反应。

因此,在用药时,必须熟悉使用方法和注意事项,发生反应及时采取措施。

三、药物剂量的计算

由于小儿的年龄、体重逐年增加,体质各不相同,用药的适宜剂量也有较大的差别,因此,儿科用药剂量较成人更须准确。小儿药物剂量计算方法很多,目前多采用按体重、体表面积计算,也有按年龄计算的方法。

(一) 按体重计算

这是最常用、最基本的计算方法。大多数药物已给出每千克体重、每日或每次的用量,根据小儿体重可算出每日或每次需用量:

每日(次)剂量 = 每日(次)每千克体重所需药量 × 病儿体重(kg)

需连续应用数日的药,如抗生素、维生素等,可按每日剂量计算,再分 2~3 次服用;临时用药,如退热、催眠药等,常按每次剂量计算。病儿体重应以实际测得值为准。按体重计算剂量如已超过成人量,以成人量为上限计算。如只知道成人剂量而不知道每公斤体重的用量时,可将该剂量除以成人标准体重(70kg),即得到每公斤体重的药量,这种计算法对年幼儿童偏小,年长儿童则偏高,应根据临床经验作适当增减。

(二) 按体表面积计算

此法较按年龄、体重计算更为准确,因其与基础代谢、肾小球滤过率等生理活动的关系更为密切。小儿体表面积推算方法为：

1. 体重≤30kg时 小儿的体表面积(m²)=体重(kg)×0.035+0.1。

2. 体重>30kg时 小儿的体表面积(m²)=［体重(kg)-30］×0.02+1.05。

使用此种方法计算剂量时应注意，在婴幼儿时期，某些药物的剂量按体表面积计算相对于按体重计算有较大的悬殊，尤其是新生儿时期差异更甚。由于新生儿肾、肝功能的发育较差，因此，按体表面积计算药量不适合于新生儿及小婴儿。

(三) 按年龄计算剂量

幅度大、不需十分精确的药物，如营养类药物等可按年龄计算，比较简单易行。

(四) 按成人剂量折算

《中华人民共和国药典》(2015年版)经过参考二十余种不同药物计算法，认真、细致地按小儿各年龄的体重、体表面积、细胞外液量和成人体重、体表面积及细胞外液量的比例，折算出小儿用药量的比例。按此法计算出来的药量偏差在各年龄期较其他方法为小，见表13-4-1。

表13-4-1 小儿药物按成人剂量折算表

年龄	相当于成人用量比例	年龄	相当于成人用量比例
初生~1个月	1/18~1/14	2~4岁	1/4~1/3
1~6个月	1/14~1/7	4~6岁	1/3~2/5
6个月~1岁	1/7~1/5	6~9岁	2/5~1/2
1~2岁	1/5~1/4	9~14岁	1/2~2/3

采用上述任何方法计算的剂量，还必须与病儿具体情况相结合，才能得出比较正确的药物用量。

四、给药途径及方法

给药途径由病情轻重、用药目的及药物本身性质决定，正确的给药途径对保证药物的吸收并发挥作用至关重要。

(一) 口服给药

一般来说，能口服或经鼻饲给药的小儿，最安全的方法是经胃肠道给药。为了小儿的依从性，可选择水剂、乳剂、糖浆，或掺在果汁或其他甜香可口的液体中喂服。

(二) 胃肠道外给药

以下几种情况可用胃肠道外给药：

1. 病情严重的患儿需要速效药物时。

2. 昏迷或呕吐不能经口服给药时。

3. 患消化道疾病不易吸收药物时。

上述情况可以采取注射给药法，注射途径有皮下、肌内、静脉、鞘内、胸腔内以及呼吸道给药等。

有些药物如地高辛、地西泮，口服较肌内注射吸收快，应引起注意。地西泮溶液直肠灌注比肌内注射吸收快，因而更适于迅速控制小儿惊厥。由于小儿皮肤结构异于成人，皮肤黏膜用药很容易被吸收,甚至可引起中毒,体外用药时应注意。皮下注射给药可损害周围组织且吸收不良,不适用于新生儿。

五、儿科用药常见的不良反应

（一）影响儿童骨骼及牙齿发育

引起这类不良反应的药物主要有喹诺酮类药物、四环素类药物、过量的维生素 A、肾上腺皮质激素等药物。

（二）儿童锥体外系反应

这类不良反应易由甲氧氯普胺等药物引起。锥体外系失调是神经抑制综合征的先兆,如果没有正确的用药指导,不可随意给儿童用药。

（三）影响凝血系统

这类不良反应一般由阿司匹林等药物引起。

（四）肾脏损害

这类不良反应易由氨基糖苷类药物引起。

（五）听力损坏

这类不良反应易由氨基糖苷类如庆大霉素、卡那霉素等药物引起。

（六）影响生殖能力

主要由细胞毒类药物如氮芥、环磷酰胺等造成。

第五节　儿童智力发育筛查

一、总　　论

智力测查是一类重要的心理测验方法。特别是儿童智力测验在我国儿童保健和儿科临床系统已成常规性工作项目,在临床工作中确实为我们评价小儿的发育水平、尽早发现问题、及时干预提供了帮助。

智力测验量表分筛查量表和诊断量表两大类,每个量表又有不同的适用年龄。

筛查量表一般比较简单、用时少,易于掌握和推广,适用于人群调查和基层单位的初步筛选,发现可疑异常情况仍需进一步进行分析诊断。所以对筛查量表测验的结果解释要慎重。

诊断量表则比较严谨复杂,需要严格的培训才能掌握,其测量结果可以作为诊断治疗的依据。

二、几种智力筛查测验

包括丹佛小儿发育筛查法（DDST）、50 项儿童智能筛查量表、绘人测验、图画词汇测验（PPVT）、瑞文标准推理测验等。

（一）丹佛小儿发育筛查（DDST）

由美国丹佛学者设计,针对看似正常而可能有问题的儿童,目前在全世界应用,我国于20 世纪 80 年代初开始应用此法,北京、上海等地根据我国社会、经济、语言、文化、教育方法和地理环境的特点,将 DDST 进行了标准化处理。

1. 筛查内容　由 104 个项目组成,分布在 0~6 岁范围,分 4 个能区:

(1) 大运动能区:表明小儿坐、行走和跳跃的能力。

(2) 精细动作 - 适应性能区:表明小儿看、用手取物和图画的能力。

(3) 语言能区:表明小儿听、理解和运用语言的能力。

(4) 个人 - 社会能区:表明小儿对周围人的应答能力和料理自己生活的能力。

2. 性质与用途　主要用于早期发现儿童有无精神发育迟滞。可筛出可能有问题但临床无症状的小儿;也可用于对感到有问题的进行检查加以证实或否定;可对高危小儿进行发育监测,也可进行流行病或其他大型调查的初筛。

3. 特点　适用于 0~6 岁小儿(学前),检查器械价格低廉、易于携带、操作简单,易于掌握,用时少,表格清楚,记录方便,结果易于判断,小儿易于合作。

4. 测验步骤　环境及测试要求与其他测试相同。

(1) 一般情况填写:计算年龄,精确到天;在记录表上划出年龄线(表格两端均有年龄刻度,1~24 个月以月表示,2 岁半 ~6 岁以岁表示)。

(2) 测查顺序:要先易后难,使小儿建立自信,并根据情况随机调整。可先拿出 1~2 件用具供小儿玩耍,询问家长一些个人 - 社会能区的项目;对怕生和害羞的小儿最好先测精细动作和适应性,然后再测语言,大运动能区项目最好放在最后做。

(3) 测查范围:项目数目因小儿的年龄和能力而不同。

1) 每个能区先检查年龄线左侧的项目,至少三项,然后测右侧项目,直至年龄线通过的所有项目,不用再向右侧测。

2) 任何项目均允许小儿尝试 3 次,不能再多。

3) 提问方式注意避免暗示。

(4) 结果评定:丹佛小儿发育筛查的结果分为异常、可疑、无法解释、正常四种。

1) 异常:2 个或更多区有 2 项或更多迟缓;1 个区有 2 个或更多项目迟缓,加上 1 个或多个区有 1 个迟缓和同区通过年龄线的项目都未通过。

2) 可疑:1 个区有两项或更多迟缓;1 个或更多区有 1 个迟缓和同区通过年龄线的项目都未通过。

3) 无法解释:不合作项目太多。

4) 正常:无上述情况。

(二) 50 项儿童智能筛查量表

这是一种测验学龄前儿童综合能力的量表,是根据卫生部的要求,由首都儿科研究所与全国协作完成,适用于 4~7 岁学龄儿童。

1. 特点　简便易行,不需特殊设备;用时少,约 15~20 分钟即可测查完毕;适合学龄前儿童的特点;评分标准易掌握,主试者易培训,便于推广应用。

2. 内容　分回答问题和操作两大类,共 50 项测验题:

(1) 自我认识能力:共 13 项,如指认身体部位,说出姓名及家庭地址等。

(2) 运动能力:共 13 项,包括大运动和精细动作两部分,如跳远、穿衣服、系扣子等。

(3) 记忆能力:共 4 项,如复述数字、句子、故事内容等。

(4) 观察能力:共 6 项,如指出图画中缺损部分等。

（5）思维能力：共 9 项，包括左右概念、日期概念、事物的联系等。

（6）常识：共 5 项，如认识颜色、指出几何图形、动物名称和食品来源等。

3. 测查方法　个体测验，环境及小儿状态与一般测试相同。主试按指导语要求对每一个儿童按 50 题顺序逐一提问，除题内特殊注明者外，一般问题只问一次，记录回答正确与否。

4. 评分方法　答对一题计 1 分，部分答对的按指导语评分。

5. 计算方法　算出小儿得到的总分，按实际年龄查 50 项能力商表换算出能力商，以便比较不同年龄儿童的智能水平。如发现小儿智力存在问题需用诊断量表进一步测查。

（三）绘人测验

是一种能引起小儿兴趣、简便易行的智能测验方法，在美国、日本等国家广泛应用。

此方法只需要一支铅笔、一块橡皮和一张白纸，在很短时间内即可完成。测验通过儿童喜欢的绘画活动来测定其智能，进而如实地反映其内在的实际智力水平。

1. 原理　通过小儿绘人的作画过程和完成水平可以表现出儿童心理发育的成熟程度。对于较小的儿童可反映出手眼协调能力，随着年龄增长，儿童的视觉、运动和手的精细动作发展日趋完善，并逐步形成了抽象概念，所以在较大的儿童则反映出空间知觉和定向能力，充分体现出儿童由具体形象思维向抽象逻辑思维的发展过程。因此可以判断出儿童的神经精神发育是否正常。注意房间里不能有人物画像和照片，以防照着画。

2. 适用对象　适合 4~12 岁儿童。

3. 评分方法　是用日本小林重雄的 50 分评分法。按身体部位将同类项目列表归纳为 17 项，每画出一个部位按评分表要求得分，满分 50 分。

4. 计算方法　根据小儿的得分再按年龄查绘人智商表得出相应的智商值，常模是根据北京市 6062 名 4~12 岁儿童测查结果得出。

（四）图片词汇测验（PPVT）

由华东师范大学完成该测验的中国标准化，适用于 4~8 岁儿童，特别可用于有语言障碍的儿童。共 120 幅图片，分 30 组，每组 4 张图，根据语言提食指出即可。从易到难，判断出小儿的智力发育水平，简单易行，现有计算机操作软件。

（五）瑞文标准推理测验

这是一个根据图形来进行归纳推理的非文字测验，实施无时限，测验对象不受文化、种族和语言的限制，可用言语指导，也可用手势和示范作指导，可作个体测验，也可作团体测验，使用方便，省时省力，多为学校或医院作智力筛查用，对于年龄 6~17 岁的儿童适用。由北京师范大学张厚璨领导的全国协作组于 1986 年完成了瑞文标准型测验中国城市修订版。

瑞文标准推理测验共由 A、B、C、D、E，五组测题组成，每组包括 12 个测题，共 60 题。全部测题都是由一系列无意义的抽象图形构成一个方阵（或为一张整图、或为一张 2X2:3X3 图形的方阵），其中右下方缺失一块为空白。要求受试者从这方阵下所列出的另外 6 个或 8 个小块图形中，只能找出一块补在这个空白上，可使整个图案既完整又合理，符合方阵的整体结构。

测查时每人一册标准图，一张答案表，将选择的图形号填入答案表，根据正确选择评分。

再根据年龄及得分情况查常模表得出智商,结果按分级表示智能水平。

瑞文标准推理测验可以用于智能诊断和人才的选拔与培养,用该测验可以进行比较性研究,特别有利于作跨文化研究,以及正常人、聋哑者和智力迟钝者之间的比较研究。

(阎 雪)

第十四章 常用眼、耳、鼻科操作技能

第一节 外眼的一般检查及检眼镜的使用

一、外眼的一般检查

1. 眼睑 主要采取视诊和触诊。观察有无红肿、淤血、气肿、瘢痕或肿物，有无眼睑内翻或外翻，两侧睑裂是否对称，上睑提起及睑裂闭合是否正常。睫毛是否整齐，方向是否正常，睫毛有无变色、脱落，根部有无充血、鳞屑、脓痂或溃疡等。

2. 泪器 注意泪点有无外翻或闭塞，泪囊区有无红肿、压痛或瘘管，压挤泪囊时有无分泌物自泪点溢出，如有黏液或黏液脓性分泌物由上或下泪小点逆流入结膜囊，为慢性泪囊炎特有的病症，是极为重要的诊断依据。对于泪溢症，可采用下列方法检查泪道有无阻塞。

（1）荧光素钠试验：将1%~2%荧光素钠液滴入结膜囊内，再滴1滴生理盐水，于同侧鼻孔内放置棉片，2分钟后，如棉片带绿黄色，即表示泪道通畅，可以通过泪液。如超过5分钟才使棉片着色，可能有泪道狭窄，完全不能流入鼻腔者为泪道阻塞。

（2）泪道冲洗：结膜囊表面麻醉后，用2.5ml注射器套上6号钝针头，垂直向下插入下泪小点中1~2mm，然后按泪小管走行方向，转为水平位进入5~6mm，注入生理盐水，如患者诉有水流入口、鼻或咽部，亦表示泪道可通过泪液（图14-1-1）。

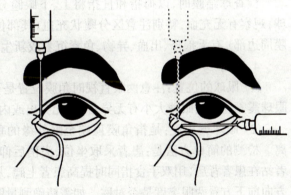

图14-1-1 泪道冲洗

由于器质性泪道阻塞或狭窄可发生在泪道的任何部位，确定阻塞部位对于治疗方案的选择十分重要。泪道冲洗术常可揭示泪道阻塞的部位，根据冲洗液体流向判断阻塞及其部位。通常有以下几种情况：

1）冲洗无阻力，液体顺利进入鼻腔或咽部，表明泪道通畅。

2）冲洗液完全从注入原路返回，为泪小管阻塞。

3）冲洗液自下泪小点注入，液体由上泪小点反流，为泪总管或鼻泪管阻塞。

4）冲洗有阻力，部分自泪小点返回，部分流入鼻腔，为鼻泪管狭窄。

5）冲洗液自上泪小点反流，同时有黏液脓性分泌物，为鼻泪管阻塞合并慢性泪囊炎。

（3）X线碘油造影或超声检查：可进一步了解泪道阻塞的部位及泪囊大小，以便考虑手术问题。

（4）泪道探通术：诊断性泪道探通有助于证实上泪道（泪小点、泪小管、泪囊）阻塞的部位，治疗性泪道探通主要用于婴幼儿泪道阻塞。对于成人鼻泪管阻塞，泪道探通术多不能起到根治效果。

（5）眼干燥症的检查：眼干燥症由泪液分泌减少或其组成成分异常引起。可采用 Schirmer 试验或通过测量泪膜破裂时间帮助诊断。

1）Schirmer 试验：试验应在光线暗淡的室内进行，患者坐位，双眼同时受试。用 1 条 5mm × 35mm 的滤纸，将一端折弯 5mm，轻轻置于下睑内侧 1/3 结膜囊内，其余 30mm 的滤纸条悬垂于下睑外，轻闭双眼 5 分钟后，测量滤纸被泪水渗湿的长度（5mm 折端不计算在内）。若检查前点了表面麻醉药，该试验主要评价副泪腺的作用，短于 5mm 为异常；如不点表面麻醉药，则是评价泪腺功能，短于 10mm 为异常。

2）测量泪膜破裂时间：是测定一次瞬目后，泪膜开始破裂所用的时间，也是对干眼症的一种诊断试验，方法简单、易行、无创、无损。通过裂隙灯钴蓝色滤光片观察。检查者选用目镜 6× 裂隙灯显微镜，3mm 宽钴蓝光带，光臂与镜臂夹角 60°，扫描观察患者全角膜前表面。在患者球结膜颞下方滴 2% 荧光素钠 1 滴，嘱患者眨眼数次使荧光素均匀分布在角膜上以后，再睁眼凝视前方，禁止眨眼或借助外力使眼睑睁开，检查者从患者睁眼时起立即持续观察患者角膜，同时开始计时，直到角膜上出现第 1 个黑斑（泪膜缺损）时为止，正常稳定的泪膜可持续 15 秒，如短于 10 秒则表明泪膜不稳定。

3. 结膜 将眼睑向上、下翻转，检查睑结膜及穹隆部结膜，注意其颜色以及是否透明光滑，有无充血、水肿、乳头肥大、滤泡增生、瘢痕、溃疡、睑球粘连、异物或分泌物。

检查球结膜时，以拇指和食指将上、下眼睑分开，嘱患者向上、下、左、右各方向转动眼球，观察有无充血，特别注意区分睫状充血（其部位在角膜周围）与结膜充血（其部位在球结膜周边部），有无疱疹、出血、异物、色素沉着或新生物。

4. 眼球

（1）眼球的位置：注意两眼直视时角膜位置是否位于睑裂中央，高低位置是否相同，有无眼球震颤、斜视，眼球大小有无异常，有无突出或内陷。

（2）眼球突出度：是指角膜顶端至眶外缘的垂直距离。检测的简单方法是：患者采取坐位、头稍后仰，检查者站在患者背后，用双手食指同时提高患者上睑，从后上方向前下方看两眼突度是否对称。如需精确测量眼球前后位置是否正常并记录其突出的程度，可用 Hertel 突眼计测量，即将突眼计的两端卡在被检者两侧眶外缘，嘱其向前平视，从测量器反光镜中读出两眼角膜顶点投影在标尺上的毫米数，同时记录两颞侧眶缘间的距离。我国正常人眼球突出度正常平均值为 12~14mm，两眼差不超过 2mm（图 14-1-2）。

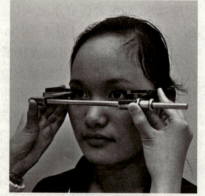

图 14-1-2 眼球突出度测量

（3）眼球运动：嘱患者向左、右、上、下及右上、右下、左上、左下 8 个方向注视，以了解眼球向各方向转动有无障碍。正常眼外转时，角膜外缘可达外眦角，内转时瞳孔内缘达上下泪点连线。

5. 眼眶 观察两侧眼眶是否对称，眶缘触诊有无缺损、压痛或肿物。

二、裂隙灯检查

1. 裂隙灯活体显微镜 裂隙灯活体显微镜(slit-lamp biomicroscope)由两个系统组成,即照明光源投射系统以及放大系统。用它可在强光下放大10~16倍,不仅能使表浅的病变看得十分清楚,而且可以调节焦点和光源宽窄,形成光学切面,查明深部组织病变及其前后位置。附加前置镜、接触镜、前房角镜、三面镜,还可检查前房角、玻璃体和眼底。再配备前房深度计、压平眼压计、照相机等,其用途更为广泛(图 14-1-3)。

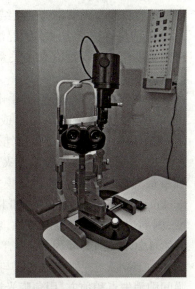

图 14-1-3 裂隙灯检查

2. 操作方法 检查在暗室中进行,一般先用低倍镜观察整体情况,然后换成高倍镜观察。裂隙灯活体显微镜的操作方法很多,常用的是直接焦点照明法,即将灯光焦点与显微镜焦点联合对在一起,将光线投射在结膜、巩膜或虹膜上,可见一境界清楚的照亮区,以便细微地观察该区的病变。将裂隙光线照在透明的角膜或晶状体上,呈一种乳白色的光学切面(光学六面体)。通常先选用宽裂隙光(0.2~0.5mm),然后改用窄裂隙光(<0.2mm)详细检查,借此可以观察其弯曲度、厚度,有无异物或角膜后沉着物以及浸润、溃疡等病变的层次和形态。将光线调成细小光柱射入前房,可检查有无房水闪辉,又称 Tyndall 现象,即房水中蛋白质增加(可见角膜与晶体之间有一乳白色的光带),也可检查房水中有无细胞。再将焦点向后移还可观察晶状体有无混浊及混浊所在的层次,以及前 1/3 玻璃体内的病变。为观察眼后极的病变,可采用前置镜,注意投射光轴与视轴间的角度在30°以内。为了发现和检查某些特殊的体征,有时还可采用角膜缘散射照明法、后反射照明法等。

三、眼球前段检查

检查角膜、前房、虹膜、晶状体等眼球前段的常用简单方法是手电筒斜照法,即一手持带有聚光灯泡的手电筒,从眼的侧方距眼约 2cm 处聚焦照明检查部位,另一手持 13D 的放大镜置于眼前进行检查。而裂隙灯活体显微镜检查眼前段更详细全面、方便快捷。

1. 角膜

(1)角膜一般检查:注意角膜大小、弯曲度、透明度及表面是否光滑,有无异物、新生血管及混浊(瘢痕或炎症),有无知觉异常,有无角膜后沉着物(keratic precipitate,KP)。

(2)角膜弯曲度检查:最简单的方法是观察 Placido 板在角膜上的映像有无扭曲。嘱受检者背光而坐,检查者一手持 Placido 板,将板的正面向着受检眼睑裂,通过板中央圆孔,观察映在角膜上黑白同心圆的影像。正常者影像为规则而清晰的同心圆,呈椭圆形者表示有规则散光,扭曲者表示有不规则散光(图 14-1-4)。

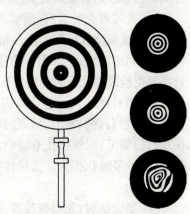

图 14-1-4 角膜弯曲度检查

(3) 角膜感觉的检查:简单的方法是从消毒棉签拧出一条纤维,用其尖端从被检者侧面移近并触及角膜,如不引起瞬目反射,或两眼所需触力有明显差别,则表明角膜感觉减退,多见于疱疹病毒所致的角膜炎或三叉神经受损者。

2. 巩膜 先观察睑裂部巩膜,然后用手指分开上下眼睑,令患眼向各方向转动,进行观察。注意巩膜有无黄染、充血、结节及压痛。

3. 前房 注意房水有无混浊,前房内有无积血、积脓。前房深度约为 2.5~3mm,通常前房角宽度与前房深度有直接关系,前房深度测定对闭角型青光眼的诊断有一定意义。前房深度的测定方法:

(1) 电筒侧照比较法:将手电灯光在外眦处侧照向内眦,如鼻侧虹膜全被照亮,为深前房,如鼻侧虹膜仅被照亮 1mm 或更少,则为浅前房,有发生闭角型青光眼的潜在危险。

(2) 角膜厚度比较法:为测量周边前房深度,以角膜厚度作为度量标准。

1) 裂隙灯光源与显微镜夹角为 30°~45°,光线照在 6 点角膜缘处,令患者注视光源,观察最周边部角膜后壁与虹膜之间的距离,即为周边前房深度,以该处角膜厚度(corneal thickness,CT)为计算单位,如相当于 1、1/2、1/3……角膜厚度。注意光源应亮,裂隙应窄,因周边角膜常有轻度混浊,弱光不易切进去,易将较窄周边前房误认为较宽。正常人 94%>1/2CT,其中 3/4 为 1~1.5CT,仅 6% ≤1/2CT。

2) Herick 法:裂隙灯光源与显微镜夹角为 60°,光线与角膜缘垂直,照在颞侧角膜 - 虹膜间隙消失点稍前方,用角膜光切面的厚度表示周边前房深度,并进一步以周边前房深度估计前房角宽度,关系如下:颞侧周边前房深度在 1/2CT 和 1CT 时,前房角不可能关闭,1/4CT,前房角可能关闭,<1/4CT,最终将关闭。颞侧周边前房深度≥1/2CT 者前房角正常,≤1/4CT者为窄角,应进一步做房角镜检查。此法操作较困难,因为裂隙灯光源与显微镜夹角大,光源需与角膜缘垂直,光源从外向内移动,不易查到最周边前房,稍过角膜与虹膜相贴处,即达周边前房的较靠内部分。

4. 虹膜 观察颜色、纹理,有无新生血管、色素脱落、萎缩、结节,有无与角膜前粘连、与晶状体后粘连,有无根部离断及缺损,有无震颤(晶状体脱位)。

5. 瞳孔 两侧瞳孔是否等大、形圆,位置是否居中,边缘是否整齐。正常成人瞳孔在弥散自然光线下直径约为 2.5~4mm,幼儿及老年人稍小。检查瞳孔和各种反射对于视路及全身疾病的诊断都有重要意义,现分述如下:

(1) 直接对光反射:在暗室内用手电筒照射受检眼,该眼瞳孔迅速缩小的反应。此反应需要受检该眼瞳孔反射的传入和传出神经通路共同参与。

(2) 间接对反射:在暗室内用手电筒照射另侧眼,受检眼瞳孔迅速缩小的反应。此反应只需要受检眼瞳孔反射的传出途径参与。

(3) 相对性传入性瞳孔障碍:亦称 Marcus-Gunn 瞳孔。譬如左眼传入性瞳孔障碍时,用手电筒照射右(健)眼时,双眼瞳孔缩小,患眼瞳孔由于间接反射而缩小;随后移动手电筒照在左(患)眼上,双眼瞳孔不缩小,因左眼传入性瞳孔障碍;以 1 秒间隔交替照射双眼,健眼瞳孔缩小,患眼瞳孔扩大。这种体征特别有助于诊断单眼的黄斑病变或球后视神经炎等眼病(图 14-1-5)。

(4) 集合反射:先嘱被检者注视一远方目标,然后改为注视 15cm 处视标,此时两眼瞳孔缩小,伴有双眼集合。

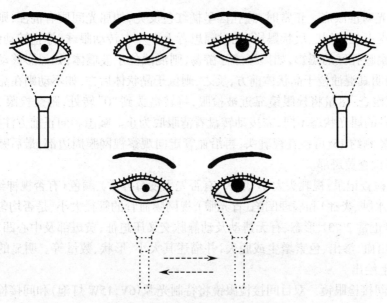

图 14-1-5　Marcus-Gunn 瞳孔

（5）Argyll-Robertson 瞳孔：直接光反射消失而辐辏反射存在，这种体征可见于神经梅毒。

6. 晶状体　观察晶状体有无混浊及程度，晶状体形态及位置有无异常。必要时需行散瞳检查。

四、检眼镜的使用

常用的检眼镜（ophthalmoscope）有直接和间接两种。直接检眼镜由 Helmholtz 在 1851 年发明，双目间接检眼镜由 Schepens 在 1947 年发明（图 14-1-6、图 14-1-7）。

图 14-1-6　直接检眼镜

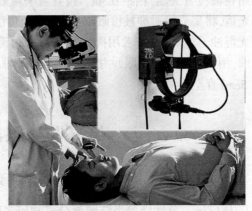

图 14-1-7　间接检眼镜检查

1. 直接检眼镜检查　所见眼底为正像，放大约 16 倍。通常可不散瞳检查，若需详细检查则应散瞳。常用散瞳药为复方托吡卡胺，滴眼后 15~20 分钟瞳孔可明显散大，6~8 小时后恢复。检查右眼时，检查者站在患者的右侧，右手持检眼镜观察眼底，检查左眼时，则以"三左"的方法进行。检查顺序及内容如下：

1）彻照法：用于观察眼的屈光间质有无混浊。将镜片转盘拨到 +8~+10D，距被检眼

10~20cm,灯光对准眼底。正常时,瞳孔区呈橘红色反光,如屈光间质有混浊,则在红色的瞳孔反光中出现点状、丝状、块状黑影,此时嘱患者上下左右转动眼球,停止转动向前注视,再用检眼镜观察瞳孔区的黑影,如黑影漂浮游荡,则混浊位于玻璃体;如黑影移动方向与眼动方向一致,表明其混浊位于晶状体前方,反之,则位于晶状体后方,如不动则在晶状体。

2) 眼底检查:尽量将检眼镜靠近被检眼,将转盘拨到"0"转处,距受检眼 2cm 处,因检查者与受检者的屈光状态不同,需拨动转盘看清眼底为止。嘱患者向正前方注视,检眼镜光源经瞳孔偏鼻侧约 15° 可检查视乳头,再沿血管走向观察视网膜周边部,最后嘱患者注视检眼镜灯光,以检查黄斑部。

3) 眼底检查记录:视乳头大小、形状(有否先天发育异常)、颜色(有否视神经萎缩)、边界(有否视乳头水肿、炎症)和病理凹陷(青光眼),视网膜血管的管径大小、是否均匀一致,颜色、动静脉比例(正常 2∶3)、形态、有无搏动及动静脉交叉压迫征;黄斑部及中心凹光反射情况;视网膜有否出血、渗出、色素增生或脱失,并描述其大小、形状、数量等。明显的异常情况可在视网膜图上绘出。

2. 双目间接检眼镜　双目间接检眼镜将特制光源(6V,15W 灯泡)和间接检眼镜均固定在塑料额带上,用 +14、+20 或 +28D 的双非球面透镜做集光镜;放大倍数小(+20D 物镜放大 3~4 倍),所见为倒像(上下左右均相反),具有立体感,一般需充分散瞳后检查。眼底可见范围比直接检眼镜大,能较全面地观察眼底情况。辅以巩膜压迫器,可看到锯齿缘,有利于查找视网膜裂孔。因其能在较远距离检查眼底,可直视下进行视网膜裂孔封闭及巩膜外垫压等操作。主要适用于:①各类原发性、继发性视网膜脱离;②各类眼底疾患导致的隆起不平者,如肿物、炎症、渗出和寄生虫等;③屈光介质透明时的眼内异物,尤其是睫状体扁平部异物;④屈光介质欠清或高度屈光不正,用直接检眼镜观察眼底困难者。

目前常用头戴式双目间接检眼镜。方法:检查者和被检者相对而坐或被检者仰卧位,检查者站在被检者头侧,相距 0.5m。检查者头戴好额带,对好双目镜的瞳孔距离,调整好示教用反光镜,将集光镜对准被检眼眼底,用弱光观察瞳孔区红光背景上的角膜、晶状体、玻璃体内有无混浊。然后,检查者用拇指及食指持物镜(常用 +20D 凸透镜),凸面低的一面置于被检眼前,用无名指牵拉上眼睑并将其固定于眼眶缘,将物镜慢慢远离被检眼(+20D 的透镜焦距为 5cm)直至看清眼底。

第二节　眼冲洗治疗

一、结膜囊冲洗

1. 适应证　急性结膜炎结膜囊分泌物较多时,结膜囊有粉尘异物、颗粒状异物;眼部酸碱烧伤;手术前准备。

2. 冲洗液　可用无刺激性的冲洗液(生理盐水或 3% 硼酸溶液)冲洗,每天 1~2 次,以清除结膜囊内的分泌物及异物等,保持结膜囊清洁。

3. 方法　患者平躺治疗床上,表面麻醉剂(4% 的盐酸奥布卡因或 1% 的丁卡因眼液)滴入患眼 2 次,间隔 3 分钟。受水器置于患眼颞部外眦处,使受水器保持低于眼的水平位置,嘱患者同侧手托受水器,操作者站于患眼侧,左手将患眼上下睑分开,右手持洗眼壶进行冲洗,或用注射器连接钝圆针头进行冲洗。也可用输液吊瓶冲洗,因输液器有调节开关,可控制水的流量。每次使用冲洗液 20~30ml,或视情况而定。

4. 注意事项　冲洗时嘱患者面部稍转向患侧,以防冲洗液流入健眼,引起交叉感染,勿将水流直接冲洗角膜,可嘱咐患者上下左右转动眼球,充分冲洗结膜囊,必要时可用棉棒擦洗。

二、急救冲洗

化学物品的溶液、粉尘或气体进入或接触眼内,都可引起眼部损伤,多发于化工厂、实验室、施工场所等,最多见为酸性、碱性眼部烧伤。此时,需要争分夺秒地在现场彻底冲洗眼部,这也是处理眼部酸碱烧伤最重要的一步,而不是将患者直接送往医院。应立即就地取材,用大量清水或其他水源反复彻底冲洗,冲洗时应翻转眼睑,转动眼球,暴露穹隆部,将结膜囊内的化学物质彻底洗出,至少用 30~50ml 水冲洗,冲洗持续 30 分钟,应检查结膜囊内是否还有异物存留,予以清除。患者送至医疗单位后,根据时间早晚也可再次冲洗,并也可进行前房穿刺术。

第三节　结膜、角膜异物的处理方法

一、结膜异物

常见的有灰尘、煤屑和小昆虫等被吹入结膜囊,由于瞬目作用,异物多隐藏在上睑睑板下沟,少数可位于穹隆部及半月皱襞,异物摩擦角膜会引起刺激征。

取异物方法:表面麻醉剂点眼后,附着于结膜表面的异物用无菌湿棉签拭去,附着于上睑睑板下沟和穹隆部的异物,需翻转眼睑,然后用棉签拭去,或进行结膜囊冲洗,取异物后点抗生素眼药水。

二、角膜异物

煤屑、铁屑较多见,铁质异物可形成锈斑,植物性异物容易引起感染。患者有明显的刺激征,如异物感、畏光、刺痛、流泪、眼睑痉挛等。检查时注意不挤压眼球,睑痉挛严重时可滴表面麻醉剂后再行检查。

1. 取异物方法　局部滴用表面麻醉剂后,附着于角膜表面的异物可用盐水湿棉签轻轻拭去;嵌于角膜的浅层异物应在裂隙灯下取出,嘱伤者靠紧,将眼睑分开,对于较敏感的患者可用开睑器开睑,令其注视一个目标,使眼球转到一个位置,然后用异物针或消毒注射针头,取水平方向,与角膜最高处成切线,由中心向周边方向轻轻剔除,当日进入的铁质异物应尽量取尽,否则次日便会留有铁锈斑,取出困难。如有铁锈斑,尽量一次刮除干净。

2. 注意事项

(1) 取角膜异物时应严格注意无菌操作,避免造成感染,特别是用于诊治的荧光素钠和表面麻醉剂等必须消毒,以免铜绿假单胞菌等病原菌感染。

(2) 位于角膜瞳孔区的异物应特别谨慎,尽量少损伤角膜组织,以免增大瘢痕,影响视力。

(3) 爆炸所致多个异物:只取突出于角膜表面者,多数包埋于基质层的深在异物,待其逐渐排至浅层时,再分批剔除。

(4) 完全嵌于角膜深基质层的细小玻璃碴、火药渣、煤渣、矿石等,可以不取。

（5）异物较大，部分穿透角膜进入前房，或深层的金属异物应在手术显微镜下行异物摘除术，必要时缝合角膜伤口。

（6）取异物后点抗生素眼液或眼膏，较深者包扎伤眼，促进角膜愈合。

第四节　鼻镜的使用

（一）检查者和患者的位置

光源定位在被检患者耳后上方约15cm处。患者坐在专用诊查椅上；检查鼻腔、咽部与喉部时，患者与检查者距离25~40cm相对而坐，各自两腿稍微向侧方，受检者正坐，腰靠检查椅背上，上身稍前倾，头正、腰直。对于检查不合作的患儿，应耐心、轻柔，尽量避免使患者受到惊吓，由家长或护士环抱患儿坐在大腿上，将患儿双腿夹紧，一手固定其上肢和身体，另一手固定头部。

（二）外鼻及鼻腔检查

鼻腔、鼻窦的疾病与某些全身疾病互相影响，如鼻音、鼻塞、打喷嚏、流涕、嗅觉障碍、鼻出血、局部疼痛或头痛等，常可能是全身疾病在鼻部的表现。重视患者的主诉，检查之前了解病史、家族史和个人生活史十分重要。

1. 外鼻　检查时先观察有无鼻外形畸形、前鼻孔是否狭窄、鼻梁有无偏曲、塌陷、肿胀增宽，皮肤色泽是否正常。再以拇指和食指检查外鼻有无触痛，鼻骨有无塌陷、移位、骨摩擦感。并注意讲话时有无闭塞性或开放性鼻音，鼻分泌物性质及有无特殊臭味。然后进行鼻窦表面检查，观察面颊部、内眦及眉根附近皮肤有无红肿，局部有无隆起，眼球有无移位及运动障碍，面颊、眼内上角处有无压痛，额窦前壁叩痛等。

2. 鼻前庭检查法

（1）徒手检查法：以拇指将鼻尖抬起并左右活动，利用反射的光线观察鼻前庭的情况。也可借助前鼻镜检查，适用于鼻孔狭窄、鼻翼塌陷等患者（图14-4-1）。

（2）前鼻镜检查法：将额镜的反光照在鼻尖部，检查者右手可贴于受检查面部及颏部，以固定并根据检查需要变动受检者头位来配合检查。左手持大小合适的鼻镜，以拇指及食指捏住前鼻镜的关节，一柄置于掌心，另三指握于另一柄上，将两叶合拢的前鼻镜与鼻腔底平行伸入鼻前庭并轻轻打开，压倒鼻毛，扩大鼻孔，利于光线与视线射入。注意鼻镜前端不能超出鼻阈（鼻前庭与固有鼻腔交界处），以免引起疼痛或损伤鼻中隔引起出血，且不易充分扩大鼻孔。取出鼻镜时不可完全闭紧双叶，以免夹持鼻毛引起疼痛。检查时按下述三种头位顺序检查（图14-4-2）。

 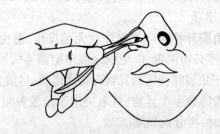

图14-4-1　鼻前庭检查　　　　图14-4-2　前鼻镜检查法

1）第一头位：患者头面部呈垂直位或头部稍低，观察鼻腔底、下鼻甲、下鼻道、鼻中隔前下部分及总鼻道的下段。

2）第二头位：患者头稍后仰或头后仰30°，检查鼻中隔的中段以及到中鼻甲、中鼻道及嗅裂的一部分。

3）第三头位：头后仰约60°，检查鼻中隔的上部、中鼻甲前端、鼻丘、嗅裂和中鼻道的前下部。

前鼻镜检查不能看到上鼻甲。如鼻甲肿胀或肥大，妨碍检查时，可先用1%麻黄碱滴鼻剂或其他鼻用减充血剂喷雾，以达到收敛鼻黏膜的目的。检查婴儿可取仰卧位，用耳镜代替鼻镜。检查内容：①鼻黏膜色泽和形状及分泌物性质和存在部位；②鼻中隔形状和黏膜状态；③鼻腔内有无异物、息肉、肿瘤。

3. 后鼻镜检查法　后鼻镜检查可弥补前鼻镜检查的不足。利用间接鼻咽镜、纤维鼻咽镜分别经口及鼻腔，检查后鼻孔、鼻甲和鼻道的形态、颜色、分泌物等。

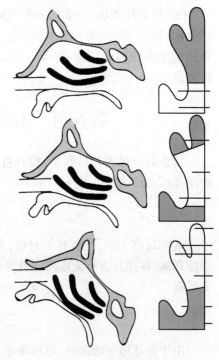

图14-4-3　三种头位

间接鼻咽镜检查又称后鼻镜检查。检查时受检者直坐，头正，自然张口但不伸舌，用鼻安静呼吸。将鼻咽镜镜面加温，以免镜面生雾，并将镜背在检查者手背上测试，温而不烫方可使用，然后将额镜的反射光线照射于咽后壁，左手持压舌板将舌前2/3压下，右手以执钢笔姿势将鼻咽镜从左侧口角（镜面向上）绕过悬雍垂送到软腭与咽后壁之间，避免触及咽壁及舌根引起恶心而影响检查。置入后，将镜面倾斜成45°，此时镜中呈现出鼻后孔的一部分，先找到鼻中隔后缘，再以之为依据分别检查其他各处。因镜面过小，不能一次观察到鼻咽部和鼻后孔的全部情况，需适当转动镜面，以便得到全部图像。应注意软腭背面、鼻中隔后缘、后鼻孔内各鼻道及鼻甲后部、鼻咽顶壁、咽鼓管咽口、咽鼓管隆突及咽隐窝。间接鼻咽镜检查左右相反。当镜面向上向前时，可见到软腭的背面、鼻中隔后缘、后鼻孔、各鼻道及鼻甲的后段；将镜面移向左右，可见咽鼓管咽口及其周围结构；镜面移向水平，可观察鼻咽顶部及腺样体。检查时应注意各处黏膜有无充血、粗糙、出血、浸润、溃疡、新生物等。

咽部过于敏感、检查不能合作者，可用1%丁卡因行表面麻醉后再检查。对鼻咽部暴露困难者，可用软腭拉钩或细导管或塑料管将软腭拉起检查。

4. 体位引流法　对疑有鼻窦炎而鼻道未见分泌物者，可作体位引流以助检查，即先用1%麻黄碱生理盐水棉片放于中鼻道和嗅沟处，以收缩鼻腔黏膜，使窦口通畅，然后将头部和身体摆放一定位置，约10~15分钟后再检查。若疑为上颌窦积脓，取侧卧低头位，健侧向下，如见中鼻道有脓流出即可证实。检查前组筛窦头稍后仰，后组筛窦则稍前倾，检查额窦则取正坐位。

5. 鼻功能检查法

（1）呼吸功能检查法：一般通过前鼻镜检查即可大致判断鼻腔通气情况。也可用手指轮流堵住受检查的一侧鼻孔，嘱用鼻呼吸，闻其呼吸声，并可以手试其呼吸气流强弱。

（2）嗅觉检查法：一般用各种气味的液体，如醋、酒精、酱油、香油等，分置于颜色和式样完全相同的小瓶中，并以水作对照。令患者闭目并用手指闭塞一侧鼻孔，吸气分辨。应避免用刺激性较强的薄荷、氨等，因其可直接刺激三叉神经而误为嗅觉。在检查中要适当间以休息。

第五节　耳的一般检查及耳镜的使用

检查者与患者相对而坐，检查者用光源置于患者头部左上方，受检耳朝正面，调整额镜的反光焦点投照于患者外耳道口。

一、外耳的检查

观察耳廓大小、位置是否对称，有无畸形、瘘管、红肿、压痛，耳周淋巴结有无肿大，然后牵拉耳廓，并压耳屏有无疼痛。乳突部有无肿胀、瘢痕，鼓窦区、乳突尖和乳突导血管等处有无压痛。

二、外耳道徒手检查

由于外耳道呈弯曲状，应用单手亦可用双手将耳廓向后、上、外方轻轻牵拉，使外耳道变直；同时可用食指将耳屏向前推压，使外耳道口扩大，以便看清外耳道及鼓膜（图14-5-1、图14-5-2）。婴幼儿外耳道呈裂隙状，检查时应向下牵拉耳廓，方能使外耳道变直。牵拉耳廓，如出现牵拉痛，应检查外耳道：①若出现软骨部局限性红肿，是外耳道疖肿。外耳道外侧由三叉神经支配，内侧由迷走神经支配，掏耳朵时若诱发咳嗽是因为刺激了迷走神经。②外耳道耵聍为黄白色，一般为片状。油性耵聍为褐色或酱油色液状，当耵聍堆积成团后经常为褐色硬块，需用3%苏打水软化后再清理。③外耳道炎皮肤呈弥漫性红肿。④外耳道黑色污状物或黄白色点片状分布的污物常为外耳道真菌感染的表现。⑤外耳道有脓液时，早期化脓性中耳炎的脓液为透明稀薄，慢性化脓性中耳炎的脓液为黏稠并有臭味。检查时需将脓液彻底拭净，以便窥清鼓膜。⑥外耳道皮肤无黏液腺，当拭出黏液或黏脓性分泌物时应考虑为中耳疾病合并鼓膜穿孔。

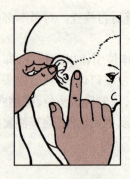

图14-5-1　徒手，双手检耳法

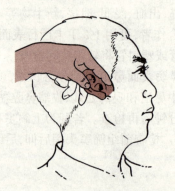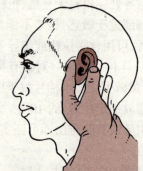

图14-5-2　徒手，单手检耳法

三、外耳道鼓膜耳镜检查

1. 普通耳镜 当耳道狭小、耳毛阻挡或炎症肿胀时,需用大小适宜的漏斗状的耳镜(耳道撑开器)轻轻旋转置入、撑开狭窄弯曲的耳道,避开耳道软骨部耳毛,保证光源照入。耳镜管轴方向与外耳道长轴一致,以便窥见鼓膜。骨性耳道缺乏皮下脂肪,无伸缩性,故耳镜前端勿超过软骨部,以免引起疼痛。耳镜检查也可采用双手或单手法(图14-5-3、图14-5-4)。

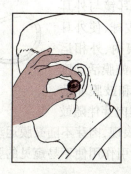
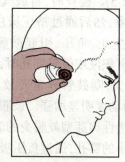

图 14-5-3　双手耳镜检查法　　　　图 14-5-4　单手耳镜检查法

鼓膜介于鼓室与外耳道之间,为向内凹入、椭圆形、灰白色、半透明的薄膜。鼓膜的前下方朝内倾斜,与外耳道底成 45°~50° 角。鼓膜下部结构致密,从外向内由上皮层、纤维层、黏膜层三层组成,称为紧张部;上部则缺乏中层纤维层,故结构较松弛,称为松弛部。鼓膜中心部最凹点称为脐。自脐向上达紧张部边缘处,有一灰白色小突起名锤凸。脐与锤凸之间,有一白色条纹,称锤纹。自锤凸向前有锤骨前襞,向后有锤骨后襞,两者为紧张部与松弛部的分界线。自脐向前达鼓膜边缘有一个三角形反光区,名光锥,系外来光线被鼓膜的凹面集中反射而成。察看鼓膜需要调整耳镜的方向,方能看到鼓膜的各个部分。可先找到从鼓脐到前下方的光锥,然后相继观察锤骨柄、短突及前、后皱襞,区分鼓膜的松弛部和紧张部。正常鼓膜呈半透明乳白色。

检查时应注意鼓膜的色泽及正常标志,有无充血、膨隆、内陷、混浊、增厚、瘢痕、钙斑、液面(发线)、穿孔与分泌物等病变现象。

(1) 鼓膜色泽改变:①急性中耳炎或鼓膜急性炎症表现为鼓膜充血、肿胀;②鼓室内有积液时,鼓膜初期为粉红色,随着积液黏稠鼓膜呈琥珀(橘黄)色,鼓室部分积液时透过鼓膜可见弧形液平面或气泡;③鼓室硬化症时鼓膜增厚,出现白色钙斑;④胆固醇肉芽肿或颈静脉球高位、颈静脉球瘤表现为蓝鼓膜;⑤鼓膜表面有肉芽,用鼓气耳镜鼓气,慢性肉芽型鼓膜炎的肉芽伴随鼓膜运动,中耳来源的肉芽不随鼓膜运动;⑥大疱性鼓膜表面有暗红色疱疹。

(2) 鼓膜穿孔:按其位置分为紧张部穿孔、松弛部穿孔、边缘性穿孔和中央性穿孔。通过鼓膜穿孔,可观察鼓室黏膜充血、水肿、肉芽、钙化灶、息肉或胆脂瘤等。①急性化脓性中耳炎鼓膜红肿,穿孔常为针尖样大小,有液体搏动;②慢性化脓性中耳炎紧张部穿孔围绕锤骨柄呈肾性,锤骨柄有时赤裸;严重时无残余边缘,锤骨柄亦腐蚀;③中耳胆脂瘤的鼓膜穿孔主要在松弛部,后天原发性胆脂瘤早期在松弛部仅有黄白色饱满感,逐渐鼓膜出现穿孔。胆脂瘤为白色片状脱落的鳞状上皮团状堆积而成,潮湿时如豆渣样。

2. 鼓气耳镜　为了判断鼓膜的运动度、判断鼓膜肉芽以及难以观察的小穿孔时,需要借助具有放大和鼓气功能的耳镜,最常用的是鼓气耳镜(siegle penumatic otoscope)。鼓气耳镜是在漏斗型耳镜后端安装一放大镜,在耳镜的一侧通过细橡皮管与橡皮球连接(图 14-5-5)。检查时,将鼓气耳镜与外耳道皮肤贴紧,然后通过挤压橡皮球,使外耳道交替产生正、负压,引起鼓膜内、外相运动。当鼓室积液或鼓膜穿孔时,鼓膜活动度降低或消失,咽鼓管异常开放和鼓膜菲薄时,鼓膜活动度明显增强。鼓膜肉芽伴随鼓

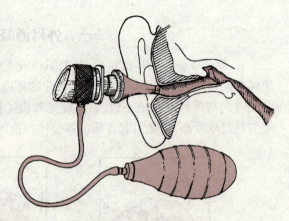

图 14-5-5　鼓气耳镜检查法

膜运动是慢性肉芽型鼓膜炎的表现,肉芽不随鼓膜运动考虑为中耳来源。鼓气耳镜检查还可发现细小的穿孔,通过负压吸引作用使不易窥见的脓液从小穿孔向外流出。用鼓气耳镜还可行瘘管试验。

3. 电耳镜检查(electro-otoscope)　使用自带光源和放大镜的鼓气耳镜,能观察鼓膜较细微的病变如扩张的微血管等。电耳镜与鼓气耳镜的结合,尤其适合门诊患者、卧床患者及婴幼儿检查。

(薛临萍)

第十五章 常用护理操作技能

第一节 氧 气 疗 法

氧气疗法（oxygenic therapy）指通过给氧，提高动脉血氧分压（PaO_2）和动脉血氧饱和度（SaO_2），增加动脉血氧含量（CaO_2），纠正各种原因造成的缺氧状态，促进组织的新陈代谢，维持机体生命活动的一种治疗方法。根据缺氧的原因和血气变化的特点，缺氧主要分为低张性缺氧、血液性缺氧、循环性缺氧和组织性缺氧四种类型。

一、目　的

1. 纠正各种原因造成的缺氧状态，提高动脉血氧分压（PaO_2）和动脉血氧饱和度（SaO_2），增加动脉血氧含量（CaO_2）。
2. 促进组织的新陈代谢，维持机体生命活动。

二、缺氧程度判断

根据临床表现及动脉血氧分压（PaO_2）和动脉血氧饱和度（SaO_2）来确定。缺氧的严重程度判断见表 15-1-1。

表 15-1-1　缺氧程度判断

程度	PaO_2(kPa)	SaO_2(%)	症状	给氧
轻度	>6.67	>80	无发绀	–
中度	4~6.67	60~80	发绀、呼吸困难	+
重度	<4	<60	显著发绀、呼吸困难、三凹症	++

三、供 氧 装 置

1. 氧气筒及氧气表
（1）氧气筒：容纳氧气 6000L，氧气筒顶部有一总开关，控制氧气的进出。氧气筒颈部侧面有一气门与氧气表相连，是氧气自筒中输出的途径。
（2）氧气表：包括压力表、减压器、流量表及安全阀。
（3）装卸氧气表口诀：①装表：一吹（尘）、二上（压力表）、三紧（拧紧）、四查（连接湿化瓶，打开流量表开关检查管道通畅、无漏气，关闭流量表开关）；②卸表：一关（先关闭总开关，放出余气后，关闭流量表开关）、二扶（压力表）、三松（氧气筒气门与氧气表连接处）、四卸（氧气表）。
（4）氧气筒内氧气可供应时间计算公式

$$可供应时间 = \frac{\left[压力表压力 -5(kg/cm^2)\right] \times 氧气筒容积(L)}{1kg/cm^2 \times 氧流量(L/min) \times 60min}$$

2. 中心供氧装置　医院氧气集中由供应站供给,设管道至病房、门诊、急诊。供应站有总开关控制,每一用氧单位需配有氧气表,打开流量开关即可使用。

3. 氧气浓度与流量的关系

$$吸氧浓度(\%) = 21 + 4 \times 氧流量(L/min)$$

四、方　　法

(一) 鼻氧管给氧法

鼻氧管给氧法(nasal oxygen inhalation)是将鼻氧管前端插入鼻孔内约 1cm,再将导管环固定稳妥(图 15-1-1)。此法比较简单,患者感觉比较舒适,容易接受,是目前临床上常用的给氧方法之一。

1. 操作前准备

(1) 操作者衣帽整洁,修剪指甲,洗手,戴口罩。室温适宜、光线充足、环境安静、远离火源和热源。

(2) 评估患者的年龄、病情、意识、治疗情况,心理状态及合作程度。向患者及家属解释给氧法的目的、方法、注意事项及配合要点。患者体位舒适,情绪稳定,愿意配合。

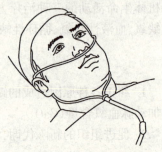

图 15-1-1　鼻氧管给氧法

(3) 用物准备:小药杯(内盛冷开水)、弯盘(内放纱布)、棉签、鼻氧管、内装 1/3~1/2 灭菌蒸馏水的湿化瓶、流量表、管道氧气装置或氧气筒及氧气压力表装置(压力表、减压器、安全阀)、扳手、手电筒、用氧记录单、笔、氧气筒标志牌("空"或"满"),医嘱单,手消毒液,生活垃圾桶(袋)、医疗垃圾桶(袋)。

2. 操作步骤

(1) 携用物至患者床旁,核对患者身份;用湿棉签清洁患者双侧鼻腔;用手电筒检查鼻腔。

(2) 装氧气表;将鼻氧管与湿化瓶的出口相连;根据患者病情调节氧流量。

(3) 将鼻氧管前端放入小药杯冷开水中湿润,并检查鼻氧管通畅;将鼻氧管插入患者鼻孔 1cm;将导管环绕患者耳部向下放置,调整松紧度。

(4) 观察患者缺氧症状;记录给氧时间、氧流量及患者给氧后反应。

(5) 垫纱布取下鼻氧管;协助患者取舒适体位,整理床单位;卸氧气表。

(6) 弃掉鼻氧管和湿化瓶,整理用物;消毒双手,记录停止用氧时间及给氧效果。

3. 注意事项

(1) 严格遵守操作规程,注意用氧安全,切实做好"四防":防震、防火、防热、防油。氧气筒内氧勿用尽,压力表至少要保留 0.5mPa(5kg/cm²),以免灰尘进入筒内,再充气时引起爆炸。

(2) 用氧前,检查氧气装置无漏气且通畅。湿化瓶内放灭菌蒸馏水,急性肺水肿患者用20%~30% 乙醇,具有降低肺泡内泡沫的表面张力,使肺泡泡沫破裂、消散,改善肺部气体交换,减轻缺氧症状的作用。

（3）使用氧气时，应先调节流量。停用氧气时，应先拔出导管，再关闭流量表开关。中途改变流量，先分离鼻氧管与湿化瓶连接处，调好流量后再连接。

（4）用氧过程中，加强氧疗监护。观察患者缺氧症状，监测 PaO_2、$PaCO_2$、SaO_2，预防氧疗副作用。当患者吸氧浓度高于 60%、持续时间超过 24h，可出现氧疗副作用。常见的副作用有氧中毒、肺不张、呼吸道分泌物干燥、晶状体后纤维组织增生和呼吸抑制。

（二）其他给氧法

1. 鼻塞给氧法　是将鼻塞塞入患者一侧鼻孔鼻前庭内的给氧方法。鼻塞是一种用塑料制成的球状物，对鼻孔刺激性小，患者较为舒适，且两侧鼻孔可交替使用（图 15-1-2）。适用于长期吸氧的患者。

图 15-1-2　鼻塞给氧法

2. 面罩给氧法　指将面罩置于患者的口鼻部供氧，氧气自下端输入，呼出的气体从面罩两侧孔排出。由于口、鼻都能吸入氧气，效果较好。给氧时必须有足够的氧流量，一般需 6~8L/min。适用于张口呼吸且病情较重、氧分压明显下降者（图 15-1-3）。

3. 氧气头罩给氧法　氧气头罩给氧法是将患者头部置于头罩里。罩面上有多个孔，可以保持罩内一定的氧浓度、温度和湿度。头罩与颈部之间要保持适当的空隙，防止二氧化碳潴留及重复吸入。此法主要用于小儿（图 15-1-4）。

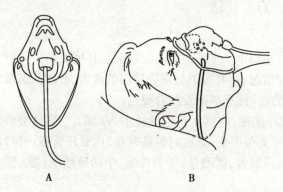

A 　　　　　　　**B**

图 15-1-3　面罩给氧法

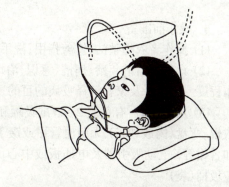

图 15-1-4　氧气头罩给氧法

4. 氧气枕给氧法　氧气枕是一长方形橡胶枕，枕的一角有一橡胶管，上有调节器可调节氧流量，氧气枕充入氧气，接上湿化瓶即可使用。此法可用于家庭氧疗、危重患者的抢救或转运途中，以枕代替氧气装置（图 15-1-5）。

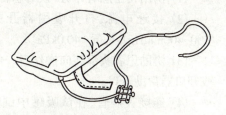

图 15-1-5　氧气枕给氧法

第二节　吸　痰　术

吸痰术（aspiration of sputum）是指经患者口、鼻腔、人工气道将呼吸道的分泌物吸出，以保持呼吸道通畅,预防吸入性肺炎、肺不张、窒息等并发症的一种方法。吸痰装置有中心负压装置和电动吸引器两种,主要是利用负压吸引原理,连接导管吸出痰液。紧急状态时可用注射器吸痰或口对口吸痰。

一、目　　的

1. 清除呼吸道分泌物,保持呼吸道通畅。

2. 促进呼吸功能,改善肺通气。

3. 预防吸入性肺炎、肺不张、窒息等并发症的发生。

二、适应证及禁忌证

1. 适应证

(1) 各种原因所致的不能自行清除呼吸道分泌物或误吸呕吐物者。

(2) 各种原因引起的窒息患者。

(3) 昏迷者、危重患者、麻醉未苏醒者、行机械通气的患者。

2. 禁忌证

(1) 相对禁忌证:严重缺氧者、严重心律失常者。

(2) 绝对禁忌证:颅底骨折者禁忌经鼻腔吸痰。

三、方　　法

1. 操作前准备

(1) 操作者衣帽整洁,修剪指甲,洗手,戴口罩。室温适宜、光线充足、环境安静。

(2) 评估患者的年龄、病情、意识、治疗情况,将呼吸道分泌物排出的能力、心理状态及合作程度。向患者及家属解释吸痰的目的、方法、注意事项及配合要点。

(3) 用物准备:有盖罐 2 只(试吸罐和冲洗罐,内盛无菌生理盐水 2/3 满)、一次性吸痰管数根、弯盘(内放纱布)、无菌血管钳或镊子、无菌手套、必要时另备弯盘(内放压舌板、开口器和舌钳等),电动吸引器及电插板或中心负压装置,医嘱单,手消毒液,生活垃圾桶(袋)、医疗垃圾桶(袋)。

2. 操作步骤

(1) 携用物至患者床旁,核对患者身份。

(2) 接通电源,打开吸引器开关,检查其性能,调节负压。一般成人 40.0~53.3kPa(300~400mmHg),儿童 <40.0kPa。

(3) 协助患者头部转向操作者一侧;检查口腔、鼻腔,取下活动义齿。昏迷患者用压舌板或开口器帮助开口。

(4) 连接吸痰管,在试吸罐中试吸少量生理盐水,以检查吸痰管通畅,同时润滑导管前端。

(5) 一手反折吸痰管末端,另一手用无菌血管钳(镊)或者戴无菌手套持吸痰管前端,插入患者口咽部 10~15cm;左右旋转并向上提管的同时放松反折的吸痰管末端,以吸尽呼吸道分泌物。

(6) 吸痰管提出后,放入冲洗罐中抽吸、冲洗吸痰管。吸痰完毕后,弃去吸痰管。

(7) 观察患者面色、呼吸及气道是否通畅;评估患者心率及吸出痰液的色、质、量。

(8) 用纱布拭净患者面部分泌物;协助患者取舒适体位,整理床单位;整理用物;消毒双手,记录。

3. 注意事项

(1) 严格执行查对制度和无菌技术操作原则。

(2) 吸痰前,检查电动吸引器性能是否良好及连接是否正确。电动吸引器连续使用时间不宜过久;贮液瓶内吸出液应及时倾倒,不得超过 2/3,以免液体过多吸入马达损坏仪器。贮液瓶内应放少量消毒液,使吸出液不致黏附于瓶底,便于清洗消毒。

(3) 插管时严禁负压吸痰。

(4) 每次吸痰应更换吸痰管,吸痰时应先分别抽吸口、咽部和鼻腔分泌物,再吸气管内分泌物;若为气管切开患者吸痰,先吸气管切开处,再吸口(鼻)部。

(5) 每次吸痰时间 <15 秒,以免吸痰时间过长造成缺氧。

(6) 吸痰时动作轻稳,以免引起呼吸道黏膜损伤。患者痰液黏稠时,可配合叩击、蒸汽吸入、雾化吸入,提高吸痰效果。

(7) 根据吸痰操作性质,每班更换吸痰用物或每日更换 1~2 次。

第三节　胃管置入术

胃管置入术(gastric catheterization)是将胃管经口或鼻插入胃内的方法。根据胃管插入的途径,可分为口胃管和鼻胃管。

一、目　的

1. 对不能自行经口进食患者以胃管供给食物和药物,以维持患者营养和治疗的需要。
2. 引流胃内容物。

二、适应证及禁忌证

1. 适应证

(1) 多种原因造成无法经口进食而需鼻饲或口饲。

(2) 食物或药物中毒洗胃术前准备。

(3) 胃液检查、胃肠减压。

(4) 上消化道穿孔、腹部手术术前准备。

2. 禁忌证

(1) 严重颌面部损伤、近期食管腐蚀性损伤、食管梗阻及憩室。

(2) 鼻咽部有癌肿或急性炎症、食管静脉曲张。

三、方　法

1. 操作前准备

(1) 操作者衣帽整洁,修剪指甲,洗手,戴口罩。环境清洁,无异味。

(2) 评估患者并解释:评估患者的年龄、病情、意识、鼻腔的通畅性、心理状态及合作程度。向患者及家属解释操作目的、过程及操作中配合方法。

（3）用物准备：鼻饲包（治疗碗、弯盘、镊子、止血钳、压舌板、纱布、胃管、50ml注射器、治疗巾）、液状石蜡、棉签、胶布、别针、夹子或橡皮圈、手电筒、听诊器、温开水适量、按需准备漱口或口腔护理用物及松节油，必要时备开口器及牙垫，医嘱单，手消毒液，生活垃圾桶（袋）、医疗垃圾桶（袋）。

2. 操作步骤

（1）备齐用物携至床边，核对患者身份；有义齿者取下义齿；能配合者取半坐卧位或坐位，无法坐起者取右侧卧位；昏迷者取去枕平卧位，头向后仰，以利于胃管插入。

（2）将治疗巾围于患者颌下；检查患者鼻腔通畅；清洁鼻腔。

（3）打开鼻饲包，备好温开水，取出胃管，测量插管长度并作标记。

预测胃管插入长度的方法：①从前额发际到胸骨剑突处的距离；②从鼻尖经耳垂再到剑突的距离。

（4）将少许液状石蜡倒于纱布上，润滑胃管前端；一手以纱布托住胃管，一手持镊子夹住胃管前端，沿一侧鼻孔轻轻将胃管插入。

（5）当胃管插至咽喉部约10~15cm时，根据患者情况采取不同方法插入胃管。①清醒患者：嘱患者做吞咽动作，可顺势将胃管插入，直至所标记处。吞咽动作可帮助胃管迅速进入食管；随患者吞咽动作插管，可减轻患者不适。必要时可让患者饮少量温开水。②昏迷患者：左手将患者头托起，使下颌靠近胸骨柄，以增大咽喉通道的弧度，便于胃管顺利通过会咽部，缓缓将胃管插至预定长度（图15-3-1）。

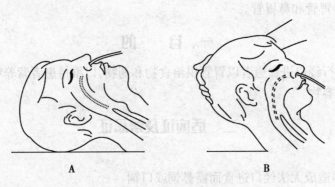

图 15-3-1　昏迷患者插管法

（6）检查胃管是否在胃内：①将胃管末端接无菌注射器抽吸，可抽出胃液（首选方法）；②将胃管末端放入盛有水的治疗碗中，无气泡溢出；③将听诊器置于患者胃部，快速经胃管注入10ml空气，听到有气过水声。

（7）确认胃管在胃内后，注入少量温开水；固定胃管于患者鼻翼及面颊部；将胃管末端反折、包好、扎紧或夹紧；固定于大单、枕旁或患者衣领处。

（8）协助患者取舒适体位，整理床单位；整理用物，消毒双手并记录胃管置入的时间及患者的反应等。

（9）拔出胃管时，夹紧胃管末端（以免拔管时管内液体反流入呼吸道）；用纱布包裹近鼻孔处的胃管，嘱患者做深呼吸，在患者呼气时拔管，边拔边用纱布擦胃管，胃管近患者咽喉部时迅速拔出;整理用物,洗手并记录。

3. 注意事项

(1) 插管时镊子尖端勿碰及患者鼻黏膜;插管动作轻柔,尤其是胃管通过食管3个狭窄部位(环状软骨水平处,平气管分叉处,食管通过膈肌处)时,避免损伤食管黏膜。

(2) 如插管过程中患者出现恶心、呕吐,应暂停插管,嘱患者做深呼吸,以分散患者注意力,缓解紧张。如插入不畅,应检查口腔,观察胃管是否盘在口中。如出现呛咳、呼吸困难、发绀等现象,表示胃管误入气管,应立即拔出,休息片刻后重新插管。

(3) 一般成人胃管插入长度约45~55cm。为防止反流、误吸,插管长度可在55cm以上;若需经胃管注入刺激性药物,可将胃管再向深处插入10cm。

(4) 如需经胃管灌注食物时,应证实胃管在胃内;喂食前后注入少量温开水;嘱患者维持原卧位20~30分钟;每次喂食量不超过200ml,间隔时间应大于2小时;食物温度以38~40℃为宜;喂食用物应每天更换消毒。

(5) 长期留置胃管者应每日进行2次口腔护理;定期更换胃管,普通胃管每周更换一次,硅胶胃管每月更换一次。

第四节　导　尿　术

导尿术(catheterization)是指在严格无菌操作下,将导尿管经尿道插入膀胱引流尿液的方法。由于男女解剖特点和导尿目的的不同,男女患者导尿用物和导尿操作步骤均有不同。

一、目　的

1. 为尿潴留患者引流出尿液,以减轻痛苦。

2. 协助临床诊断,如留取未受污染的尿标本作细菌培养,测量膀胱容量、压力及检查残余尿液,进行尿道或膀胱造影等。

3. 为膀胱肿瘤患者进行膀胱化疗。

4. 为盆腔内器官手术患者排空膀胱,以避免手术中误伤。

5. 为昏迷、尿失禁或会阴部有损伤患者保留导尿管,以保持局部清洁、干燥;为某些泌尿系统手术后患者留置导尿管,以促进膀胱功能恢复及切口愈合。

6. 抢救危重或休克患者时,正确记录每小时尿量,测量尿比重,以密切观察患者的病情变化。

二、适应证及禁忌证

1. 适应证

(1) 尿潴留及充溢性尿失禁。

(2) 获得未受污染的尿标本。

(3) 尿流动力学检查(测定膀胱容量、压力、残余尿量)、危重患者监测尿量、行膀胱检查(膀胱造影、膀胱内压测量)、膀胱内灌注药物进行治疗。

(4) 腹部及盆腔器官手术前准备、膀胱及尿道手术或损伤。

2. 禁忌证

(1) 绝对禁忌证：急性下尿路感染、尿道狭窄及先天畸形无法留置导尿管。

(2) 相对禁忌证：全身严重的出血性疾病、女性月经期。

三、方 法

1. 操作前准备

(1) 操作者衣帽整洁，修剪指甲，洗手，戴口罩。酌情关闭门窗，屏风遮挡患者，保持合适的室温，光线充足或有足够的照明。

(2) 评估患者的年龄、性别、病情、临床诊断、意识状态、生命体征、心理状况、合作程度及耐受力、生活自理能力、膀胱充盈度及会阴部皮肤黏膜情况，了解男性患者有无前列腺疾病等引起尿路梗阻的情况。向患者及家属解释导尿的目的、意义、过程、注意事项及配合操作的要点。若患者无自理能力，应协助其进行外阴清洁。

(3) 用物准备：无菌导尿包(初步消毒用物：手套、小方盘、消毒棉球数个、镊子、纱布；再次消毒及导尿用物：手套、洞巾、弯盘、镊子2把、纱布、消毒棉球数个、导尿管、润滑油棉球、10ml注射器、集尿袋、方盘)、弯盘、一次性垫巾或小橡胶单和治疗巾一套、便器及便巾，医嘱单，手消毒液，生活垃圾桶(袋)、医疗垃圾桶(袋)。

2. 操作步骤(以留取尿培养标本为例)

(1) 携用物至患者床前，核对患者身份；解释操作目的及有关注意事项，取得患者配合；松开床尾盖被，协助患者脱去对侧裤腿，盖在近侧腿部，对侧腿用盖被遮盖；协助患者取屈膝仰卧位，两腿略外展，暴露外阴。

(2) 将小橡胶单和治疗巾垫于患者臀下，将导尿包外弯盘置于近外阴处；操作者消毒双手，检查并打开导尿包，取出初步消毒用物；左手戴上手套，并将消毒棉球倒入小方盘内。

(3) 根据男、女患者尿道的解剖特点进行消毒、插管。

1) 女性患者

初步消毒：操作者右手手持镊子夹取消毒棉球，先消毒阴阜，由上至下，"Z"字形消毒；接着消毒大阴唇，然后戴手套手分开大阴唇，消毒小阴唇(由外向内，由上至下，先对侧后近侧)，最后消毒尿道口至肛门。置污棉球于弯盘内；消毒完毕后脱下手套置弯盘内，将小方盘及弯盘移至床尾处。

嘱患者保持安置的体位；消毒双手后将导尿包置于患者两腿之间，打开导尿包外包布。戴手套，取出洞巾，铺于患者外阴处，并暴露会阴，以在洞巾和外包布内层形成无菌区。取出导尿管置方盘内，用润滑油棉球润滑导尿管前段；必要时将导尿管末段和集尿袋的引流管连接。

取消毒棉球放于弯盘内，置弯盘于外阴处，用左手拇、食指分开并固定小阴唇，右手用镊子夹棉球(每个棉球只用一次)，分别消毒尿道口、两侧小阴唇(由内向外、自上而下)，最后用一个棉球消毒尿道口，消毒尿道口时稍停片刻，充分发挥消毒液的消毒效果；置污棉球于弯盘内；消毒完毕后将镊子置于弯盘内移至床尾。

左手继续固定小阴唇，右手将内置有导尿管的方盘移至洞巾口旁，嘱患者张口呼吸，用另一镊子夹持导尿管对准尿道口轻轻插入4~6cm，见尿液流出再插入1cm，将尿液引入方盘或集尿袋内少许，夹闭导尿管(图15-4-1)。

2) 男性患者

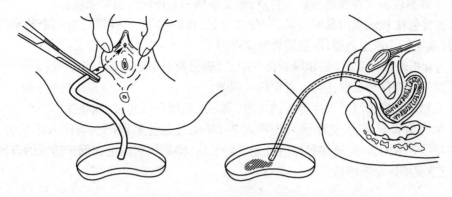

图 15-4-1　女性患者导尿法

初步消毒:操作者左手戴手套后用无菌纱布裹住阴茎,将包皮向后推暴露尿道口,自尿道口向外向后旋转擦拭尿道口、龟头及冠状沟;右手持镊子夹取消毒棉球(每个棉球只用一次)进行初步消毒,依次为阴阜、阴茎、阴囊(自阴茎根部向尿道口消毒),置污棉球、纱布于弯盘内;消毒完毕后脱下手套置弯盘内,将小方盘及弯盘移至床尾处。

嘱患者保持安置的体位;消毒双手后将导尿包置于患者两腿之间,打开导尿包外包布。戴手套,取出洞巾,铺于患者外阴处,并暴露会阴,以在洞巾和外包布内层形成无菌区。取出导尿管置方盘内,用润滑油棉球润滑导尿管前段;必要时将导尿管末段和集尿袋的引流管连接。

取消毒棉球放于弯盘内,置弯盘于外阴处,左手用纱布包住阴茎将包皮向后推,暴露尿道口;右手持镊子夹消毒棉球(每个棉球只用一次)再次消毒尿道口、龟头及冠状沟(由内向外);置污棉球于弯盘内;消毒完毕后将镊子置于弯盘内移至床尾。

将内置有导尿管的方盘移至洞巾口旁,嘱患者张口呼吸;左手用无菌纱布固定阴茎并提起,使之与腹壁成60°,使耻骨前弯消失,利于插管;右手持镊子夹持导尿管对准尿道口轻轻插入 20~22cm(尿管经过三个狭窄部时,动作应轻柔);见尿液流出再插入 1~2cm,将尿液引入方盘或集尿袋内少许;夹闭导尿管(图 15-4-2)。

(4) 打开夹闭的导尿管,用无菌标本瓶接取中段尿 5ml。

(5) 导尿完毕后,清理用物;协助患者取舒适体位,整理床单位;消毒双手,记录导尿的时间、导出尿量及患者的反应。

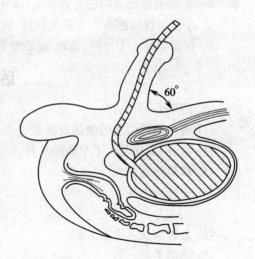

图 15-4-2　男性患者导尿法

3. 注意事项

(1) 严格执行查对制度和无菌技术操作原则。

(2) 导尿过程中注意保护患者的隐私,并采取适当的保暖措施防止患者着凉。

(3) 选择粗细合适的导尿管。

（4）掌握男性和女性尿道的解剖特点,避免损伤和导尿所致泌尿系统感染。

1）男性包皮和冠状沟易藏污垢,应仔细擦拭,预防感染;男性尿道有三个狭窄,切忌用力过快过猛而损伤尿道黏膜,注意插管时动作轻柔。

2）为女患者插尿管时,如导尿管误入阴道,应另换无菌导尿管重新插管;老年女性尿道口回缩,插管时应仔细观察、辨认,避免误入阴道。

（5）对膀胱高度膨胀且极度虚弱的患者,第一次放尿不得超过1000ml。

（6）如为留置导尿管,见尿液后再插入 7~10cm;连接注射器向气囊注入适量的无菌溶液;轻拉导尿管有阻力感,证实导尿管固定于膀胱内;将集尿袋固定在低于膀胱的高度,防止尿液逆流造成泌尿系统感染。

第五节　灌　肠　法

灌肠法（enema）是将一定量的液体由肛门经直肠灌入结肠,以帮助患者清洁肠道、排便、排气或由肠道供给药物或营养,达到确定诊断和治疗目的的方法。根据灌肠的目的,分为保留灌肠和不保留灌肠;根据灌入的液体量,将不保留灌肠分为大量不保留灌肠和小量不保留灌肠。如为了达到清洁肠道的目的,而反复使用大量不保留灌肠,则为清洁灌肠（cleaning enema）。

一、目　的

1. 大量不保留灌肠　①解除便秘、肠胀气;②清洁肠道,为肠道手术、检查或分娩做准备;③稀释并清除肠道内的有害物质,减轻中毒;④灌入低温液体,为高热患者降温。

2. 小量不保留灌肠　①软化粪便,解除便秘;②排除肠道内的气体,减轻腹胀。

3. 保留灌肠　①镇静、催眠;②治疗肠道感染。

二、适应证及禁忌证

1. 适应证
（1）各种原因引起的便秘及肠胀气。
（2）结肠、直肠及大手术前的准备。
（3）高热降温。
（4）分娩前准备。

2. 禁忌证
（1）急腹症和胃肠道出血。
（2）肠道手术。
（3）肠伤寒。
（4）严重心脑血管疾患。

三、方　法

1. 操作前准备
（1）操作者衣帽整洁,修剪指甲,洗手,戴口罩。酌情关闭门窗,屏风遮挡患者,保持合适的室温,光线充足或有足够的照明。

(2) 评估患者的年龄、病情、临床诊断、意识状态、心理状况、排便情况、理解配合能力。向患者及家属解释灌肠的目的、操作方法、注意事项及配合要点。

(3) 用物准备:一次性灌肠器包(内有灌肠筒、引流管、肛管一套,垫巾、孔巾,肥皂冻1包,纸巾数张,手套)、弯盘、水温计、输液架,医嘱单,手消毒液,便器及便巾,生活垃圾桶(袋)、医疗垃圾桶(袋)。

2. 操作步骤(以大量不保留灌肠为例)

(1) 携用物至患者床旁,核对患者身份;协助患者取左侧卧位,双膝屈曲,脱裤至膝部,臀部移至床沿(不能自控排便的患者可取仰卧位,臀下垫便盆),盖好被子,暴露臀部;操作者消毒双手。

(2) 检查灌肠器包并打开;取出垫巾铺在患者臀下,孔巾铺在患者臀部,暴露肛门,置弯盘于患者臀部旁边,备好纸巾。

(3) 取出灌肠筒,关闭开关;将灌肠液倒入灌肠筒中,挂灌肠筒于输液架上,筒内液面高于肛门约 40~60cm;戴手套;润滑肛管前端,排尽管内气体。

(4) 左手垫纸巾分开臀部,暴露肛门,嘱患者深呼吸,右手将肛管轻轻插入直肠 7~10cm(小儿插入深度约 4~7cm),固定肛管(图 15-5-1)。

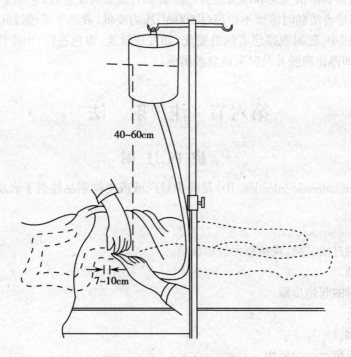

40~60cm

7~10cm

图 15-5-1　大量不保留灌肠

(5) 打开开关,使液体缓缓流入;灌入过程中密切观察筒内液面下降速度和患者的情况;待灌肠液即将流尽时夹管,用纸巾包裹肛管轻轻拔出;擦净肛门,脱下手套,消毒双手。

(6) 协助患者取舒适卧位;嘱其尽量保留 5~10 分钟后再排便;对不能下床的患者给予便盆,协助能下床的患者上厕所排便。

（7）清理用物；根据需要留取标本送检；协助患者取舒适体位，整理床单位；消毒双手，记录灌肠的结果。

3. 注意事项

（1）肝性脑病患者禁用肥皂水灌肠；充血性心力衰竭和水钠潴留患者禁用生理盐水灌肠。

（2）准确选用灌肠溶液，浓度、液量，温度适宜。

1）大量不保留灌肠常用灌肠溶液为 0.1%～0.2% 的肥皂液，生理盐水。成人每次用量为 500～1000ml，小儿 200～500ml。溶液温度一般为 39～41℃，降温时为 28～32℃，中暑患者灌肠溶液温度为 4℃。

2）小量不保留灌肠常用"1、2、3"溶液（50% 硫酸镁 30ml、甘油 60ml、温开水 90ml）、甘油 50ml 加等量温开水或各种植物油，溶液温度通常为 38℃；液面距肛门通常不超过 30cm；灌注溶液后，嘱患者保留 10～20 分钟。

3）保留灌肠常用 10% 水合氯醛及各种抗生素溶液，溶液量一般不超过 200ml，温度通常为 38℃；慢性细菌性痢疾患者取左侧卧位，阿米巴痢疾取右侧卧位；灌注溶液前在臀下垫治疗巾，使臀部抬高 10cm；排气后将肛管插入肛门 15～20cm；开水 5～10ml，嘱患者尽量保留药液 1 小时以上。降温灌肠时溶液要保留 30 分钟，排便后 30 分钟测量体温并记录。

（3）灌肠时，灌肠溶液流速和压力适宜。患者如有腹胀或便意时，应嘱患者做深呼吸，以减轻不适。伤寒患者灌肠时溶液不得超过 500ml，压力要低，液面不得超过肛门 30cm。

（4）灌肠过程中，随时观察患者病情变化，如发现脉速、面色苍白、出冷汗、剧烈腹痛、心慌气急时，应立即停止灌肠并及时采取急救措施。

第六节　注　射　法

一、皮　内　注　射

皮内注射（intradermic injection，ID）是将少量药液或生物制品注射于表皮与真皮之间的方法。

（一）目的

1. 进行药物过敏试验，观察有无过敏反应。

2. 预防接种。

3. 局部麻醉的起始步骤。

（二）禁忌证

1. 过敏药物。

2. 对皮肤有刺激性的药物。

（三）方法（以药物过敏试验为例）

1. 操作前准备

（1）操作者衣帽整洁，修剪指甲，洗手，戴口罩。环境安静、整洁、光线适宜或照明充足。

（2）评估患者病情、当前治疗情况、用药史及药物过敏史、意识状态、心理状态、对用药的认知及合作程度、注射部位的皮肤状况等。向患者及家属解释皮内注射的目的、方法、配合要点及注意事项(药物过敏试验时重点解释)。

(3) 用物准备:注射盘(另备75%酒精消毒剂)、1ml注射器、药液(如为药物过敏试验,需备急救设备及药品),医嘱单,手消毒液,生活垃圾桶(袋)、医疗垃圾桶(袋)、锐器盒。

2. 操作步骤

(1) 根据医嘱两人核对药物;正确抽吸药液。

(2) 携用物至患者床旁;核对患者身份;协助患者采取舒适体位,暴露注射部位:前臂掌侧下段靠内侧。

皮内注射部位:①药物过敏试验:常选用前臂掌侧下段靠内侧;②预防接种:常选用上臂三角肌下缘;③局部麻醉:手术或穿刺麻醉处。

(3) 用75%酒精常规消毒皮肤(酒精过敏者应用0.1%苯扎溴铵或生理盐水)。

(4) 二次核对患者和药物信息,排尽注射器内空气。

(5) 一手绷紧局部皮肤;一手持注射器(针尖斜面向上,与皮肤成5°)将针尖全部刺入皮内;放平注射器;用绷紧皮肤的手的拇指固定针栓,持注射器的手注入药液0.1ml,使局部隆起形成一皮丘。皮丘应呈半球状,皮肤变白并显露毛孔(图15-6-1)。

(6) 注射完毕,迅速拔出针头,勿按压穿刺点;协助患者取舒适体位,整理床单位;清理用物;消毒双手;记录注射时间等。

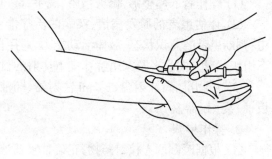

图15-6-1　皮内注射法

(7) 嘱患者勿按揉注射局部,勿远离病室(或注射室),如有不适应立即告知医务人员,以便及时处理。等待注射20分钟后观察结果。

结果判断:①阴性:皮丘无改变,周围无红肿、红晕,无自觉症状,无不适表现;②阳性:皮丘隆起增大,出现红晕,直径大于1cm,周围有伪足伴局部痒感,出现头晕、心慌、恶心,甚至发生过敏性休克。

3. 注意事项

(1) 严格执行查对制度和无菌技术操作原则。

(2) 做药物过敏试验前,应详细询问患者的用药史、过敏史及家族史;备好急救药品,以防发生意外。

(3) 做药物过敏试验消毒皮肤时忌用碘酊、碘伏,以免影响对局部反应的观察。

(4) 皮内注射进针角度以针尖斜面能全部进入皮内为宜;避免进针角度过大,将药液注入皮下,影响结果的观察和判断。

(5) 药物过敏试验结果如为阳性反应,告知患者及家属不能再用该种药物,并记录在病历上。如果患者发生过敏性休克,及时进行抢救。

(6) 若需作对照试验,则用另一注射器,在患者另一上肢前臂相应部位注入0.1ml生理盐水。密切观察患者反应。

二、皮下注射

皮下注射(hypodermic injection,HD)是将少量药液或生物制剂注入皮下组织的方法。

(一)目的

1. 注入小剂量药物,用于不宜口服给药而需在一定时间内发生药效时。

2. 预防接种。

3. 局部麻醉用药。

(二)禁忌证

1. 过敏药物。

2. 对皮肤有刺激性的药物。

(三)方法(以上臂三角肌下缘注射为例)

1. 操作前准备

(1) 操作者衣帽整洁,修剪指甲,洗手,戴口罩。环境安静、整洁、光线适宜或照明充足。

(2) 评估患者的原发病情、疾病的治疗情况,询问药物过敏史、用药史及不良反应发生史;判断患者的意识状态、肢体活动能力、对用药计划的了解及合作程度、注射部位皮肤及皮下组织状况。向患者及家属解释皮下注射的目的、方法、药物的作用、配合要点及注意事项。

(3) 用物准备:注射盘、1~2ml注射器、药液,医嘱单,手消毒液,生活垃圾桶(袋)、医疗垃圾桶(袋)、锐器盒。

2. 操作步骤

(1) 根据医嘱两人核对药物;正确抽吸药液。

(2) 携用物至患者床旁;核对患者身份;协助患者采取舒适体位,暴露注射部位:上臂三角肌下缘。

皮下注射部位:①预防接种:常选用上臂三角肌下缘;②注入小剂量药物:两侧腹壁、后背、大腿前侧和外侧;③局部麻醉用药:麻醉部位。

(3) 常规消毒皮肤两次、待干。

(4) 二次核对患者和药物信息,排尽注射器内空气。

(5) 一手绷紧局部皮肤,一手持注射器(针尖斜面向上,食指固定针栓)与皮肤成30°~40°,沿三角肌外侧缘方向快速将针梗的1/2~2/3刺入皮下(图15-6-2)。

(6) 松开绷紧皮肤的手,抽动或旋转活塞,如无回血,缓慢推注药液。

(7) 注射完毕,用无菌干棉签轻压针刺处,快速拔针后按压片刻,压迫至不出血为止。

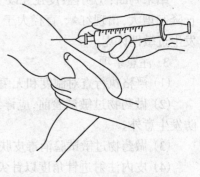

图15-6-2　皮下注射法

(8) 协助患者取舒适体位,整理床单位;清理用物;消毒双手,记录注射时间、药物名称、浓度、剂量,患者的反应等。

3. 注意事项

(1) 严格执行查对制度和无菌技术操作原则。

(2) 操作者在注射前详细询问患者的用药史。

（3）穿刺速度和拔针速度宜迅速，推药速度宜缓慢、均匀以减轻疼痛。

（4）对过于消瘦者，操作者可捏起局部组织，适当减小穿刺角度，进针不宜过深，以免刺入肌层。

（5）对于长期注射者，应经常更换注射部位，以促进药物的充分吸收。

三、肌 内 注 射

肌内注射（intramuscular injection，IM）是将一定量药液注入肌肉组织的方法。

（一）目的

1. 注入药物，用于不宜或不能口服或静脉注射，且要求比皮下注射更快发生疗效时。
2. 注入刺激性较强或药量较大不宜皮下注射的药物。

（二）禁忌证

1. 注射部位皮肤受损的患者。
2. 有严重出凝血功能异常的患者。
3. 破伤风发作期、狂犬病痉挛期、癫痫抽搐的患者。
4. 不宜选用臀大肌注射的 2 岁以下的婴幼儿。

（三）注射部位选择

肌内注射一般选择肌肉丰厚且距大血管及神经较远处进行。其中最常用的部位为臀大肌，其次为臀中肌、臀小肌、股外侧肌及三角肌。

1. 臀大肌注射定位法　臀大肌起自髂后上棘与尾骨尖之间，肌纤维平行向外下方止于股骨上部。臀大肌注射的定位方法有两种，十字法和连线法。

（1）十字法：从臀裂顶点向左侧或向右侧划一水平线，然后从髂嵴最高点作一垂线，将一侧臀部分为四个象限，其外上象限（避开内角）为注射区。

（2）连线法：从髂前上棘至尾骨作一连线，其外上 1/3 处为注射部（图 15-6-3）。

坐骨神经起自骶丛神经，自梨状肌下孔出骨盆至臀部，在臀大肌深部，约在坐骨结节与大转子之间中点处下降至股部，其体表投影为自大转子尖至坐骨结节中点向下至腘窝。注射时注意避免损伤坐骨神经。

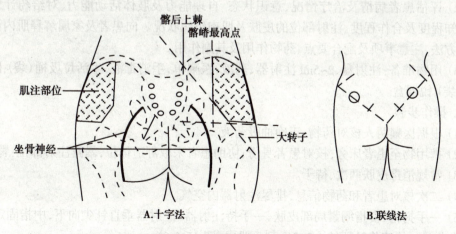

图 15-6-3　臀大肌注射定位法

2. 臀中肌、臀小肌注射定位法

(1) 以食指尖和中指尖分别置于髂前上棘和髂嵴下缘处,在髂嵴、食指、中指之间构成一个三角形区域,其食指与中指构成的内角为注射区。

(2) 髂前上棘外侧三横指处(以患者的手指宽度为准,图 15-6-4)。

3. 股外侧肌注射定位法　一般成人取髋关节下 10cm 至膝关节的范围。此处大血管、神经干很少通过,且注射范围较广,可供多次注射,尤适用于 2 岁以下幼儿。

4. 上臂三角肌注射定位法　上臂外侧,肩峰下 2~3 横指处。此处肌肉较薄,只可作小剂量注射(图 15-6-5)。

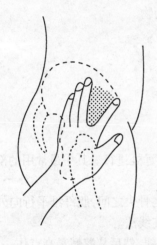

图 15-6-4　臀小肌注射定位法

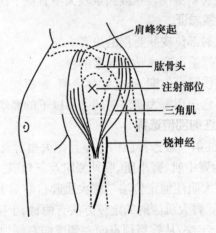

图 15-6-5　上臂三角肌注射定位法

（四）方法(以臀大肌注射为例)

1. 操作前准备

(1) 操作者衣帽整洁,修剪指甲,洗手,戴口罩。环境安静、整洁、光线适宜或照明充足,必要时屏风或拉帘遮挡。

(2) 评估患者病情及治疗情况、意识状态、自理能力及肢体活动能力、对给药计划的了解、认知程度及合作程度、注射部位的皮肤及肌肉组织状况。向患者及家属解释肌内注射的目的、方法、注意事项及配合要点、药物作用及其副作用。

(3) 用物准备:注射盘、2~5ml 注射器、药液,医嘱单,手消毒液,生活垃圾桶(袋)、医疗垃圾桶(袋)、锐器盒。

2. 操作步骤

(1) 根据医嘱两人核对药物;正确抽吸药液。

(2) 携用物至患者床旁;核对患者身份;协助患者采取舒适体位,暴露注射部位:臀大肌。

(3) 常规消毒皮肤两次、待干。

(4) 二次核对患者和药物信息,排尽注射器内空气。

(5) 一手拇指、食指绷紧局部皮肤,一手持注射器(注射器垂直针尖向下,中指固定针栓)与皮肤成 90°,快速将针梗的 1/2~2/3 刺入肌内(图 15-6-6)。

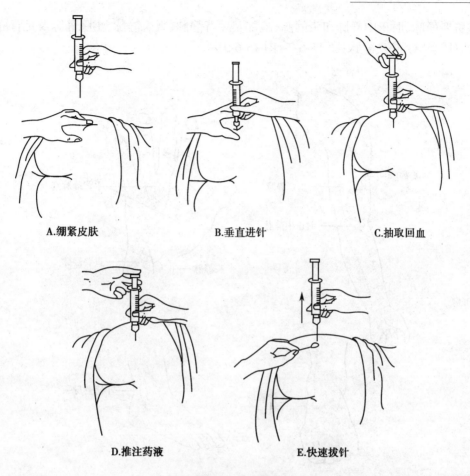

A.绷紧皮肤　　　　　　B.垂直进针　　　　　　C.抽取回血

D.推注药液　　　　　　　E.快速拔针

图 15-6-6　肌内注射法

(6) 松开绷紧皮肤的手,抽动或旋转活塞,如无回血,缓慢推注药液。

(7) 注射完毕,用无菌干棉签轻压针刺处,快速拔针后按压片刻,压迫至不出血为止。

(8) 协助患者取舒适体位,整理床单位;清理用物;消毒双手,记录注射时间,药物名称、浓度、剂量,患者的反应等。

3. 注意事项

(1) 严格执行查对制度和无菌技术操作原则。

(2) 两种药物同时注射时,注意配伍禁忌。

(3) 臀部肌内注射时,为使局部肌肉放松,可嘱患者取侧卧位,上腿伸直,下腿稍弯曲;或取俯卧位,足尖相对,足跟分开,头偏向一侧。

(4) 切勿将针头全部刺入,以防针梗从根部衔接处折断。

(5) 对需长期注射者,应交替更换注射部位,并选用细长针头,以避免或减少硬结的发生。

四、静 脉 注 射

静脉注射(intravenous injection,IV)是自静脉注入药液的方法。常用静脉包括:四肢浅

静脉(贵要静脉、肘正中静脉和头静脉、腕部及手背静脉、大隐静脉、小隐静脉及足背静脉)、
深静脉(股静脉)、头皮静脉(图 15-6-7~ 图 15-6-9)。

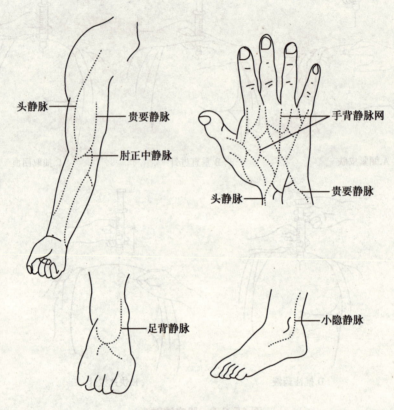

头静脉　贵要静脉　肘正中静脉　手背静脉网　头静脉　贵要静脉　足背静脉　小隐静脉

图 15-6-7　四肢浅静脉

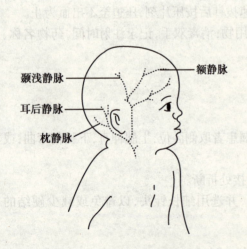

颞浅静脉　额静脉　耳后静脉　枕静脉

图 15-6-8　小儿头皮静脉

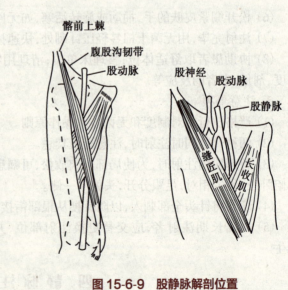

髂前上棘　腹股沟韧带　股动脉　股神经　股动脉　股静脉　缝匠肌　长收肌

图 15-6-9　股静脉解剖位置

（一）目的

1. 注入药物，用于药物不宜口服、皮下注射、肌内注射或需迅速发挥药效时。

2. 注入药物作某些诊断性检查。

3. 静脉营养治疗。

（二）禁忌证

1. 绝对禁忌证　穿刺部位有感染。

2. 相对禁忌证　有明显出血倾向。

（三）方法（以上肢浅静脉注射为例）

1. 操作前准备

（1）操作者衣帽整洁，修剪指甲，洗手，戴口罩。环境安静、整洁、光线适宜或照明充足，必要时屏风或拉帘遮挡。

（2）评估患者病情及治疗情况、意识状态、自理能力及肢体活动能力、对给药计划的了解、认知程度及合作程度、注射部位的皮肤及静脉状况。向患者及家属解释静脉注射的目的、方法、注意事项及配合要点、药物作用及其副作用。

（3）用物准备：注射盘、5~10ml注射器（或根据药量选择相应的规格）、头皮针、止血带、注射用小垫枕及垫巾、医用胶贴、药液，医嘱单，手消毒液，生活垃圾桶（袋）、医疗垃圾桶（袋）、锐器盒。

2. 操作步骤

（1）根据医嘱两人核对药物；正确抽吸药液。

（2）携用物至患者床旁；核对患者身份；协助患者采取舒适体位，选择粗、直、弹性好、易于固定的静脉，避开关节和静脉瓣。

（3）消毒双手。必要时连接头皮针。

（4）在穿刺部位下方垫小垫枕；常规消毒皮肤（直径大于5cm）；在穿刺部位上方（近心端）约6cm处扎紧止血带。

（5）二次常规消毒皮肤（直径大于5cm）、待干。

（6）二次核对信息；排尽空气；嘱患者握拳；一手拇指绷紧静脉下端皮肤，一手持注射器，针尖斜面向上，与皮肤呈15°~30°自静脉上方或侧方刺入皮下，见回血，再进针少许（图15-6-10）。

（7）松开止血带，嘱患者松拳，固定针头（如为头皮针，用胶布固定）；缓慢注入药液（图15-6-11）。

（8）注射完毕，用无菌干棉签轻压针刺处，快速拔针后按压；再次核对患者及用药信息。

（9）协助患者取舒适体位，整理床单位；清理用物；消毒双手，记录注射时间、药物名称、

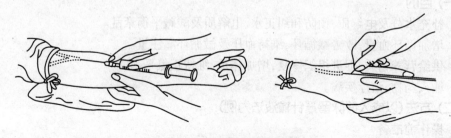

图15-6-10　静脉注射进针法

浓度、剂量,患者的反应等。

头皮静脉注射:选择合适的头皮静脉,由助手固定患儿头部;操作者一手拇指、食指固定静脉两端,一手持头皮针翼,沿静脉向心方向平行刺入,见回血后推药少许;如无异常,用胶布固定针头。操作过程中,注意约束患儿,防止其抓拽注射部位。

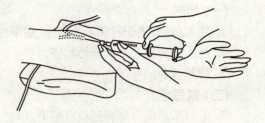

图 15-6-11　静脉注射推药法

股静脉注射:协助患者取仰卧位,下肢伸直略外展外旋;常规消毒患者局部皮肤及操作者左手食指和中指;左手食指于腹股沟扪及股动脉搏动最明显部位并予以固定,右手持注射器,针头和皮肤呈 90° 或 45°,在股动脉内侧 0.5cm 处刺入,抽动活塞见有暗红色回血,提示针头已进入股静脉(若抽出液为鲜红色,提示针头进入股动脉,应立即拔出针头,用无菌纱布加压穿刺处 5~10 分钟,直至无出血);注射完毕后拔出针头,局部盖无菌纱布加压止血 3~5 分钟,以免引起出血或形成血肿。

3. 注意事项

(1) 严格执行查对制度和无菌技术操作原则。

(2) 对需长期静脉注射者,应有计划地由小到大,由远心端到近心端选择静脉。

(3) 静脉注射对组织有强烈刺激性的药物,需先用生理盐水进行引导穿刺,一定要在确认针头在静脉内后方可推注药液,以免药液外溢导致组织坏死。

(4) 穿刺时操作者应沉着,一旦出现局部血肿,应立即拔出针头,按压局部,另选其他静脉重新穿刺。

(5) 根据患者的年龄、病情及药物性质以适当速度注入药物,推药过程中观察患者反应。

(6) 对于凝血不良者,拔针后应延长按压时间。

第七节　静脉输液与输血

一、静 脉 输 液

静脉输液(intravenous infusion)是将大量无菌溶液或药物直接输入静脉的治疗方法。常用静脉主要有四肢浅静脉、头皮静脉、锁骨下静脉和颈外静脉(常用于进行中心静脉插管)。静脉留置针输液法可保护静脉,减少因反复穿刺造成的痛苦和血管损伤,保持静脉通道畅通,利于抢救和治疗,现在临床已得到广泛应用。

(一) 目的

1. 补充水分及电解质,预防和纠正水、电解质及酸碱平衡紊乱。

2. 增加循环血量,改善微循环,维持血压及微循环灌注量。

3. 供给营养物质,促进组织修复,增加体重,维持正氮平衡。

4. 输入药物,治疗疾病。

(二) 方法(以成人静脉留置针输液法为例)

1. 操作前准备

(1) 操作者衣帽整洁,修剪指甲,洗手,戴口罩。环境整洁、安静、舒适、安全。

（2）评估患者病情及治疗情况、意识状态、自理能力及肢体活动能力、对给药计划的了解、认知程度及合作程度、穿刺部位皮肤及血管状况。向患者及家属解释静脉输液的目的、方法、注意事项及配合要点。

（3）用物准备：注射盘、药液及无菌溶液、注射器、输液器、留置针、无菌敷贴、肝素帽、封管液、输液瓶签、输液记录单、注射用小垫枕及垫巾、止血带、弯盘、透明胶布、输液架、必要时备输液泵，医嘱单，手消毒液，医疗垃圾桶(袋)、生活垃圾桶(袋)、锐器盒。

2. 操作步骤

（1）两人核对并检查药物，严格执行查对制度。检查药液有效期，瓶盖无松动，瓶身无裂痕；检查药液无混浊、沉淀及絮状物等；核对药液瓶签(药名、浓度、剂量和时间)、给药时间和给药方法。

（2）按照无菌技术操作原则抽吸药液，加入无菌溶液瓶内。

（3）正确填写输液瓶签，并贴于输液瓶上。注意输液瓶签不可覆盖原有的标签。

（4）检查输液器有效期及包装，关闭调节器；取出输液器，与无菌溶液瓶连接。

（5）携用物至患者床旁，核对患者身份，再次查对药液并消毒双手。

（6）输液管排气：①将输液瓶挂于输液架上；倒置茂菲氏滴管，使输液瓶内液体流出，待茂菲氏滴管内液体至 1/2~2/3 满时，关闭调节器，迅速正置茂菲氏滴管，再次打开调节器，使液面缓慢下降，直至排除输液管内气体，再次关闭调节器；将输液管末端放入输液器包装内，置于注射盘中备用。②打开静脉留置针及肝素帽外包装；将肝素帽对接在留置针侧管上；将输液器与肝素帽连接。③打开调节器，排气；关闭调节器，将留置针放回留置针包装内备用。

（7）静脉穿刺：①将小垫枕及垫巾置于穿刺肢体下，在穿刺点上方 8~10cm 处扎紧止血带，确认穿刺静脉；②松开止血带；常规消毒穿刺部位皮肤，消毒范围直径大于 5cm，待干；备胶布及透明胶带，并在透明胶带上写上日期和时间；③再次扎紧止血带；二次常规消毒；穿刺前二次核对患者和药品信息；④取下留置针针套，旋转松动外套管，右手拇指与食指夹住两翼，再次排气于弯盘；⑤嘱患者握拳，绷紧皮肤，固定静脉，右手持留置针，使针头与皮肤呈 15°~30° 进针，见回血后放平针翼，沿静脉走行再继续进针 0.2cm；⑥左手持 Y 接口，右手后撤针芯约 0.5cm，持针翼将针芯与外套管一起送入静脉内；⑦左手固定两翼，右手迅速将针芯抽出，放于锐器收集盒中。

（8）松开止血带，嘱患者松拳，打开调节器；用无菌透明敷贴对留置针管作密闭式固定，用注明日期和时间的透明胶带固定三叉接口处，再用胶布固定插入肝素帽内的输液器针头及输液管处。

（9）根据患者年龄、病情及药液的性质调节输液滴速。通常情况下，成人 40~60 滴/分钟，儿童 20~40 滴/分钟。

（10）再次核对患者床号、姓名，药物名称、浓度、剂量、给药时间和给药方法。

（11）撤去穿刺用物，整理床单位，协助患者取舒适体位；将呼叫器放于患者易取处；整理用物；消毒双手，记录输液开始时间、滴入药物种类、滴速、患者的全身及局部状况。

输液完毕：关闭调节器，拔出输液器针头；常规消毒肝素帽的胶塞；用注射器向肝素帽内注入封管液。

再次输液：常规消毒肝素帽胶塞；将静脉输液针头插入肝素帽内完成输液。

拔除留置针：揭除透明胶带及无菌敷贴；用干棉签轻压穿刺点上方，快速拔针；局部按压

1~2分钟(至无出血为止);协助患者适当活动穿刺肢体,并协助取舒适体位,整理床单位;清理用物;消毒双手,记录输液结束的时间、液体和药物滴入总量、患者全身和局部反应等。

3. 注意事项

(1) 严格执行查对制度和无菌技术操作原则,预防感染及差错事故的发生。

(2) 根据病情需要安排输液顺序,并根据治疗原则,按急、缓及药物半衰期等情况合理分配药物;注意药物的配伍禁忌,对于刺激性或特殊药物,应在确认针头已刺入静脉内时再输入。

(3) 对需要长期输液的患者,要注意保护和合理使用静脉,一般从远端小静脉开始穿刺(抢救时可例外)。

(4) 静脉穿刺前要排尽输液管及针头内的空气,输液结束前要及时更换输液瓶或拔针,严防造成肺动脉空气栓塞,引起严重缺氧或死亡。

(5) 严格控制输液速度。对有心、肺、肾疾病的患者,老年患者、婴幼儿以及输注高渗、含钾或升压药液的患者,要适当减慢输液速度;对严重脱水,心肺功能良好者可适当加快输液速度。

(6) 输液过程中要加强巡视,注意观察滴入是否通畅;针头或输液管有无漏液;针头有无脱出、阻塞或移位;输液管有无扭曲、受压;局部皮肤有无肿胀或疼痛等;应密切观察患者有无输液反应,如患者出现心悸、畏寒、持续性咳嗽等情况,应立即减慢或停止输液,及时处理。每次观察巡视后,应做好记录。

(7) 留置针常用封管液有无菌生理盐水和稀释肝素溶液;在封管时应边推注边退针,直至针头完全退出为止,确保正压封管。

(8) 对于需要24小时持续输液者,应每日更换输液器。

(9) 小儿头皮静脉输液按小儿静脉注射法进行穿刺,穿刺过程中应注意固定患儿头部,防止针头滑脱。

二、静 脉 输 血

静脉输血(blood transfusion)是将全血或成分血如血浆、红细胞、白细胞或血小板等通过静脉输入体内的方法。静脉输血有直接输血法和间接输血法两种。直接输血法(direct transfusion)是将供血者的血液抽出后立即输给患者的方法,适用于无库存血而患者又急需输血及婴幼儿的少量输血时。间接输血法(indirect transfusion)是将抽出的血液按静脉输液法输给患者的方法。

(一) 目的

1. 补充血容量,增加有效循环血量,改善血液灌流。

2. 纠正贫血,增加血红蛋白含量,提高携氧能力。

3. 补充抗体、补体等血液成分,增强机体免疫力。

4. 补充血浆蛋白,改善营养状态,维持胶体渗透压,保持有效循环血量。

5. 补充各种凝血因子和血小板,改善凝血功能,有助于止血。

6. 排除有害物质,改善组织器官缺氧状况,用于一氧化碳、苯酚等化学物质中毒。

(二) 适应证及禁忌证

1. 适应证

(1) 各种原因引起的大出血。

(2) 贫血或低蛋白血症。

(3) 严重感染。

(4) 凝血功能障碍。

2. 禁忌证

(1) 急性肺水肿、肺栓塞、恶性高血压。

(2) 充血性心力衰竭、肾功能极度衰竭。

(3) 真性红细胞增多症。

(4) 对输血有变态反应者。

(三) 输血原则

1. 输血前必须做血型鉴定及交叉配血试验。

2. 无论是输全血还是输成分血,均应选用同型血液输注。

3. 如需再次输血者,必须重新做交叉配血试验,以排除机体已产生抗体的情况。

(四) 血液制品种类

1. 全血　主要包括新鲜血和库存血。

2. 成分血　主要包括红细胞(浓缩红细胞、洗涤红细胞、红细胞悬液)、白细胞浓缩悬液、血小板浓缩悬液、血浆(新鲜血浆、保存血浆、冰冻血浆、干燥血浆)和其他血液制品(白蛋白液、纤维蛋白原、抗血友病球蛋白浓缩剂)。

(五) 方法(以间接输血法为例)

1. 操作前准备

(1) 操作者衣帽整洁,修剪指甲,洗手,戴口罩。环境整洁、安静、舒适、安全。

(2) 评估患者病情、治疗情况、血型、输血史及过敏史、心理状态及对输血相关知识的了解程度、穿刺部位皮肤、血管状况。向患者及家属解释静脉输血的目的、方法、注意事项及配合要点。签署知情同意书。

(3) 用物准备　血液制品(根据医嘱准备)、生理盐水、无菌手套、输血卡、一次性输血器,其他用物同成人静脉留置针输液法。

2. 操作步骤

(1) 根据医嘱两人核对血液制品,严格执行查对制度。

三查八对制度:三查:血液的有效期、血液的质量及血液的包装是否完好。八对:核对患者床号、姓名、住院号、血袋(瓶)号(储血号)、血型、交叉配血试验的结果、血液的种类、血量。

(2) 按静脉输液法建立静脉通道,输入少量生理盐水,冲洗输血器管道。

(3) 将储血袋内的血液轻轻摇匀。注意避免血液的剧烈震荡,防止红细胞破坏。

(4) 戴无菌手套,打开储血袋封口,常规消毒开口处塑料管,将输血器针头从生理盐水瓶上拔出,插入储血袋的输血接口,缓慢将储血袋倒挂于输液架上。

(5) 调节滴速,开始时输入的速度宜慢,一般不超过 20 滴／分钟。观察 15 分钟左右,如无不良反应后再根据病情及年龄调节滴速,成人一般 40~60 滴／分钟。

(6) 操作后查对。

(7) 撤去穿刺用物,整理床单位,协助患者取舒适体位;将呼叫器放于患者易取处,告知患者如有不适及时用呼叫器通知;整理用物;消毒双手,记录输血开始时间、滴速、患者全身及局部状况等。

（8）输血完毕后的处理：①换输少量生理盐水，待输血器内血液全部输入体内再拔针，以保证输血量准确；②用干棉签轻压穿刺点上方，快速拔针，局部按压1~2分钟（至无出血为止），协助患者取舒适体位，整理床单位；③用剪刀将输血器针头剪下放入锐器收集盒中，将输血器放入医疗垃圾桶中，将储血袋送至输血科保留24小时；④消毒双手，记录输血时间、种类、血量、血型、血袋号（储血号）、有无输液反应等。

3. 注意事项

（1）严格执行查对制度和无菌技术操作原则。输血前，由两名医务人员再次进行查对，避免差错事故的发生。

（2）输血前后和两袋血之间需要滴注少量生理盐水，以防发生不良反应。

（3）储血袋内不可加入其他药品，如钙剂、酸性及碱性药品、高渗或低渗液体，以防血液凝集或溶解。

（4）输血过程中加强巡视，观察有无输血反应的征象，并询问患者有无任何不适。一旦出现输血反应，应立即停止输血，并按输血反应进行处理。常见的输血反应包括发热反应、过敏反应、溶血反应、循环负荷过重、出血倾向、枸橼酸钠中毒反应等。

（5）严格掌握输血速度，对年老体弱、严重贫血、心衰患者应谨慎，滴速宜慢。

（6）储血袋送至输血科保留24小时，以备患者在输血后发生输血反应时分析原因。

（王春梅）

第十六章 病历与处方书写

病历(medical record)是指医务人员在医疗活动中完成的文字、符号、图表、影像、切片等资料的总和。按照病情收治和诊疗方式,病历可分为门(急)诊病历、住院病历和家庭病床病历;根据书写时间,病历可分为运行病历和出院病历;根据记录形式,病历分为手写病历、打印病历和电子病历。

病历书写是指医务人员通过问诊、查体、辅助检查、诊断、治疗、护理等医疗活动获得有关资料,并进行归纳、分析、整理形成医疗活动记录的行为。病历与处方既是临床实践工作的总结,又是探索疾病规律、处理医疗纠纷及医疗保险支付保额的法律依据和付费凭证,对医疗、教学、科研、预防及医院管理等都有着极其重要的作用。对于全科医生而言,病历与处方的规范化书写是为居民提供良好医疗卫生服务的前提和基础,是必须掌握的基本技能之一。

第一节 门(急)诊及留观病历

门(急)诊病历是反映门(急)诊患者病情及医务人员诊疗活动的重要资料,包括初诊病历、复诊病历及急诊留观病历。其主要内容由患者基本信息(姓名、性别、年龄、民族、婚姻状况、职业、工作单位、地址、药物过敏史等)和疾病诊疗信息(主诉、病史、治疗经过、体格检查、辅助检查、诊断及处理意见等)两部分组成。

一、门(急)诊病历书写

1. 门(急)诊病历首页内容包括患者姓名、性别、出生年月、民族、婚姻状况、职业、工作单位、住址、药物过敏史等项目。

2. 门诊病历记录应当由接诊医师在患者就诊时及时完成,急诊病历记录就诊时间应当具体到分钟。

3. 急诊患者就诊时应及时记录血压、心率、呼吸、体温、意识状态、救治措施和抢救过程。对急诊抢救无效死亡者,要记录参与抢救人员姓名、职称和职务、患者死亡时间、死亡原因和死亡诊断。

4. 如果是儿科、意识障碍或精神障碍等无行为能力的患者就诊,需写明陪同者的姓名、住址及联系方式。

5. 对于社区门诊不能给予明确诊断的急危重患者,应积极联系上级医生进行会诊,如患者需要行特殊检查、手术或住院治疗,针对本社区不能完成的,应建议转诊并向患方充分告知,同时在门诊病历中给予详细记录。

6. 如果社区门诊就诊患者需开具诊断证明、病假证明等医疗证明文件,接诊医师应亲自诊查并按照相应规定给予出具。

二、急诊留观病历书写

1. 急诊处理完毕,需要进一步观察病情变化、短时间内不能离开医院的患者,可在急诊观察室留观,并建立急诊留观病历。

2. 留观期间应详细记录病情变化、检验检查结果、治疗经过和治疗效果,并注明患者去向。

3. 因外伤等原因需要在急诊施行手术的患者,经治医生应当记录疾病诊断、术式、术中和术后情况以及下一步处理意见等。

4. 留观期间如出现病情变化,经治医生应采取收住院诊治或转往上级医院的方式,以尽快解决诊断和治疗问题。

5. 当患者终止留观时,经治医生必须在急诊留观病历上详细记录出院时的情况及院外继续治疗的方案和建议。

6. 急诊患者留观时间原则上不超过 72 小时。

第二节　住　院　病　历

住院病历是反映住院患者病情变化及医务人员诊疗活动的重要资料,包括体温单、医嘱单、病案首页、入院记录、病程记录、辅助检查报告单、手术同意书、麻醉同意书、输血治疗同意书、特殊检查或治疗同意书、病(危)重通知书、病理资料等。

一、基本规范和要求

1. 病历书写应在规定的时间按照规定的格式由符合资质的医务人员书写完成,做到客观、真实、准确、及时、完整、规范。

2. 病历书写应使用蓝黑墨水或碳素墨水,需复写的病历资料可以使用蓝或黑色油水的圆珠笔。取消医嘱用红色墨水笔标"取消"字样并签名。

3. 病历书写应当使用中文,通用的外文缩写和无正式中文译名的症状、体征、疾病名称等除外。

4. 病历书写应规范使用医学术语,文字工整、字迹清晰、标点正确、语句通顺、表述准确。

5. 病历中日期和时间一律使用阿拉伯数字书写,采用 24 小时制记录。

6. 病历书写出现错字时,应用双线划在错字上,保留原记录可辨,并注明修改时间,修改人签名。不得采用刮、粘、涂等方法掩盖或去除原来的字迹。

7. 病历应当按照规定的内容书写,上级医务人员有审查、修改下级医务人员(包括实习和试用期医务人员)书写病历的义务,并确认签名。进修医务人员应由社区卫生服务机构指定管理部门对其进行考核和授权是否可以书写病历。

8. 住院病案由社区卫生服务机构保管,打印病历和电子病历应当符合病历保存的要求,保存时间不少于 30 年。

二、病历首页填写

住院病历首页是医务人员使用文字、符号、代码、数字等方式,将患者住院期间相关信息精炼汇总在特定的表格中,形成的病例数据摘要。住院病案首页包括患者基本信息、住院过程信息、诊疗信息、费用信息。

1. 应当使用规范的疾病诊断和手术操作名称。诊断依据应在病历中可追溯。疾病诊断编码应当统一使用 ICD-10,手术和操作编码应当统一使用 ICD-9-CM-3。

2. 入院时间是指患者实际入病房的接诊时间,而非办理入院的时间;出院时间是指患者治疗结束或终止治疗离开病房的时间,而非办理出院的时间或结算的时间,其中死亡患者是指其死亡时间;记录时间应当精确到分钟。

3. 诊断名称一般由病因、部位、临床表现、病理诊断等要素构成。出院诊断包括主要诊断和其他诊断(并发症和合并症)。

4. 主要诊断一般是患者住院的理由,原则上应选择本次住院对患者健康危害最大、消耗医疗资源最多、住院时间最长的疾病诊断。要求按照主要诊断选择的基本原则进行填写。

5. 填写其他诊断时,先填写主要疾病并发症,后填写合并症;先填写病情较重的疾病,后填写病情较轻的疾病;先填写已治疗的疾病,后填写未治疗的疾病。

6. 由于各种原因导致原诊疗计划未执行、且无其他治疗出院的,原则上选择拟诊疗的疾病为主要诊断,并将影响原诊疗计划执行的原因(疾病或其他情况等)写入其他诊断。

三、入院记录书写

入院记录是通过问诊、查体、辅助检查获得有关资料,并对这些资料整理分析,在入院后24 小时内必须书写完成的记录,包括普通入院记录、再次或多次入院记录、24 小时内入出院记录、24 小时内入院死亡记录。

(一)普通入院记录的内容及要求

入院记录的内容一般包括患者基本情况、主诉、现病史、既往史、个人史,婚育史、月经史、家族史、体格检查、辅助检查、初步诊断和临床确定诊断。

1. **患者基本情况** 包括姓名、性别、年龄、民族、婚姻状况、出生地、职业、入院时间、记录时间、病史陈述者。

2. **主诉** 是患者本次就诊的主要原因,用其主要症状(或体征)及持续时间来描述,一般要求在 20 字以内。

3. **现病史** 是指患者本次疾病的发生、演变、诊疗等方面的详细情况,应当按时间顺序书写。内容包括发病情况、主要症状特点及其发展变化、伴随症状、发病后诊疗经过及效果、睡眠和饮食等一般情况的变化以及与鉴别诊断有关的阳性或阴性资料等。

(1)发病情况:记录发病的时间、地点、起病缓急、前驱症状、可能的原因或诱因。

(2)主要症状特点及其发展变化:按发生的先后顺序描述主要症状的部位、性质、持续时间、程度、缓解或加剧因素以及演变发展情况。

(3)伴随症状:记录伴随症状并描述其与主要症状之间的相互关系。

(4)发病以来诊治经过及效果:记录患者发病后到入院前,在院内、外接受检查与治疗的详细经过及效果。对患者提供的药名、诊断和手术名称需加引号("")以示区别。

(5) 发病以来一般情况：简要记录患者发病后的精神状态、睡眠、食欲、大小便、体重等情况。与本次疾病虽无紧密关系、但仍需治疗的其他疾病情况，可在现病史后另起一段予以记录。

4. 既往史　是指患者过去的健康和疾病情况。内容包括既往一般健康状况、疾病史、传染病史、预防接种史、手术外伤史、输血史、食物或药物过敏史等。

5. 个人史，婚育史、月经史、家族史

(1) 个人史：记录出生地及长期居留地，生活习惯及有无烟、酒、药物等嗜好，职业与工作条件及有无工业毒物、粉尘、放射性物质接触史，有无冶游史。

(2) 婚育史、月经史：婚姻状况、结婚年龄、配偶健康状况、有无子女等。女性患者记录初潮年龄、行经期天数、间隔天数、末次月经时间(或闭经年龄)，月经量、痛经及生育等情况。

(3) 家族史：父母、兄弟、姐妹健康状况，有无与患者类似疾病，有无家族遗传倾向的疾病。

6. 体格检查　应当按照系统循序进行书写。内容包括体温、脉搏、呼吸、血压，一般情况，皮肤、黏膜，全身浅表淋巴结，头部及其器官，颈部、胸部(胸廓、肺部、心脏、血管)，腹部(肝、脾等)，直肠肛门，外生殖器，脊柱，四肢，神经系统等。

7. 辅助检查　指入院前所做的与本次疾病相关的主要检查及其结果。应分类按检查时间顺序记录检查结果，如系在其他医疗机构所做检查，应当写明该机构名称及检查号。

8. 初步诊断　是指经治医师根据患者入院时情况，综合分析所作出的诊断。如初步诊断为多项时，应当主次分明。对待查病例应列出可能性较大的诊断。

9. 临床确定诊断　是经治医生48小时内查房时根据患者病史、查体及辅助检查所确定的诊断，写在入院记录末尾中线的左侧。

(二) 再次或多次入院记录

指同一患者因同一种疾病再次或多次入住同一医疗机构时，由经治医生在患者入院24小时内书写完成的记录。书写要求参考入院记录的内容，但现病史中应首先记录和总结以往住院诊疗过程，然后再记录本次现病史。如因新发疾病入院时，不能书写再次或多次入院记录，可将本次入院前的住院疾病诊断书写在既往史中。

(三) 24 小时内入出院记录

对入院时间不超过24小时，欲转院或者自行出院的患者，可以书写24小时内入出院记录。其内容包括患者姓名、性别、年龄、职业等基本信息，也包括患者主诉、入院情况、入院诊断、诊疗经过、出院情况、出院诊断、出院医嘱、医师签名等诊疗信息。

(四) 24 小时内入院死亡记录

对入院24小时之内死亡的患者，经治医生应书写24小时内入院死亡记录，并于死亡后24小时内完成。其内容包括患者姓名、性别、年龄、职业等基本信息，以及患者主诉、入院情况、入院诊断、诊疗经过、抢救经过、死亡原因、死亡诊断、医师签名等诊疗信息。

四、病程记录书写

病程记录是指对患者住院期间诊疗过程的经常性、连续性记录，包括首次病程记录、日常病程记录、上级医师查房记录(包括48小时主治医生查房记录)及交接班记录等。

（一）首次病程记录

首次病程记录是接诊医师书写的关于患者的第一次病程记录，于入院后 8 小时内完成。

1. 首次病程记录要求另页书写，且需注明记录日期和时间。

2. 其内容包括

（1）病例特点：经治医生对患者的主诉、现病史、既往史、体格检查、辅助检查结果等内容进行全面分析、归纳和整理后，概括出的本病例的特点。

（2）诊断依据及鉴别诊断：根据经治医生的知识和经验，结合病例特点提出初步诊断和诊断依据，并记录与初步诊断相关的鉴别诊断，对需鉴别的内容进行分析。

（3）诊疗计划：可分为检查计划与治疗计划。检查计划是按病情列举必要的或重要的检查项目；治疗计划要求记录治疗原则和拟进行的主要治疗方案等。

3. 首次病程记录从内容上应简明扼要、突出重点，书写时不能把入院记录简单地进行罗列，要有分析、有见解，充分体现出全科医师的临床思维过程。

（二）日常病程记录

1. 由经治医师书写，也可由实习医师或试用期医师书写，但需由带教的上级医师及时给予审查、修正并签名。

2. 记录的格式为先标明记录日期，另起一行记录具体内容，记录结束后再另起一行于右侧签署记录者姓名。

3. 日常病程记录原则上要体现出三级医师查房记录内容，包括住院医师查房记录、主治医师首次查房记录、主任或副主任查房记录等。

4. 其内容不仅包括患者自觉症状、睡眠、饮食情况、情绪变化、精神心理状态、重要病史、症状和体征的变化、是否有新症状、治疗情况及效果，还包括各项辅助检查结果分析及判断、重要医嘱的更改及理由、上级医师对诊断和治疗的意见、补充诊断及对原有诊断的修改及分析、值班医师在值班期间所作的诊疗活动等，最后一次病程记录应记录出院时患者病情，并交待门诊随访、治疗等注意事项。

5. 对于病危患者应根据病情变化随时书写病程记录，至少每天一次，记录时间应具体到分钟，病危患者如为临终关怀，应与家属做好沟通；对于病重患者应至少每 2 天书写一次病程记录，并积极与上级医院联系协调转院；对于病情稳定的患者应至少每 3 天记录一次病程记录；对病情稳定的慢性患者，至少 5 天记录一次病程记录。

6. 手术前一天应记录术前准备情况和患者情况，术后前三天应至少每天记录一次病程记录。会诊当天、有创操作的当天和次日、患者出院前一天或当天应有病程记录。

7. 病程记录要坚持实事求是的原则，如实反映患者的病情变化，一旦发现对疾病认识或诊断有错误或遗漏，应立即改正或补充。应做到记录及时、准确、重点突出，有分析、有总结。

（三）上级医师查房记录

上级医师查房记录是指上级医师对患者目前病情、诊断、鉴别诊断、当前治疗措施、疗效的分析及下一步诊疗意见的记录。上级医师查房记录包括主治医师查房记录、主任或副主任医师查房记录。

1. 主治医师首次查房记录应于患者入院 48 小时内完成。主治医师日常查房记录间隔时间视病情和诊疗情况确定，一般为每周 2 次，内容包括：

(1) 查房医师的姓名、专业技术职务、补充的病史和体征；

(2) 诊断依据与鉴别诊断的分析；

(3) 诊疗计划及更改诊疗计划的具体意见等。

2. 主任或副主任医师查房的时间要求每周 1~2 次，记录内容包括：

(1) 查房医师的姓名、专业技术职务、对病情的诊断分析。

(2) 对下级医师诊疗计划的更正。

(3) 新的诊疗意见。

(4) 教学查房的有关内容等。

3. 下级医师应如实记录上级医师的查房情况并签名，尽量避免书写"同意目前诊断、继续治疗"等无实质内容的记录，查房医师应及时审阅并签名。

(四) 交接班记录

交接班记录是患者的经治医师发生变更轮换之际，特别是针对急危重症患者、术后患者或未明确诊断患者，交班医师和接班医师分别对患者病情及诊疗情况进行简要总结的记录。

1. 交班记录应当在交班前由交班医师书写完成，主要记录患者交班前的病情、治疗情况及效果，要求简明扼要，以供接班医师掌握病情及诊疗工作的顺利进行。

2. 接班记录由接班医师于接班后 24 小时内完成，应着重记录接班时间患者的病情及体检状况，如有新发现的症状或体征，应详细记载，并根据情况对病情做出分析，是否同意交班医师的意见，或提出新的诊疗方案。

3. 交（接）班记录的内容包括：入院日期、交班或接班日期、患者姓名、性别、年龄、主诉、入院情况、入院诊断、入院经过、目前状况、目前诊断、交班注意事项或接班诊疗计划、医师签名等。

4. 交（接）班记录应列标题，由有资质的医师书写。

(五) 抢救记录

抢救记录是指患者病情危重，医务人员采取紧急措施抢救而完成的记录。记录抢救时间应当具体到分钟。

1. 抢救记录内容包括病情变化情况、采取的措施、抢救成功还是死亡、参加抢救的医务人员姓名及专业技术职称等。

2. 因抢救急危患者，未能及时书写病历的，有关医务人员应当在抢救结束后 6 小时内据实补记，并加以说明。

3. 若抢救无效死亡者，应记录死亡时间、尸体处理情况。

4. 由有资质的医师书写，上级医师审核后签名。

(六) 死亡记录

死亡记录是患者死亡后 24 小时内由经治医师对死亡患者住院期间诊疗和抢救经过的记录。

1. 死亡记录内容包括入院日期、入院情况、入院诊断、诊疗经过、死亡时间、死亡原因、死亡诊断、医生签名等；记录死亡时间应具体到分钟。

2. 诊疗经过要详实记录患者住院后病情演变和治疗经过，病情突然恶化的具体时间，病情恶化后抢救经过，上级医师指导抢救措施，临终前在场参加抢救的医师、护士姓名及专业技术职务，同时要记录亲属何人在场及其意愿等。

3. 死亡记录应单独立页,由有资质的医师书写,上级医师审核后签名。

(七) 出院记录

出院记录是指经治医师对患者此次住院期间诊疗情况的总结。作为患者直接获得的医疗信息,应当认真详细地书写,并在患者出院后 24 小时内完成。

1. 内容主要包括入院日期、入院情况、入院诊断、诊疗经过、出院日期、出院诊断、出院情况、出院医嘱、医师签名等。

2. 具体书写内容如下:

(1) 入院时情况包括主诉、简要病史、主要的体格检查及辅助检查等。

(2) 诊疗经过包括简要的诊治经过,主要的治疗用药名称、疗程、用量及用法;治疗过程中出现的并发症或不良反应,诊治还存在什么问题均需说明。

(3) 出院时情况包括出院时症状、体征及辅助检查结果,手术患者要说明伤口愈合情况,是否留置引流管、石膏及拆线等情况。

(4) 出院医嘱包括:①病休时间;②继续治疗的医嘱,药物治疗应写明药名、剂量、具体用法、疗程,用药过程中需注意的事项或需定期复查化验的项目;如有伤口需交代出院后换药的有关事项;进行康复活动和功能锻炼的指导;③出院后是否建立家庭病床、相关随访及其他需要的注意事项。

(5) 诊断要用中文名称,诊断名称应当全面,符合国际疾病分类 ICD-10 的规定。

3. 出院记录应当在专用表格上书写,建议一式两份,原始件存入病历,复写件交患者或亲属保留与使用。

(八) 阶段小结

阶段小结是指患者住院时间较长,由经治医师每月对病情及诊疗过程所做的总结。

1. 内容包括住院日期、患者姓名、性别、年龄、入院情况、入院诊断、诊疗经过、目前情况、目前诊断、诊疗计划、医师签名、小结日期等。

2. 阶段小结要有实质性内容,重点是入院后至本阶段小结前的病情演变、诊疗过程及结果、目前诊疗措施及今后准备实施的诊疗方案等。

3. 阶段小结应列标题,由有资质的医师书写,交(接)班记录、转科记录可代替阶段小结。

五、病例讨论记录

病例讨论记录是指为保证患者得到及时有效的治疗,相关专业医务人员针对患者诊断及治疗进行讨论而形成的记录。包括疑难病例讨论记录、危重症病例讨论记录和死亡病例讨论记录等。

(一) 疑难病例讨论

1. 疑难病例讨论记录是指由科主任或具有副主任医师以上专业技术人员主持、召集有关医务人员、邀请上级医院专科医师对确诊困难或疗效不确切病例讨论的记录。

2. 内容包括讨论时间、地点、主持人及参加人员姓名、专业技术职务、经治医生病情介绍、病情分析、讨论意见、主持人总结意见、主持人和记录者签名等。

3. 由有资质的医师书写,主持人审阅并签名。

(二) 危重症病例讨论

1. 危重症病例讨论记录是由科主任或具有副主任医师以上专业技术人员主持,相关医务人员参加,为制定最佳治疗方案、争取良好疗效,对危重症病例进行讨论的记录。

2. 内容包括讨论时间(记录到分钟)、地点、主持人及参加人员姓名、专业技术职务,病情介绍、参加人员发言纪要、主持人的总结意见、主持人和记录者签名等。

3. 危重症患者如果不属临终关怀者,均应积极与上级医院联系并组织危重症病例讨论,并由有资质的医师书写,主持人审阅并签名。

(三) 死亡病例讨论

1. 死亡病例讨论记录是指在患者死亡一周内,由科主任或具有副主任医师以上专业技术人员主持,对死亡病例进行讨论、分析的记录。若有纠纷或特殊病例应及时进行讨论。

2. 内容包括讨论日期、主持人及参加人员姓名、专业技术职务、讨论意见、总结意见和签名等。参加讨论的发言重点是诊断意见、抢救措施、死亡原因分析、经验教训总结、国内外对本病在治疗上的先进方法等。

3. 死亡病例讨论记录应另立页书写,由有资质的医师记录,主持人审阅并签名。

六、手术相关记录

涉及手术操作及麻醉的患者,经治医生应按照诊疗规范和病历书写要求完成相应的记录。鉴于社区卫生服务机构的手术多为小手术,麻醉方式绝大多数采用局部麻醉,手术医生即为麻醉医生,为保证患者安全及患者合法权益,经治医生应做好术前访视记录、术前小结、手术记录、术后首次病程记录等。

(一) 术前访视记录

1. 术前访视记录是手术医生和麻醉医生在手术和麻醉实施前对患者进行全面访视的记录。

2. 内容包括:①疾病演变过程,治疗用药及效果;②是否应用过与麻醉用药有相互影响的药物;③相关化验检查结果④术前准备是否充分等。

3. 认真及时签署麻醉同意书和手术同意书。

(二) 术前小结

1. 术前小结是指在患者手术前,由经治医师对患者病情所做的总结。

2. 内容包括简要病情、术前诊断、手术指征、拟施手术名称和方式,拟施麻醉方式、注意事项等。

3. 择期手术必须有术前小结,并应在手术前完成。如属急诊手术,因病情危急可免写术前小结,但术前小结的内容必须在首次病程记录中给予体现。

(三) 手术记录

1. 手术记录是指手术者书写的反映手术一般情况、手术经过、术中发现及处理等情况的记录。

2. 内容包括以下几个方面

(1) 一般项目:患者姓名、性别、年龄、床号及病案号。

(2) 手术日期、术前诊断、麻醉方法、手术名称、术者及助手姓名、器械护士姓名等。

(3) 手术经过:体位、消毒方法、铺巾顺序;手术步骤、病灶切除范围、缝(吻)合方式;术中出现的情况及处理等。

(4) 手术结束后患者的状态及去向。

3. 手术记录应由术者于术后 24 小时内在专用表格上书写,特殊情况下可由一助书写,术者签字确认。

（四）手术安全核查记录

1. 手术安全核查记录是指由手术医师、麻醉医师和巡回护士三方,在麻醉实施前、手术开始前和患者离室前,共同对患者身份、手术部位、手术方式、手术使用物品清点等内容进行核对的记录。如手术医生和麻醉医生为同一人,可改为两方核对,但核查程序和内容不能减少。

2. 手术安全核查必须依次进行,每一步检查无误后方可进行下一步操作,由核对的医生和护士确认并签字。

3. 手术安全核查记录应当另页书写。

（五）术后首次病程记录

1. 术后首次病程记录是指参加手术的医师在患者术后即时完成的病程记录。

2. 内容包括手术时间、麻醉方式、手术方式、术中诊断、手术简要经过、术后处理措施、术后应当特别注意观察的事项等。

3. 术后首次病程记录应另起页开始,列标题记录。术后首次病程记录与手术记录非同一人书写时,应当注意两项记录内容的一致性。

七、医疗知情同意记录

医疗知情同意书是指在施行某项医疗行为之前,充分告知患方相关的医疗信息如病情、诊疗措施、医疗风险、医疗费用等,并征得患方同意后与其签订的医疗文书。一般包括手术同意书、麻醉同意书、输血治疗同意书、特殊检查、特殊治疗同意书、病危(重)通知书、入院须知与宣教等。

（一）手术同意书和麻醉同意书

1. 手术同意书是指手术前,经治医师向患者或亲属(委托人)告知拟施手术的相关情况,并由患方签署是否同意手术的医学文书。

2. 麻醉同意书是指麻醉前,麻醉医师向患者或亲属(委托人)告知拟施麻醉的相关情况,并由患方签署是否同意麻醉的医学文书。

3. 内容包括术前诊断、拟行手术方式、拟行麻醉方式、术中或术后可能出现的并发症、手术风险、患方签署意见并签名、经治医师签名等。

（二）输血(血液制品)同意书

1. 输血治疗同意书是指输血前,经治医师向患者或亲属(委托人)告知输血的相关情况,并由患方签署是否同意输血的医学文书。

2. 内容包括诊断、输血指征、拟输血成分、输血前有关检查结果、输血风险及可能产生的不良后果、患者签署意见并签名及医师签名等。

（三）病情危重通知书

1. 病情危重通知书是指患者病情危重时,由经治医师或值班医师向患者或亲属(委托人)告知病情,并由患方签名的医学文书。

2. 内容包括目前诊断及病情危重情况,患方签名、医师签名并填写日期。

3. 病情危重通知书一式两份,一份交患方保存,另一份归病历中保存。

第三节 家庭病床病历

家庭病床(domestic sickbed)作为一种新型的医疗护理形式得到了越来越多的服务对象的认可和肯定,但是家庭病床也存在着很大医疗风险和安全隐患,比如服务条件有限、抢救设施缺乏,医疗废物的处理等。为此,针对家庭病床建立一套完整规范的管理制度和措施尤为必要,而家庭病床病历的建立和规范书写就是其中的一项重要内容之一。

一、家庭病床的概念

家庭病床是以家庭为治疗、护理场所,选择适宜居家医疗或康复的病种,社区医生采取上门服务的方式让患者在熟悉、舒服的环境中接受治疗和护理,以达到促进患者康复,减轻患者家庭经济负担的医疗服务形式。

二、家庭病床病历的内容

家庭病床病历从内容上看,一般包括家庭病床病历封面、家庭病床病案首页、体温记录表、医嘱单、诊疗记录、家庭护理记录、会诊记录单、双向转诊记录单、检查检验报告单、医患沟通记录单、协议书及委托书和撤床小结等。

三、家庭病床病历书写

1. 家庭病床病历封面 一般包括社区卫生服务机构名称、家庭病床编号、患者姓名、性别、年龄、现住址、联系人、联系电话、主管医生及主管社区护士等内容。

2. 家庭病床病历首页 一般包括患者的生命体征、主诉、现病史、既往史、药物过敏史、病情摘要、初步诊断、诊疗计划和健康教育计划等内容。

3. 体温记录表 一般包括患者建床时的体温、脉搏、呼吸、血压、体重、建床起始日和建床累计天数等内容。

4. 医嘱 是指医师在医疗活动中下达的医学指令,分为长期医嘱和临时医嘱。其内容、起始和停止时间由家庭病床医生和会诊医生书写,医嘱内容应当准确、清楚,每项医嘱应只包含一个内容,并注明下达时间(具体到分钟)。医嘱由社区护士执行并签名。

5. 诊疗记录 是主管医生在患者建立家庭病床期间对其病情和诊疗过程所做的连续性、经常性记录,一般包括病情变化情况、重要的辅助检查结果及分析、上级医师巡视意见、制定的诊疗方案及效果、医嘱变化及理由等。

6. 家庭护理记录 是由主管护士从建床之日开始起书写的护理医疗文书,包括家庭护理评估表和家庭护理记录单。首次家庭护理服务应书写家庭护理评估表和家庭护理记录单,再次或多次家庭护理服务可只书写家庭护理记录单。其主要内容包括患者基本资料、家庭社交及经济情况、家居环境、活动能力、自理能力、意识及认知、营养状况、睡眠质量、排泄状况、宗教信仰和对所患疾病的了解程度等。

7. 会诊记录 是指在患者病情出现变化时分别由医疗专家与护理专家书写的记录。根据会诊内容的不同,会诊记录分为医疗会诊记录和护理会诊记录。

8. 双向转诊记录 是根据患者病情在医疗机构间实行双向转诊、无缝对接的记录。

如确定进行双向转诊并需要给予家庭病床服务时应填写双向转诊记录单。其内容涉及第一部分由转诊医院医生书写，包括患者病情摘要、诊断、治疗经过、转诊原因等；第二部分由接诊医生书写，包括接诊时患者的状态、诊断及治疗意见、可能转归情况、社区治疗或康复指导等。

9. 检查检验报告单　是指在家庭病床服务期间，患者各种检验报告、医学影像检查报告及其他检查治疗结果的汇总。应按日期先后顺序进行粘贴、保存于患者的家庭病床病历中，以便于患者治疗及医护人员查阅、存档。

10. 医患沟通记录单　是在患者建床期间由主管医生或护士与患者或其代理人签署的关于疾病治疗的知情同意记录。建床时沟通记录包括建床时间、建床意愿、家庭病床的利弊、疾病诊断、诊疗计划和疾病预后等内容。如果治疗过程中病情发生变化，根据需要适时书写沟通记录，医患双方签字确认。

11. 协议书及委托书　由于家庭病床服务条件和设施有限，具有一定的风险，部分诊疗活动需取得服务对象的知情同意并签署协议，以明确医患双方的责任和义务。此外，有些建床患者自理能力、意识状态受限，或者社会关系复杂，对所患疾病缺乏足够认知等，必须要求患者有相应的委托人，代理其行使患者的权利并履行相应的义务。

12. 撤床小结　是指在家庭病床服务结束后 24 小时内，主管医师对患者的治疗情况进行的记录和总结，内容包括疾病诊断、治疗经过、转归结果、撤床依据等。同时，根据患者的实际治疗结果，按要求书写阶段小结、转院小结或死亡记录等。

第四节　SOAP 接诊记录与随访记录

全科医学是一门定位于基层医疗保健领域的医学专科，需要解决的临床问题及其工作环境与二、三级医疗机构间存在很大不同。为此，全科医生在全科医疗实践中运用的临床诊断策略及临床思维方法与专科医师相比，必然有其特殊性。以问题为导向的临床思维方法是全科医学重要的基本方法之一，全科医生在接诊和随访患者过程中大多也采用这种方法和记录形式，其中运用较多的是 SOAP 形式的记录描述。

一、SOAP 的概念

S：指患者的主观资料（subjective Data），是患者所提供的主诉、病史、家族史等内容，医生的主观看法不可加入其中，并尽量用患者的语言来描述。

O：指患者的客观资料（objective Data），是医生所诊查到的患者的资料，包括体格检查中的阳性体征、实验室检查、影像检查等其他检查资料以及患者的态度、行为等。

A：指评估（assessment），是 SOAP 中最重要、最困难的一部分。完整的评估除包括疾病诊断、诊断依据、鉴别诊断外，还包括与其他健康问题的关系、轻重程度及预后等。

P：指计划（plan），也称与问题相关的计划，是针对问题而提出的，体现"以病人为中心"、预防为导向以及生物 - 心理 - 社会医学模式的全方位考虑。每一问题都有相应的计划，包括诊断计划、治疗计划、患者指导及健康干预计划等。

二、SOAP 接诊记录

SOAP 接诊记录也称全科诊疗记录，是记载患者病史、诊断分析、健康问题之间的联系、制定诊疗计划等内容的规范化表格,与住院病历中的首次病程记录有一定的相似之处。全科医生在接诊患者时,无论是首次就诊的患者,还是随访的患者,均应首先排除患者是否存在急危重症的情况,如果存在则应立即给予相应处理,社区卫生服务机构不具备诊疗或救治条件的,应立即就近转诊进行治疗。在排除急危重症后,则采用 SOAP 形式进行诊疗,如表16-4-1 所示,以高血压患者为示例的接诊记录表。

表 16-4-1 高血压患者接诊记录表

SOAP 接诊记录表

姓名:×××　　　　年龄:×× 岁　　　　地址:×××　　　　　　　　电话:×××××××××××

既往属于:　　　　　　　　　　　　　　　　　　　　　　　编号□□ - □□□□□

就诊者的主观资料:

头晕、头痛 5 天,无恶心呕吐。

　　既往无高血压,无肝病、结核病史。

　　无药物过敏史。

　　遗传史:无明确记载。

就诊者的客观资料:

BP:150/90mmhg　　　T:36.7℃　　　R:18 次 / 分　　　P70 次 / 分

查体:神清语利,皮肤粘膜正常,巩膜无充血,咽无充血,浅表淋巴结未触及。

心律齐、无杂音,双肺呼吸音清、无罗音。腹部平软、无压痛,下肢无水肿,

神经系统查体无异常。

心理行为正常。

辅助检查:无异常。

评估:

　　三级高血压

　　超重

　　高危

　　预后一般

处置计划:

1. 坚持适当体育锻炼,但要避免过度劳累。

2. 保持心情舒畅,避免生气激动。

3. 低盐、低脂饮食(控盐目标:6 克 / 日 / 人;油脂:25 克 / 日 / 人)。

4. 给予口服药物治疗(伲福达 1 片,每日 2 次。吲达帕胺 1 片 / 天。螺内酯 2 片,每日 2 次),一周后测血压。

5. 戒烟限酒。

医生签字:XXX

接诊日期:2017 年 1 月 1 日

三、SOAP 随访记录

对于社区居民,尤其是对慢性病居民的随访是全科医生重要的工作内容之一,包括居民

因健康问题主动到社区随访及全科医生主动深入家庭进行随访两种方式。通过对健康问题的随访,可以了解居民近期的健康状况、健康问题的改善程度及患者依从度,能够早期发现可能的并发症,以便及时采取干预措施,降低对健康的损害程度,提高生活质量。

在对居民进行随访时,全科医生可以采用SOAP的形式。这种形式具有简单、方便、不易漏项的特点,也有利于各项指标的连续监测及横向对比。采用SOAP形式随访时,S是对患者的主要健康问题进行简要记录,症状改善程度要给予重点描述;O主要是针对患者的重点检查项目,如糖尿病患者的空腹、餐后、糖化血红蛋白指标变化情况;A主要是针对患者治疗过程进行评估,如依从度如何、是否存在着不良生活方式问题等;P是根据患者目前的健康状况,确定是否需要进行下一步检查、治疗以及治疗方案是否需要调整等。

在全科医疗实践中,全科医生应该制定具有个性化、针对性的随访计划。一方面要调动患者的积极性,使其主动参与到随访工作中,另一方面也要发挥自己的主观能动性,对处于疾病关键期的患者或重点人群加强主动随访。

无论是SOAP随访记录还是SOAP接诊记录,都应该及时归档于健康档案中。需要明确的是在慢性病管理中,SOAP随访表与SOAP接诊记录功能是不能互相取代的,在病情变化或突发事件发生时,均应详细记录于全科诊疗记录中。

第五节 转会诊记录

转会诊工作是社区卫生服务机构医疗工作的重要任务之一,积极发挥社区卫生服务机构的功能,理顺与二、三级医疗机构之间的双向转诊流程,科学规范开展转会诊工作有利于引导患者合理流动,助推分级诊疗及合理就医格局的形成。

一、转会诊相关规定

1. 社区卫生服务机构在积极诊治患者时,如遇到疑难、危重或复杂病例,而因条件有限无法满足诊疗时,应及时与区域内二级或三级医疗机构联系,协调转诊事宜,保证患者得到及时有效的诊治。

2. 相互转诊的医疗机构间应签署双向转诊协议,明确双方的权利和义务,并指定部门或人员具体负责转会诊工作,保证转会诊工作有序进行。

3. 在患者转诊时,转诊医师应认真书写转诊记录单,详细记载患者病情、诊断及治疗情况,随患者递交至转诊医疗机构。

4. 对于急危重症患者的转诊,须持谨慎态度,如果认为转诊过程中风险较高,则应立即就地给予抢救,待病情稳定后方可转诊;如果途中风险相对可以控制,则要求患者立即转往上级医疗机构进行治疗。

5. 因患者病情变化,需邀请上级医疗机构专家协助诊治时,应书写会诊记录。

(1) 会诊记录包括两部分,即由申请医师书写的申请会诊记录和由会诊医师书写的会诊意见记录。

(2) 申请会诊记录应包含患者病情摘要、诊断、治疗情况及效果、申请会诊的理由和目的、申请会诊医师签名等内容。

(3) 申请会诊的医师应陪同会诊医师检查患者,并汇报患者病情。

（4）会诊意见记录应包括会诊医师所在医疗机构名称、科别、会诊时间、初步诊断、会诊意见及会诊医师签名等内容。会诊医师应在会诊后及时将会诊意见记录在会诊记录单上。

（5）会诊结束后，会诊医生应当与申请会诊医生共同将讨论后的会诊意见告知患者或家属，需要向上级医疗机构转诊治疗的，应说明原因，征得患方同意后方可转诊；如不需要转诊，也应告知下一步的治疗、护理方案，同时做好登记、存档工作。

6. 根据患者病情变化情况，经治医生可以将患者直接转往二级医疗机构或三级医疗机构。转诊前应征得患者家属同意并提前联系接诊医院做好接诊准备。在患者转诊时，经治医生准备好相关病历资料，必要时提供相应的抢救药品和设备并安排医务人员护送，确保转诊安全。

7. 上级医疗机构对从急性期过渡到康复期的患者以及诊断明确的慢性病患者，应积极动员患者本人或家属及时下转至社区卫生服务机构，同时认真填写双向转诊服务卡，详细说明患者病情以及下一步的治疗措施和方案。

二、转 诊 标 准

（一）如遇下列情况，应及时将患者转诊至上级医疗机构

1. 疑难复杂疾病、诊断不明确或常规治疗无效的病例。

2. 急性中毒（毒物、毒气、毒品）、各种损伤（工伤、交通事故、房屋倒塌、烧、烫伤等）伤情严重者。

3. 各种原因导致的呕血、咯血、便血等大出血者。

4. 社区卫生服务机构因技术、设备、药品限制或其他原因不能实施有效救治的病例。

5. 恶性肿瘤需要手术、化疗的患者。

6. 精神障碍疾病的急性发作期病例。

7. 甲、乙、丙类传染病及其他需要住院治疗的新发传染患者。

8. 疾病诊治范围超出本社区卫生服务机构核准诊疗登记科目的病例。

（二）如遇下列情况，应及时将患者转诊至社区卫生服务机构

1. 诊断明确无需特殊治疗或需要长期治疗的慢性病患者。

2. 各种危重症患者经救治后病情稳定，进入疗养康复期的患者。

3. 手术愈合后需要长期康复的病例。

4. 晚期恶性肿瘤患者的非手术治疗或临终关怀的病例。

5. 心理障碍等精神疾病恢复期可以在社区进行恢复性治疗的病例。

6. 部分乙类传染患者和丙类传染患者经治疗后症状较轻，且解除隔离期者。

三、双向转诊程序

转出患者：符合上转或下转条件的患者，经治医生应事先征得患方同意并与拟转往医疗机构取得联系，填写转诊患者介绍单，做好病情交接和登记工作，并由患者家属附带相关诊疗资料，必要时派医务人员陪同，将患者转送至指定医院。

转入患者：接转诊患者后，应在指定部门进行登记，实行优先就诊、检查、交费和取药，需住院者优先安排入院，力争做到转诊工作全程无缝对接。

第六节 处 方 书 写

处方(prescription)是指由注册的执业医师和执业助理医师在诊疗活动中为患者开具的、由药学专业技术人员审核、调配、核对,并作为患者用药凭证的医学文书。社区医师开具处方和药师调剂处方时必须遵循安全、有效、经济的原则。

一、处方类型、格式及权限

(一) 处方类型(依颜色划分)

白色为普通处方;淡黄色右上角标注"急诊"的为急诊处方;淡绿色右上角标注"儿科"的为儿科处方;淡红色,右上角标注"麻、精一"的为麻醉药品和第一类精神药品处方;白色右上角标注"精二"的为第二类精神药品处方。

(二) 处方标准格式

1. 前记 包括医疗机构名称、科别、患者姓名、性别、年龄、门诊或住院病历号,病区和床位号、临床诊断、开具日期等。麻醉药品和第一类精神药品处方还应当包括患者身份证明编号,代办人姓名及身份证明编号。

2. 正文 以 Rp 或 R(拉丁文 Recipe "请取"的缩写)标示,分列药品名称、剂型、规格、数量、用法用量。

3. 后记 医师签名或者加盖专用签章,药品金额以及审核、调配,核对、发药药师签名或者加盖专用签章。

(三) 处方权限

1. 经过注册的执业医师必须在执业地点取得相应的处方权。取得处方权的医师应当在注册的医院签名留样或者专用签章备案后,方可开具处方。

2. 执业医师需参加本机构组织麻醉药品和精神药品使用知识和规范化管理培训,经考核合格取得麻醉药品和第一类精神药品的处方权后,方可在本机构开具麻醉药品和第一类精神药品处方,但不得为自己开具该类药品处方。

3. 经过注册的执业助理医师开具的处方,应当经所在执业地点执业医师签名或加盖专用签章后方有效。

4. 试用期人员开具处方,应当经所在医疗机构有处方权的执业医师审核,并签名或加盖专用签章后方有效。

5. 进修医师由接收进修的医疗机构对其胜任本专业工作的实际情况进行认定后授予相应的处方权。

二、处方书写规则

1. 患者一般情况、临床诊断填写清晰、完整,并与病历记载相一致。

2. 每张处方限于一名患者的用药。

3. 字迹清楚,不得涂改;如需修改,应当在修改处签名并注明修改日期。

4. 药品名称应当使用规范的中文名称书写,没有中文名称的可以使用规范的英文名称书写;医院或者医师、药师不得自行编制药品缩写名称或者使用代号;书写药品名称、计量、规格、用法、用量要准确规范,药品用法可用规范的中文、英文、拉丁文或者缩写体书写,但不得使用"遵医嘱"、"自用"等含糊不清字句。

5. 患者年龄应当填写实足年龄,新生儿、婴幼儿写日、月龄,必要时要注明体重。

6. 西药和中成药可以分别开具处方,也可以开具一张处方,中药饮片应当单独开具处方。

7. 开具西药、中成药处方,每一种药品应当另起一行,每张处方不得超过5种药品。

8. 中药饮片处方的书写,一般应当按照"君、臣、佐、使"的顺序排列;调剂、煎煮的特殊要求注明在药品右上方,并加括号,如布包、先煎、后下等;对饮片的产地、炮制有特殊要求的,应当在药品名称之前写明。

9. 药品用法用量应当按照药品说明书规定的常规用法用量使用,特殊情况需要超剂量使用时,应当注明原因并再次签名。

10. 开具处方后的空白处画一斜线以示处方完毕。

11. 处方医师的签名式样和专用签章应当与院内药学部门留样备查的式样相一致,不得任意改动,否则应当重新登记留样备案。

12. 药品剂量与数量用阿拉伯数字书写。剂量应当使用法定剂量单位。片剂、丸剂、胶囊剂、颗粒剂、分别以片、丸、粒、袋为单位;溶液剂以支、瓶为单位;软膏及乳膏剂以支、盒为单位;注射剂以支、瓶为单位,应当注明含量;重要饮片以剂为单位。

三、处方开具的权限和数量

1. 医师应当根据医疗、预防、保健需要,按照诊疗规范、药品说明书中的药品适应证、药理作用、用法、用量、禁忌、不良反应和注意事项等开具处方。

2. 处方开具当日有效。特殊情况下需延长有效期的,由开具处方的医师注明有效期限,但有效期最长不得超过3天。

3. 处方一般不得超过7日用量;急诊处方一般不得超过3日用量;对于某些慢性病、老年病或特殊情况,处方用量可适当延长,但医师应当注明理由。

4. 门(急)诊癌症疼痛患者和中、重度慢性疼痛患者需长期使用麻醉药品和第一类精神药品的,首诊医师应当诊查患者,建立相应的病历,要求其签署《知情同意书》。病历中应当留存下列材料复印件:二级以上医院开具的诊断证明;患者户籍簿、身份证或者其他相关有效身份证明;为患者代办人员身份证明。

5. 为门(急)诊患者开具的麻醉药品注射剂,原则上每张处方为1次常用量;控缓释制剂,原则上每张处方不得超过7日常用量;其他剂型,原则上每张处方不得超过3日常用量。具体天数按照开具的麻醉药品属第一类精神药品还是第一类精神药品均有明确的规定。

6. 为门(急)诊癌症疼痛患者和中、重度慢性疼痛患者开具的麻醉药品、第一类精神药品注射剂,每张处方不得超过3日常用量;控缓释制剂,每张处方不得超过15日常用量;其他剂型,每张处方不得超过7日常用量。

7. 为住院患者开具的麻醉药品和第一类精神药品处方应当逐日开具,每张处方为1日常用量。

8. 对于需要特别加强管制的麻醉药品,盐酸二氢埃托啡处方为1次常用量,仅限于二级以上医院内使用;盐酸哌替啶处方为1次常用量,仅限于医院内使用。

9. 医院应当要求长期使用麻醉药品和第一类精神药品的门(急)诊癌症患者和中、重度慢性疼痛患者,每 3 个月复诊或者随诊一次。

10. 除需长期使用麻醉药品和第一类精神药品的门(急)诊癌症疼痛患者和中、重度慢性疼痛患者外,麻醉药品注射剂仅限于医院内使用。

第七节　健　康　档　案

通过建立健康档案,能够详细了解和掌握社区居民的健康状况、社区家庭问题和卫生资源。对于社区医生而言,健康档案是掌握居民健康状况的基本工具,也是进行社区卫生服务管理的基本前提。全面建立完整的健康档案是全科医生开展全科医疗的首要任务。

一、健康档案的概念

健康档案(health record)是医疗卫生机构为城乡居民提供医疗卫生服务过程中的规范记录,是以居民个人健康为核心、贯穿整个生命过程、涵盖各种健康相关因素的系统化文件记录。

全科医疗健康档案在内容上分为三个部分,即个人健康档案、家庭健康档案和社区健康档案。其中个人健康档案在全科医疗中应用十分频繁,使用价值也最高。

二、个人健康档案

(一) 个人健康档案的内容
主要包括个人基本信息、健康体检、重点人群健康管理记录和其他医疗卫生服务记录。

1. 个人基本信息　包括姓名、住址、联系方式等基础信息和过敏史、既往史、家族史等基本健康信息。

2. 健康体检信息　包括一般健康状况、生活方式调查、脏器功能评价、存在的健康问题及其治疗情况、健康评价等。

3. 重点人群健康管理记录　包括 0~3 岁儿童、孕产妇、老年人、慢性病和精神疾病患者等各类重点人群的健康管理记录。

4. 其他医疗卫生服务记录　是指上述记录之外的其他接诊记录、会诊记录、门诊记录和住院记录等。

(二) 个人健康档案的建立
个人健康档案主要是居民到乡镇卫生院、村卫生室等社区卫生服务机构寻求健康卫生服务和全科医生进入居民家中开展入户服务过程中建立(图 16-7-1)。社区医生要根据居民的主要健康问题、提供服务的情况、居民实际卫生服务需要建立完善的健康档案,并向居民发放健康档案信息卡,有条件的地区可录入计算机,为建立电子化健康档案奠定基础。

(三) 个人健康档案的使用
1. 已建档居民到社区卫生服务机构复诊时,应持居民健康档案信息卡,在调取其健康档案后,由接诊医生根据复诊情况,及时更新、补充相应记录内容。

2. 入户开展医疗卫生服务时,应事先查看服务居民的健康档案并携带相应表单,在服务过程中记录、补充相应内容。

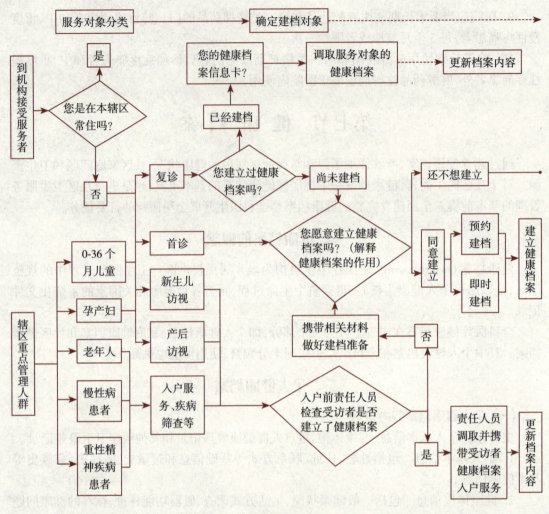

图 16-7-1　个人健康档案的建立

3. 对于需要转诊、会诊的服务居民,由接诊医生填写转诊、会诊记录。

4. 所有的服务记录由主管医务人员或档案管理人员统一整理、及时归档。

三、家庭健康档案

家庭健康档案以家庭为单位,记录其成员和家庭整体在医疗保健活动中产生的有关健康基本状况、疾病动态、预防保健服务利用情况等方面的信息,是全科医疗居民健康档案的重要组成部分。

家庭健康档案包括家庭的基本信息、家系图、家庭生活周期、家庭主要问题目录、问题描述以及家庭各成员的健康档案(其形式与内容同个人健康档案),是全科医生实施以家庭为单位的保健的重要参考资料。

1. 家庭的基本信息　是家庭健康档案最基本的内容,主要包括家庭位置、居住环境、家用设施、家庭经济收入情况、家庭成员组成等各方面信息。

2. 家系图　是以绘图和符号的方式表示家庭结构、家庭成员之间的关系、家庭健康史、家庭重要事件、家庭成员发生疾病间有无遗传联系等信息的家庭树状信息图谱。

3. 家庭生活周期 包括八个阶段,即新婚、第一个孩子出生、有学龄前儿童、有学龄儿童、有青少年、孩子离家、空巢期和退休。针对每一生活周期的特点以及不同阶段的家庭问题和危机,全科医生应给予充分的认识并做出正确的判断,进而制定适宜的处理计划并付诸实施。

4. 家庭主要问题目录及描述 家庭在不同生活周期面对的压力事件和危机,及其对家庭成员生理、心理和社会适应方面带来的影响,通过问题为导向的 SOAP 方式加以描述和记录,并依次编号。详见本章第五节内容。

四、社区健康档案

在注重以家庭为中心提供个体化保健服务的同时,动员社区资源为居民提供综合性、连续性、协调性的卫生服务是全科医疗又一重要特点。完整的社区健康档案包括社区的基本资料、社区卫生服务资料与卫生服务状况、居民健康状况等几个部分。

1. 社区基本资料 主要包括社区的地理位置、交通状况、设备设施、自然和人文环境,社区产业及经济状况以及社区内部各种组织及其相互之间的关系三个方面。

2. 社区卫生服务资料 包括卫生服务机构及卫生人力资源状况。

3. 社区卫生服务状况 包括各级各类卫生服务机构的门诊及住院服务情况等。

4. 居民健康状况 包括社区人口数量、性别比、年龄构成、职业状况、出生率、死亡率和人均期望寿命等社会人口学资料,以及社区疾病谱、主要疾病分布、慢性病发病率、死因谱等患病和死亡等资料。

五、建立健康档案的基本原则

1. 加强宣传和政策引导,逐步使城乡居民积极、自愿、主动加入到健康档案建立的工作中。

2. 优先为慢性病患者、老年人、孕产妇、0~3 岁儿童、重性精神疾病患者等社区"重点人群"建立健康档案,然后逐步推广。

3. 完善相关规章制度,规范健康档案的建立、使用和管理工作,确保信息的连续、完整和有效利用。

4. 以基层社区卫生服务机构为基础,进一步整合资源,不断完善居民健康档案内容,有效促进信息的互通、互联,逐步实现电子信息化管理和使用。

第八节 电 子 病 历

电子病历是指医务人员在医疗活动过程中,使用信息系统生成的文字、符号、图表、图形、数字、影像等数字化信息,并能实现存储、管理、传输和重现的医疗记录,是病历的一种记录形式,包括门(急)诊病历和住院病历。

电子病历系统是指医疗机构内部支持电子病历信息的采集、存储、访问和在线帮助,并围绕提高医疗质量、保障医疗安全、提高医疗效率而提供信息处理和智能化服务功能的计算机信息系统。

一、电子病历的优点

电子病历系统为医疗机构加强和提高医院管理水平提供了先进和有效的工具,是医疗机构病历现代化管理的必然趋势。

1. 电子病历系统能够智能化地提示医生的日常工作,最大限度地避免出现记录错误、记录不全或记录不及时等问题的发生,提高了医疗文书书写质量。

2. 存贮、检索、浏览、复制非常方便,可以迅速、正确地开展各种科学研究和统计分析工作,大大减少人工收集和录入数据的工作量,极大地提高了临床工作效率和科研水平。

3. 传送速度远远优于纸质病历,医务人员通过计算机网络可以远程存取患者病历,患者就医时可授权医生查阅自己的病历资料,协助医务人员迅速、直观、正确地了解患者以前所接受的治疗及检查的准确资料,缩短了医生确诊的时间。

4. 由于计算机存贮技术尤其是光盘技术的进步,电子病历系统数据库的存储容量可以是相当巨大的,完全缓解了纸质病历存储空间的压力。

5. 电子病历具有极好的共享性,可以通过网络系统,实现异地查阅、会诊和数据库资料共享等功能。

二、应用电子病历系统的常见问题

医疗机构使用电子病历系统进行病历书写时,同样要严格按照《病历书写基本规范》规定的标准和要求。使用电子病历系统在给医务人员及医院管理带来诸多便利的同时,也存在着不容忽视的问题。

1. 电子病历相对于纸质病历而言不利于保护患者的隐私,假如身份标识和识别手段、权限设置或使用上有缺陷或漏洞,患者的隐私就得不到切实保障。

2. 电子病历能够有效提高病历书写效率,智能化避免记录不全和记录不及时,但不认真的拷贝粘贴极易导致病历记录千篇一律、张冠李戴或前后矛盾。

3. 电子病历很大的优势就在于其快捷性,便于异地交流、会诊以及资料共享。但是,在全国范围内联网没有得到实施的情况下,单个医院的电子病历难以在其他医院看到,患者的就诊信息无法共享,也难以发挥电子病历的全部优势。

4. 电子病历包含患者的个人信息和疾病的诊疗信息,在局域网终端与服务器之间传输及数据库存储这些信息时,必须防止服务器漏洞、非授权用户访问和系统崩溃等问题的发生,以保证数据传输存储的安全性。

5. 电子病历无疑有诸多传统的纸质病历无法比拟的优点,但如果缺乏第三方平台监督,完全由医疗机构负责创建、使用和保存,患者权益很难得到保障。

三、电子病历与电子健康档案

目前数据传输的速度和准确度已经达到空前高度,电子病历信息的存储和共享将迅速扩大,医院诊疗信息、社区服务信息、家庭健康档案、疾病的药物研究等各种医疗信息将紧密结合,形成全民健康保障系统,即电子健康档案。

电子病历和电子健康档案是医院信息系统重要的两个组成部分,电子健康档案是电子病历的高级形式,涵盖社区居民基础健康档案以及预防免疫、就诊记录、健康检查记录、慢病管理等方面健康档案信息。随着社区卫生服的深入发展,电子健康档案已经成为社区服务信息化建设的重要形式,是社区卫生服务的依据,是全科医生开展全科医疗的必备工具。

　　电子健康档案能够大大促进居民或患者基本信息的共建、共享、互通和互联,能够全面、系统地了解患者的病情发生、发展变化情况,有利于挖掘患者健康问题的"根源",具有针对性地提出改善患者健康状况的方案和预防措施。基于电子健康档案区域卫生信息化建设已经成为现代化医疗卫生发展的必然趋势,成为推动健康中国建设的技术手段和基础保障。

(彭相文)

第十七章 全科医生拓展技能

全科医生作为社区卫生服务基本医疗和基本公共卫生服务的主要提供者,有其特有的服务特点和模式,全科医生除了要具备作为临床二级学科所应有的临床技能之外,还需要诸多的拓展技能,如对社区居民的健康风险评估技术、老年人健康管理技术、社区常用的一些评估量表的使用技术、家庭访视技术、孕产妇和新生儿访视和健康管理技术。这些技术需要全科医生及其团队成员熟练地掌握和使用,体现的是一种对居民综合健康管理的服务能力。本章将对几个重点的拓展技术进行介绍。

第一节　健康风险评估技术

一、健康风险评估的定义

健康风险评估(health risk appraisal,HRA)是一种描述和估计某一个体未来发生某种特定疾病或因为某种特定疾病导致死亡可能性的量化评估,这种评估用于评估特定健康事件(特定疾病发病或死亡)发生的可能性,而不在于明确诊断。

二、健康风险评估的技术与方法

健康风险评估主要有选择问卷(设计问卷)→危险度计算→形成评估报告三个核心步骤(图17-1-1)。

(一)选择问卷

针对需要评估的特定健康风险,可以选择对应的不同问卷。问卷可以采取选择已有问

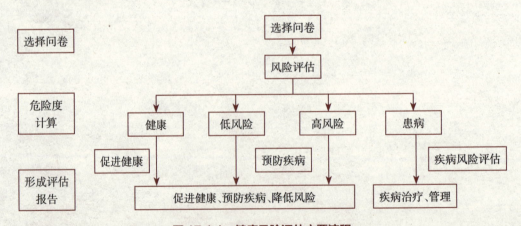

图 17-1-1　健康风险评估主要流程

卷或者自行编写问卷,主要用于基本健康相关信息收集。

问卷主要组成包括:①生理生化数据,如身高、体重、血压、血脂等;②生活方式数据,如吸烟、饮酒、膳食、运动等;③个人或家族健康史;④其他危险因素,主要是针对特定疾病的特定危险因素的获取;⑤态度和知识方面,这部分非必需,但可以为后期评估报告的健康建议提供参考。

需要注意的是,问卷信息可以由个人自行或全科医生协助填写,但内容必须相对准确。

(二) 危险度计算

健康风险评价是估计某一个体未来发生某种特定健康事件的可能性,因此需采用统计学方法进行数学建模,建立疾病危险因素及患病危险度的关系模型。

常用的健康风险评估表已经对各相关疾病危险因素进行数学整理并给出计分说明,实际使用时注意按照使用说明即可。

(三) 评估报告

评估报告一般包括健康风险评估的结果和健康建议等健康教育信息。评估结果主要由问卷采集信息经由数学模型算得相应疾病危险度数值,由评估提供者判读危险度数值代表的含义;健康建议等健康教育信息则由相应的疾病危险度对应提出。

评估报告可以是纸质版也可以是其他版本,主要针对异常值或危险度数值较高的危险因素提出对应的健康建议,语言尽可能平和易懂、注重个体化特征、摆脱空泛,以建议的方案实际可操作作为要求。例如建议运动应综合考虑个体化特征,具体建议做何种运动、且做到何种程度为宜。

三、健康风险评估的种类与应用

常见的健康风险评估主要有一般健康风险评估及疾病风险评估两大类。

一般健康风险评估主要用于公共卫生筛查,并非针对某种特定疾病,而是从常见的含有一般健康相关状况问题的问卷中获取相关危险因素,进而给出综合健康评价和建议。操作步骤即按上文所述典型的"选择问卷→危险度计算→评估报告"3 个步骤进行,常见的可选用问卷主要有 SF-36(The medical outcomes study 36 of item short from health survey)、Rosser Index、国家标准生活质量测定量表等。本节重点介绍一般健康风险评估。

疾病风险评估主要用于临床评价,亦可用于疾病筛查,主要针对特定疾病进行患病风险评估。此种风险评估与一般健康风险评估的区别在于选择的问卷更加具有针对性,问卷中的问题相对范围较为集中,除一般健康信息外,健康危险因素一般与要评估的疾病联系紧密。特殊病种生命质量调查表、糖尿病患者生命质量特异性量表等均属于此类风险评估所选择问卷。

四、健康风险评估的意义

健康风险评估可以通过选择问卷对使用评估的个体发现其存在的健康危险因素,通过个性化、量化的评估结果,促使个体认识自身的健康危险因素及危害、发展趋势,并且也有利于全科医生制定针对性的健康教育方案。

另外,健康风险评估由于其将健康信息量化的特性,可以对人群进行健康分级,依据健康风险高低,便于分组干预从而有效健康管理。健康风险评估还可以对医师采取的健康建议或处方的效果进行评价,可对措施的有效性进行评价和修正。

五、以 SF-36 为例说明健康风险评估的正确使用

(一) 明确 SF-36 适用条件

SF-36 为一般性健康风险评估问卷,适用于通用生命质量调查,与疾病的特异程度无关,常用于健康筛查、一般性健康信息获得。

(二) 如何使用 SF-36 开展健康评估

可在向被试对象进行讲解后要求其自行填写问卷,或者全科医生对被试对象口述问题并帮助其完成所有问题。请注意评估时回答的准确性。

(三) 风险评估(计算危险分数)

SF-36 表分为 8 个维度分别进行健康调查(表 17-1-1),每个维度分为不同问题,每个问题每项选择均对应不同分数,最终每个维度均可独立给分,也可综合所有维度进行综合加权得分,使用时请注意问卷说明。

表 17-1-1　SF-36 量表各维度得分计算表

维度	各条目实际评分	初评可能 最低分	一般可能 平均分
躯体健康	3a+3b+3c+3d+3e+3f+3g+3h+3i+3j	10	20
躯体角色功能	4a+4b+4c+4d	4	4
躯体疼痛	7+8	2	10
总体健康	1+11a+11b+11c+11d	5	20
精力	9a+9e+9g+9i	4	20
社会功能	6+10	2	8
情绪角色功能	5a+5b+5c	3	3
心理健康	9b+9c+9d+9f+9h	5	25

注:a、b、c、d、e、f、g、h、i、j 分别代表 (1)、(2)、(3)、(4)、(5)、(6)、(7)、(8)、(9)、(10)

　　SF-36 量表使用说明:

　　※ 量表评分转换公式

　　各维度转换得分 =(实际得分 - 可能最低分)/(一般平均可能得分)× 100

　　※ 关于缺失值的处理

　　应答者没有完全回答量表中所有的问题条目,则没有答案的问题条目视为缺失,建议在健康状况的各个方面所包含的多个问题条目中,如果应答者回答了至少一半的问题条目,就应该计算该方面的得分。缺失条目的得分用其所属方面的平均分代替。

　　评分原则是各维度积分越高,则表示健康状况越佳。

(四) 评估报告

　　综合不同维度的不同分数,给出相对具有侧重点的健康建议。例如受试对象躯体健康项目转换得分相对较低,则在躯体健康方面额外进行问诊,并给出相关健康建议。

六、健康风险评估的注意事项

（一）注意评估对象的选择,对问卷问题应该能够清楚认知和回答。

（二）对问卷的问题,全科医生给予清晰的描述和解释,避免诱导性启示。

（三）对评估结果提示的健康风险,给予健康建议要平和易懂、注重个体化特征。

附:SF-36 量表

1. 总体来讲,您的健康状况是:

①非常好;②很好;③好;④一般;⑤差

2. 跟 1 年以前比您觉得自己的健康状况是:

①比 1 年前好多了;②比 1 年前好一些;③跟 1 年前差不多;④比 1 年前差一些;⑤比 1 年前差多了

（权重或得分依次为 1,2,3,4 和 5）

3. 以下这些问题都和日常活动有关。请您想一想,您的健康状况是否限制了这些活动? 如果有限制,程度如何?

（1）重体力活动。如跑步举重、参加剧烈运动等:①限制很大;②有些限制;③毫无限制

（权重或得分依次为 1,2,3 ;下同)注意:如果采用汉化版本,则得分为 1,2,3,4,则得分转换时做相应的改变。

（2）适度的活动。如移动一张桌子、扫地、打太极拳、做简单体操等:①限制很大;②有些限制;③毫无限制

（3）手提日用品。如买菜、购物等:①限制很大;②有些限制;③毫无限制

（4）上几层楼梯:①限制很大;②有些限制;③毫无限制

（5）上一层楼梯:①限制很大;②有些限制;③毫无限制

（6）弯腰、屈膝、下蹲:①限制很大;②有些限制;③毫无限制

（7）步行 1500 米以上的路程:①限制很大;②有些限制;③毫无限制

（8）步行 1000 米的路程:①限制很大;②有些限制;③毫无限制

（9）步行 100 米的路程:①限制很大;②有些限制;③毫无限制

（10）自己洗澡、穿衣:①限制很大;②有些限制;③毫无限制

4. 在过去 4 个星期里,您的工作和日常活动有无因为身体健康的原因而出现以下这些问题?

（1）减少了工作或其他活动时间:①是;②不是

（权重或得分依次为 1,2 ;下同)

（2）本来想要做的事情只能完成一部分:①是;②不是

（3）想要干的工作或活动种类受到限制:①是;②不是

（4）完成工作或其他活动困难增多(比如需要额外的努力):①是;②不是

5. 在过去 4 个星期里,您的工作和日常活动有无因为情绪的原因(如压抑或忧虑)而出现以下这些问题?

（1）减少了工作或活动时间:①是;②不是

（权重或得分依次为 1,2 ;下同)

（2）本来想要做的事情只能完成一部分:①是;②不是

（3）干事情不如平时仔细：①是；②不是

6. 在过去 4 个星期里,您的健康或情绪不好在多大程度上影响了您与家人、朋友、邻居或集体的正常社会交往?

①完全没有影响;②有一点影响;③中等影响;④影响很大;⑤影响非常大

（权重或得分依次为 5,4,3,2,1）

7. 在过去 4 个星期里,您有身体疼痛吗?

①完全没有疼痛;②有一点疼痛;③中等疼痛;④严重疼痛;⑤很严重疼痛

（权重或得分依次为 6,5.4,4.2,3.1,2.2,1）

8. 在过去 4 个星期里,您的身体疼痛影响了您的工作和家务吗?

①完全没有影响;②有一点影响;③中等影响;④影响很大;⑤影响非常大

（如果 7 无 8 无,权重或得分依次为 6,4.75,3.5,2.25,1.0；如果为 7 有 8 无,则为 5,4,3,2,1）

9. 以下这些问题是关于过去 1 个月里您自己的感觉,对每一条问题所说的事情,您的情况是什么样的?

（1）您觉得生活充实：

①所有的时间;②大部分时间;③比较多时间;④一部分时间;⑤小部分时间;⑥没有这种感觉

（权重或得分依次为 6,5,4,3,2,1）

（2）您是一个敏感的人：

①所有的时间;②大部分时间;③比较多时间;④一部分时间;⑤小部分时间;⑥没有这种感觉

（权重或得分依次为 1,2,3,4,5,6）

（3）您的情绪非常不好,什么事都不能使您高兴起来：

①所有的时间;②大部分时间;③比较多时间;④一部分时间;⑤小部分时间;⑥没有这种感觉

（权重或得分依次为 1,2,3,4,5,6）

（4）您的心里很平静：

①所有的时间;②大部分时间;③比较多时间;④一部分时间;⑤小部分时间;⑥没有这种感觉

（权重或得分依次为 6,5,4,3,2,1）

（5）您做事精力充沛：

①所有的时间;②大部分时间;③比较多时间;④一部分时间;⑤小部分时间;⑥没有这种感觉

（权重或得分依次为 6,5,4,3,2,1）

（6）您的情绪低落：

①所有的时间;②大部分时间;③比较多时间;④一部分时间;⑤小部分时间;⑥没有这种感觉

（权重或得分依次为 1,2,3,4,5,6）

（7）您觉得筋疲力尽：

①所有的时间；②大部分时间；③比较多时间；④一部分时间；⑤小部分时间；⑥没有这种感觉

（权重或得分依次为1,2,3,4,5,6）

(8) 您是个快乐的人：

①所有的时间；②大部分时间；③比较多时间；④一部分时间；⑤小部分时间；⑥没有这种感觉

（权重或得分依次为6,5,4,3,2,1）

(9) 您感觉厌烦：

①所有的时间；②大部分时间；③比较多时间；④一部分时间；⑤小部分时间；⑥没有这种感觉

（权重或得分依次为1,2,3,4,5,6）

10. 不健康影响了您的社会活动（如走亲访友）：

①所有的时间；②大部分时间；③比较多时间；④一部分时间；⑤小部分时间；⑥没有这种感觉

（权重或得分依次为1,2,3,4,5）

11. 请看下列每一条问题,哪一种答案最符合您的情况？

(1) 我好像比别人容易生病：

①绝对正确；②大部分正确；③不能肯定；④大部分错误；⑤绝对错误

（权重或得分依次为1,2,3,4,5）

(2) 我跟周围人一样健康：

①绝对正确；②大部分正确；③不能肯定；④大部分错误；⑤绝对错误

（权重或得分依次为5,4,3,2,1）

(3) 我认为我的健康状况在变坏：

①绝对正确；②大部分正确；③不能肯定；④大部分错误；⑤绝对错误

（权重或得分依次为1,2,3,4,5）

(4) 我的健康状况非常好：

①绝对正确；②大部分正确；③不能肯定；④大部分错误；⑤绝对错误

（权重或得分依次为5,4,3,2,1）

第二节　老年人健康综合评估技术

一、概　　述

(一) 定义

老年健康综合评估（comprehensive geriatric assessment,CGA）是一种从躯体、精神、社会功能、自理能力等多维度测量老年人整体健康功能水平的评价方法。老年健康综合评估是国外比较流行的评估工具之一,为诊断虚弱老年人的生理、心理和社会功能等而制定出的合作性和整体性的计划,以实现治疗和长期追踪健康状况的目的,能够最大限度地提高或维持老年人的生活质量。

(二) 内容

老年健康综合评估主要包括老年常见疾病全面的医疗评估、躯体功能评估、认知和心理功能评估,以及社会/环境因素评估四个方面。

全面的疾病评估和管理是 CGA 的重要内容。CGA 除了评估高血压、糖尿病、冠心病等老年慢性疾病的程度,更注重老年问题/综合征的筛查,如记忆障碍、视力和听力下降、牙齿脱落、营养不良、骨质疏松与跌倒骨折、疼痛和尿便失禁等。

全面的躯体功能和精神心理状态评估有助于及时发现老年问题,并进行预防,是 CGA 的基石。例如平衡和步态障碍者易发生跌倒骨折的风险;生活不能自理者如得不到支持和帮助,其健康情况会持续恶化;痴呆的早期诊疗可延缓疾病进展。下降的视力和听力得不到纠正会使老年人行为退缩,脱离社会。

此外,社会支持系统和经济情况对衰弱多病的老年患者很重要。内容包括了解患者的居家环境及经济基础、照料者的负担情况,评估患者居家环境的活动安全性,制定合理可行的综合干预措施,明确可以照顾和帮助老年患者的人员等。

(三) 目标人群

有多种慢性疾病,多种老年问题或老年综合征,伴有不同程度的功能损害,能通过 CGA 和干预而获益的衰弱老年患者。而健康老人或严重疾病的患者(如疾病晚期、严重痴呆、完全功能丧失)不适合做 CGA。

二、评估流程及方法

在临床综合实践中,采用标准的评估工具进行评估,简单、快捷,可以方便全科医生使用,其评估的数据也利于保存、进行前后对比、进行科研分析等。考虑到临床工作的效率,多数的 CGA 并非"全面"的评估,而是以"问题"为导向的评估,通过简单快速的筛查来排除问题,发现问题再进一步评估,是兼顾"全面"和"效率"的有效方法。使用患者自填的问卷也可以节省时间并发现一些问题。

(一) 全面的医疗评估

1. 全面的疾病诊疗和用药评估 通过问诊(现病史、既往病史、药物史、情绪状态等)、体格检查(视诊、触诊、叩诊、听诊)、辅助检查(心电图、胸片、超声、生化检查等),从整体上了解老年人身体健康状况,明确疾病诊断和相应的健康问题。

2. 老年急重症评估 需要做以下几项检查:

(1) 病史检查:快速、全面。

(2) 气道检查。

(3) 呼吸系统检查。

(4) 循环系统检查。

(5) 表格记录。

(6) 实验室检查。

完成上述步骤后,可使用改良早期危险评分、急性生理与慢性健康评估(APACHE)、多脏器功能障碍评估量表(MODS)、治疗干预评价系统(TISS)对老年急重症进行综合评估。

3. 常见老年综合征评估

(1) 跌倒的评估:使用 Morse 评定量表,共包含 6 个动作项目,将每一评定项目分为不同分值予以积分,最高 30 分,最低 0 分,总分 125 分。评估结果分析:低危跌倒风险:<25 分;中危跌倒风险:25~45 分;高危跌倒风险:>45 分(应每月评估一次)。

(2) 疼痛的评估:可以采用评估工具地疼痛的程度进行评估。常用的工具有视觉模拟评估尺(VAS)、数字疼痛评定量表(NRS)、词语描述量表(VDS)、主诉疼痛的程度分级法(VRS)、脸谱法(Faces)、认知受损老人的疼痛评估、晚期老年痴呆症疼痛评估表(PADE)等。

评分频次以上一次疼痛评分为准,0 分:暂不评;1~3 分(轻度):每日评估 1 次;4~6 分(中度):每日评估 2 次;7~10 分(重度):每日评估 3 次;暴发性疼痛:立即评估;使用镇痛泵:每次至少评估 1 次。

(3) 压疮的评估:压疮危险因素常用评估工具有 Braden 量表、Norton 量表、Waterlow 量表、Braden Q 量表。评估结果分析:低危:15~18 分;中危:13~14 分;高危:10~12 分;极高危:≤9 分。

(4) 营养不良的评估:我国主要通过人体测量、生化及实验室和临床检查、老年营养不良评估量表等对老年人营养状态进行综合评估。

人体测量主要包括身高、体重、BMI 值、皮褶厚度等。临床检查是通过测定血浆蛋白、氮平衡、免疫功能等来评定老年人是否存在营养不良风险。常用量表有微型营养评价量表(MNA)、主动营养筛查量表(NSI)、营养风险筛查量表(NRS2002)、主观全面评定法(SGA)等。可将评估结果分为三类:营养状态正常、存在营养不良、营养不良(轻、中、重),然后根据不同结果采取营养宣教及营养支持等干预措施。

(5) 尿失禁的评估:可采用国际尿失禁咨询委员会尿失禁问卷简表(ICI-Q-SF)、老人尿失禁评估总表进行评估,评估结果分为轻度尿失禁、中度尿失禁、重度尿失禁三类。

对尿失禁老人可采取膀胱功能训练、盆底肌训练、排尿习惯训练、间歇性导尿等干预措施。

(6) 大便失禁的评估:首先通过询问病史、症状、肛门检查、实验室检查进行一般医学评估。然后再通过大便失禁改良 wexner 评分量表进行严重程度评估。根据评估结果采取对应的治疗措施及排便功能训练等。

(7) 多重用药的评估:目前主要采用概括式标准和条列式标准进行评估。条列式标准列出了老年患者潜在不适当用药、老年患者相关的潜在不适当用药、老年患者慎用药物。

第一步评估(assess,A):评估患者所有用药,尤其是具有潜在不良后果的药物(β 受体阻滞剂、精神类药物、镇痛药、维生素和保健品等)。

第二步审查(review,R):审查可能存在药物与药物、疾病与药物、药物药效学的相互作用,及功能状态的影响、不良反应、权衡个人用药的益处胜过对主要身体功能(食欲、体重、疼痛、情绪、视觉、听觉、膀胱、肠、皮肤、吞咽、活动水平)的影响。

第三步最大限度地减少不必要的药物(minimize,M)

1) 停止显然缺乏药物使用适应证的药物。

2) 停止风险大于效益或具有对主要身体功能有较高潜力负面影响的药物。

第四步优化治疗方案(optimize,O)

第五步重新评估(reassess,R)

(二) 躯体功能评估

1. 老年日常生活活动能力评估 通常采用 BADL 指数评定量表进行评估并作结果判

定(表 17-2-1)。

表 17-2-1　BADL 指数评定量表

ADL 项目	自理	稍依赖	较大依赖	完全依赖
进食	10	5	0	0
洗澡	5	0	0	0
修饰	5	0	0	0
穿衣	10	5	0	0
控制大便	10	5	0	0
控制小便	10	5	0	0
上厕所	10	5	0	0
床椅转移	15	10	5	0
行走	15	10	5	0
上下楼梯	10	5	0	0

评定标准:总分为 100 分

结果分析:

100 分表示日常生活活动能力良好,不需要依赖他人;>60 分评定为良,表示有轻度功能障碍,但日常基本生活基本自理;>40 分表示有中度功能障碍,日常生活需要一定的帮助;>20 分表示有重度功能障碍,日常生活明显需要依赖他人;<20 分为完全残疾,日常生活完全依赖他人

2. **老年平衡与步态功能评估**　常见有静平衡法、动平衡检查法。另外,还有 Tinetti 平衡量表、Berg 平衡量表、步态检查、Tinetti 步态量表等专用量表可以对老年平衡与步态功能予以评估。

(1)静平衡检查法:闭目直立试验受试者直立,两脚并拢,双下肢下垂,闭目直立维持 30 秒,亦可两手于胸前互扣,并向两侧牵拉,观察受试者有无站立不稳或倾倒。

直立伸臂试验受试者闭目直立,平伸双臂。

(2)动平衡检查法:行走试验受试者闭眼,向正前方走 5 步,继之后退 5 步,前后行走 5 次,观察其步态并计算起点与终点偏差角。

垂直书写试验端坐,左手放膝上,右手悬垂书写文字一行,约 15~20cm。睁眼或闭眼各书写一次,两行并列。观察两行文字偏离程度,偏斜≤5°为正常,>10°表示两侧前庭功能有差异。

3. **老年吞咽困难评估**　常见有饮水试验、食管滴酸试验、反复唾液吞咽试验、医疗床旁吞咽评估量表、吞咽困难分级量表等评估方法。

4. **老年运动功能的评估**

(1)关节活动度评估:选择量角器:根据策略关节大小选择合适的量角器。如测量膝关节、髋关节等大关节时应选择 40cm 的长臂量角器,而测量手关节或趾关节时,应选择 7.5cm 短臂量角器。

测量:参照一定的骨性标志将量角器中心点准确对准关节活动轴中心,两尺的远端分别放到指关节两端肢体上的骨性标志或与肢体长轴相平行,随着关节远端肢体的移动,在量角器刻度盘读出关节活动度。

(2) 徒手肌力检查(MMT):根据受损的肌肉或肌群功能,使患者处在不同受检位置,让其做一定动作,对动作分别给予助力和阻力,已达到最大活动范围。根据接受助力或克服阻力的能力,按分级标准进行判定。

(三) 精神心理评估(详见本章第三节)

1. 老年认知功能的评估

(1) 简易智能评估量表(MMSE)。

(2) 画钟试验(CDT)。

(3) 成人韦氏记忆量表(WMS-RC)。

2. 老年抑郁的评估 抑郁自评量表(self-rating depression scale, SDS)、汉密尔顿抑郁量表(HAMD17)。

3. 老年生活能力的评估 日常生活能力量表(activities of daily living, ADL)。

(四) 社会功能评估

1. 老年社会环境的评估 常见的老年社会环境评估主要有以下问卷或量表:

(1) 家庭功能的 APGAR 问卷。

(2) 家庭环境评估量表(FES-CV)。

(3) 社会支持评定量表(SSRS)。

(4) 领悟社会支持量表(PSSS)。

2. 老年生活质量的评估 常见的老年生活质量评估主要有以下问卷或量表

(1) 生活满意度评定量表(LSR)。

(2) 生活满意度指数 A(LSIA)。

(3) 生活满意度指数 B(LSIB)。

(4) 老年幸福度量表(MUNSH)。

综上所述,针对老年人健康综合评估,需要在全面的医疗评估、躯体功能、认知及情感、社会和环境这四大方面综合予以筛查,并依据筛查结果给予相应的干预措施。(表17-2-2)。

表 17-2-2 老年综合评估的内容、筛查方法和干预措施小结表

	评估内容	筛查方法	干预措施
全面的医疗评估内容	疾病	完整的病史、查体	针对性化验和影像学检查
	用药管理	详尽的用药史(处方、非处方药物)	剂量个体化、规范治疗,最好有临床药师参与
	营养	测体重、BMI、营养风险筛查	膳食评估,营养师的指导
	牙齿	牙齿健康,咀嚼功能评估	口腔科治疗,佩戴义齿
	听力	注意听力问题, 听力计检测	除外耵聍, 耳科会诊, 佩戴助听器
	视力	询问视力问题,Senellen 视力表检测	眼科会诊,纠正视力障碍
	尿失禁	询问尿失禁情况	除去可逆原因,行为和药物治疗,妇科、泌尿外科会诊
	便秘	询问大便次数、形状情况	综合处理
	慢性疼痛	评估疼痛程度、部位	寻找病因,控制症状

续表

评估内容	筛查方法	干预措施
认知及情感	关注记忆力障碍问题,3 个物品记忆力评估、MMSE 或 Mini-cog 检测	老年科或神经科专业评估和治疗
	抑郁情绪 \GDS 评估	心理科、老年科诊治
躯体功能	ADL（Katz Index）	康复治疗、陪伴和照顾
	IADL（Lawnton Index）	
	跌倒史,步态和平衡评估	防跌倒宣教和居住环境改造
社会和环境	社会支持系统情况,经济情况	详细了解,社会工作者参与
	居住环境情况,居家安全性	家访,防跌倒改造

三、老年人健康综合评估意义

（一）早期发现老年人潜在的功能缺陷

（二）明确老年患者的医疗和护理需求

（三）制定适合老年患者可行的防治策略

（四）跟踪、随访和评估防治效果,调整防治计划和策略

（五）为老年患者长期合理的使用医疗护理服务提供依据

四、老年人健康综合评估技术注意事项

（一）对老年人进行健康评估时,注意语言沟通,保证主观问题不因沟通障碍而得到偏倚的结果。

（二）注重以"问题"为导向进行评估,通过简单快速的筛查来排除问题,发现问题再进一步评估。

（三）注意对老年人健康评估时必要的医学人文关怀。

第三节　社区精神心理疾病常用评估量表

一、概　　述

在社区卫生工作中,心理卫生、生活质量、生活幸福度、家庭功能、人际关系、社会支持及临床各种疾病与心理、行为、社会因素的关系的评定等,均需要客观评定的量化标准,量化标准通常采用量表评定的方法来实现。

二、社区常用心理筛检量表

（一）社区常用心理筛检量表的适用范围

社区常见慢性疾病如高血压、糖尿病、冠心病、脑卒中、慢性呼吸系统疾病、晚期肿瘤等患者合并出现各种情绪问题和心理异常情况时,建议进行心理筛检。18 岁以下青少年及 65 岁以上老年人(尤其独居、丧偶老年人)常规进行心理筛检。

(二) 社区常用心理筛检量表的种类

1. **焦虑自评量表**(self-rating anxiety scale, SAS)　用于评定受试者的焦虑主观感受(表 17-3-1)。

表 17-3-1　焦虑自评量表

项目	A 没有或很少时间	B 小部分时间	C 相当多时间	D 绝大部分或全部时间
1. 我觉得比平时容易紧张和着急	□	□	□	□
2. 我无缘无故地感到害怕	□	□	□	□
3. 我容易心里烦乱或觉得惊恐	□	□	□	□
4. 我觉得我可能将要发疯	□	□	□	□
5. 我觉得一切都很好,也不会发生什么不幸	□	□	□	□
6. 我手脚发抖打颤	□	□	□	□
7. 我因为头疼、颈痛和背痛而苦恼	□	□	□	□
8. 我感觉容易衰弱和疲乏	□	□	□	□
9. 我觉得心平气和,并且容易安静坐着	□	□	□	□
10. 我觉得心跳得很快	□	□	□	□
11. 我因为一阵阵头晕而苦恼	□	□	□	□
12. 我有晕倒发作,或觉得要晕倒似的	□	□	□	□
13. 我吸气呼气都感到很容易	□	□	□	□
14. 我的手脚麻木和刺痛	□	□	□	□
15. 我因为胃痛和消化不良而苦恼	□	□	□	□
16. 我常常要小便	□	□	□	□
17. 我的手常常是干燥温暖的	□	□	□	□
18. 我脸红发热	□	□	□	□
19. 我容易入睡并且一夜睡得很好	□	□	□	□
20. 我做噩梦	□	□	□	□

备注:根据最近一星期的实际情况进行评定。正向计分题 A、B、C、D 按 1、2、3、4 分计;反向计分题按 4、3、2、1 分计。其中反向计分题号:5、9、13、17、19。自评者评定结束后,将 20 个项目的各项得分相加,即得总粗分,经过换算,总分乘以 1.25 取整数,即得标准分。总粗分的正常上限为 40 分,标准总分为 50 分(换算表格见表 17-3-3)

2. **抑郁自评量表**(self-rating depression scale, SDS)　用于评定受试者的抑郁主观感受(表 17-3-2)。

表 17-3-2　抑郁自评量表

项目	A 没有或很少时间	B 小部分时间	C 相当多时间	D 绝大部分或全部时间
1. 我觉得闷闷不乐,情绪低沉	□	□	□	□
2. 我觉得一天之中早晨最好	□	□	□	□
3. 我一阵阵哭出来或觉得想哭	□	□	□	□
4. 我晚上睡眠不好	□	□	□	□

续表

项目	A 没有或很少时间	B 小部分时间	C 相当多时间	D 绝大部分或全部时间
5. 我吃得跟平常一样多	☐	☐	☐	☐
6. 我与异性密切接触时和以往一样感到愉快	☐	☐	☐	☐
7. 我发觉我的体重在下降	☐	☐	☐	☐
8. 我有便秘的苦恼	☐	☐	☐	☐
9. 我心跳比平时快	☐	☐	☐	☐
10. 我无缘无故地感到疲乏	☐	☐	☐	☐
11. 我的头脑跟平常一样清楚	☐	☐	☐	☐
12. 我觉得经常做的事情并没有困难	☐	☐	☐	☐
13. 我觉得不安而平静不下来	☐	☐	☐	☐
14. 我对将来抱有希望	☐	☐	☐	☐
15. 我比平常容易生气激动	☐	☐	☐	☐
16. 我觉得作出决定是容易的	☐	☐	☐	☐
17. 我觉得自己是个有用的人,有人需要我	☐	☐	☐	☐
18. 我的生活过得很有意思	☐	☐	☐	☐
19. 我认为如果我死了别人会生活得好些	☐	☐	☐	☐
20. 常感兴趣的事我仍然照样感兴趣	☐	☐	☐	☐

备注:根据最近一星期的实际感觉进行评定。计分和换算方法同 SAS 量表,其中反向计分题号:2、5、6、11、12、14、16、17、18、20。总粗分的分界值为 41 分,标准分为 53 分(换算表格见表 17-3-3)

表 17-3-3 粗分标准分换算表

粗分	标准分	粗分	标准分	粗分	标准分
20	25	40	50	60	75
21	26	41	51	61	76
22	28	42	53	62	78
23	29	43	54	63	79
24	30	44	55	64	80
25	31	45	56	65	81
26	33	46	58	66	82
27	34	47	59	67	84
28	35	48	60	68	85
29	36	49	61	69	86
30	38	50	63	70	88
31	39	51	64	71	89
32	40	52	65	72	90
33	41	53	66	73	91
34	43	54	68	74	92

粗分	标准分	粗分	标准分	粗分	标准分
35	44	55	69	75	94
36	45	56	70	76	95
37	46	57	71	77	96
38	48	58	73	78	98
39	49	59	74	79	99
				80	100

3. 汉密尔顿焦虑量表（HAMA）　用于评定受试者焦虑症状的严重程度（表 17-3-4）。

表 17-3-4　汉密尔顿焦虑量表

请在下表中符合近 1 周来您具有的身心症状的分数后打勾：

0 无症状　1 轻微　2 中等　3 较重　4 严重

圈出最适合患者情况的分数					
焦虑心境	0	1	2	3	4
紧张	0	1	2	3	4
害怕	0	1	2	3	4
失眠	0	1	2	3	4
认知功能	0	1	2	3	4
抑郁心境	0	1	2	3	4
躯体性焦虑:肌肉系统	0	1	2	3	4
躯体性焦虑:感觉系统	0	1	2	3	4
心血管系统症状	0	1	2	3	4
呼吸系统症状	0	1	2	3	4
胃肠道症状	0	1	2	3	4
生殖泌尿系统症状	0	1	2	3	4
自主神经系统症状	0	1	2	3	4
会谈时行为表现	0	1	2	3	4

备注:采用 0-4 分的 5 级评分法。总分分界值为 14 分。超过 29 分,可能为严重焦虑;超过 21 分,肯定有明显焦虑;超过 14 分,肯定有焦虑;超过 7 分,可能有焦虑;如小于 7 分,没有焦虑症状

4. 汉密尔顿抑郁量表（$HAMD_{17}$）　用于评定受试者抑郁症状的严重程度（表 17-3-5）。

表 17-3-5　汉密尔顿抑郁量表 17 项版本

圈出最适合患者情况的分数					
1. 抑郁情绪	0	1	2	3	4
2. 有罪感	0	1	2	3	4
3. 自杀	0	1	2	3	4
4. 入睡困难	0	1	2		

续表

圈出最适合患者情况的分数				
5. 睡眠不深	0	1	2	
6. 早睡	0	1	2	
7. 工作和兴趣	0	1	2	3	4
8. 迟缓	0	1	2	3	4
9. 激越	0	1	2	3	4
10. 精神性焦虑	0	1	2	3	4
11. 躯体性焦虑	0	1	2	3	4
12. 胃肠道症状	0	1	2	
13. 全身症状	0	1	2	
14. 性症状	0	1	2	
15. 疑病	0	1	2	3	4
16. 体重减轻	0	1	2	
17. 自知力	0	1	2	3	4

备注:包括 17 个项目,大部分采用 0~4 分的 5 级评分法:(0)无;(1)轻度;(2)中度;(3)重度;(4)很重;少数为 0~2 分的 3 级:(0)无;(1)轻 - 中度;(2)重度

总分超过 24 分,可能为严重抑郁;超过 17 分,可能是轻或中度的抑郁;如小于 7 分,没有抑郁症状

三、老年认知功能评估量表

(一) 社区常用老年认知功能评估量表的适用范围

65 以上老年人(尤其独居、丧偶老年人)常规进行认知功能评估量表评定。慢性疾病如高血压、糖尿病、冠心病、脑卒中、慢性呼吸系统疾病、晚期肿瘤等患者合并出现认知功能障碍时,建议进行认知功能评估量表评定。

(二) 社区常用老年认知功能评估量表的种类

1. 简易智能精神状态检查量表(MMSE)　主要对定向、记忆、语言、计算和注意等功能进行简单评定,是目前世界上最有影响、最常用的认知筛查量表(表 17-3-6)。

表 17-3-6　简易智能精神状态检查量表

1. 今年是哪一年?	1	0
2. 现在是什么季节?	1	0
3. 现在是几月份?	1	0
4. 今天是几号?	1	0
5. 今天是星期几?	1	0
6. 你现在在哪个省(市)?	1	0
7. 你现在在哪个县(区)?	1	0
8. 你现在在哪个乡(镇、街道)?	1	0

9. 你现在在第几层楼?	1	0
10. 这里是什么地方?	1	0
11. 复述:皮球	1	0
12. 复述:国旗	1	0
13. 复述:树木	1	0
14. 计算 100-7= ?	1	0
15. -7= ?	1	0
16. -7= ?	1	0
17. -7= ?	1	0
18. -7= ?	1	0
19. 回忆:皮球	1	0
20. 回忆:国旗	1	0
21. 回忆:树木	1	0
22. 辨认:手表	1	0
23. 辨认:铅笔	1	0
24. 复述:四十四只石狮子	1	0
25. 按卡片上的指令去做"闭上您的眼睛"	1	0
26. 用右手拿这张纸	1	0
27. 再用双手把纸对折	1	0
28. 将纸放在大腿上	1	0
29. 请说一句完整的句子	1	0
30. 请您按样子画图	1	0

备注:回答或操作正确计 1 分。总分 30 分,24 分为分界值,18~24 分为轻度认知功能受损;16~17 分为中度认知功能受损;<15 分为重度认知功能受损。该分界值以文化程度在中学或以上为准

2. 日常生活能力量表(activities of daily living, ADL) 作为老年痴呆早期诊断和疗效评估的有效工具(表 17-3-7)。

表 17-3-7　日常生活能力量表

评定时按表格逐项询问,如被试者因故不能回答或不能正常回答(如痴呆或失语),则可根据家属、护理人员等知情人的观察评定。圈上最合适的分数

	自己完全可以做	有些困难	需要帮助	根本无法做
1. 乘公共汽车	1	2	3	4
2. 行走	1	2	3	4
3. 做饭菜	1	2	3	4

续表

	自己完全可以做	有些困难	需要帮助	根本无法做
4. 做家务	1	2	3	4
5. 吃药	1	2	3	4
6. 吃饭	1	2	3	4
7. 穿衣	1	2	3	4
8. 梳头、刷牙等	1	2	3	4
9. 洗衣	1	2	3	4
10. 洗澡	1	2	3	4
11. 购物	1	2	3	4
12. 定时上厕所	1	2	3	4
13. 打电话	1	2	3	4
14. 处理自己的财物	1	2	3	4

备注：采用1~4分的4级评分法。总分20分为完全正常，大于20分有不同程度的功能下降

3. 其他

（1）画钟测验（clock drawing test, CDT）：画钟测验因其操作简便、耗时短的特点，被广泛引用于认知功能减退的筛查工作中。方法：要求患者画一表盘面，并把表示时间的数目字写在正确的位置，待患者画一圆并添完数字后，再命患者画上大小或分时针，把时间指到7点11分等。计分采用"0~4分法"：画一封闭的圆1分，数目字位置正确1分，12个数目字无遗漏1分，分时针位置正确1分。4分为认知功能正常，3~0分为轻、中和重度的认知功能障碍。

（2）成人韦氏记忆量表（WMS-RC）：是评估各种记忆能力和工作记忆的成套测验，可对怀疑有记忆缺陷、精神科疾病或发育障碍的受试者提供临床记忆功能方面的详细评估。成人韦氏记忆量表主要分成三个分测试内容包括：长时记忆包括个人经历、时间空间（定向）、数字顺序关系；短时记忆包括视觉再认、图片回忆、视觉再生、联想学习、触摸测验、理解记忆；瞬时记忆包括顺背和倒背数字，根据各分测试结果推算出记忆商数。但因其临床操作的复杂性、耗时长，且需要配套工具进行评定，故在本节中不做赘述。

四、量表评定的注意事项

（一）全科医生应根据患者的基础情况作出初步判断，选择合适量表。

（二）非自评量表应由经过训练的至少2名评定员对受试者进行联合检查。待检查结束后2名评定员分别独立评分。采用交谈和观察方式。

（三）自评量表须被评定者有小学以上文化基础，如无，应配备相应人员协助。

（四）全科医生在检查中应注意尊重患者的隐私权，以及充分的沟通，避免患者对量表测量的疑虑。检查环境务必保持安静、相对独立。

（五）量表并不能完全代替临床检查和记录，全科医生应根据量表结果提示，及时安排进一步诊查或转上级专科医疗机构。

第四节　家庭访视技术

一、概　　念

在服务对象家庭里,为了维持和促进健康而对服务对象所提供的有目的的交往活动。家庭访视是家庭护理的重要工作方法,是为服务对象提供的主要服务形式。

二、家庭访视类型

家庭访视因类型不同、访视目的不同而不同,分为评估性家庭访视、预防保健性家庭访视、连续照顾性家庭访视、急诊性家庭访视等四种类型。

(一)评估性家庭访视

目的是对照顾对象的家庭进行评估。常用于有家庭危机或心理问题的患者以及老年、体弱或残疾人的家庭环境考察。

(二)预防保健性家庭访视

目的是预防疾病和健康促进,主要用于妇幼保健性家访。

(三)连续照顾性家庭访视

目的是为患者提供连续性的照顾。常定期进行,主要用于患有慢性病或需要康复护理的患者,以及临终患者。

(四)急诊性家庭访视

对患者临时问题或紧急情况的访视。

三、家庭访视流程

分为访视前、访视中、访视后的工作。

(一)访视前的准备

访视前的准备一般包括选择访视对象及优先顺序、确定访视目的、准备访视用物、联络被访家庭、安排访视路线等步骤。

1. 确定访视对象及优先顺序　接受家庭访视的对象中有婴幼儿、产妇、慢性患者、高危人群等。安排好家庭访视的优先次序,充分利用时间和人力。

(1)影响人数的多少:一个健康问题影响人数的多少,是需要安排优先访视的首要考虑问题。

(2)对生命的影响:对于社区致死率高的疾病,应列为优先访视。例如同时需要访视两个患者,一个居住较远且病情严重,另一个居住较近病情较轻,则应当优先访视前者。

(3)是否留下后遗症:如心肌梗死、脑卒中等患者出院后仍需加强护理,所以应优先访视和安排具体的家庭护理。

(4)卫生资源的控制:对于预约健康筛查未能如期进行的患者,如糖尿病、高血压患者,疾病的控制如何将对其今后生活质量产生很大影响,此类患者应优先访视。

(5)避免交叉感染。如一处有两个患者,一个患者躯体留置引流管需换管,另一位患者患有褥疮已破溃感染需换药,则应安排前者优先处置,洗手后再对后者进行换药。

2. 确定访视目的

(1) 确定访视目的、制定实际访视中的具体程序。

(2) 根据目标评价管理效果：如对慢性病患者经过连续的管理后，目标设定是否正确，是否需要制定新的措施，是否需要继续管理，或是否现阶段可以结束。

3. 访视物品准备

(1) 依访视对象及目的准备访视包中的物品。如慢性病患者需准备血压计、听诊器、血糖仪、消毒物品等；更换导尿管按操作要求准备物品等。

(2) 利用家中的物品。如体温表、体重秤、手电筒等。

4. 安排路线

(1) 基本同优先访视原则。以避免访视者将病菌带到其他个案家中，引起交叉感染；有的个案访视时间性很强或情况紧急，应提前安排访视等。

(2) 一般个案的访视路线可依交通路线安排，以节约时间。

(二) 访视中的工作

访视中的工作分为收集资料、评估、计划和实施、简单记录访视情况、结束访视等步骤。

1. 收集资料

(1) 基本资料：人口学资料如年龄、性别、职业、婚姻、文化程度等；健康行为资料如生活习惯、吸烟、饮酒、饮食习惯、就医行为等；既往健康资料如家族史、个人史、现病史、药物过敏史、月经史、各种临床检验结果等。

(2) 定期健康检查记录：针对社区的不同人群、不同性别、年龄进行的健康检查。重点是疾病的三级预防，应准确、完整、系统、连续地收集有关健康资料，以便评价疾病控制策略和措施的有效性，分析和确定主要的健康问题。

(3) 儿童预防接种计划表：采用国家统一的儿童预防接种计划表。

(4) 健康教育记录：健康教育的具体内容、方式、时间或对访视对象健康指导的相关内容。

(5) 家庭资料：家庭资料如家庭住址、家庭结构类型、家庭成员的基本资料、医生与护士签名、建档日期等。

2. 实施访视　访视的目标与计划需要在实际的访视活动中实现，将收集的资料进行整理分析后，找出现有的或潜在的健康问题，采取及时有效的措施，以促进健康和预防疾病。访视的工作内容主要概括为：

(1) 提供基础护理技术：如测量体温、脉搏、呼吸、血压、肌内注射、静脉输液、换药、导尿、褥疮护理、饮食护理、造瘘护理、隔离技术等。

(2) 健康教育与指导：一般的健康教育内容如个人卫生知识、营养卫生知识、疾病防治知识、环境保护知识、计划生育知识、精神卫生知识等；特殊的健康教育内容如妇女健康保健知识、儿童保健知识、老年人的健康保健知识、残疾人的自我功能恢复和居家护理保健知识；以及卫生管理法规的教育等。

(3) 康复的实施：为患者创造一个舒适地康复环境，提供各种康复性护理，防止残障进一步加重，根据康复专业人员的家庭锻炼计划，结合患者的实际情况安排好功能锻炼活动。

(4) 提供基本医疗服务：社区访视对象中各种慢性病患者、老年功能障碍者等，连续照顾中提供基本医疗及慢性病管理。

（5）协助患者提高生活自理能力：对患者的日常活动，如进食、排泄、沐浴、活动或移动等能力进行评估，并指导其充分利用辅助设施、器具等，以增进自理程度。

（6）对家属的指导：患者家属家庭访视实施过程中起着重要的辅助作用，给予必要的访视指导，帮助协调好患者与家属的关系，为患者的康复提供良好的家庭氛围。

3. 访视评价　不论是在访视中或在访视后，应及时评价访视计划、效果等情况，以便及时修改访视内容，提高访视成效。

4. 访视记录

（1）目的：对访视中计划的实施情况等进行笔录。访视记录中的内容，可供日后评价参考；作为本人对自我工作评价及改进工作的依据；作为同行间交流、协作的资料；作为科研和教学的素材。

（2）原则：正确、简洁、时效，应使用统一、规范的表格。如家庭病史簿、产妇及新生儿访视卡等规范的表格。

5. 访视预约

（1）预约访视实际访视完毕，应根据个案问题的缓急，预约下次访视时间。

（2）预约时间应该记录在病历上，把下次访视时间写给访视者、提醒其准备。

（3）为便于联络，双方各留电话。

（三）访视后的工作

访视后的工作步骤分为消毒及物品的补充、记录和总结、修改诊疗或护理计划、协调合作等。

1. 访视后所用物品处理，应根据物品污染情况和病情设定处理方法。

2. 访视后应对个案健康问题给予评价，以判断访视目的、目标是否达到。

3. 评估后进行诊疗计划的修改，必要时协调多部门合作。

四、家庭访视注意事项

（一）家庭访视者具备家庭评估的理论和良好的人际交流技巧

（二）熟悉所在社区家庭照顾的服务项目

（三）了解患者的付费性质、告知家访收费及免费项目内容

（四）考虑患者具体照顾者的利益和需求

（五）家访要选择合适的时间、家访时间不宜过短或过长

（六）家访时要观察每个家庭成员的反应，及时发现存在的问题

第五节　孕产妇及新生儿家庭访视技术

一、概　　述

社区卫生服务机构在接到"孕产期服务记录"通知，得知孕妇和新生儿出院后，要求在出院后 3 天内、产后 14 天和产后 28 天分别做 3 次产后访视。

二、服　务　目　的

通过做好产褥期保健，加强母乳喂养和新生儿护理指导，促进产妇顺利康复、新生儿健

康成长。

三、服务内容及方式

全科医生在与产妇及其家属进行沟通取得信任后,上门进行观察、询问和检查以了解新生儿和产妇的情况,进行评估分类和处理指导。操作顺序先新生儿后产妇。

四、操作过程

(一) 检查前准备

1. 产后访视包准备

(1) 必备物品:血压计、听诊器、体温计、75% 酒精或酒精棉球、消毒棉签、一次性消毒手套、婴儿秤、布兜、电筒。

(2) 附带物品:两把镊子、拆线剪、家床病史单、产后宣教资料、母乳喂养宣教资料等。

(3) 生活物品:一次性脚套等。

2. 访视前准备

(1) 访视前电话预约。

(2) 访视人员应统一着装,佩戴上岗证。

(3) 自我介绍、说明来访目的。

(4) 在未接触母婴前,清洁双手。

(二) 新生儿

1. 询问　新生儿的出生孕周、出生体重、有无窒息史、计划免疫、出院后喂养、睡觉、大小便、新生儿听力、视力和代谢性疾病筛查结果等。

2. 观察　新生儿的一般情况、精神、面色、呼吸、哭声、吸吮情况等。

3. 检查　新生儿的体温、体重、心肺听诊、五官、脐部、臀部皮肤黏膜处有无感染或过敏症状、外生殖器有无异常等。

4. 评估分类和处理指导(图 17-5-1)

(1) 对生长发育正常的新生儿或有一般异常问题(鹅口疮、红臀、生理性黄疸、有喂养问题和脐部问题)者,可以进行新生儿保健指导(母乳喂养技巧、护理、沐浴、预防接种)和对相关问题进行处理,30 天后转社区卫生服务机构儿保门诊继续随访。

(2) 对早产儿和有先天性疾病如听力、视力筛查发现问题、苯丙酮尿症、甲状腺功能低下以及有病理性黄疸症状者须先到上级医院儿科进行进一步诊断和治疗。

(三) 产妇

1. 询问　产妇的分娩方式、胎产次、会阴及腹部伤口、有无产后出血、感染。

2. 观察　产妇的一般情况、精神心理、恶露量、色、性状和气味及哺乳情况。

3. 检查　产妇的体温、血压、乳房、乳汁、子宫复旧情况、会阴或腹部伤口等,必要时做心理量表测定。

4. 评估分类和处理指导:(图 17-5-2)

(1) 对于康复正常的产妇和一般异常(存在母乳喂养问题的、有产后腹痛、便秘、痔疮,以及会阴伤口问题等)的产妇要进行产褥期保健指导(包括产褥卫生、母乳喂养、营养、心理等)和对相关问题进行处理。做好产后避孕节育健康指导,督促其产后 42 天进行产后健康检查。

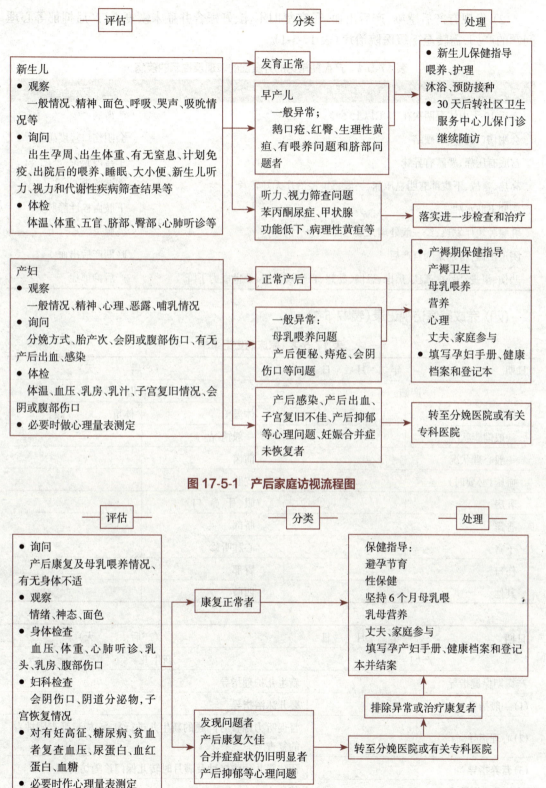

图 17-5-1 产后家庭访视流程图

图 17-5-2 正常产妇产后健康检查流程图

（2）发现有产后感染、产后出血、子宫复旧不佳、妊娠合并症未恢复者、产后抑郁等心理问题的产妇，需转至上级医院治疗（表17-5-1）。

表17-5-1　产褥期常见的并发症的表现及提示的疾病

表现特征	提示疾病
产后10天内体温两次在38℃以上	产褥病
会阴伤口疼痛、有硬结	会阴伤口轻度感染
宫底有压痛、恶露有异味	子宫内膜炎
高热、寒战、下腹部有明显压痛，一般感染经治疗无好转者	产褥感染
一侧下肢水肿	下肢血栓性静脉炎
乳腺肿块伴发热，经一般处理无效	乳腺炎
阴道出血，特别是剖宫产后	晚期产后出血
悲伤、沮丧、哭泣、孤独、焦虑、恐惧、易怒、自责及自罪、处世能力下降	产后抑郁症

（四）完成家庭访视记录（表17-5-2）

表17-5-2　家床病史记录单

日期　　　　　年　　月　　　日		（产后　　　天）	
产妇		新生儿	
体温℃		体温℃	体重　　　kg
一般健康状况		一般情况	
一般心理状况		前囟	
血压（必要时）		皮肤	
乳房		眼、耳、鼻、口	
恶露		脐部	
子宫		心肺听诊	
伤口		臀部	
其他		四肢	

日期　　　　　年　　月　　　日		（产后　　　天）	
产妇		新生儿	
产褥期保健指导		新生儿护理指导	
（1）一般指导		婴儿沐浴指导	
（2）心理指导		督促听力筛查有问题的新生儿进行复查，梅毒筛查阳性者的复查	
（3）营养指导		预防婴儿预防接种及满月时转儿保门诊随访管理	
母乳喂养指导		其他	
产后访视日期		访视者签名	

五、访视注意事项

（一）根据家庭病床单中产妇分娩日期及产休地址规划访视路线；注意沟通技巧，态度和蔼可亲。

（二）选择自然光线良好的房间，室温 25℃左右，检查台面柔软（床或沙发）。动作轻柔，注意保暖及时安抚新生儿不安情绪。

（三）注意保护产妇隐私，重视产褥期心理保健。

（四）第二次产后访视内容同第一次，发现异常情况及时处理，必要时增加访视次数或转上级医院治疗。

（五）及时做好检查信息的记录，以免遗漏。

（杜兆辉）

参 考 文 献

1. 刘凤奎,王仲.全科医生临床操作技能训练.北京:人民卫生出版社,2013
2. 墨塔.全科医学.第4版.梁万年,译.北京:人民军医出版社,2010
3. 于晓松,季国忠.全科医学.北京:人民卫生出版社,2016
4. 梁万年,路孝琴.全科医学.北京:人民卫生出版社,2013
5. 欧阳钦.临床诊断学.第2版.北京:人民卫生出版社,2010
6. 方力争.全科医生常用临床技能手册.北京:人民卫生出版社,2016
7. 林晓嵩,吴春容.全科医生社区发展技能(6):全科医生的问诊技巧.中国全科医学,2003,6(6):526-527
8. 陈丽芬,贾建国,路孝琴.列斯特评估量表及其在全科医生应诊能力评价中的应用.中国全科医学,2016,19(4):447-450
9. 任菁菁,方力争.门诊教学在全科住院医师规范化培训中的作用.中华全科医师杂志,2008,7(10):690-691
10. 刘娟娟,刘颖,任菁菁.常见未分化疾病的全科处理探讨.中国全科医学,2015,18(32):3985-3987
11. 万学红,卢雪峰.诊断学.第8版.北京:人民卫生出版社,2013
12. 中华人民共和国卫生部医政司.全国临床检验操作规程.第3版.南京:东南大学出版社,2006
13. 陈文彬,潘祥林.诊断学.第8版.北京:人民卫生出版社,2013
14. 中华医学会糖尿病学分会.中国2型糖尿病防治指南(2013年版).中华糖尿病学杂志,2014,6(7):447-498
15. 中华医学会糖尿病学分会.中国血糖监测临床应用指南(2015年版).中华糖尿病杂志,2015,7(10):603-613
16. 中国成人血脂异常防治指南修订联合委员会.中国成人血脂异常防治指南(2016年修订版).中华心血管病杂志,2016,44(10):833-853
17. 中华医学会心血管病学分会.急性ST段抬高型心肌梗死诊断和治疗指南.中华心血管病杂志,2015,43(5):380-393
18. 中华医学会心血管病学分会.华法林抗凝治疗的中国专家共识.中华内科杂志,2013,52(1):76-82
19. 中华医学会心血管病学分会高血压学组.H型高血压诊断与治疗专家共识.中国医学前沿杂志(电子版),2016,8(5):23-28
20. 中华医学会检验分会.甲状腺疾病诊断治疗中实验室检测项目的应用建议.中华检验医学杂志,2012,35(6):484-492
21. 顾敏晔,李福刚,杨晶,等.精准医疗大背景下iPOCT发展趋势.中华检验医学杂志,2016,39(5):399-400
22. 白人驹,徐克.医学影像学.第7版.北京:人民卫生出版社,2013
23. 中华医学会.临床技术操作规范:影像技术分册.北京:人民军医出版社,2004
24. 马明信,贾继东.物理诊断学.第3版.北京:北京大学医学出版社,2013
25. 万学红,陈红.临床诊断学.第3版.北京:人民卫生出版社,2015
26. 北京协和医院.核医学科诊疗常规.北京:人民卫生出版社,2012
27. 张永学,冯敢生,谢明星.影像医学与核医学诊疗常规.武汉:湖北科学技术出版社,2006

28. 中国医师协会超声医师分会. 血管和浅表器官超声检查指南. 北京:人民军医出版社,2011

29. 中国医师协会超声医师分会. 腹部超声检查指南. 北京:人民军医出版社,2014

30. 中华医学会呼吸病学分会肺功能专业组. 肺功能检查指南(第一部分):概述及一般要求. 中华结核和呼吸杂志,2014,37(6):402-405

31. 中华医学会呼吸病学分会肺功能专业组. 肺功能检查指南:肺弥散功能检查. 中华结核和呼吸杂志,2015,38(3):164-169

32. 中华医学会呼吸病学分会肺功能专业组. 肺功能检查指南:肺容量检查. 中华结核和呼吸杂志,2015,38(4):255-260

33. 中华医学会呼吸病学分会肺功能专业组. 肺功能检查指南:体积描记法肺容量和气道阻力检查. 中华结核和呼吸杂志,2015,38(5):342-347

34. 王辰,王建安. 内科学. 第7版. 北京:人民卫生出版社,2015

35. 王瑞儒,马中富. 农村急诊医学培训教材. 北京:科学出版社,2005

36. 王瑞儒,马中富. 农村急症手册. 北京:科学出版社,2005

37. 马中富,王瑞儒,宋祖军. 急诊医学教材. 北京:军事医学科技出版社,2007

38. 马中富,崔颖,王瑞儒. 基层医生合理用药手册. 广州:广东科技出版社,2010

39. 陆远强,鲍德国. 现代心肺脑复苏. 杭州:浙江大学出版社,2011

40. 黄子通. 急诊医学. 第2版. 北京:人民卫生出版社,2014

41. 谢灿茂. 内科急诊治疗学. 第5版. 上海:上海科学技术出版社,2009

42. 吴孟超,吴在德. 黄家驷外科学. 第7版. 北京:人民卫生出版社,2008

43. 葛宝丰,卢世璧. 骨科手术学. 北京:人民军医出版社,2009

44. 王正国,张连阳,白祥军. 多发伤救治学. 北京:人民军医出版社,2010

45. 陈光明. 三腔二囊管治疗食管胃底静脉曲张破裂出血的疗效观察. 西南军医,2012,(2):47-48

46. 李祥,张世华,汤建华,等. 急性脊柱创伤诊断及治疗的临床研究. 当代医学,2012,2:106-107

47. 曹珍珠. 创伤的急救与护理. 实用医技杂志,2008,16:111-112

48. 王海燕. 严重创伤患者急诊急救的临床护理. 吉林医学,2012,6:203

49. 于学忠. 协和急诊医学. 北京:科学出版社,2011

50. 张永利,李巍. 院前急救专业人员培训教材. 北京:人民卫生出版社,2010

51. 林才经. 现代院前急救医学. 福州:福建科学技术出版社,2007

52. 吴孟超,吴在德,吴肇汉. 外科学. 第8版. 北京:人民卫生出版社,2013

53. 贺银成. 国家临床执业及助理医师资格考试实践技能应试指南. 北京:航空航天大学出版社,2016

54. 墨塔. 全科医生技能操作手册. 第6版. 陈群,张红梅,张志坚,等译. 北京:人民军医出版社2016

55. Robert E R, David P R. 全科医学. 陈竺,曾益新,王仲,等译. 北京:人民卫生出版社,2012

56. 谢幸,苟文丽. 妇产科学. 第8版. 北京:人民卫生出版社,2013

57. 华嘉增. 现代妇女保健学. 上海:复旦大学出版社,2011

58. 钱敏,尤志学. ACS/ASCCP/ASCP宫颈癌预防及早期诊断筛查指南解读. 现代妇产科进展,2013,(7):521-522

59. 李小寒,尚少梅. 基础护理学. 第5版. 北京:人民卫生出版社,2012

60. 李昭宇. 临床实践技能训练教程. 北京:人民卫生出版社,2012

61. 中华人民共和国卫生部,中国人民解放军总后勤部卫生部. 临床护理实践指南. 北京:人民军医出版社,2011

62. 董卫国. 临床基本技能学. 北京:人民卫生出版社,2013

63. 陈红. 中国医学生临床技能操作指南. 第2版. 北京:人民卫生出版社,2012

64. 关广聚. 临床实践技能培训指南. 北京:人民卫生出版社,2009

65. 中华人民共和国卫生部. 病历书写基本规范. [卫医政发〔2010〕11号]

66. 中华人民共和国卫生计生委.关于印发电子病历应用管理规范(试行)的通知.[卫办医发〔2017〕8号]

67. 李新伟,黄薇,郭珉江.我国电子健康档案发展现状及对策研究.中国医院管理,2011,10:26-27

68. 黄煊,范启勇.电子健康档案对实现慢性病目标管理的作用.中华全科医学,2008,8:863-864

69. 龚淑梅,李瑞枝.家庭病床病历书写规范.当代护士,2009,1:95-96

70. 朱鸣雷,王秋梅,刘晓红.老年人综合评估.中华老年医学杂志,2015,34(7):709-710

71. 吴仕英,肖洪松.老年综合健康评估.四川:四川大学出版社,2015

72. Cassel C K, Leipzig R M.Geriatric Medicine:an evidence-based approach.4th ed.NewYork:Springer.2003.

73. David P.The New Consultation. Oxford:Oxford University Press,2003

74. Robin C.Fraser.General Method.3rd ed. Amsterdam:Elsevier,1999

75. Correction to:Part 6:Pediatric Basic Life Support and Pediatric Advanced Life Support:2015 International Consensus on Cardiopulmonary esuscitation and Emergency Cardiovascular CareScience With Treatment Recommendations. Circulation,2016,30,134(9):e121

76. Nikolaou N I, Welsford M, Beygui F, et al.Acute Coronary Syndrome Chapter Collaborators. Part 5:Acute coronary syndromes:2015 International Consensus on Cardiopulmonary Resuscitation and Emergency Cardiovascular Care Science with Treatment Recommendations. Resuscitation,2015,95:e121-e146

77. Perkins G D, Travers A H, Berg R A, et al.Basic Life Support Chapter Collaborators.Part 3:Adult basic life support and automated external defibrillation:2015 InternationalConsensus on Cardiopulmonary Resuscitation and Emergency Cardiovascular CareScience with Treatment Recommendations. Resuscitation,2015,95:e43-e69

中英文名词对照索引

A

癌抗原 50　cancer antigen 50, CA50　83
癌抗原 724　cancer antigen 724, CA724　83
癌胚抗原　carcinoembryonic antigen, CEA　82

B

鼻氧管给氧法　nasal oxygen inhalation　256
病历　medical record　279
病史采集　history taking　9
补呼气量　expiratory reserve volume, ERV　120
补吸气量　inspiratory reserve volume, IRV　120

C

残气量　residual volume, RV　120
超声心动图　echocardiography　131
潮气量　tidal volume, VT　120
耻骨弓角度　angle of pubic arch　228
出口后矢状径　posterior sagittal diameter of
　outlet　227
出血时间　bleeding time, BT　84
处方　prescription　293
床旁检测　point-of care testing, POCT　85
磁共振成像　magnetic resonance imaging, MRI　103
促甲状腺激素　thyroid stimulating hormone,
　TSH　84

D

导尿术　catheterization　261
低密度脂蛋白胆固醇　low density lipoprotein
　cholesterol, LDL-C　80
骶耻外径　external conjugate, EC　227
第一秒用力呼气容量　forced expiratory volume in
　one second, FEV$_1$　122
电除颤　defibrillation　153
动态心电图　ambulatory electrocardiograph,
　AECG　98

F

肺活量　vital capacity, VC　121
肺泡通气量　alveolar ventilation, VA　121
肺总量　total lung capacity, TLC　121
腹腔穿刺术　abdominocentesis　207

G

甘油三酯　triglyceride, TG　80
高密度脂蛋白胆固醇　high density lipoprotein
　cholesterol, HDL-C　80
个人史　personal history　13
功能残气量　functional residual capacity, FRC　121
骨髓穿刺术　bone marrow puncture　213
灌肠法　enema　264
国际标准化比值　international normalized ratio,
　INR　85

H

呼气峰流量的变异率　peak expiratory flow rate,
　PEFR　123
婚姻史　marital history　14

J

肌钙蛋白　cardiac troponin, cTn　82
肌红蛋白　myoglobin, Mb　82
肌内注射　intramuscular injection, IM　269
肌酸激酶　creatine kinase, CK　81
计算机断层扫描　computed tomography, CT　103

家庭病床　domestic sickbed　288

家族史　family history　14

甲胎蛋白　alphafetoprotein, AFP　82

甲状腺球蛋白　thyroglobulin, TG　84

间接输血法　indirect transfusion　276

健康档案　health record　295

健康风险评估　health risk appraisal, HRA　300

静脉输血　blood transfusion　276

静脉输液　intravenous infusion　274

静脉注射　intravenous injection, IV　271

K

口服葡萄糖耐量试验　oral glucose tolerance test,
OGTT　79

L

老年健康综合评估　comprehensive geriatric
assessment, CGA　305

鳞状上皮细胞癌抗原　squamous cell carcinoma
antigen, SCCA　83

M

每分钟静息通气量　minute ventilation, VE　121

P

皮内注射　intradermic injection, ID　266

皮下注射　hypodermic injection, HD　268

Q

髂棘间径　interspinal diameter, IS　226

髂嵴间径　intercristal diameter, IC　227

前列腺特异性抗原　prostate specific antigen,
PSA　82

清洁灌肠　cleaning enema　264

R

人乳头瘤病毒　human papilloma virus, HPV　85

S

深吸气量　inspiratory capacity, IC　120

神经元特异性烯醇化酶　neuron specific enolase,
NSE　83

生活史　life history　13

生育史　childbearing history　14

实验诊断　laboratory diagnosis　67

T

糖化清蛋白　glycated albumin, GA　80

糖化血红蛋白　glycosylated hemoglobin, GHb　80

通气 / 血流灌注比值　ventilation/perfusion ratio, V/
Q　124

同型半胱氨酸　homocysteine, Hcy　85

W

萎缩性胃炎　127

未分化疾病　medically unexplained physical
symptoms, MUPS　26

胃管置入术　gastric catheterization　259

问诊　inquiry　9

X

吸痰术　aspiration of sputum　257

系统回顾　review of systems　13

现病史　history of present illness　13

心电图　electrocardiogram, ECG　90

心电图运动负荷试验　electrocardiographic exercise
test　100

胸骨后疼痛　127

胸膜腔穿刺术　thoracentesis　206

Y

压力试验　stress test　217

氧气疗法　oxygenic therapy　255

腰椎穿刺术　lumbar puncture　209

阴道分泌物　vagina discharge　223

用力肺活量　forced vital capacity, FVC　122

月经史　menstrual history　14

Z

正电子发射断层显像　positron emission

tomography　145

脂蛋白　apolipoprotein, Apo　80

直接输血法　direct transfusion　276

指压试验　bonney test　217

智慧床旁检测　intelligent point of care testing,
　iPOCT　85

肿瘤标志物　tumor marker　82

主诉　chief complaint　13

自动体外除颤器　automatic external defibrillator,
　AED　148

总胆固醇　total cholesterol, TCHO　80

组织多肽抗原　tissue polypeptide antigen, TPA　83

最大呼气中期流速　maximum middle expiratory
　flow, MMEF　122

最大自主通气量　maximum voluntary ventilation,
　MVV　121